한국 유교
도덕교육론

理一分殊, 下學而上達, 心統性情, 小學大學!!

이 네 가지 언표는 유교도덕교육론의 통합교육적 성격을 설명해 주는 핵심 키워드이다.

한국 유교 도덕교육론

유교도덕교육론이 도덕적 인격을 인지·정의·행동의 통합적 관점으로 규정하면서 소학~대학세제설에
입각하여 단계적 도덕교육의 접근을 주장한 관점은 오늘날 도덕교육에도 귀중한 자산으로 등록된다.

강 봉 수 지음

KSI 한국학술정보[주]

도덕을 어떻게 하면 잘 가르칠 수 있는가? 대체 도덕교육이란 무엇인가? 국어교육에서는 국어학을 가르치고, 수학교육에서는 수학을, 과학교육에서는 과학을 가르친다. 이처럼 도덕교육에서는 윤리학을 가르치면 될 것인가? 그렇다는 주장이 있다. 그러나 그러한 도덕교육은 윤리학적 지식을 갖춘 '이론적 교양인'을 길러낼지언정 '실천적 도덕인'을 양성하지는 못한다. 다른 교과교육에서는 가르치고자 하는 내용과 그 배경이 되는 학문분과가 대체로 일치하지만, 도덕교육의 경우는 그렇지 못하다는데 도덕이라는 교과교육의 특수성이 있는 것 같다. 도덕교육에서 무엇을 가르칠 것인가에 못지않게 어떻게 가르칠 것인가 하는 교육방법론이 중요한 관심사가 되는 것도 이러한 사정과 관련된다.

도덕교육에서 무엇을 어떻게 가르칠 것인가라는 문제에 대하여 그동안 교육가들은 상이한 입장을 표명하여 왔다. 개인과 공동체, 원리와 내용, 인지와 정의, 발달과 사회화 등은 도덕교육을 설명하는 중요한 개념들이었고, 이들 중 어느 대립 점을 중심으로 도덕교육에 접근하는 관점이 엇갈려왔다. 어느 관점도 일면적일 수밖에 없었다. 그러나 도덕교육은 어느 일면만을 강조하여 가르쳐 될 것이 아니라 처음부터 통합적으로 접근되어야 할 성격의 것이라는 관점이 최근 교육가들 사이에 찬동을 얻고 있다. 개인과 공동체의 조화, 원리와 내용의 통합, 인지·정의·행동의 통합, 사회화와 발달의 통합 등이 그것이다. 목하 도덕교육에 관한 이론적 동향은 이른바 '통합적 접근론'이라 할만하다.

물론 오늘날 다각도로 모색되고 있는 도덕교육에 관한 통합적 접근론은 그동안의 이론적 연구와 실제적 경험을 바탕으로 한 것이겠지만, 그것이 얼마나 이론적·실제적으로 정합적이고 포괄적인 관점인지 평가하기는 아직 이르다. 실험은 여전히 진행 중이기 때문이다. 그러나 정합성을 갖춘 보다 포괄적인 도덕교육론이 창출되기 위해서는 원리와 내용, 인지와 정의, 발달과 사회화 등을 동시에 설명해도 전혀 논리적 모순이 없는 보다 차원 높은 논리적 가정 내지 추상적 원리가 수립될 수 있어야 할 것이다. 이 점에 주목할 때, 필자는 하나의 대안으로 우리의 위대한 전통인 '유교도덕교육론'을 탐구해볼 필요가 있다고 여긴다. 특히 신유학, 즉 주자학과 조선유학은 세계와 인간을 포괄적으로 설명하는 고도의 형이상학적 개념틀(理氣論)을 가지고 있었기에, 도덕교육에 관한 이론적·실제적 정합성을 갖춘 통합적 관점을 수립할 수 있었던 것이 아닌가 한다.

필자는 그동안 미약하나마 이러한 관점에서 '유교도덕교육론'의 갈래들을 탐구하여 왔다. 이 책 또한 그러한 작은 결과물이다. 이 책은 비슷한 제목을 가진 『유교도덕교육론』(원미사, 2001), 『한국전통도덕교육론』(한국학술정보[주], 2006)에 이어 세 번째로 엮어내는 책에 해당한다. 그러나 사실 『한국전통도덕교육론』은 필자의 학위논문을 단행본으로 출간한 것에 불과하기 때문에 새로운 결과를 낸 것이라 할 수 없다. 따라서 이번의 『한국유교도덕교육론』은 정확히 두 번째로 엮어내는 책이라 해야 할 것이다. 고백하자면 『유교도덕교육론』을 출간한 이후 7년 만에야 겨우 단행본으로 묶어낼 정도의 연구물 밖에 생산해 내지 못한 것이다. 더군다나 경천할 정도의 수준 높은 논문을 써낸 것도 아니다. 물론 그동안 다른 주제의 연구로 외도를 일삼은 적이 있고 잡글쓰기로 시간을 허비한 적도 있다고 자위해보지만 필자의 불성실과 아둔함을 덮지는 못한다. 사정이 이러할 진데, 이렇게 책을 엮어내는 것 자체가 결국 '남들에게 허풍떨기'(爲人之學, 口耳之學)를 위한 것이 아닌지 자못 걱정스러울 뿐이다. 저 남명선생이라면 당장 '남들에게 허풍떨기'를 관두라고 할 것이고, 화담선생은 차라리 유유자적에 '머무름'을 요구할 것이지만 이도저도 못하고 세속에 휩쓸릴 수밖에 없는 신세를 어찌하랴. 부디 독자제현의 아량을 기대할 뿐이다.

비슷한 주제들로 글을 쓰다보니 논지의 전개상 논문마다 때로 겹치는 내용이 있다. 이 점 또한 독자들의 양해를 바란다. 그리고 개별 논문들에 대해 비판적 논평으로 필자의 아둔함을 깨우쳐준 미명의 평가자들에게 감사드린다. 혼돈의 시대에 선비로 살아남기가 얼마나 고된 삶인지를 실천으로 보여주는 은사님을 비롯한 선배·동료 교수님들께 감사드린다. 늘 가족의 소중함을 일깨워주는 안해님과 성훈·성빈에게 고맙다. 끝으로 어려운 출판시장의 여건에도 불구하는 선뜻 이 책의 출간을 마다하지 않은 한국학술정보(주) 관계자 분들께 깊이 감사드린다.

2008년 춘 3월 31일
아랏골에서 강 봉 수

차 례

제1장

현대 한국의 도덕교육과 유교도덕교육론

제2장

전통시대 '敎化'는 인독트리네이션(Indoctrination)인가?

제3장

옛 圖書類에 함의된 덕성교육의 두 가지 접근법

제4장

主理論과 主氣論의 도덕교육론

차 례

제5장

서경덕의 '머무름'의 윤리학과 自得的 공부론

제6장

남명의 '의로움'의 윤리학과 덕성함양론

제7장

퇴계의 『聖學十圖』에 함의된 도덕교육론

제8장

율곡의 『聖學輯要』에 함의된 도덕교육론

제1장

현대 한국의 도덕교육과
유교도덕교육론

도덕을 어떻게 하면 잘 가르칠 수 있는가? 개인과 공동체, 원리와 내용, 인지와 정의, 사회화와 발달 중 어느 대립 점에 중심을 두고 접근하는 어떤 교육론도 일면적일 수밖에 없다. 도덕적 인격의 육성을 목표로 하는 도덕교육은 어느 일면만을 강조하여 가르쳐 될 것이 아니라 처음부터 통합적으로 접근되어야 할 성격의 것이기 때문이다. 서양적 전통에 토대를 둔 그동안의 도덕교육론은 대체로 일면적 도덕교육이었다. 해방 이후 이러한 도덕교육 이론들에 근거하여 이루어져 온 우리 도덕교육 또한 다를 바 없었다.

도덕교육에 관한 최근의 동향은 그동안의 이론적 연구와 실제적 경험을 바탕으로 통합적 접근론을 강조하는 추세이다. 그러나 그것이 얼마나 이론적·실제적으로 정합된 것인지는 의문이다. 정합성을 갖춘 보다 포괄적인 도덕교육론이 창출되기 위해서는 원리와 내용, 인지와 정의, 발달과 사회화 등을 동시에 주장해도 전혀 논리적

■ 출처 : 『윤리연구』 제68호 (한국윤리학회, 2008. 3), 157~195쪽.

모순이 없는 보다 차원 높은 논리적 가정 내지 추상적 원리가 수립될 수 있어야 한다. 이 글은 이러한 사정과 관련하여 유교도덕교육론에 주목하였다.

理一分殊, 下學而上達, 心統性情, 小學大學!! 이 네 가지 언표는 유교도덕교육론의 통합교육적 성격을 설명해 주는 핵심 키워드이다. '리일분수'는 개인과 공동체의 조화를, '하학이상달'은 내용과 원리의 통합을, '심통성정'은 인지·정의·행동의 도덕적 인격의 통합성을, '소학대학'은 사회화와 발달의 통합적 접근을 설명해 준다. 이처럼, 유교도덕교육론은 도덕교육에서의 '개인과 공동체', '원리와 내용', '인지와 정의·행동', '발달과 사회화' 등의 양극단을 모두 포괄하는 이론적·실제적 정합성을 갖춘 통합적 도덕교육론이다. 그동안 유교도덕교육론은 우리 도덕교육의 이론적 배경이 되지 못하고 주변적 위치에 폐기되어 왔다. 이제 우리의 위대한 전통을 살려 우리 도덕교육의 이론적 근거로 활용되어야 한다.

1. 서 론

도덕을 어떻게 하면 잘 가르칠 수 있는가? 이 문제에 대하여 도덕교육론자들은 상이한 입장을 표명하여 왔다. 그것은 현대 도덕교육의 제반 이론과 학문적 배경을 고려할 때 세 가지 관점에서 구분하여 논의할 수 있다. 도덕교육에 대한 윤리학적 접근, 심리학적 접근, 교육학적 접근이 그것이다.

먼저, 도덕교육에 대한 윤리학적 접근에서 볼 때, 프랑케나(W. K. Frankena)가 구분했듯이, 소크라테스 이래 도덕교육은 '지적 도덕성의 형성을 위한 교육'과, '행적 도덕성의 형성을 위한 교육'으로 대별되어 왔다.[1] 전자는 '원리 중심 윤리학'에 토대한 자유주의 도덕교육론이고, 후자는 '덕 중심의 윤리학'에 바탕을 둔 공동체주의 도덕교육론이다. 도덕교육에서 무엇을 가르쳐야 할 것인가와 관련하여, 원리 중심의 도덕교육론은 '개인적 자아'와 '원리'(도덕적 추론능력)라고 하는 반면, 덕 중심의 도덕교육론은 '공동체적 자아'와 '내용'(덕, 가치, 규범)이어야 한다고 주장해 왔다. 둘째, 도덕교육에 대한 심리학적 접근은 도덕성 혹은 도덕적 행위를 이끌어 내는 일차적 동인이 무엇인가(인지·정의·행동)에 관심을 두면서 도덕교육에서는 바로 그 동인을 형성시켜 주어야 한다고 주장한다. 도덕교육에 대한 인지적 접근, 정의적 접근, 행동적 접근 간의 쟁점이 그것이다. 인지발달론자들은 주로 도덕적 추론을, 정신분석학자들은 죄의식, 수치심, 자존감 등의 감정영역을, 행동주의와 사회학습이

---

1) W. K. 프랑케나, "도덕교육 철학을 향하여", B. I. 차잔·J. F. 솔티스 편저, 이병승 옮김, 『도덕교육의 철학』(서울: 서광사, 2005), 235~268쪽.

론가들은 유혹에의 저항, 공격성향, 이타적 혹은 친사회적 행동 등의 행동적 영역을 강조해 왔다.[2] 셋째, 도덕교육에 대한 교육학적 접근은 홀(Robert T. Hall)이 잘 분류했듯이, ① 가치전달: 강경론적 접근(the hard line approach), ② 가치중립: 온건론적 접근(the soft line approach), ③ 중도적 접근(the middle way approach)으로 구분된다. 가치전달의 강경론은 직접적인 교수 방식에 의한 도덕적 가치의 주입이나 교화를 도모하려는 도덕사회화론의 입장이고, 가치중립의 온건론은 가치들이 전적으로 상황에 따라 상대적이라는 신념에 따라 비지시적이고 가치가 배제된 방식으로 도덕적 가치를 가르쳐야 한다는 자율적 발달론의 입장이다.[3]

미국을 중심으로 한 현대 도덕교육의 역사는 이러한 이론적 스펙트럼의 어느 한 지점을 배경으로 이루어져 왔다. 1946년 교수요목기 이후 7차 교육과정에 이르기까지의 우리 도덕교육도 예외가 아니었다. 그러나 이론적 스펙트럼의 어느 한 지점을 배경으로 하여 이루어지는 도덕교육은 일면적일 수밖에 없었다. 그래서 도덕교육에 관한 최근의 이론적 동향은 한마디로 '통합적 접근론'인 것 같다. 개인과 공동체의 조화, 원리와 내용의 통합, 인지·정의·행동의 통합, 사회화와 발달의 통합 등이 그것이다. 물론 오늘날 다각도로 모색되고 있는 도덕교육의 통합적 접근론은 그동안의 이론적 연구와 실제적 경험의 결과이겠지만, 이론적·실제적으로 정합된 것인지는 아직 모르겠다.[4] 정합성을 갖춘 보다 포괄적인 도덕교육론이 창출되기 위해서는 원리와 내용, 인지와 정의, 발달과 사회화 등을 동시에 주장해도 전혀 논리적 모순이 없는 보다 차원 높은 논리적 가정 내지 추상적 원리가 수립될 수 있어야 할 것이다. 이 글은 이러한 사정과 관련하여 유교도덕교육론에 주목하고자 한다.

얼마 전까지만 해도 우리는 유교도덕교육론을 덕목과 행위 중심의 교육론으로만 인식하여 왔다. 예컨대, 한 연구는 유교도덕교육론을 덕목 중심의 교육론으로 전제

---

2) 정창우, "초·중등 도덕과 교육의 목표 설정을 위한 도덕심리학적 기초연구", 『도덕교육의 새로운 해법』(서울: 교육과학사, 2004), 109쪽.

3) Robert T. Hall, *Moral Education: A Handbook for Teachers* (Minneapolis: Winston Press, 1979), pp.5~19.

4) 도덕교육에 관한 통합적 접근론과 그 한계에 대한 고찰은 정창우, "현대 도덕교육의 통합적 접근법 개관", 위 책(11장), 247~268쪽 참조.

하면서, 그것을 서양 현대의 원리 중심의 교육론과 유기적으로 결합하여 한국적 상황에 맞도록 통합적 도덕교육론을 수립할 것을 주장했다.[5] 그러나 90년대 중반 이후 유교도덕교육론을 덕목과 행위 중심의 교육론으로 단정할 수 없다는 연구들이 나오고 있다. 서은숙, 오석종 등의 연구가 대표적이다.[6] 연구자도 원리와 내용의 통합적 접근이라 주장한 바 있다.[7] 더 나아가 최근에는 유교도덕교육론이 원리와 내용의 통합뿐만 아니라, 개인과 공동체, 목적윤리와 의무윤리, 사회화와 발달 등을 통합적으로 접근하는 도덕교육론이라고 주장하는 연구들도 나왔다.[8]

그렇다. 우리의 위대한 전통인 유교도덕교육론은 도덕교육에서의 '개인과 공동체', '원리와 내용', '인지와 정의·행동', '발달과 사회화' 등의 양극단을 모두 포괄하는 이론적·실제적 정합성을 갖춘 통합적 도덕교육론이라 여긴다. 특히 신유학, 즉 주자학과 조선유학은 세계와 인간을 포괄적으로 설명하는 고도의 형이상학적 개념틀(理氣論)을 가지고 있었기에, 도덕교육에 관한 통합적 관점도 수립할 수 있었던 것이라 판단한다. 이 글의 일차적인 목적은 이러한 논자의 주장을 유교사상의 내적구조에 유의하여 다시 한 번 논증하고자 하는 데 있다. 아울러 이러한 논자의 가정이 맞다면, 향후 우리 도덕교육은 우리 전통에 토대를 둔 도덕교육론에 근거를 두고 실시되어야 한다고 주장할 것이다. 그러나 해방 이후 그동안 우리 도덕교육의 이론

---

5) 목영해, 「퇴계와 칸트 도덕관의 교육론적 탐구」(부산대학교 대학원 박사학위논문, 1994).
6) 서은숙, 「孔孟思想에 나타난 德性涵養에 關한 硏究」(서울대학교 대학원 박사학위논문, 1998); 오석종, 〈《小學》의 德敎育論 硏究〉(서울대학교 대학원 박사학위논문, 1999). 서은숙은 孔孟思想에 나타난 도덕교육론을 덕성함양이라 보면서 크게 知的 領域과 行動的 領域으로 나누어, 지적 영역의 교육은 道德的 知識 習得(人間의 道理 理解와 知的 技能習得)을 목표로 하며, 행동적 영역의 교육은 道德習慣培養(基本德目習慣化), 道德感情培養(性情純化), 道德行爲訓練(存養省察과 力行)을 목표로 한다고 보고 있다. 오석종은 『小學』에 나타난 덕성교육의 제반 원리들에 대해 분석하고 있다.
7) 졸고, 「조선전기 도학적 덕교육론 연구」(한국정신문화연구원 한국학대학원 박사학위논문, 2000); 『유교 도덕교육론』(서울: 원미사, 2001); 『한국전통도덕교육론』(경기 파주: 한국학술정보(주), 2006).
8) 박재주, "제7차 교육과정에서의 중등학교 도덕과 교과서에 나타난 전통윤리교육 내용에 관한 비판적 연구", 『중등 도덕·윤리교과서의 문제점과 개선방안』(한국윤리교육학회 추계 학술대회 논문집, 2004); 이종흔, "도덕·윤리교과에서 전통윤리 교육의 개선방안: 개인과 공동체, 원리와 내용의 통합적 접근을 중심으로", 『국민윤리연구』제58호(2005. 4).

적 배경은 서양의 도덕교육론이었고, 교과내용학에서 전통적 가치규범을 다루어 왔음에도 불구하고 유교도덕교육론은 항상 주변적 위치로 폐기되어 왔다. 이 글은 우선 이러한 점에 대해 반성적으로 돌아보는 데서부터 출발한다.

2. 현대 한국 도덕교육의 이론적 배경

1) 도덕교육의 변천과정과 이론적 배경

해방 이후 우리 도덕교육은 교수요목기로부터 제7차 교육과정에 이르렀고, 최근 제7차 교육과정의 수정을 기다리고 있다. 그동안 우리 도덕교육을 학문적으로 뒷받침해 온 이론적 배경은 무엇일까? 미군정하의 교수요목기(1946～1954)에는 사회생활과를 설치하여 공민 분과를 통해서 주로 민주 도의교육을 실시했는데, 이때 이론적 배경은 미국의 민주시민교육이었던 것으로 이해된다. 도의시간을 별도로 배정하여 도덕교육을 본격적으로 시작한 것은 제1차 교육과정(1954～1963)부터라 할 수 있고, 도덕교육의 이론적 배경에 유의할 때 이후의 도덕교육은 다음의 〈표 1〉과 같이 4단계 과정을 거쳐 온 것이 아닌가 한다.

우리 도덕교육의 제1기는 제1차 교육과정(1954～1963)과 제2차 교육과정(1963～1973) 기간이다. 제1기 도덕교육은 사회과 내에서 별도의 도덕 시간을 마련하여 이루어졌고, 교육의 주요 내용은 도의교육과 반공·방일교육이었다. 1954년 문교부령(35호)에 의해 도덕 시간의 마련과 함께 도의교과서 편찬이 과제로 떠올랐는데, 德目主義的인 종래의 『修身』교과서와 다른 새로운 型의 교과서가 마련되어야 했다. 그러한 교과서를 만드는 데 본보기가 된 것이 김기석 교수의 『새로운 倫理』, 『倫理』(6권), 『倫理全書Ⅰ』였다고 전한다.[5] 즉 중·고등학교용으로 만들어진 이 교과서들

---

5) 유영준 외 공저, 『도덕교육』(서울: 현대교육총서출판사, 1963), 59쪽.

<표 1> 우리 도덕교육의 변천과정과 이론적 배경

구 분		교과명칭		주요 내용	이론적 배경
		초·중학교	고등학교		
제1기	제1차 교육과정 (1954~63)	'도의'	도덕	도의교육, 반공·방일교육	•덕목주의적 접근 •정신분석학이론 *유영준 외, 『도덕교육』('63)
	제2차 교육과정 (1963~73)	반공·도덕	국민윤리→ 반공 및 국민윤리	도의교육, 반공교육	
제2기	제3차 교육과정 (1973~81)	도덕	국민윤리	도덕교육, 반공교육	•행동수정이론 •인지발달론(피터스,콜버그, 피아제, 올리버, 윌쓴 등) *정범모 외,『도덕과교육』('75); 이돈희, 『도덕교육』('78)
제3기	제4차 교육과정 (1981~87)	도덕	국민윤리	도덕교육, 인본교육 정치교육, 반공교육	•주제중심적 접근 •인지발달론(피아제, 콜버그, 피터스, 듀이, 윌쓴 등) •가치명료화론 •정치사회화론, 정치교육론 •국민윤리교육론 *정세구,『가치태도교육의 이론과 실제』('84); 이돈희,『도덕교육원론』('86); 이석호 외,『도덕·가치교육의 교수모형』('89); 문용린,『도덕과교육』('90); *정세구역,『정치사회화』('81); 박용헌,『정치교육』('82),『정치교육』('83), *이규호,『국민윤리교육의 이론과 실제』('81); 유형진 외,『국민윤리교육개론』('82); 정세구,『국민윤리교육론』('83)
	제5차 교육과정 (1987~92)	도덕	국민윤리	도덕교육, 인본교육 정치교육, 통일안보교육	
	제6차 교육과정 (1992~97)	도덕	윤리	인본교육, 도덕교육, 정치교육, 통일교육	
제4기	제7차 교육과정 (1997~)	도덕	도덕 윤리	인성교육, 민주시민교육 통일대비교육, 국가안보교육	•인격교육론, 덕교육론, 배려교육론, 공동체주의교육론 •통합적 접근론

은 "덕목주의를 피하고 어떻게, 이 책을 읽어가는 가운데 가슴에 오는 것이 있고 이리하여 학생 각자의 생활에 개변을 가져오게 하느냐"가 집필의 중점이었다는 것이다. 이러한 김기석 교수의 교과서가 본보기가 되어 국정 도의 교과서로 『개인과 도덕』(1956), 『국가와 도덕』(1957), 『고등 도덕』(1959) 등이 편찬된 것이 아닌가 한다.

그러나 제1차 교육과정 동안 만들어진 교과서들은 종래의 『수신』 교과서적 덕목주의에서는 벗어났지만, 여전히 교훈 위주의 것이고 비분강개조의 범위에서 벗어나지 못하였던 것 같다. 따라서 이후의 과제는 "좀 더 우리들의 마음을 맑게 하며 높여줄 수 있는 도덕교육 관계의 풍부한 재료(교재, 부교재 등 독서물)와 아울러 철학적·사회적·역사적·심리적 방법에 의한 도덕교육에 대한 과학적 연구가 밑받침되는" 이른바 도덕교육의 길잡이로서의 이론서가 필요하였다.6) 그래서 탄생한 이론서가 바로 유영준·한기언·김기석 등이 공동으로 집필한 『도덕교육』(1963)이었다. 교수와 초중등학교 교사가 같이 참여하여 탐구된 이 책에서는 도덕교육의 이론적 기초, 도덕행위의 심리학적 고찰 등의 이론과 실제를 다루고 있는데, 저변에 흐르는 도덕교육의 이론적 근거는 프로이드(Freud)학파와 신프로이드학파의 정신분석학이다. 따라서 1963년부터 시작된 제2차 교육과정에서는 아마도 이러한 정신분석학적 접근이 우리 도덕교육의 이론적 배경으로 작용했을 것이다.

우리 도덕교육의 제2기는 제3차 교육과정(1973~1981) 기간이다. 이때부터 우리 도덕교육은 독립된 교과과정을 통하여 이루어졌다. 국민교육헌장의 공포(1968), 유신정권의 등장(1972)으로 모든 교육과정에서 이른바 '국적있는 교육', '주체성 교육', '유신이념교육' 등이 강조됨으로써 우리 도덕교육의 내용도 일정 파행을 겪을 수밖에 없었다. 그럼에도 불구하고 도덕교육에 맡겨진 도덕성의 발달과 인격의 수양이라는 본연의 임무가 사라진 것은 아니었다. 초·중등 도덕 교과의 일반목표에서는 공히 도덕적 판단능력의 함양과 도덕적 태도의 형성을 매우 강조하고 있는 것이다.7) 다만 아쉬운 것은 '국적있는 교육', '주체성 교육'의 강조에 걸맞게 도덕교육을

---

6) 유영준 외 공저, 위 책, 65쪽.
7) 「도덕·윤리교육과정」(문교부령 310호, 325호, 350호, 375호), 이돈희, 『도덕교육』(서울: 교육과학사, 1978), 〈부록〉 참조.

뒷받침하는 우리 도덕교육이론의 모색이 이루어지지 못한 점이라 하겠다. 도덕 교과의 일반목표에서 드러나듯이, 이 시기 우리 도덕교육의 배경이 되었던 이론은 행동주의 심리학에 토대한 행동수정이론과 피아제·콜버그류의 인지발달론인 것 같다. 이 기간에 발간된 대표적인 도덕교육 이론서로는 정범모·이돈희·이홍우 교수 등의 『도덕과 교육』(1975)과 이돈희의 『도덕교육』(1978)을 들 수 있다. 전자의 책에서는 도덕성이란 "도덕적 행위를 할 수 있는 능력 혹은 성향"이라 하고,[8] 그것의 구성요소는 습관의 형성과 자율적 판단능력, 인지적 도덕성과 행위적 도덕성으로 이루어진 인격의 총화라고 개념화하고 있다.[9] 그리고 도덕성 발달에 관한 이론으로 행동주의, 정신분석학, 인지발달론을 소개하고 있으며, 수업방법으로 가치갈등분석모형, 행동수정이론 등에 관해 안내하고 있다. 후자의 책에서 이돈희 교수는 주로 인지발달론에 바탕을 둔 도덕교육의 제반 이론과 실제를 다루고 있다.

우리 도덕교육의 제3기는 제4차 교육과정(1981~1987), 제5차 교육과정(1987~1992), 제6차 교육과정(1992~1997) 기간 동안이라 생각한다. 이 제3기의 특징은 이른바 국민윤리학의 정초와 그에 토대한 국민윤리교육론을 도덕교육의 이론적 근거로 삼았던 점이라 하겠다. 일찍부터 '국민윤리'라는 용어[10]와 함께 고등학교 교과목 명칭도 「국민윤리」라고 해왔지만, 그것의 개념을 학문적으로 문제 삼기 시작한 것은 70년대 말부터라고 여긴다. 1978년에 서울대 국민윤리교육 대학원이 설립되고, 1980년부터는 서울대, 경북대를 필두로 학부에 국민윤리교육과가 창설되고, 1981년에 기존의 국민윤리교육연구회를 학술연구단체로 확대 개편하여 국민윤리학회가 생겼기 때문이다. 그리고 국민윤리가 학문적 주제로 등장하게 된 배경은 현실적으로 도덕교육이 담당해야 했던 다양한 교육내용(도덕교육, 이념교육 등)을 포괄적으로 담아낼 개념이 필요한 이유에서다. 국민윤리 교사 양성기관이 생겨난 배경도 마찬가지였다.

국민윤리의 개념에 대한 많은 논란 끝에 국민윤리학회에 의해 정립된 개념규정은

---

8) 정범모 외, 『도덕과 교육』(서울: 한국능력개발사, 1975), 22쪽.
9) 같은 책, 22~29쪽.
10) '국민윤리'란 용어를 일찍부터 사용한 이는 김범부가 아닌가 한다. 김범부, "국민윤리특강", 『국민윤리연구』제7호(1978. 9.), 195~249쪽 참조.

"국민공동생활의 원리"란 간결한 것이었다. 그러나 여기에 함의된 의미는 다양했다. 즉 "국가공동생활의 원활한 영위를 위해서 국민 모두가 지켜야 할 규범은 물론, 공동체의식과 국민적 일체감, 국민적 기상과 정신, 그리고 민족과 국가공동체의 생존과 번영을 위해 요구되는 가치관, 태도, 지식 등의 모든 것", 나아가 "바람직하고 마땅히 있어야 할 당위적 의미의 규범뿐만 아니라 실제적인 사회관계에 작용하여 원활한 공동생활을 가능하게 하는 현실적 사회규범"까지 포함되는 것이었다.[11] 그리고 국민윤리학은 "국민공동생활의 원리, 현상, 실천을 연구하는 학문"이고, "국민공동생활의 원리가 되고 있는 도덕규범이 형성되고 변화하는 과정과 그 과정에 작용하는 문화적·종교적·사회적·경제적 제 요소들 간의 관계와 그것이 국민의 사고와 행위에 어떻게 작용하는가를 규명하고자 하는" 사회과학적 성격의 학문이었다.[12]

이처럼 국민윤리(학)의 개념과 체계에 관한 연구와 더불어 도덕교육의 이론적 근거가 될 국민윤리교육론이 탐구되었는데, 그 대표적인 이론서가 이규호의 『국민윤리교육의 이론과 실제』(1981), 유형진 외의 『국민윤리교육개론』(1982), 정세구의 『국민윤리교육론』(1983), 정세구 외의 『도덕과·국민윤리과 지도법』(1984) 등이라 하겠다. 다른 나라에 사례가 없는 국민윤리(학)에 토대한 도덕교육을 모색했다면, 그에 걸맞게 우리 도덕교육론을 입론할 만도 하지만 국민윤리교육론은 여전히 서양의 이론들을 모아놓은 것에 불과한 것이었다. 국민윤리교육의 내용영역은 체제존속, 정치발전, 대북이념무장과 관련되는 정치교육과 반공교육, 윤리적 판단과 자아실현을 위한 도덕교육과 인본교육으로 규정되었다.[13] 후자의 내용영역을 지도하기 위한 이론적 배경은 기존의 인지발달론, 가치명료화론 등이었고, 전자의 내용영역을 위해서 주목했던 서양의 이론이 정치사회화론, 정치교육론 등이었다.

우리 도덕교육의 제4기는 제7차 교육과정(1997~) 이후이다. 이 제4기는 우리 도덕교육의 역사에서 패러다임적 전환기라고 여긴다. 제6차 교육과정부터 교과목 명칭이 도덕, 윤리로 바뀌었지만 여전히 도덕교육의 내용영역에 근본적 변화가 없다

---

11) 국민윤리학회, 『국민윤리학개론』(서울: 형설출판사, 1987), 14쪽.
12) 위 책, 24~25쪽.
13) 정세구, 『국민윤리교육론』(서울: 교육과학사, 1983), 33쪽.

는 점에서, 우리 도덕교육에 대한 비판론자들은 '변장 국민윤리교육'(제6차 교육과정기), '위장 국민윤리교육'(제7차 교육과정기)이 이루어지고 있다고 혹평한다.[14) 그동안 우리 도덕교육이 정치적 부침에 일조하고 휘둘려온 측면이 없지 않다는 점에서 도덕교육 비판론자들의 주장에 겸허히 수용해야 할 점이 있음은 분명하다. 또한 도덕교육을 담당했던 진영내부에서도 자각적인 반성이 있어왔다. 지난 제3기 동안에 시도되었던 국민윤리(학)와 국민윤리교육에 대하여 반성적 검토가 이루어지고 도덕교육의 본질과 도덕교과의 정체성 찾기가 있어왔다.[15) 제4기 도덕교육은 그러한 반성적 성찰이 일정부분 반영된 것이라 하겠다.

제7차 교육과정 도덕교육의 주요 내용영역이 인성교육, 민주시민교육, 통일대비교육, 국가안보교육 등이라는 점에서 비판론자들이 주장하듯 여전히 위장 국민윤리교육이 이루어지고 있다 하더라도, 예나 지금이나 변치 않게 일관되어 온 우리 도덕교육의 한 가지 목표는 자라나는 세대들의 도덕성 발달과 인격수양이라는 점이다. 특히 이 점과 관련할 때 제4기의 우리 도덕교육은 이론적으로 패러다임적 전환을 시도하였다고 볼 수 있다. 독립된 교과로 정착된 제3차 교육과정 이래 제6차 교육과정까지 우리 도덕교육의 이론적 배경은 대체로 자유주의적 도덕교육론이었다. 원리와 추론 중심의 도덕교육, 인지발달론적 접근, 가치명료화적 접근 등이 그것이다. 그러나 제7차 교육과정의 도덕교육은 원리 중심에서 덕 중심으로, 인지에서 정의로, 정의에서 배려로, 개인에서 공동체로 이론적 중심축을 옮기면서 통합적 도덕교육론이 모색되고 그것이 교육과정에 반영된 것이었다.[16) 이러한 패러다임의 전환을 이

---

14) 홍윤기, "한국 도덕·윤리교육의 이념적 혼돈과 정체성 위기", 전국철학교육자연대회의, 『한국 도덕·윤리 교육백서』(서울: 한울, 2001), 256~402쪽; 손동현 외, 『중등 도덕교육의 현실과 문제』(서울: 집문당, 2003), 61~75쪽 참조.

15) 대표적인 연구로 박병기·추병완, "도덕교육의 학문적 근거와 배경", 『윤리학과 도덕교육 1』(서울: 인간사랑, 1996), 16~47쪽; 추병완·박병기·이경원·변종헌, "도덕과 교육의 학문적 배경과 정당화", 『윤리학과 도덕교육 2』(서울: 인간사랑, 2000), 14~37쪽.

16) 제7차 도덕과 교육과정 해설에서는 중학교 1-2학년의 교육목표인 '규범 및 예절의 습득과 실천의지형성'을 위한 도덕교육의 접근법은 공동체주의, 인격교육론 등을, 중3-고1의 교육목표인 '가치판단 능력 신장과 생활원리의 체계화'를 위한 도덕교육 접근법은 콜버그 등의 자유주의 도덕교육론을 예시하고 있다. 『중학교 교육과정 해설—국어·도덕·사회』(교육부, 1999), 192~194쪽.

끈 것은 80년대 중반 이후 미국의 도덕교육을 주도하고 있는 인격교육론, 덕교육론, 배려윤리교육론, 공동체주의도덕교육론 등의 영향도 없지 않지만, 그동안 도덕교육을 이끌어 온 주체들의 도덕교육에 관한 풍부한 이론적·실천적 성찰에 있다고 할 것이다. 90년대 중반 이후 봇물같이 쏟아져 나온 도덕교육 관련 이론서들이 그것을 반증한다. 그러나 아쉬운 것은 이 기간 동안 우리 전통에 토대한 인격교육론, 덕교육론에 관한 연구들도 나왔음에도 우리 도덕교육에 반영되지 못하고 주변적 위치에 머무르거나 폐기되어 왔다는 점이다.

2) 도덕교육의 이론적 배경으로써 서양 도덕교육론의 한계

지금까지 검토했듯이, 그동안 우리 도덕교육의 이론적 배경이 되어 온 것은 서양의 도덕교육론들이었다. 제3기까지는 국민윤리교육론을 모색할 때 원용되었던 정치교육론을 제외하고 순수 도덕교육 분야를 뒷받침했던 이론들은 대체로 인지발달론, 가치명료화론 등의 자유주의 도덕교육론이었다. 제4기부터는 인격교육론, 덕교육론 등의 공동체주의 도덕교육론이 이론적 배경으로 작용하였다. 제3기에서 제4기로 도덕교육의 이론적 배경이 전환해 온 것은 우리보다 10년 정도 앞서서 도덕교육의 패러다임을 이끌어 온 미국의 사정과 무관하지 않아 보인다. 이러한 점에 유의하면서 우리 도덕교육의 이론적 배경이 되어 왔던 자유주의 도덕교육론과 공동체주의 도덕교육론의 한계를 돌아보기로 하자.[17]

미국을 중심으로 한 서양에서 지난 1980년대까지 도덕교육을 주도해 온 패러다임은 자유주의 전통의 이른바 '원리 중심의 윤리'에 기반을 둔 것이었다. 칸트의 형식주의 윤리설에 기반을 둔 콜버그類의 발달론적 도덕교육론자들이 그들이다.[18] 근대적

---

17) 이하의 논의는 졸고, 「조선전기 도학적 덕교육론 연구」, 앞의 논문, 1~4쪽을 바탕으로 수정하였다.

18) 도덕교육에 대한 인지발달론적 접근을 주도하여온 콜버그(L. Kohlberg)를 비롯한 인지적·반성적 접근을 주장하는 윌슨(J. S. Wilson), 스크리븐(M. Scriven), 법리적 모형론(Jurisprudential Model)자인 올리버(D. Oliver)와 쉐이버(J. Shaver), 가치분석모형을 주장하는 쿰즈(J. Coombs)와 뮤즈(M. Meux), 그리고 차드윅(J. Chadwick) 등은 대표적인 학자들

자유주의 인간관에 기초를 두고 있는 그들은 인간의 도덕성이 보편적 과정을 거쳐 단계적으로 발달한다는 전제하에, 도덕교육을 통해 이것의 '발달'(moral development)을 자극해 주어야 한다고 주장한다. 요컨대, 그들이 주장하는 도덕교육이란, 도덕적 상황에 처한 학습자가 관련된 도덕 규칙이나 원리를 성찰하여 정확한 판단을 내릴 수 있도록 도덕적 사고 및 판단능력을 길러주는 것이다. 이러한 점에서, 그들은 학습자들에게 선조로부터 물려받은 도덕적 행위전통으로서의 德目이나 규범 등을 가르치는 것은 맹목적이며, 또한 도덕적 습관을 형성시키려는 그런 교육은 '주입'-(indoctrination)과 다른 것이 아니라고 본다. 따라서 학습자들에게 가르칠 것은 사회의 규범이나 관례와 같은 행위전통이 아니라, 보편적이고 객관적인 도덕적 규칙이나 원리라는 것이다.

원리 중심의 도덕교육론은 대체로 교육의 방법론상으로 '인지적 접근'과 연결된다. 한마디로 도덕교육에 대한 인지적 접근이란, 소수의 도덕원리를 바탕으로 도덕적 문제 해결의 과정과 절차 및 그에 필요한 능력을 함양하기 위하여 도덕규범에 대한 지적 이해와 도덕적 사고·판단 능력의 육성에 중점을 두는 접근법이기 때문이다. 이러한 도덕교육의 접근은 일면 타당성을 가지고 있다고 말할 수 있다. 그러나 도덕적 규칙과 원리에 대한 지적 이해와 사고·판단 능력의 함양만으로 과연 건전한 도덕적 인격의 육성이 달성되는 것으로 볼 수 있을지는 의문이 아닐 수 없다.

한편, 자유주의적 패러다임 내에 있으면서 원리 중심의 인지적 접근과는 결이 다른 또 하나의 주도적 도덕교육론은 래스(Louis E. Raths) 등의 가치명료화이론이다.[19] 그들은 도덕의 보편적 원리의 존재를 부정하고 가치를 전적으로 개인의 것으로 돌린다. 그러면서 특정 가치를 강조하여 가르치기보다는 개인이 가치를 획득해 가는 과정과 관련되는 모종의 능력과 태도를 갖추도록 하는 것을 교육의 목표로 삼는다. 가치화 과정에서 인지·정의·행동의 세 측면을 모두 고려하고 있어 통합적 가치교육론이라 할 만하지만, 가치명료화론이 강조하는 것은 가치 갈등이나 도덕적

이라 할 수 있다.

19) 래스·하아민·싸이몬, 정선심·조성민 공역, 『가치를 어떻게 가르칠 것인가: 가치명료화 이론과 교수전략』(서울: 철학과 현실사, 1994) 참조.

문제들을 해결하는 콜버그류의 인지적 접근과는 달리 자기의식(self-awareness)과 자기주의(self-caring)를 증진시키는 데 더 관심을 두고 있다. 말하자면 가치화 과정에서 판단이 중요한 요소이지만, 이것은 옳거나 그르다는 것을 판단하는 것이라기보다는 자신의 좋아하고 싫어하는 것에 대한 판단인 것이다.[20] 이 점에서 이 이론은 도덕교육에 대한 정의적 접근론이라 할 수 있다. 그러나 이러한 가치명료화는 가치를 개인의 것으로 돌림으로써 바람직한 가치 내지 도덕적 가치와 그렇지 못한 가치들 간의 구분을 무시해 버렸다. 단적으로 "테레사 수녀와 매춘부를 구분하지 않는" 것이다.[21]

콜버그이론과 가치명료화론의 한계와 문제점에 주목하면서 1980년대 중반 이후 도덕교육에 대한 새로운 패러다임이 미국을 중심으로 하여 등장하였다. 이른바 '인격교육적 접근', '덕교육적 접근', '공동체주의적 접근' 등이 그것이다. 사실 이 접근들은 새로운 것이 아니다. 1960년대 이전까지 미국에서 주류를 이루던 패러다임이었다. 그런 점에서 새로운 패러다임이라기보다는 전통적 패러다임의 재등장 혹은 부활이라 할 것이다. 그동안 이러한 접근들은 자유주의자들로부터 덕목과 행위중심의 도덕교육, 개인의 자율성을 무시하는 주입, 덕목보따리, 원리 없는 도덕상대주의의 조장 등의 비난을 받아온 바 있다. 그러나 새롭게 부활한 이 접근들은 주장하는 학자들마다 편차가 없지 않지만, 그동안 우리에게 잊혀져 왔던 덕과 인격의 함양, 전통과 역사의 중요성, 공동체의 복원 등과 같은 매우 유용한 교육적 개념들을 부활시켜 주고 있다. 뿐만 아니라 이들은 기존의 지배적 패러다임이 되어 왔던 자유주의 도덕교육론의 문제점을 해소하는 동시에, '도덕성' 혹은 '도덕적 인격'에 대한 개념적 지평의 확대를 도모하고 도덕교육에 대한 통합적 접근의 가능성을 열어놓고 있다.

인격교육론에 의하면,[22] '도덕성' 혹은 '도덕적 인격'이란 도덕규범에 대한 지적

---

20) 허쉬·밀러·필딩 공저, 김항원 외 공역, 『도덕·가치교육의 교수모형』(서울: 교육과학사, 1996), 19쪽.
21) Thomas Lickona, *Education for Character: How our Schools Can Teach Respect and Responsibility*(New York: Bantam Books, 1991); 토마스 리코나, 박장호·추병완 옮김, 『인격교육론』(서울: 백의, 1998), 23쪽.

이해와 사고·판단 능력 이상의 것으로 구성되는 것이다. 이를테면 인격교육론의 대표 주자 중의 한 사람인 리코나(Thomas Lickona)에 의하면, 도덕성은 도덕적 인지, 도덕적 느낌, 도덕적 행위를 포함하는 개념이며, 따라서 훌륭한 인격이란 선을 아는 것, 선을 바라는 마음, 선을 행하는 것, 즉 사고의 습관, 심정의 습관, 행동의 습관으로 구성된다는 것이다.[23] 그리고 그들은 이러한 인격의 구성요소와 특성을 드러내기 위한 이론적 근거로 아리스토텔레스적 전통의 德 개념에 주목한다. 아리스토텔레스에게 있어 덕이란 원리 중심의 윤리론자들이 비난하듯 이른바 '덕목 보따리'가 아니다. 덕이란 도덕적으로 탁월한 품성, 즉 도덕적으로 훌륭한 것, 뛰어나서 칭찬받을 만한 것으로서, 인간을 善하게 하며 그 자신의 일을 잘하게 하는 성향 내지 성품을 뜻한다.[24] 따라서 有德한 사람은 하나 혹은 몇 개의 편향된 덕목들을 발달시킨 자가 아니라, 여러 가지 덕들을 충실하고도 조화롭게 발달시킴으로써 통합된 도덕적 성향, 즉 선에 대해 알고, 느끼고 의욕하며, 행동하는 성향을 지니는 것이다. 이러한 맥락에서 인격교육론자들은 도덕적 인격의 특성을 덕의 관점에서 파악하고, 인격교육은 곧 덕을 기르고 계발하는 문제로 본다. 이처럼 도덕성을 덕 중심으로 파악하고, 도덕교육을 덕으로 구성되는 인격의 함양으로 보는 관점을 도덕교육에 대한 '덕교육적 접근' 혹은 '인격교육적 접근'이라 한다.[25]

한편, 공동체주의자들은 공동체의 '위대한 전통'을 가르쳐야 한다고 주장한다.[26]

---

22) 인격 교육의 부활을 주도해 온 학자들로는 베넷(W. Bennett), 위인(E. Wynne), 프리차드(I. Pritchard), 킬패트릭(W. Kilpatrick), 리코나(T. Lickona), 라이언(K. Ryan), 레밍(J. S. Leming) 등을 들 수 있다. 그리고 단체로는 미국 인격 교육 연구소(American Institute for Character Education)가 그 중추적인 역할을 수행해 왔다.

23) 토마스 리코나, 박장호·추병완 옮김, 앞의 책, 72쪽.

24) Aristoteles, *The Nichomachean Ethics*. 이에 대해서는 柳柄烈, "道德敎育의 目標로서의 '道德的 人格'에 관한 硏究", 『도덕윤리과교육』제7호(한국도덕윤리과교육학회, 1996. 7.), 256쪽에서 재인용.

25) 위의 책, 252~279쪽.

26) 공동체주의의 대표적인 학자로는 샌들(M. Sandel), 맥킨타이어(A. Macintyre), 테일러(C. Taylor), 웅거(R. M. Unger), 월처(M. Walzer), 바버(B. Barber), 셀즈닉(P. Selznick), 에치오니(A. Etzioni) 등을 들 수 있다. 이들의 윤리학적 관점에 대한 소개는 심성보, 『교육윤리학입문』(서울: 내일을 여는 책, 1995), 117~242쪽.

예컨대 공동체주의의 대표 주자인 맥킨타이어(A. MacIntyre)에 의하면, 인간은 결코 공동체로부터 분리된 추상적 개인으로 존재할 수 없으며, 오직 공동체의 삶 속에서만 개인의 정체성을 획득할 수 있다.27) 그런데 원리 중심의 자유주의적 도덕교육론자들이 가정하는 인간관은 '독립된 개인'으로서, 그들은 구체적인 역사적·사회적·정치적 상황으로부터 추상화되어 있는 '원자적 자아'이다. 그렇기 때문에 도덕교육에 있어서도 자율성, 합리성 등과 같은 개인의 존엄성 측면에만 지나치게 집착한 나머지 '내용' 없는 '형식'의 도덕교육으로 일관해 왔고, 그 반대의 축이라 할 수 있는 인간 존재의 사회적 본질 및 공동체, 공동체의 위대한 전통으로서의 규범이나 덕목과 같은 '내용'들을 간과하여 왔다는 것이다. 이러한 관점에서 그들은 공동체의 위대한 전통들을 가르칠 것을 주장하고 있다. 그리고 다음 세대에게 공동체의 위대한 전통을 교육하는 것은 맹목적인 '주입'과는 다른 것이며, 전통에 기초한 합리성을 찾아서 교육하는 이른바 '도덕사회화'(moral socialization)인 것이다.

나아가 덕은 본질적으로 사회적 산물이지 개인의 이성이나 숙고로부터 나오는 것이 아니다. 덕의 본질적 구성요소의 하나가 善을 아는 것이라 할 때, 개인의 이성으로부터 나온 도덕규준은 善을 보장하지 못한다. 우리가 도덕적으로 추구해야 할 善이 무엇인지를 알려주고 사회의 구성원들로 하여금 공통된 善의 개념을 지니게 해주는 원천은 공동체에 있는 것이다. 따라서 공동체야말로 그러한 善이 무엇인지를 알려줄 뿐만 아니라 덕이 함양될 수 있는 실질적인 장소라 할 수 있다. 그리고 여기서 善이란 자유주의자들의 추상적인 도덕원리가 아니라, 공동체에 근거를 둔 모종의 구체적인 도덕원리라 할 수 있다. 따라서 도덕교육은 공동체의 행위전통을 교육하는 '내용'의 도덕교육과 더불어, 전통에 기초한 도덕원리를 찾아 교육하는 '형식'의 도덕교육이 공히 다루어져야 한다. 왜냐하면 인격의 본질로서의 덕성은 전통에 기초한 다양한 덕들의 습득으로 이루지는 것이기는 하지만, 덕성의 완성자로서 有德한 사람은 몇 개의 편향된 덕목들을 발달시긴 자기 아니라 덕들을 조화롭게 발달시킴으로써 통합된 도덕적 성향을 지닌 자이기 때문이다. 따라서 有德한 사람

---

27) Alasdair Macintyre, *After Virtue*, 2nd ed. (Notre Dame: University of Notre Dame Press, 1984), pp.11~22.

은 공동체에 근거한 모종의 도덕원리에 입각하여 善을 규정하고 이를 토대로 선을 알고, 느끼고 의욕을 가지며, 행동하는 성향을 지닌 자이다.

이상이 인격교육론과 덕교육론, 그리고 공동체주의자들이 주장하는 도덕교육에 대한 패러다임이다. 그러나 새롭게 부활한 도덕교육의 패러다임이 이상에서처럼 인격과 덕, 공동체의 중요성을 복원하고 도덕교육에서 원리와 내용, 인지·정의·행동 등의 통합적 접근의 틀을 제시하였지만 자유주의적 도덕교육론의 온전한 대안인지는 의심의 여지가 있다. 우선, 인격과 덕과 공동체의 복원은 자칫 인격교육에 대한 전통적 패러다임이 그랬던 것처럼 도덕교육에서 덕목과 행위를 강조하고 개인의 자율성을 무시하는 주입의 위험성을 벗어나지 못한다. 둘째로, 도덕교육에서 원리와 내용의 통합을 주장하지만, 그들이 주장하는 원리란 보편적 원리라기보다는 공동체적 전통에 토대한 원리이고 실천적 지혜일 뿐이다. 세계화시대에 있어 그들이 주장하는 도덕원리는 자칫 상대주의를 조장할 가능성이 없지 않다. 셋째로, 도덕성을 인지·정의·행동의 요소로 구분하고 그 세 측면을 골고루 발달시켜야 한다는 통합적 관점을 제시하고 있지만, 이 중 무엇이 더 중요하고 무엇을 보다 비중 있게 다루어야 하는지 알 수 없다. 도덕성의 세 요소는 무 자르듯이 구분되는 것이 아니라 제 요소 간에 서로 겹치고 통합적인 것으로 보아야 한다.[28] 아무래도 인격교육은 인지적 측면의 도덕성을 소홀히 할 가능성이 높다.

결국 원리 중심의 도덕교육론도 덕 중심의 도덕교육론도 온전한 것이 아닌 것 같다. 또한 인지·정의·행동의 어느 한 측면을 강조하여 접근하는 것도 일면적 도덕교육론일 수밖에 없다. 대안은 원리와 덕의 통합, 인지·정의·행동의 통합을 온전히 추구할 수 있는 보다 포괄적인 도덕교육론을 창출하는 것이다. 이러한 포괄적인 도덕교육론이 창출되기 위해서는 원리와 덕, 인지·정의·행동을 동시에 주장해도 전혀 논리적 모순이 없는 보다 차원 높은 논리적 가정 내지 추상적 원리가 수립될 수 있어야 한다. 이 글은 이러한 사정과 관련하여 유교도덕교육론에 주목해야 한다

---

28) 이에 관한 좋은 참고는 고미숙, "도덕성의 세 가지 측면(인지적·정의적·행동적 측면)의 구분에 따른 도덕교육의 오해와 이해", 『대안적 도덕교육』(서울: 교육과학사, 2005), 77~109쪽.

고 했다. 이제 그것을 볼 때가 되었다.

3. 유교도덕교육론의 통합교육적 성격

理一分殊, 下學而上達, 心統性情, 小學大學!! 이 네 가지 언표는 유교도덕교육론의 통합교육적 성격을 설명해 주는 핵심 키워드라고 생각한다. '리일분수'는 개인과 공동체의 관계를, '하학이상달'은 내용과 원리의 관계를, '심통성정'은 인지·정의·행동의 도덕적 마음의 구조를, '소학대학'은 사회화와 발달을 통합적으로 설명해 준다. 이 네 가지 언표들의 유기적 관계에 유의하면서 유교도덕교육론의 통합교육적 성격을 보기로 하자.

1) 理一分殊: 개인과 공동체의 조화

세계의 구성원들 간의 관계는 무엇인가? 같은 가족인가, 아니면 서로 다른 개체들인가? 동아시아 문명은 이들 간의 관계를 "같음과 동시에 다른 존재"들로 규정해 왔다. 이것의 華嚴學的 언표가 '理事無礙'이고, 노장 혹은 氣論的 언표가 '氣分萬殊'이다. 그리고 신유학적 언표가 바로 "이치는 하나이지만 나뉘어 각각 가지고 있는 것은 다르다"는 '理一分殊'이다. 율곡은 '理通氣局'이라 언표했다. 이 언표들에 공통적으로 함의되어 있는 사상은 한마디로 세계가 하나의 유기체라는 사고이다. 즉 존재론적 관점에서 보면 우주 전체가 하나이지만 전체 속에서 각 개체들은 자아의 독자적 개성을 가진다는 의미이다. 그런데 화엄학적·기론적 사고와 유가적 사고가 어떻게 다른가?

리사무애란 '事'(현상세계, 차별의 세계)와 '理'(무차별의 본체세계)가 서로 분리된

두 세계가 아니라는 것이다. 사법계는 리법계의 顯現일 뿐이기에, 본체와 현상은 별개의 세계가 아니라 같은 하나의 세계이다. 그래서 事事無碍가 가능하다. 사사무애란 현상과 현상 간의 존재들은 모두 무차별하다는 것이다. 사물과 사물은 서로 상호의존적이고 상호 중첩되어 존재한다. 각 법계는 따로 따로 별개가 아니라 서로서로 연기되어 있다.[29] 그래서 圓融無碍이다. 궁극적인 깨달음의 시각에서 보면, 현상계의 다양한 차별성은 더 이상 극복의 대상이 아니라, 오히려 참다운 세계를 참답게 하기 위해 화려하게 이 우주를 장식하는 아름다운 낱낱의 꽃으로 그 자리에 그렇게 있어야 하는 존재들이다. 우주의 구성원들은 존재론적 차원에서만이 아니라 가치론적으로도 모두가 평등한 하나의 가족일 뿐이다. 이것이 화엄학이 보는 세계 구성원들 간의 관계에 대한 관점이다.

장횡거는 우주와 만물의 탄생을 太虛로부터 시작되는 氣의 모임[聚]과 흩어짐[散]으로 설명했다. 우연히 기들의 교감의 정도에 따라 인간이 되고 사물이 된다. "하나의 기가 나뉘어 다양한 만물을 낳는다."는 '氣分萬殊'[30]가 그것이다. 사람은 모두 하늘과 땅에 의해서 태어나며, 만물 또한 그렇다. 이처럼 하늘과 땅을 부모라 여기면 모든 사람은 동포이고 모든 만물은 짝이지 않을 수 없다. 요컨대, '만물은 일체'[萬物一體]이고 氣를 공유하는 同氣間라는 것이다. 따라서 세계의 구성원들은 존재론적으로나 가치론적으로나 평등한 존재이다. 이것이 '기분만수'가 함의하는 뜻이다. 이러한 기분만수의 관점을 집약적으로 피력한 장횡거의 글이 「西銘」이다.

그런데 리론적 관점에 섰던 주희나 정이천 등은 세계의 구성원들의 존재론적·가치론적 평등을 전제하는 장횡거나 화엄학적 관점에 동의할 수 없었다. 존재론적 평등은 몰라도 개별 구성원들이 추구해야 할 가치나 이념까지 같다는 가치론적 평등은 있을 수 없다는 게 그들의 생각이다. 이것이 주희나 정이천이 한편으로 화엄학과 기론적 관점에 사상적 빚을 지면서도 그들과 결별할 수밖에 없었던 사연이다.

---

29) 윤사순, "동양 본체론의 의의", 한국동양철학회, 『동양철학의 본체론과 인성론』(연세대출판부, 1996: 제7판), 158~159쪽.

30) 『張子全書』, 卷2, 「正蒙」, 〈太和篇〉, "游氣紛擾, 合而成質者, 生人物之萬殊, 其陰陽兩端, 循環不已者, 立天地之大義."

단적으로 그들은 '理一分殊'라 언표하였다. 이 언표는 정이천이 장횡거의 「서명」을 해석하면서 비롯된 것 같다. 장횡거는 '기분만수'를 주장했다. 「서명」을 읽어봐도 그의 관점은 뚜렷하다. 그래서 일찍이 정이천의 제자인 양시(楊時)도 "「서명」의 글은 너무 지나치다."고 하면서 선생에게 의문을 던지고 있다. 즉 그가 말하는 '지나침' (過)이란, 「서명」의 글은 너무 한몸[一體]이라는 점만 강조하고 이치가 나뉜 특수함에 대해서는 말이 없다. 이 점으로 인해 墨子의 兼愛와 무차별적 사상으로 오인하게 만들고 있다는 것이다. 이러한 양시의 주장은 분명 일리가 있어 보인다. 그러나 양시의 의문에 대해 정이천은 분명하게 "노우"(No)라고 답하면서, 「서명」을 '리일분수'의 관점에서 해석하였다. 西銘明理一而分殊, 墨氏則二本而無分(「서명」은 리일분수를 밝혔는데, 묵 씨는 근본을 둘로 하되 나눔이 없다.)[31] 이것이 정이천의 분명한 주장이다. 정이천의 분명한 입장은 주희에 이어져 일반화되었고, 원대의 성리학자인 정복심(程復心, 호는 林隱; 1279~1368)은 이들의 해석에 바탕을 두어 「西銘圖」를 그렸다.

정복심은 「서명」을 圖解하면서 「서명도」를 '上圖'와 '下圖'의 2단으로 만들었다. '상도'는 "오로지 리일분수의 분변을 밝힌 것"(專以明理一分殊之辨)이고, '하도'는 "어버이를 섬기는 정성을 다하고 이에 근거하여 하늘을 섬기는 도리를 밝힘을 논한 것"(論盡事親之誠, 因以明事天之道)이라고 규정하였다. '상도'는 2층으로 구성되어 있는데, 제1층은 "나의 백성과 만물은 형제요, 그 이치는 모두 하나이다."(凡吾民物 兄弟, 其理皆一)라는 '리일'의 원리를 선언하는 것이다. 여기에서 "함께 사는 仁으로써 말한 것"(以竝生之仁言)과 "미루어 실행하는 仁으로써 말한 것"(以推行之仁言)의 2갈래가 나뉜다. 제2층에서는 "함께 사는 仁으로써 말한 것"에는 "사람과 만물의 다름"(人物分殊)이 속하고, "미루어 실행하는 仁으로써 말한 것"에는 "임금과 신하의 다름"(君臣分殊), "어른과 아이의 다름"(長幼分殊), "성인과 현인의 다름"(聖賢分殊), "고귀하고 비천함의 다름"(貴賤分殊)이 속한다는 것을 '분수'의 차이로 제시하고 있다. 그리고 "이치는 하나로 귀결된다."(理歸乎一)고 하는 명제를 통하여,

---

31) 『二程文集』, 卷8, 「伊川答楊時問西銘書」.

'리일'에서 시작하여 '분수'로 나누어지지만 결국 '리일'로 귀결된다는 '리일분수'의 원리가 제시되고 있다.[32]

이른바 '並生之仁'과 '推行之仁'이 어떻게 다른가? 전자는 '리일'이고 후자는 '리분수'이다. 즉 세계만물은 '리일'로써 모두가 형제이고 가족이다. 그러나 개별구성원들은 '리분수'로써 사람과 만물은 물론 사람과 사람도 서로 다르고 각각이 실천해야 할 의리가 다르다는 것이다. 이것이 이른바 '리일분수'의 정확한 뜻이라 여긴다. 이러한 관점에서 볼 때 화엄학이나 기론적 관점은 문제가 있다. 율곡의 주장은 이를 이해하는 데 유익하다.

> 리일분수는 가장 제대로 이해되어야 한다. 한갓 '리일'만 알고 '분수'를 모른다면 釋氏(불교, 혹은 묵자: 필자주)처럼 作用으로 性을 삼고 猖狂自恣하게 된다. 또한 '분수'만 알고 '리일'을 모른다면 荀卿(순자)이나 揚雄처럼 성악설이나 성선악혼설을 주장하게 된다.[33]

작용하는 것은 氣이지 性(理)이 아니다. 리사무애와 사사무애를 주장하는 화엄학은 '리일'만 주장하는 것이다. 이것은 '분수'의 氣(氣局)를 通一의 리(理通)라고 여기는 것이고 자신의 행위가 그대로의 天然한 이법이라고 여기는 것이다. 이러한 관점은 사람들을 오만방자하게 이끄는 폐단을 초래한다. 한편, 氣로 인한 '분수'만을 알고 근원적 '리일'을 모른다면 순자나 양웅처럼 성악설이나 성선악혼설을 주장하게 된다. 현실적 기를 그대로 리라고 한다면 마침내 행위의 준칙이 사라지게 되고, 현실적 기의 개별성(분수)만 알고 '리일'의 보편성을 모르면 性善의 근거가 사라지게 된다.

우주의 구성원들 간의 관계는 무엇인가? 같은 가족인가, 아니면 서로 다른 개체들인가? 리일분수 사상은 우주를 하나의 유기체로 이해하는 사고이다. 존재론적 관점에서 보면 우주 전체가 하나이지만 전체 속에서 각 개체들은 자아의 독자적 개성

---

32) 정복심, 「서명도」, 여기서는 『增補 退溪全書』(一), 「聖學十圖」의 〈西銘圖〉를 참조했음.
33) 『국역 율곡전서(Ⅲ)』 권9, 「書」 〈성호원에게 답하다〉(한국정신문화연구원 간, 1996), 50쪽.

을 가진다는 의미이고, 가치론적 관점에서 보면 '리일'은 만물을 일체로 보는 仁에 해당하며 '리분수'는 각각의 상황에 마땅하게 행동하는 義에 해당한다. 이처럼, '리일'과 '분수'의 통일적 실현이 송대 유학이 지향하는 이념이었다.[34]

　이러한 '리일분수'의 이념은 도덕적 자아 개념과 관련하여 현대적 의미가 크다고 생각한다. 근대 이후에 우리가 추구해 왔던 도덕적 자아 개념은 개인적 자아 혹은 공동체적 자아 중에 어느 하나를 일방적으로 추구해 왔다. 자유주의자들은 원자적 자아 혹은 개인적 자아를 강조했다. 반면 사회주의 혹은 공동체주의자들은 공동체적 자아 혹은 전체적 자아를 추구했다. 전자는 현실적으로 존재할 수 없는 추상적 자아 개념에 불과하고, 후자는 개인은 없고 사회와 국가만을 강조하는 전체주의와 파시즘을 낳았다. 그러나 '리일분수'의 이념은 우주의 구성원을 "같음과 동시에 다른 존재"로 보는 관점이다. 이는 개인적 자아와 공동체적 자아를 같이 고려하는 것이다. '리일'이 보편성이고 공동체성이라면, '리분수'는 특수성이고 개별성이다. 도덕적 자아의 본질은 보편성과 특수성, 공동체성과 개별성의 상호조화를 통해서 이루어지는 것이다. '리일분수'의 이념은 오늘날 공동체주의적 자유주의 혹은 자유주의적 공동체주의의 이념과 다르지 않다고 여긴다.

2) 下學而上達: 원리와 내용의 통합

　'리일분수'!! '리일'은 세계만물이 궁극적으로 추구해야 할 이념이지만, 그것을 실현하는 길은 세계 구성원들에게 부여된 '리분수'를 통해서이다. '리일'은 만물을 일체로 보는 仁에 해당하며 '리분수'는 각각의 상황에 마땅하게 행동하는 義에 해당하기 때문이다. 요컨대, '리분수'는 下學의 인간세계이고, '리일'은 上達의 天理세계이다. 아래로 인간의 일을 배우면서 실천하다 보면 위로 천리에 통달하게 된다(下學而上達).[35]

---

34) 이황 지음, 이광호 옮김, 『성학십도』(서울: 홍익출판사, 2001), 47쪽(역자 註 121 참조).
35) 『論語』「憲問: 37」, 이에 대한 程子의 註: 蓋凡下學人事, 便是上達天理. 然習而不察, 則亦不能以上達矣.

'리분수'란 개별구성원들이 달성해야 할 義理이다. 유교의 의리란 한마디로 "명분론에 따라 자기에게 부여한 직분을 다함"이다.[36] 『論語』에서 "임금은 임금다워야 하고 신하는 신하다워야 하며 아버지는 아버지다워야 하고 자식은 자식다워야 한다.(君君臣臣父父子子)"는 언표는 그 전형적인 예이다. 여기서 "~다움" 혹은 "~답게 행동함"은 보다 실천적인 직분으로 구체화될 필요가 있는데 그것은 바로 덕목과 규범으로 제시되는 것이다. 예컨대, 『禮記』에서는 "~다움"을 덕목으로 풀어 해석하고 있다.

> "사람의 의란 무엇인가? 부모는 자애롭고, 자식은 효도하고, 형은 양순하고, 동생은 공경하고, 지아비는 의롭고, 지어미는 명을 받들고, 윗사람은 은혜롭고, 어린 사람은 순종하고, 임금은 어질고, 신하는 충성하는 것, 이 열 가지를 일러서 사람의 의라고 한다."[37]

그리고 의리를 구체적인 실천규범의 차원으로 제시된 것이 禮이다. 유교에서 말하는 "禮儀三百, 威儀三千"이라는 모든 행위의 도덕규범은 의리의 구체화된 표현에 다름 아니다.[38] 말하자면, 義에 입각하여 직분에 따른 덕목과 예의가 제정되고, 이제 그러한 덕목을 실현하고 규범으로서의 예를 준수함이 곧 의리를 지키는 것이 된다.

이처럼, 의리란 합리적으로 지위와 역할을 나누고 그에 따른 덕목과 규범의 준수를 책임으로 부과하는 도덕적 명령이다.[39] 그런데 분의와 예의를 정함에 전제가 되는 유교윤리의 궁극적 원리가 '리일'로서의 仁이다. 이것은 孔·孟을 이은 관점이겠지만, 주희는 그 점을 「仁說」에서 명쾌하게 정리하고 있다.[40] '心之德으로서의 仁' 개념이 바로 그것이다. 仁의 의미는 두 가지다. 하나는 '愛之理로서의 仁'이고, 또 다

---

36) 김낙진, 『의리의 윤리와 한국의 유교문화』(서울: 집문당, 2004), 55쪽.
37) 『禮記』, 「樂記」, "何謂人義? 父慈, 子孝, 兄良, 弟弟, 父義, 婦聽, 長惠, 幼順, 君仁, 臣忠, 十者謂之人義."
38) 『論語』, 「學而; 12」〈朱子註〉, "禮者, 天理之節文, 人事之儀則也."
39) 김낙진, 앞의 책, 57쪽.
40) 주희의 〈仁說〉에 대한 자세한 고찰은 林宗鎭, "朱子의 〈仁說〉 研究", 『泰東古典研究』 第10輯(한림대학교 부설 태동고전연구소, 1993), 869~872쪽 참조.

른 하나는 '心之德으로서 仁'이다. 전자는 仁의 전통적 의미인 사랑(仁愛) 혹은 사랑의 두터움(仁厚)의 뜻으로 그것은 仁義禮智의 四德 속의 협의('리분수')의 仁 개념이다. 후자는 全德으로서의 광의('리일')의 仁개념이다. 이 全德으로서의 仁은 나머지 모든 德들을 포괄하는 德으로써, 말하자면 도덕의 제일원리이고 도덕실천의 내적 근거라 할 수 있다.[41] 따라서 유교윤리학은 이 全德인 仁에 기초하여 도덕적 문제사태를 파악하고(智) 가장 적합하고 합리적인(義) 규범(禮)을 입법하라는 것이다.[42] 말할 것도 없이 기존의 규범(분의와 예의)에 대한 반성적 평가의 규준도 仁이다.

그렇다면, 유교윤리의 핵심은 仁과 義의 조화와 균형에 있다. 이것이 유교적 仁義의 윤리학의 본질이다. 그런데 도덕현실에서 '의로움' 윤리를 실현하는 데는 그리 간단치가 않다. 仁과 義의 조화와 균형적 결단을 내린다는 것이 말처럼 쉬운 일이 아니기 때문이다. 맹자가 규정했듯이, 원래 두 규범은 서로 기원이 다르다. 즉 仁이 부자관계를 핵심으로 하는 가족규범으로 출발한 것이라면,[43] 義는 형제관계에서 비롯되지만 이를 장유와 군신관계로 확대시켜 적용되는 사회규범이다.[44] 처음부터 유교윤리는 서로 이율배반적인 가족규범과 사회규범의 일치를 지향하고 있다. 가족이라는 혈연공동체 안에서는 아무래도 엄격하게 따지고 나누는 합리성(分義)보다는 정서적 유대감(親), 사랑(愛), 배려 등이 중요한 덕목으로 등장한다. 그러나 사회라는 비친면적 공동체에서는 그 반대이다. 그러기에 자칫 분의와 예의를 강조할 때 인간관계는 소원해지고 형식으로 흐를 수 있다. 반대로 仁을 강조할 때 인간관계는 절도가 없어지고 온정적으로 흐를 가능성이 크다. "仁에 도타운 사람은 義에 박하니 사랑은 하되 존중하지 못하며, 義에 도타운 사람은 仁에 박하니 존중은 하되 사랑하지 않는다."[45]는 『禮記』의 언표는 유학자들의 지향점과 고민을 종합적으로 표

---

41) 『朱子大全』, 卷67, 「仁說」, "蓋天地之心, 其德有四, 曰元亨利貞, 而元無不統. 其運行焉, 則爲春夏秋冬之序, 而春生之氣無所不通. 故人之爲心, 其德亦有四, 曰仁義禮智, 而仁無不包. 其發用焉, 則爲愛恭宜別, 而惻隱之心無所不貫. 故論天地之心者, 則曰乾元坤元, 則四德之體用不待悉數而足. 論人心之妙者, 則曰仁人心也, 則四德之體用亦不待遍擧而該."

42) 보다 자세한 논의는 졸고, 『유교 도덕교육론』(서울: 원미사, 2001), 53~55쪽.

43) 공자는 효제를 인을 실천하는 근본(孝弟也者, 其爲仁之本與)이라 하였다.

44) 『孟子』, "仁之實 事親是也, 義之實 從兄是也."; "未有仁而遺其親者也, 未有義而後其君者也."

현해 주고 있는 것이다.

따라서 '인의'의 윤리를 실현하는 데는 대단한 도덕적 안목이 필요하다. 인과 의의 조화와 균형이란 단순한 산술적 평균과는 거리가 멀다. 그것은 시공간적 상황에 따라 그에 알맞은 최적의 時中的 中庸을 포착하는 행위선택이다. 따라서 여기서는 고도의 지적·도덕적 안목을 요구하는 것이다. 성리학에서 '의로움'의 이론적 근거를 찾기 위하여 理라는 철학적 용어를 끌어들이면서 性命義理之學이라는 형이상학적 체계를 수립하려 했던 것도 이러한 사정과 관련된다. 주지하듯이, 성리학에서 '理'란 인간을 포함한 우주의 만물과 모든 현상의 변화 속에 있는 존재와 당위의 원리(所以然之故, 所當然之則)이다. 따라서 '義'가 구체적인 현실에서 올바름과 마땅함에 관한 규범이라면, '理'는 그런 규범들의 궁극적 원리이다. 현실에서 올바름과 마땅함에 관한 규범은 개인이나 집단의 역사적 경험과 지식, 가치관, 사회관에 따라 달리 파악될 위험이 있다. 이러한 위험을 해소시키기 위한 장치가 바로 성리학의 理인 것이다. 그래서 理는 義의 근본이 되는 것이고, 義는 理가 구체적 사태에 표출되는 것과 다르지 않다. 사정이 이러하기에 이제 성리학자들에게 있어 '義'의 근거로서 그 존재와 당위의 원리가 어떤 성격의 것이며, 그것을 탐구하는 방법으로써 窮理의 문제가 중요한 과제로 등장하는 것이다.

그러나 도덕현실에서 처음부터 모두에게 높은 수준의 도덕적 안목을 요구하기는 무리이다. 형이상학적 수준의 절대적 준거는 너무 추상적이고 도달하기 어려운 지난의 과제인 것이다. 그래서 공자가 언표했던 '아래에서 배워 천리에 도달한다(下學而上達)'는 것이 도덕적 안목을 키우는 원칙이었다. 말할 것도 없이 하학이란 이미 성인에 의해 제정된 '리분수', 즉 현실에서 올바름과 마땅함에 관한 규범을 배우는 것이다. 그것이 유교도덕교육의 근본이고 상달공부는 그다음이다. 예컨대, 小學공부는 '하학이상달'을 위한 공부의 출발이자 근본이었다.

옛날에 소학에서는 쇄소·응대·진퇴의 예절과 어버이를 사랑하고 어른을 공경하며 스승을 높이고 벗과 친하는 도리로써 가르쳤으니, 모두 훗날의 수신·제가·

---

45) 『禮記』, 「表記」, "厚於仁者 薄於義, 親而不尊, 厚於義者 薄於仁, 尊而不親."

치국·평천하의 근본이 되는 것이다.[46)]

　'本'이라는 것은 항상 '末'과 함께 운위되는 것으로, 유가의 경전과 전술에는 本末에 관한 논의가 풍부하게 나타나고 있다. 이러한 本末論理는 유가적 사고의 한 특징을 이루고 있거니와,『소학』공부야말로 성리학적 수양의 '本'에 속한다는 것이다. 그래서『소학』공부를 통하여 형성되는 성현의 기질은 이른바 '습관에 의해 도야된 心性'이며, 이 습관과 함께 지혜가 자라며, 기질의 변화와 더불어 인격의 완성에 이르게 되는 것이다(習與智長 化與心成). 이처럼, 行공부 중심의 하학공부를 근본으로 삼다 보니까 유교도덕교육론이 덕목과 행위 중심의 교육론으로 읽혀져 왔던 것이 아닌가 한다. 그러나 유교도덕교육의 궁극적 목표는 仁義의 도덕성을 전덕으로 터득하는 것이었다. 피터스(R. S. Peters)적 언표로 원리와 반성의 도덕은 전통과 관습의 마당을 거쳐서 가능하다. 이것이 '下學而上達'이 뜻하는 바라고 여긴다. 이처럼, 유교도덕교육론은 원리와 내용의 통합을 지향한다.

3) 心統性情: 인지·정의·행동의 통합

　유교윤리의 궁극적 원리는 仁義이고, 그것은 저 서양전통의 正義의 윤리와 비교됨 직하다. 예컨대, 길리건(C. Gilligan)과 나딩스(N. Noddings) 등은 단적으로 서양전통의 윤리학을 '正義의 윤리'(the Ethics of Justice)라 하였다. 칸트와 공리주의에서 콜버그로 이어지는 正義의 윤리는 성적 편견(sex bias)을 담은 남성 위주의 윤리학이었을 뿐만 아니라, 서양의 공동체적 전통을 허물며 사람들을 지나친 이기주의자로 이끌어왔다는 것이다. 단적으로 정의의 윤리는 우리를 다른 사람들로부터 분리시키는 보편화의 원리만을 강조하기 때문이다. 그러나 그들은 진정한 윤리적 삶의 본질이란 서로 알게 되고 상대방이 느끼는 것을 같이 느끼며 상대방에 의해 영향을 받는 것이라 주장한다. 이처럼 타인을 향한 수용성 혹은 개방성이 윤리적 삶

---

46)『小學』,「小學書題」, "古者小學, 敎人以灑掃應對進退之節, 愛親敬長隆師親友之道, 皆所以爲修身齊家治國平天下之本."

의 본질이라면 인간적 만남, 따뜻한 '배려의 윤리'(the Ethics of Care)가 정의보다 더 중요한 사회적, 도덕적 기초가 되어야 마땅할 것이다. '따뜻한 배려'와 '관계성'과 '책임'은, '정의'와 '의무'와 '권리'의 남성 편향적 도덕성과는 다른 목소리로 여성과 어머니의 도덕성이다. 이러한 배려의 윤리야말로 정의의 윤리를 보완할 수 있는 대안이라는 것이 그들의 주장이다. 이러한 관점에서, 길리건은 이제 도덕성은 '정의'와 '배려'라는 두 가지 상호 의존적인 요소들로 이루어진 것으로 보아야 할 것이라 주장하고 있다.[47)]

유교적 仁義의 도덕성이야말로 길리건이 상정했던 윤리에 가깝다. 인간적 만남과 따뜻한 배려를 전제로 하여 正義를 추구하고자 하는 것이 仁義의 윤리학인 것이다. 정의는 독립된 개인을 전제로 성립된다. 그래서 정의는 개인과 개인 간의 갈등을 해결하고 손실을 보상하며 평등을 이뤄나가는 도덕원리이다. 그러나 인의의 윤리학은 공동체적 인륜을 전제로 성립된다. 인륜을 떠난 추상화된 개인은 존재하지 않기 때문이다. 인의는 바로 인륜적 질서 속에서 개인들이 가져야 할 도덕원리인 셈이다. 그리고 유교적 합리성, 즉 인의의 도덕성은 계몽적 합리성과 다르다는 점에서 '合理'라기보다는 '合情'이라 할 것이다.[48)] 正義의 윤리를 '合理의 윤리학'이라 한다면, 仁義의 윤리는 '合情의 윤리학'이라 부를 수 있다.[49)] 물론 이러한 대비를 '이성' 對 '감정'으로 단순화해서는 안 된다. 오히려 이성 대 감정의 이분법은 '合理의 윤리학'의 관점이다.

윤리학을 포함한 서양사상사에서 당연히 지배적인 요소는 인류를 지칭하는 현명하고도 이성적인 인간(Homo Sapiens)의 개념으로부터 나온다는 것은 주지의 사실이다.[50)] 반면, 감정은 한갓 이성에 의해 제어되고 통제되어야 할 대상일 뿐이다. 왜냐

---

47) 이상의 길리건과 나딩스의 논점에 대해서는 박병기·추병완 저, 『윤리학과 도덕교육 1』, 앞의 책, 278~333쪽 참조.
48) 이러한 시사는 許昌武 교수로부터 얻었다. 許昌武, "東洋的 合情主義와 正義觀", 한국 국민윤리학회 주최, 『아세아적 가치와 경제윤리』, 제6회 한·중윤리학 국제학술대회 논문집 별쇄본(1999).
49) 졸저, 『유교도덕교육론』, 앞의 책, 22~27쪽.
50) 박정순, "감정의 윤리학적 사활", 정대현 외, 『감성의 철학』(서울: 민음사, 1996), 70쪽.

하면 감정이란 '동물적 정기' 혹은 닦아내어야 할 '마음의 땀', 그리고 종국에는 철학에 의해서 치유되어야 할 병리적 현상에 불과하기 때문이다.[51] 감정에 대한 이성의 우위를 가장 잘 비유한 말이 저 헤겔의 '주인과 노예'의 메타포이다. 이성이 플라톤적 흑백 쌍두마차의 마부로부터 시작하여 스토아학파의 부동심(apatheia), 에피쿠르스학파의 평정심(ataraxia)을 거쳐 데카르트적 선장으로 비유되었을 때도 주인과 노예의 메타포는 언제나 그 배경에 있었다. 저 유명한 칸트의 이성/오성/감성의 삼분법도 이성 대 감성의 이분법의 확장에 지나지 않는다. 감성을 표현하는 용어로 감성(faculty of feeling), 감정(feeling), 감각(sensation), 정서(emotion), 정념(passion) 등이 있고 개념적으로 구분되지만,[52] 감정의 정서이론에서 이들은 한갓 이성에 의해 치유되어야 할 대상들로서, 근본적으로 비인지적이고 비지향적이며 비자발적이고 수동적·맹목적인 충동과 느낌으로 파악될 뿐이다.[53]

과연 감성은 이성에 의해 치유되어야 할 비자발적 충동이고 느낌일 뿐인가? 물론 서양에도 감성이나 정서를 단순한 감정이나 느낌의 문제가 아니라 믿음, 판단, 욕구의 복합적 상태로 보고 정서의 인지적 요소를 분석하려는 인지주의적 이론이 전혀 없었던 것은 아니거니와, 특히 최근 근대적 이성중심주의에 대한 대안모색이라는 차원에서 주목을 끌고 있기도 하다.[54] 그러나 멀리 찾을 필요 없이 일찍부터 '인지

---

51) 같은 책, 73쪽.

52) 이들 개념의 구분과 관계, 그리고 감정과 정서에 대한 이론적 고찰은 임일환, "감정과 정서의 이해", 위 책, 21~68쪽 참조. 그러나 이 글에서 이 용어들 간의 개념적 차이에 대해서는 주목하지 않겠다.

53) 칸트를 비롯해서 감정을 윤리학에서 배제하려고 하는 철학자들의 주장은 다음과 같이 요약될 수 있을 것이다. ① 감정은 순간적이고, 변화무쌍하고, 변덕스러운 것이다. ② 따라서 감정적으로 동기화된 행동은 신뢰할 수 없고, 비일관적이며, 무분별하고, 심지어 불합리한 것이기까지 하다. ③ 어떤 상황의 선악과 정사를 파악하기 위해서는 우리 자신을 감정으로부터 격리시켜야만 한다. ④ 우리가 통제할 수 없는 감정에 사로잡힐 때 우리는 수동적이 되므로 책임을 질 수 없다. ⑤ 감정은 특정한 상황에서의 특정한 사람과 관련되기 때문에 이성적 도덕에 요구되는 일반성과 보편성을 가질 수 없다. 따라서 감정은 원칙에 근거하지 않는 편파성을 드러낼 뿐이다. Leo Montana, "Understanding Oughts by Assessing Moral Reasoning or Moral Emotions", *The Moral Self* ed., Gil C. Noam and Thomas E. Wren (Cambridge: The MIT Press, 1993), p.295. 박정순, 앞의 논문, 위 책, 101~120쪽에서 재인용.

적 감정'(cognitive emotion)의 문제에 대해 천착해 온 진영은 동양의 유교사상이라 할 것이다. 동양의 지적 전통에서 '감정에 기반을 두지 않은 이성'이란 애당초 존재하질 않았다. 특히 유교 윤리학의 핵심 주제는 이성이 아니라 감정이었다. 이를테면, 맹자는 "惻隱之心이 없으면 사람도 아니다(無惻隱之心, 非人也)"고 했으며, 『중용』에서는 감정의 中和를 강조했다. 주희는 감정을 다스리기 위해 '居敬涵養'을 외쳤고, 조선시대 우리의 선조들은 16세기 중엽부터 수백 년에 걸쳐 '四端七情'에 관한 논쟁을 계속하였다.55) 그래서 유교적 仁義의 윤리학을 서양의 '合理의 윤리학'에 대비시켜 '合情의 윤리학'이라 하는 것이다. 여기서 '合情의 윤리학'은 이성 대 감정의 이분법적 대립에서 감정의 우위를 의미하는 것이라기보다는 '감정에 기반을 둔 이성' 내지 '합리성을 전제로 하는 감정'임에 유의해야 한다.

이른바 心統性情이라는 언표는 유교적 '合情의 윤리학'을 설명하는 기본 개념 틀이라 할 수 있다. 여기에 부가되는 언표가 性發爲情과 心發爲意이다. 虛靈해서 어둡지 않은 것이 마음이다. 그래서 사람의 한 마음에는 만 가지 이치가 전부 갖추어져 있다. 이 이치가 마음에 갖추어 흡족해서 조금이라도 결함이 없는 것이 性이다. 성은 아직 未發의 마음인 본체다. 외물과의 접촉으로 마음이 작용하기 시작한다. 이것이 已發의 마음인 情이다.56) 곧 性이 어떤 상태로 구현된 것이 情이다. 여기에서 情은 말할 것도 없이 喜·怒·哀·懼·愛·惡·欲의 일곱 가지 감정(七情)이다. 그렇다면 性도 七情으로 구체화되기 이전의 일종의 감성(faculty of Feeling)일 것이

---

54) 대표적인 주장들로는 Ronald de Sousa, *The Rationality of Emotion* (Cambridge: The MIT Press, 1990); Allan Gibbard, *Wise Choice, Apt Feelings: A Theory of Normative Judgement-* (Cambridge: Harvard University Press, 1990); Justin Oakley, *Morality and Emotions-* (London: Routledge, 1992). 이들에 의하면, 감성이나 정서는 다음과 같은 적어도 다섯 가지의 기본적인 요소를 내포하는 복합적인 상태이다. ① 주어진 상황이 위험한 것이라는 판단이나 믿음과 같이 인지적인 요소, ② 우리가 흔히 '공포감'이라 부르는 특정 종류의 감정 혹은 느낌, ③ 안색이 변하고 침이 마르는 것 같은 신체적 동요, ④ ③에 동반하는 신체적 감각, 다시 말해 안색이 붉어짐을 느끼고 머리털이 솟는 것을 느끼는 것과 같은 '신체적 감각'의 요소, ⑤ 회피 행태와 같은 특정한 행태적 성향. 임일환, 앞의 논문, 위 책, 29쪽.
55) 이승환, "눈빛·낯빛·몸짓: 유가 전통에서 덕의 감성적 표현에 관하여", 위 책, 127쪽.
56) 『朱子大全』, "蓋人心未發則謂之性, 已發則謂之情."

다. 그리고 도덕적 상황에 적절(中節)하게 七情의 특정상태가 표출되면 善이 되며, 그렇지 못할 때(過不及) 惡이고 비윤리의 나락으로 떨어진다. 비윤리의 나락으로 떨어지지 않고 기뻐해야 할 상황에서 기뻐하는 감정과 행동이 표출되기 위해서는 우선적으로 기뻐해야 할 상황에 대한 상황판단과 믿음이 전제되어야 한다. 이 모든 것이 마음의 본체와 작용의 결과이다. 그래서 '마음은 性과 情을 통괄'(心統性情)한다.

그런데 性發爲情과 心發爲意의 차이가 무엇인가? 퇴계는 "성이 발하여 정이 됨은 오성이 감동하는 것을 말하고, 심이 발하여 의가 됨은 선악의 기미가 나누어지는 것"[57]이라 하고, 율곡은 "의는 정을 운행할 수 있으나 정은 의를 운행할 수 없다."[58]고 한다. 인용에 유의할 때, 意가 情을 운행하고 선악의 기미를 결정한다. 반면에 성의 표현인 정은 '발하여 나온 그대로의 현상'[發出恁地]일 뿐이다. 즉 정은 '자연적인 마음(의식)의 행동' 혹은 '마음의 지향성이라는 자연발생적 현상'을 뜻한다.[59] 이것이 性發爲情이다. 그리고 정이 선으로 향할지 악으로 향할지를 결정하는 것은 意이다. 바로 선악의 기미를 결정하는 마음의 작용이 心發爲意인 것이다.[60]

사실 마음이 선악행위를 결정하기에 앞서 선행되어야 할 것은 선악판단이다. 주희는 "知와 意는 모두 마음에서 나온다. 知는 別識을 담당하고, 意는 營爲를 담당한다."[61]고 말한다. 別識은 是非·善惡·有無·動靜·價値 등을 구별하는 능력, 즉 도덕적 판단능력이고, 營爲는 행동의지이다. 그런데 "知는 性과 體에 가깝고, 意는 情과 用에 가깝다."[62]고 주희는 언표하였다. 그렇다면 결국 性이란 도덕상황에 대한

---

57) 『增補 退溪全書』(二), 卷41, 「天命圖說後敍」, "性發爲情 心發爲意. 卽五性感動之謂也. 善幾惡幾善惡分也."
58) 『국역 율곡전서』(Ⅴ), 「성학집요」, 82쪽.
59) 김형효, "율곡적 사유의 이중성과 현상학적 비전", 김형효 외, 『율곡의 사상과 그 현대적 의미』(한국정신문화연구원, 1995), 74쪽.
60) 心發爲意에 대한 해석은 조금 편차가 있다. 이에 관한 퇴계와 율곡의 관점 차이에 대해서는 졸고, "주기론과 주기론의 도덕교육론: 퇴계와 율곡의 관점에 주목하여", 『백록논총』 제9권 제1호(제주대학교 사범대학·교육과학연구소, 2007. 8.), 126~129쪽 참조.
61) 『朱子語類』, 卷15, 「大學2」, "知與意皆從心出來. 知則主於別識, 意則主於營爲."
62) 『朱子語類』, 卷15, 「大學2」, "知近性體, 意近情近用."

지적 판단과 감정과 행동을 동시에 함유하는 '인지적 감성으로서의 도덕성'(仁義禮智)에 다름 아니다. 도덕상황을 맞아 우리는 全德인 仁에 기초하여 도덕적 문제사태를 파악하고(智) 가장 적합하고 합리적인(義) 규범(禮)을 입법한다(性發爲情). 문제는 그에 따라 행위를 결정하고 실천할 것이냐다. 이것은 心發爲意가 맡아야 할 영역이다. 어쨌든 性發爲情도 心發爲意도 마음의 본체와 작용의 결과이다(心統性情). 이처럼, 유교윤리학 혹은 도덕심리철학은 인지·정의·행동을 통합적 관점에서 마음을 규정하고, 유교도덕교육론은 知공부와 行공부를 동시에 강조하는 知行竝進을 주장하고 있다.

4) 小學大學: 사회화와 발달의 통합

君臣이 있기 전에 군신의 理가 먼저 있고, 父子가 있기 전에 부자의 理가 있다. 그것이 天理이고 도덕이다. 이 선험적 이념으로서의 理가 마음 안에도 내재해 있다. 마음 안에 내재한 리가 性이다. 그래서 사람은 원래 내재된 본성에 따라 도덕을 실현할 수 있는 존재이다. 그러나 불행히도 氣質이 그것을 가리고 주객의 분리를 가져온다. 기질은 性發爲情의 수단이지만, 心發爲意의 선악행위 결단을 방해하는 주범인 것이다. 그래서 공부나 교육이란 '나쁜 기질'을 순화시키거나 성리의 빛을 보존하는 것과 다르지 않다. 이른바 '存天理 遏人欲'(즉 천리를 보존하고 인욕을 억제함!!)은 이를 두고 한 말이다.

그리고 '존천리 알인욕'을 위한 공부방법의 양 날개가 '存德性'의 居敬공부와 '道問學'의 窮理공부임은 주지하는 바이다. 논리적 순서로 따지면 객관적 天理와 주관적 性理가 원래 별개 아니라는 지적 탐구가 우선이다. 그것은 주관적 성리가 이미 기질에 가려 있기에 객관적 천리탐구를 통하여 실현된다. 이것이 格物致知의 궁리공부이다. 다음으로, 방만한 기질을 순화시키면서 인욕을 멸하고 궁리된 성리의 빛을 보존하고 수렴하는 내적인 공부가 필요하다. 이것이 居敬과 誠意正心의 行공부이다. 그러나 이러한 知行사이의 논리적 선후[63]가 行공부를 가볍게 여기는 것과는 거리가 멀다. 즉 주희는 "知와 行은 언제나 서로 필요로 하는 것이며 눈이 다리 없이 다닐 수 없고 다리가 눈 없이 볼 수 없는 것과 같다. 先後를 따진다면 知가 우선이지만, 輕重을 따진다면 行이 더 중요하다"[64]고 한다. 또 "배움은 지식을 지극히 하는 것과 힘써 실천하는 것을 겸하는 것"[65]이라 하여, 배움의 과정 자체가 지식을 구축해 가는 과정인 동시에 그것을 실천해 나가는 과정으로 보고 있다.

경험적 차원에서도 선지후행의 논리가 반드시 들어맞는 것이라고 할 수 없다. 격물치지의 궁리가 도덕행위의 원리와 근거를 밝히는 것이라 할 때, 경험적 차원에서의 도덕행위가 반드시 그 행위의 근거를 알아야 실천되는 것은 아니다. 오히려 행위를 통해서 근거를 알아간다고 할 수 있다. 특히, 지적능력이 아직 덜 성장한 아동에게 있어 선지후행의 논리는 지적능력이 발달할 때까지 도덕행위를 유보해도 좋다는 것과 같다. 따라서 논리적인 순서를 따지자면 知가 우선이지만, 도덕실천의 차원에서는 格物致知와 별도로 行이 가능하고 중요한 것임을 주희는 알려주고 있다.

> 먼저 涵養·實踐하지 않고 바로 格物致知에 들어간다는 뜻은 아니다. 또 格物致知를 먼저 하지 않으면 誠意·正心·修身·齊家를 할 수 없다는 것도 아니다. 다만 모름지기 안 뒤에야 修己治人의 道를 다할 수 있다는 것이다. 만일 반드시 知가 이르는 것을 기다린 뒤에야 行할 수 있다고 말한다면, 事親·從兄·承上·接下 등은 사람이 살아가면서 하루도 폐하지 못할 것인데, 어떻게 내가 아직 알지 못하니 충분히 안 뒤에 행하겠다고 말할 수 있겠는가?[66]

지적 측면의 공부와는 별도로 행적 측면의 공부가 가능하다. 日用之道는 하루라도 폐할 수 없이 긴요한 것인데 언제 모든 인륜의 원리와 근거를 명확히 파악된 다

---

63) 『朱子語類』, 卷9, 「學3」, "論先後, 知爲先."
64) 『朱子語類』, 卷9. "知行常相須, 如目無足不行, 足無目不見, 論先後知爲先, 論輕重行爲重."
65) 『論語集註』, 「學而篇: 1」에 대한 주자의 細註. "朱子曰學之一字實兼致知力行而言."
66) 『朱子大全』, 卷42, 「答吳晦叔」(제9서), "雖以格物致知爲用力之始, 然非謂初不涵養履踐, 而直從事於此也. 又非謂物未格知未至, 則意可以不誠心, 可以不正身, 可以不修家, 可以不齊也. 但以爲必知之至, 然後所以治己治人者. 始有以盡其道耳. 若曰必俟知至而後可行, 則夫事親·從兄·承上·接下, 乃人生之所不能一日廢者, 豈可謂吾知未至, 而暫輟以俟其至而後行哉."

음에야 행동할 수 있겠는가라고 주희는 반문한다. 아직 인지적 능력이 덜 발달된 아동들에게는 우선 지적인 공부보다는 정의적·행적 측면의 함양공부를 시킨다. 그러나 지적능력이 향상됨에 따라 도덕적 지식의 탐구도 이루어져야 한다. 그렇지 않으면 도덕적 행위는 맹목으로 흐른다. 한편, 인지적 능력이 발달되었다고 해서 지적 탐구의 공부만 해서도 안 된다. 도덕적 앎이 곧 행동으로 나타나는 것은 아니기 때문이다. 따라서 반드시 여기서도 행적·정의적 측면의 함양공부도 같이 이루어져야 한다.

이렇듯, 덕성함양의 공부는 知行을 겸하는 것이다. 인지적 능력이 덜 발달된 아동들을 대상으로 한 知的인 공부란 人倫의 기초로서의 일상적 규범에 대한 지적 이해와 내면화인 것으로, 그것은 행동과 실천을 통하여 확인되는 지식이라 할 수 있다. 그러나 인지적 능력이 발달됨에 따라 본격적인 지적 공부가 이루어지거니와, 그것은 格物를 통하여 기존의 내면화된 규범과 인륜의 궁극적 원리에 대한 반성적 성찰의 과정이다. 그리고 반성적 성찰을 통한 理도 誠意正心의 실천적 행동을 통하여 體認되어야 한다. 이러한 반성적 성찰과 체인의 과정이 진행됨에 따라 豁然貫通하는 致知의 단계에 다다르게 되고, 全德으로서의 仁을 터득한 유덕한 인격인, 즉 聖人이 되는 것이다. 이러한 관점에 따라 주희가 입론한 교육론이 바로 小學－大學階梯論이었다.[67]

① 三代의 융성했을 때에 그 法이 점점 갖추어졌으니, 그러한 뒤에 王宮과 國都로부터 閭巷에 이르기까지 學校가 있지 않은 곳이 없어, 사람이 태어난 지 8세가 되면 王公으로부터 이하로 庶人의 子弟에 이르기까지 모두 小學에 들어가서 물 뿌리고 쓸며, 응하고 대답하며, 나아가고 물러가는 예절과 禮·樂·射·御·書·數의 글을 가르치고, ② 15세에 이르면 天子의 元子·衆子로부터 公·卿·大夫·元士의 嫡子와 모든 백성의 俊秀한 者에 이르기까지 모두 大學에 들어가서 이치(理)를 궁구하고 마음을 바르며 몸을 닦고 사람을 다스리는 道를 가르쳤으니, 이는 또 학교의 가르침에 크고 작은 節次가 나누어진 이유이다.[68]

---

67) 이에 대한 보다 자세한 고찰은 졸고, "주희의 통합적 도덕교육론", 『유교도덕교육론』, 앞의 책, 73~122쪽.

8~15세까지를 대상으로 하는 小學敎育의 단계는 미성숙한 개인이 사회의 문화적 전통에 처음 입문하게 되는 단계로써 윤리적 행위 규범의 실천을 위한 교육(敎之以事)을 통하여 개인의 도덕적 품성을 함양하는 것을 목표로 하고 있다. 그리고 그 주요 교육과정은 일상생활의 일을 처리하는 방법(灑掃應對進退之節)과 실용적 지식이 포함된 기본 교양으로서 六藝(禮樂射御書數)를 배운다. 그리고 도덕교육과 관련해서는 孝·悌·忠·信의 덕목과 愛親·敬長·隆師·親友의 道를 배운다. 이러한 교육과정은 모두 일상생활의 실천적 행위(事)를 위한 현실적 도덕규범이라 할 수 있다. 이 소학단계에서 배우는 가장 기본적인 교재가 『小學』이었다. 한편, 15세 이상을 대상으로 하는 大學敎育의 단계는 소학단계에서 습득한 도덕규범의 이론적 근거를 탐색(窮理)하는 교육(敎之以理)을 주로 하여 인륜의 궁극적 원리, 즉 全德인 仁을 터득게 하는 것을 목표로 하고 있다. 대학단계의 교육과정으로는 '폭넓은 배움(博學)'을 강조하는바, 여기에는 四書三經 등의 經書를 비롯한 역사서 등이 포함된다.

　　그리고 주희는 교육의 대상으로 사회구성원 모두를 상정했었고, 특히 대학의 입학 대상에 대해서도 군왕의 태자와 왕자, 공경대부와 선비들을 비롯한 일반백성의 준수한 자제까지 포함하였다. 그리고 주희의 교육론에서 주목을 끄는 것은 이른바 '學不獵等'의 원칙이다.69) '학불엽등'의 원칙이란 배움에 순서를 넘어서면 안 된다는 것으로, 소학단계를 거치지 않고 대학단계의 공부로 넘어가면 안 된다는 것이다. 그렇다면 소학단계의 교육 대상은 유소년들에서 훨씬 범위가 넓어질 수 있다. 현실적으로 대학의 입학 대상은 儒者들로 상당히 제한되었을 것으로 상정할 때, 주자가

---

68) 『大學』, 「大學章句序」, "三代之隆, 其法寖備, 然後王宮國都以及閭巷, 莫不有學. 人生八歲, 則自王公以下, 至於庶人之子弟, 皆入小學, 而教之以灑掃應對進退之節, 禮樂射御書數之文. 及其十有五年, 則自天子之元子衆子, 以至公卿大夫元士之適(嫡)子, 與凡民之俊秀, 皆入大學. 而教之以窮理正心修己治人之道, 此又學校之教, 大小之節, 所以分也." 비슷한 내용이 語類에서노 보인나. 『朱子語類』, 卷7, 「小學」, "古者初年入小學, 只是教之以事, 如禮樂射御書數及孝弟忠信之事. 自十六七入大學然後, 教之以理, 如致知格物及所以爲忠信孝弟者. 小學是直理會那事, 大學是窮究那理因甚恁地. 小學者學其事, 大學者學其小學所學之事之所以. 小學是事, 如事君事父事兄處友等事, 只是教他依此規矩去, 大學是發明此事之理."

69) 『小學』, 「總論」, "不如此, 則是獵等, 終不得成也."

'학불엽등'의 원칙을 제시하며 소학단계의 교육대상은 넓히려는 데는 실제 소학공부를 못한 유자들을 포함하면서도 제도 교육에의 접근이 어려웠을 일반백성들을 염두에 두었던 것이라 생각한다. 어쨌든, 이 두 단계를 거칠 때 有德한 人格으로서의 聖人이 된다고 할 수 있다.

4. 결 론

도덕을 어떻게 하면 잘 가르칠 수 있는가? 개인과 공동체, 원리와 내용, 인지와 정의, 사회화와 발달 중 어느 대립 점에 중심을 두고 접근하는 어떤 교육론도 일면적일 수밖에 없다. 도덕적 인격의 육성을 목표로 하는 교육은 어느 일면만을 강조하여 가르쳐 될 것이 아니라 처음부터 통합적으로 접근되어야 할 성격의 것이기 때문이다. 서양적 전통에 토대를 둔 그동안의 도덕교육론은 대체로 일면적 도덕교육이었다. 해방 이후 이러한 도덕교육 이론들에 근거하여 이루어져 온 우리 도덕교육 또한 다를 바 없었다.

도덕교육에 관한 최근의 동향은 그동안의 이론적 연구와 실제적 경험을 바탕으로 통합적 접근론을 강조하는 추세이다. 그러나 그것이 얼마나 이론적·실제적으로 정합된 것인지는 의문이다. 정합성을 갖춘 보다 포괄적인 도덕교육론이 창출되기 위해서는 원리와 내용, 인지와 정의, 발달과 사회화 등을 동시에 주장해도 전혀 논리적 모순이 없는 보다 차원 높은 논리적 가정 내지 추상적 원리가 수립될 수 있어야 한다. 이 글은 이러한 사정과 관련하여 유교도덕교육론에 주목하였다.

理一分殊, 下學而上達, 心統性情, 小學大學!! 이 네 가지 언표는 유교도덕교육론의 통합교육적 성격을 설명해 주는 핵심 키워드이다. '리일분수'는 개인과 공동체의 조화를, '하학이상달'은 내용과 원리의 통합을, '심통성정'은 인지·정의·행동의 도덕적 인격의 통합성을, '소학대학'은 사회화와 발달의 통합적 접근을 설명해 주었다. 이처럼, 유교도덕교육론은 도덕교육에서의 '개인과 공동체', '원리와 내용', '인지와 정의·행동', '발달과 사회화' 등의 양극단을 모두 포괄하는 이론적·실제적 정합성을 갖춘 통합적 도덕교육론이었다. 특히 신유학, 즉 주자학과 조선유학은 세계와 인간을 포괄적으로 설명하는 고도의 형이상학적 개념틀(理氣論)을 가지고 있었기에, 도덕교육에 관한 통합적 관점을 수립할 수 있었다.

물론 자연질서와 도덕질서를 동시에 설명하는 거대 패러다임인 리기론적 형이상학은 근대적 합리성에 깊숙이 물들어 있는 현대인들에게 설득력이 약할지 모른다. 그리고 인륜적 공동체를 전제로 하여 도출된 인의의 윤리는 오늘날과 같이 공동체가 해체되고 익명의 사람들이 모여 구성된 이익사회에서의 적절한 도덕원리로 인정되기는 어려울지 모른다. 또한 유교도덕교육론은 그 이론적 지향과는 달리 실천에서 중세적 신분사회라는 제한된 대상에게 적용되었던 것이라는 점도 뚜렷한 한계일 수 있을 것이다. 그러나 이러한 약점과 한계가 유교도덕교육론의 가치를 떨어뜨리진 않는다고 여긴다.

첫째, 오늘날 인간성의 상실과 도덕적 혼란은 오히려 형이상학을 몰아낸 합리성과 과학성의 과잉에서 비롯된 것이라 본다. 이러한 점에서 도덕성에 대한 유학적 설명이 현대인들에게 설득력이 약하다면, 그것은 우리의 전통사상에 잘못이 있기보다는 현대인들이 지니고 있는 사상과 행동양식에 문제가 있는 것으로 보아야 한다. 인간성을 회복하고 도덕적 혼란을 치유하는 길은 더 이상 과학이나 사회구조의 개혁에 있지 않다고 생각한다. 궁극적으로 그것은 인간들이 자신에 대한 믿음을 다시 회복할 때에만 가능한 것이라 여긴다. 따라서 인간본성에 대한 믿음을 굳게 세우는 형이상학은 오늘날에 더욱 간절히 요구되는 학문이 아닐까 한다. 이를 위한 출발로 우리는 전통을 다시 볼 필요가 있는 것이다. 나아가 21세기 전 지구적인 과제 중의 하나가 자연과 환경이라는 지적들에 유의할 때, 인간의 도덕질서뿐만 아니라 우주질서까지 윤리적으로 해석하는 동양적 전통은 새롭게 주목되어야 할 것이다.

둘째, 오늘날 익명의 사회에서 필요한 도덕의 궁극적 원리로 주장되어 온 것은 다분히 서양사상적 전통의 '정의'이다. 정의의 원리는 너와 나의 다름과 차이를 강조하고 따뜻한 사랑보다는 차가운 이성을 더 선호한다. 그래서 오늘날 인류사회에는 따뜻함보다는 차가운 기류가 더 흐르고 있는 것인지 모른다. 이에 주목한 서양의 학자들 중에는 보살핌과 배려윤리를 주장하고 있기도 하다. 그러나 그들의 주장은 정의를 보완하는 뜻에서의 배려인 것 같다. 유교적 인의의 윤리가 21세기 글로벌시대의 윤리가 될 수 있다는 주장도 있거니와,[70] 진정으로 인류가 추구해야 할 윤리적 가치는 정의이거나 그것을 보완하는 배려가 아니라, 따뜻한 사랑과 배려를 바탕에 두고 정의를 추구하는 인의와 같은 도덕 원리가 필요한 시대가 아닐까 한다.

셋째, 앞의 두 가지 점을 차지하더라도, 유교도덕교육론이 도덕적 인격을 인지·정의·행동의 통합적 관점으로 규정하면서 소학－대학계제설에 입각하여 단계적 도덕교육의 접근을 주장한 관점은 오늘날 도덕교육에도 귀중한 자산으로 등록된다. 우리는 지금까지도 도덕성의 인지·정의·행동의 세 측면들을 분리할 수 있고, 별개로 교육할 수 있는 것으로 접근하고 있다. 그래서 '지적 도덕성의 형성을 위한 교육'과 '행적 도덕성의 형성을 위한 교육'을 별개로 취급하고 있다.[71] 그러나 도덕성의 세 측면과 知行공부는 별개가 아니라 원래 하나이기에 처음부터 동시에 추구되어야 할 교육적 목표이다. 다만, 지적 능력이 아직 덜 발달된 소학단계의 교육에서는 行공부를 중심으로 知공부를 겸하며, 지적 능력이 발달된 대학단계에서는 知공부를 중심으로 行공부를 겸하는 것이 유교도덕교육론이다.

우리의 위대한 전통인 유교도덕교육론은 처음부터 통합교육적 성격을 가진 정합된 이론이었다. 이는 실로 놀라운 일인지 모른다. 아니, 그것은 놀랄 일이 아니라 부끄러워해야 할 일이 아닌가 한다. 우리는 그동안 서구의 과학적 근대성에 짓눌려 전통을 극복의 대상으로만 여겨왔지 새롭게 재해석해 내려는 시도를 해오지 못했다.

---

70) 서은숙, "21세기 글로벌 윤리 확립을 위한 일고찰", 『국민윤리연구』제63호(한국국민윤리학회, 2006.12), 341~373쪽.

71) 현재 제7차 도덕과 교육과정에서 도덕교과는 인지화－심정화－행동화의 구분에 따른 편재를 이루고 있으며, 중학교 2학년까지는 "도덕규범의 이해와 실천의지 형성"이라는 행적 도덕성의 습득을, 중학교 3학년 이후는 "가치판단능력의 신장과 생활원리의 체계화"라를 지적 도덕성의 형성을 주목표로 삼고 있다.

그래서 우리의 학문이나 교육 현장을 뒷받침하는 이론적 관점은 여전히 서구 이론의 맹목적 추종일 뿐이다. 최근에 전통 도덕교육론에 관한 연구 관심과 더불어 우리 도덕교육의 이론적 근거로 삼아야 한다는 주장이 나오고 있는 것은 다행스런 일이다. 그러나 아직도 연구 관심은 부족하다. 전통 도덕교육론을 우리 도덕교육의 이론적 배경으로 삼아야 한다는 주장도 설익은 수준이다. 기껏해야 그것은 현대 도덕교육론을 보조하는 정도이거나, 전통윤리를 교육하는 데에 활용할 수 있을 것이란 정도에 불과하기 때문이다. 연구자가 보기에 이러한 주장은 본말이 전도된 것이라 여긴다. 오히려 우리 전통도덕교육론을 '대목'으로 하고 서양의 도덕교육론을 '가지'로 삼아야 한다는 것이 논자의 주장이다. 따라서 남은 과제는 이러한 위대한 전통을 오늘날 실제 도덕교육 현장에서 어떻게 유효히 활용할 수 있을까 하는 활용방안의 연구가 아닐까 한다.

‖ 참고문헌

『大學・論語・孟子・中庸』,『朱子大全』,『朱子語類』,『張子全書』,『二程文集』,『增補 退溪全書』,『禮記』,『小學』,『국역 율곡전서』(한국정신문화원 간).

강봉수,「조선전기 도학적 덕교육론 연구」(한국학대학원 박사학위논문, 2000).

강봉수,『유교 도덕교육론』(서울: 원미사, 2001).

강봉수,『한국 전통 도덕교육론』(파주: 한국학술정보 주, 2006).

강봉수, "주기론과 주기론의 도덕교육론: 퇴계와 율곡의 관점에 주목하여",『백록논총』제9권 제1호(제주대학교 사범대학・교육과학연구소, 2007. 8.).

고미숙,『대안적 도덕교육』(서울: 교육과학사, 2005).

교육부,『중학교 교육과정 해설 ― 국어・도덕・사회』(1999).

국민윤리학회,『국민윤리학개론』(서울: 형설출판사, 1987).

김낙진,『의리의 윤리와 한국의 유교문화』(서울: 집문당, 2004).

김범부, "국민윤리특강",『국민윤리연구』제7호(1978. 9).

김형효, "율곡적 사유의 이중성과 현상학적 비전", 김형효 외 4인 공저,『율곡의 사상과 그 현대적 의미』(성남: 한국정신문화연구원, 1995).

래스・하아민・싸이몬, 정선심・조성민 공역,『가치를 어떻게 가르칠 것인가: 가치명료화 이론과 교수전략』(서울: 철학과 현실사, 1994).

林宗鎭, "朱子의〈仁說〉研究",『泰東古典研究』第10輯(한림대 태동고전연구소, 1993).

목영해,「퇴계와 칸트 도덕관의 교육론적 탐구」(부산대학교 대학원 박사학위논문, 1994).

박병기・추병완,『윤리학과 도덕교육 1』(서울: 인간사랑, 1996).

박재주, "제7차 교육과정에서의 중등학교 도덕과 교과서에 나타난 전통윤리교육 내용에 관한 비판적 연구",『중등 도덕・윤리교과서의 문제점과 개선방안』(한국윤리교육학회 추계 학술대회 논문집, 2004).

서은숙,「孔孟思想에 나타난 德性涵養에 關한 研究」(서울대 대학원 박사학위논문, 1998).

서은숙, "21세기 글로벌 윤리 확립을 위한 일고찰",『국민윤리연구』제63호(2006. 12).

손동현 외,『중등 도덕교육의 현실과 문제』(서울: 집문당, 2003).

심성보, 『교육윤리학입문』(서울: 내일을 여는 책, 1995).

오석종, 「〈小學〉의 德教育論 研究」(서울대 대학원 박사학위논문, 1999).

柳柄烈, "道德教育의 目標로서의 '道德的 人格'에 관한 研究", 『도덕윤리과교육』제7호(한국도덕윤리과교육학회, 1996. 7).

유영준 외 공저, 『도덕교육』(서울: 현대교육총서출판사, 1963).

윤사순, "동양 본체론의 의의", 한국동양철학회, 『동양철학의 본체론과 인성론』(연세대출판부, 1996: 제7판).

이돈희, 『도덕교육』(서울: 교육과학사, 1978).

이종흔, "도덕·윤리교과에서 전통윤리 교육의 개선방안: 개인과 공동체, 원리와 내용의 통합적 접근을 중심으로", 『국민윤리연구』제58호(2005. 4).

이황 지음, 이광호 옮김, 『성학십도』(서울: 홍익출판사, 2001).

정대현 외, 『감성의 철학』(서울: 민음사, 1996).

정범모 외, 『도덕과 교육』(서울: 한국능력개발사, 1975).

정세구, 『국민윤리교육론』(서울: 교육과학사, 1983).

정창우, 『도덕교육의 새로운 해법』(서울: 교육과학사, 2004).

추병완·박병기·이경원·변종헌, 『윤리학과 도덕교육 2』(서울: 인간사랑, 2000).

프랑케나, "도덕교육 철학을 향하여", B. I. 차잔·J. F. 솔티스 편저, 이병승 옮김, 『도덕교육의 철학』(서울: 서광사, 2005).

허쉬·밀러·필딩, 김항원 외 공역, 『도덕·가치교육의 교수모형』(서울: 교육과학사, 1996).

許昌武, "東洋的 合情主義와 正義觀", 한국국민윤리학회 주최, 『아세아적 가치와 경제윤리』, 제6회 한·중윤리학 국제학술대회 논문집 별쇄본(1999).

홍윤기, "한국 도덕·윤리교육의 이념적 혼돈과 정체성 위기", 전국철학교육자연대회의, 『한국 도덕·윤리 교육백서』(서울: 한울, 2001).

Alasdair Macintyre, *After Virtue*, 2nd ed.(Notre Dame: University of Notre Dame Press, 1984); 이진우 옮김, 『덕의 상실(After Virtue)』(서울: 문예출판사, 1997).

Robert T. Hall, *Moral Education: A Handbook for Teachers*(Minneapolis: Winston Press, 1979).

Thomas Lickona, *Education for Character: How our Schools Can Teach Respect and Responsibility*(New York: Bantam Books, 1991); 박장호·추병완 옮김, 『인격교육론』(서울: 백의, 1998).

제2장

전통시대 '敎化'는 인독트리네이션 (Indoctrination)인가?

이 글에서 연구자가 던지고자 하는 문제는 두 가지다. 하나는 전통시대 교육 현상의 하나인 '敎化'를 보는 기존 관점에 관한 것이고, 다른 하나는 오늘날 교육의 비도덕적 방법으로서의 인독트리네이션(Indoctrination)을 '교화'와 等値시켜 번역 혹은 이해하고 있는 관점에 대한 것이다.

연구자는 '교화'를 전통시대에 있어서 덕성함양을 위한 교육론의 하나라고 본다. 성리학적 의미의 교화란 사악한 기질을 순화시켜 인간의 선한 본성을 드러내도록 하는 것이기 때문이다. 이를 위해 주희는 小學－大學階梯說에 근거한 단계적 덕성함양론을 정초하였는바, 그것이 광의적 의미의 교화다. 그리고 소학단계 교육의 조선조적 원용을 연구자는 협의적 의미의 '교화'(교화적 덕성함양교육론)로, 대학단계의 교육을 '교학'(교학적 덕성함양교육론)이라 부른다. 광의든 협의든 교화는 선행연구의 관점과는 달리, '인독트리네이션'의 개념과는 번지수가 다르다. 교화의 대상은 일반서민만이 아

■ 출처 : "전통적 덕성함양교육의 한 접근으로써 '교화' — 교화는 Indoctrination인가", 『교육과학연구 백록논총』제4권 제1호 (제주대학교 사범대학·교육과학연구소, 2002. 8), 39~71쪽.

니며, 교화의 목적이 윤리규범의 수동적 내면화에 따른 저항의지의 소멸에 있었던 것도 아니다. 오히려 교화는 公卿大夫에서 閭巷小民까지 모든 불특정 다수의 民에게 덕성함양의 교육을 함으로써 '도덕적 자아 확립'(선한 본성의 회복)을 목적으로 하는 교육프로그램이다. 물론 여기서의 '도덕적 자아'는 엄격히 말해 '사회적 자아'이다. '사회적 자아'를 넘어 '개인적 자아'의 확립(聖人됨)은 대학교육의 단계에서 이루고자 하는 목표로 넘긴다.

이러한 점에서, 협의적 의미의 '교화'란 사회의 합의된 규범과 문화를 학생들에게 가르쳐 사회의 구성원으로 만들어 간다는 '도덕적 사회화' 개념과 다르지 않다고 본다. 따라서 여기에 인독트리네이션적 요소가 전혀 없다고 단정할 수는 없다 하더라도, 이제 교화와 인독트리네이션을 등치시켜 해석하는 관점에서는 벗어나야 할 것이다. 그리고 오늘날 교육학계에서 인독트리네이션을 교화로 번역하는 오류도 수정되어야 마땅하다.

1. 문제 제기: 교화에 관한 기존 관점에 대하여

이 글에서 연구자가 던지고자 하는 문제는 두 가지다. 하나는 전통시대 교육 현상의 하나인 ‘教化’를 보는 기존 관점에 관한 것이고, 다른 하나는 오늘날 교육의 비도덕적 방법으로서의 인독트리네이션(Indoctrination)을 ‘교화’와 等値시켜 번역 혹은 이해하고 있는 관점에 대한 것이다.

문제제기 1. 전통시대 서민교육 방법으로써 教化

조선시대에 있어서 가장 자주 눈에 띄는 교육 관련 용어 중의 하나가 ‘教化’이다. 그래서 그동안 많은 관련 학자들도 ‘교화’라는 교육 현상에 주목하여 조선조 사회를 분석하거나 전통적 교육의 특징 등을 고찰하여 왔다. 예컨대, 역사학자들은 교육 그 자체보다는 유교윤리의 정착화 과정을 추적하기 위한 방안으로 교화 현상과 교화사를 연구하였고,[1] 교육학자들은 조선시대 교육의 제반 특성을 연구하면서 교육 현상의 하나로 ‘교화’에 주목하고 그것의 교육적 의미와 특징을 분석하기도 하였다.[2] 이

---

1) 대표적인 연구로는 池富一, 「元‧明 交替期 朱子學의 東傳과 朝鮮初의 鄕村教化」(경희대학교 대학원 박사학위논문, 1992); 朴翼煥, 「朝鮮前期 鄕村教化史 硏究」(동국대학교 대학원 박사학위논문, 1987).

2) 대표적인 연구로는 池政敏, 「朝鮮前期 教化書 諺解의 教育的 意味: 慕齋 金安國의 活動을 中心으로(서울대학교 대학원 석사학위논문, 1995); 동저, “조선전기 庶民 文字教育에

중 후자에 속하면서 '교화'라는 교육 현상을 매우 비판적 관점에서 접근하는 연구들이 있다.3) 이들은 전통시대에 있어서 교육이 정치와 불가분의 관계에 있음을 인식하고, 정치와 교육 간의 긴장을 유지하는 가운데 교육 현상으로서의 '교화'의 위상과 제반 특징을 분석적이고 비판적으로 접근하고 있다.

이를테면, 한 연구는 조선전기의 교육을 지배층을 위한 '教育'과 피지배층을 위한 '教化'로 정형화하고 있다. 그리하여 그는 두 교육 활동 간의 차이점을 우선 그 방법상으로 "지배계급을 위한 교육이 주로 講經, 즉 서적을 중심으로 하여 이루어진다면, 일반 서민들을 위한 교화는 구체적인 사물이나 사건을 보고 듣는 것을 중심으로 하여 이루어졌다."4)고 전제하면서, "지배계급을 위한 교육은 개인의 도야와 수양에 목적이 있었지만, 교화의 경우 윤리규범의 수동적 내면화에 따른 저항의지의 소멸을 그 목적으로 하였다."5)고 보고 있다. 또 다른 연구는 조선 초의 교육을 '교화'라 보면서, "선초 지배층이 교육을 국가권력을 유지 내지 강화하는 이념적·제도적 장치로 인식하였던 가장 근본적인 이유는 교육을 통해 윤리적 품성을 도야할 수 있으며, 도야된 윤리적 품성이 국가권력을 공고히 하는 데에 도움이 된다고 인식하였기 때문"6)이라고 주장하고 있다.

이처럼, 교화란 지배층이나 관인층이 일반 서민들을 대상으로 하여 유교적 도덕규범을 가르치는 것으로, 그 방법은 '윤리규범의 수동적 내면화'일 뿐이고, 그 의도 내지 결과는 '民의 저항의지 소멸'과 '국가권력의 공고화'에 있었다는 것이다. 물론 그들은 논문에서 직접적인 표현을 하고 있지는 않지만, 이러한 관점에서 보는 교화란 이른바 서양의 교육학적 개념인 '인독트리네이션'(indoctrination)과 다르지 않아 보인다. 조선시대에 있어 정치와 교육의 주체가 지배층인 儒者들이었음에 이의를

관한 연구: 慕齋 金安國의 教化書 諺解事業을 中心으로"『교육사학연구』제6·7집(서울대학교 교육사학회, 1996).

3) 대표적인 연구로는 김대용, 『조선초기 교육의 사회사적 연구』(서울: 한울 아카데미, 1994); 정재걸, 「조선전기 교화연구: 성종·중종(1469~1544)년간을 중심으로」(서울대학교 대학원 박사학위논문, 1989).
4) 정재걸, 위 논문, 9쪽.
5) 같은 논문, 같은 쪽.
6) 김대용, 앞의 책, 15쪽.

제기할 수는 없을 것이다. 이러한 점에서 교화를 인독트리네이션으로 보는 관점도 일면 공감을 불러일으킨다. 그러나 과연 조선조의 교화가 일반서민 계층만을 대상으로 하여 '윤리규범의 수동적 내면화에 따른 저항의지의 소멸'과 '국가권력의 공고화'에만 있었던 것일까?

이 연구는 바로 이러한 선행 연구의 교화관에 대한 의문에서 출발하고 있다. 즉 이 글에서 연구자는 전통시대의 '교화'가 특정계층만을 대상으로 했던 것이 아님을 밝히고자 한다. 그리고 설사 교화 개념에 인독트리네이션적 요소가 부분적으로 있을 수 있다 하더라도, 그 두 개념을 等値시켜 이해해서는 안 됨을 주장하고자 한다.

문제제기 2. 현대 교육의 비도덕적 방법으로써 敎化

전통시대 교화를 보는 기존 관점이 오늘날 교육의 비도덕적 방법을 지칭하는 인독트리네에션과 等値시켜 이해하도록 하는 데 직접적인 영향을 미쳤는지는 자신할 수 없지만, 무관하지는 않을 것이라 생각한다. 물론 '인독트리네이션'을 교화가 아니라 '僞敎'나 '盲敎'로 번역하자는 제안이 없었던 것은 아니나,[7] 오늘날 인독트리네이션과 교화를 등치시켜 이해하는 관점은 교육학자 특히 도덕교육학자들 간에 일반적인 관점인 것 같다.

이를테면, 한 연구는 '열린 교육'과 '닫힌 교육'을 구분하면서, 닫힌 교육의 극단적인 전형으로 인독트리네이션을 들면서 그것을 우리말로 '교화'라고 번역하고 있다.[8] 아울러 인독트리네이션의 교화와 주입을 구분할 것을 제안하면서 그 차이를 〈표 1〉과 같이 제시하고 있다.

---

7) 이돈희, 『교육철학개론』(서울: 교육과학사, 1983) 및 『도덕교육』(서울: 교육과학사, 1979). 특히 후자의 책에서 이돈희는 '인독트리네이션'을 '盲敎'로 번역하면서 도덕교육에서의 '맹교의 문제'를 간략히 다루고 있다. 117~122쪽 참조.
8) 추병완, "열린 도덕과 교육의 개념과 이론적 기초", 『열린 도덕과 교육론』(서울: 도서출판 하우, 2000), 19쪽.

〈표 1〉 주입 대 교화의 구분

주 입	교 화
자신의 믿고 있는 것 그리고 그러한 믿음을 지니게 된 이유에 대하여 의사소통한다.	자신의 믿고 있는 것을 전적으로 권위에 근거하여 의사소통한다.
다른 견해들을 공정하게 취급한다.	다른 견해들을 불공정하게 다룬다.
다른 견해를 지닌 사람들을 존중한다.	타인의 견해들을 중상 모략한다.
이유와 존중심을 갖고 회의적 질문에 답한다.	엄격함과 조롱으로 회의적 질문에 답한다.
바람직한 가치들에 대한 접촉 경향성을 증대하고, 바람직하지 못한 가치들에 대한 접촉 경향성을 줄이기 위하여 환경을 부분적으로 구조화한다.	바람직한 가치들에 대한 접촉 경향성을 증대하고, 바람직하지 못한 가치들에 대한 접촉 경향성을 줄이기 위하여 환경을 전적으로 통제한다.
어느 정도 한계를 두는 가운데 바람직한 가치들과 관련된 긍정적인 사회적·감정적 학습 경험들을 만들어 낸다.	바람직한 가치들과 관련된 긍정적인 사회적·감정적 학습 경험들을 극단적으로 만들어낸다.
납득이 가는 한도 안에서 규칙과 보상, 결과를 제공한다.	극단적으로 규칙과 보상, 결과를 제공한다.
어떤 사람이 동의하지 않으면, 의사소통의 통로를 활짝 열어둔다.	상대방이 불일치를 나타내면 대화의 통로를 차단한다.
다른 행위를 어느 정도 허용해 준다. 만약 허용 가능한 수준을 넘어 설 경우에는 변화의 가능성을 열어둔다.	다른 행위를 위한 어떤 영역도 허용하지 않는다. 만약 허용 가능한 수준을 넘어서면 완전히 영구적으로 추방한다.

*자료: 추병완, 같은 책, 20쪽.

　연구자는 추병완의 주입과 교화의 개념적 구분이 상당히 의미가 있다고 보면서도, 솔직히 안타까운 심정이 없지 않다. 교화라는 용어가 우리의 전통에서 온 용어인 줄은 알면서도 그것의 본질을 모르는 학생이 이 표의 구분을 본다면, 응당 우리 전통의 교화가 곧 인독트리네이션이었던 것으로 등치시켜 이해할 가능성이 높을 것이기 때문이다.

　이 글의 결론에서 할 얘기지만, 인독트리네이션을 교화로 번역하는 오류는 수정되어야 마땅하다고 생각한다. 이돈희가 제안했던 '盲教'로 번역하든지 아니면 그냥

'인독트리네이션'으로 사용할 것을 제안할 것이다. 추병완의 구분에서는 차라리 서로 바꿔서 번역되어야 한다고 제안한다. 전통적 교화의 의미는 그의 '주입' 개념에 더 가깝다고 보기 때문이다.

이상에서 던진 두 문제가 어느 정도 정당함을 보여주기 위하여, 이 글은 전통적 교화 개념을 재검토하고자 한다. 앞서 밝힌 대로 전통시대 교화를 보는 기존 관점이 오늘날 교육의 비도덕적 방법을 지칭하는 인독트리네이션과 等値시켜 이해하도록 하는 데에 모종의 영향을 미쳤을 것이고, 전통시대의 교화가 인독트리네이션의 개념과는 달랐던 것임을 증명하면 자연스럽게 오늘의 교화와 인독트리네이션을 등치시켜 번역 혹은 이해하는 관점도 수정될 수 있으리라 기대하기 때문이다. 우선 2장에서는 교화 개념에 관한 연구자의 거시적 견해를 제시한다. 여기서 연구자는 교화가 전통시대에 덕성함양교육의 한 방식이었음을 주장한다. 그런 다음 3장에서는 연구자의 주장을 부각시키기 위해 스누크(I. A. Snook)가 제시했던 인독트리네이션의 기준9)을 염두에 두면서 교화적 덕성함양교육론을 고찰할 것이다. 마지막으로 4장에서는 연구를 마무리하는 제언을 남겨 토론의 주제로 삼는다.

---

9) I. A. 스누크는 인독트리네이션의 개념을 방법, 내용, 의도, 결과의 기준으로 설명될 수 있다고 보면서 다음과 같이 정의하고 있다. ① 방법 기준: 입증이나 타당한 논리와 상관없이 일방적인 승복과 동의만을 요구하는 방식에서 인독트리네이션은 일어나는데, 그 특징은 자유로운 토론이나 질문이 허용되지 않고, 내용을 기계적으로 반복해서 연습시키고, 학생들에 대한 어떤 류의 위협이 존재한다. ② 내용 기준: 인독트리네이션의 내용은 대체로 교조(doctrine)이다. 교조란 신념체계의 하나로 그것은 참인지 거짓인지가 알려져 있지 않으며 과학적이지 못하다. 그러한 신념체계는 주로 정치적, 종교적, 사회적인 경우가 많다. 한 가지 견해를 그와 동등하게 정당한 어떤 다른 견해를 배제하면서까지 제시하려고 할 때에는 인독트린네이션의 가능성이 많다. ③ 의도 혹은 목적 기준: 교사가 학생을 인독트리네이션을 하려 할 때에는 특정 신념이나 교리 혹은 교조를 일방적으로 주입시키는 형식을 쓰게 되고, 한 번 형성된 신념을 약화시키지 못하게 할 정도로 그 학생으로 하여금 명제를 확고부동하게 신념화하도록 하기 위한 의도에서 비롯된다. ④ 결과 기준: 인독트리네이션이 된 학생은 자신이 갖고 있는 신념에 대한 이유나 증거를 제대로 갖추고 있지 못하다. 또한 아주 폐쇄적인 태도를 지니고 있으며, 합리적인 검증이나 검사를 위하여 열려 있지도 않다. I. A. Snook, *Indoctrination and Education*(London and Boston: Routledge and Kegan Paul, 1972); 윤팔중 역, 『교화와 교육』(서울: 배영사, 1993 중판) 참조. 이를 정리하는 데는 앞의 추병완의 책에서도 도움을 받았다.

2. 전통적 덕성함양교육론의 기본관점

유가적(성리학적) 의미에서 덕성함양(德性 涵養 혹은 涵泳)이란, 마치 화선지 위에 붓글씨를 쓰거나 묵화를 그릴 때 먹이 종이 속으로 젖어들어 가듯이, 존재론적 도리(道)가 주체의 심정 속으로 스며들어 오는 것과 다르지 않다.[10] 따라서 덕성함양을 하려면, 우선 논리적 순서로 道가 무엇인지를 밝히는 작업이 선행되어야 하고, 다음으로 밝혀진 道를 내 마음속으로 체득하는 공부가 뒤따라야 한다. 그래서 성리학적 덕성함양 방법의 양 날개는 〈尊德性〉과 〈道問學〉인 것이다. 〈존덕성〉은 마음을 보존하여(存心) 道體의 광대함으로 뻗어 나아가는 것이며, 〈도문학〉은 앎에 이르러서(致知) 道體의 미세함에까지 남김없이 밝히는 것이다.[11]

주희는 바로 이러한 핵심개념을 중심으로 〈존덕성〉의 공부방법으로 〈敬〉을, 〈도문학〉의 공부방법으로 〈格物窮理〉를 주장하였다. 아울러 그를 위한 교육론까지 입론하였는데, 소학교육과 대학교육이 그것이다. 조선조는 이러한 주희의 공부론 내지 교육론을 수용하여 세종대를 거치고 중종대에 이르기까지는 나름대로 주희적 틀을 이해하였다고 할 수 있다. 주희의 소학교육과 대학교육을 조선조 나름대로 원용한 표현이 '敎化'와 '敎學'이었던 것으로 연구자는 생각한다. 이 장에서는 이러한 점을 좀 더 자세히 소개하면서 교화의 개념을 제시해 보고자 한다.

1) 주희의 입론: 小學교육과 大學교육

우리는 그동안 유교적 전통 도덕교육론을 '德目과 行爲' 중심의 교육론으로 이해하여 왔던 것이 사실이다. 말할 것도 없이, 유교교육론에서는 三綱의 孝·忠·烈의

---

10) 김형효, "율곡적 사유의 이중성과 현상학적 비전", 김형효 외 4인 공저, 『율곡의 사상과 그 현대적 의미』(성남: 한국정신문화연구원, 1995), 38~39쪽.
11) 『國譯 栗谷全書(Ⅴ)— 聖學輯要』(한국정신문화연구원, 1985), 21쪽.

덕목과 五倫의 親·義·別·序·信의 덕목, 나아가 五常으로서 仁·義·禮·智·信의 덕목 등을 가르칠 것을 함의하고 있기 때문이다. 따라서 유교적 도덕교육론을 덕목과 행위 중심의 교육론으로 보아왔던 우리의 관점이 틀린 것만은 아니라 할 수 있다. 그래서 한 연구는 우리의 전통적인 덕목 중심의 교육론과 서양 현대의 '原理와 形式' 중심의 교육론을 현대 한국적 상황에 맞도록 유기적으로 결합하는 통합적 도덕교육론을 주장하고 있기도 한 것이다.12)

그러나 연구자는 유교적 도덕교육론을 무조건 덕목과 행위 중심의 교육론으로만 볼 것이 아니라 원리와 형식의 관점에서도 해석될 소지가 있다고 본다. 즉 유교적 도덕교육론은 '도덕교육에서의 형식과 내용'을 모두 강조하고 있는 '인격교육론' 혹은 '덕 교육론'으로 읽을 수가 있다는 것이다. 특히 성리학은 세계와 인간의 도덕질서를 합리적으로 설명하는 고도의 형이상학적 개념틀(理氣論)을 가지고 있었던 것이다. 따라서 성리학에서 우리는 덕 교육을 중심으로 하면서 도덕교육에 대한 통합적 접근을 시도하고 있음을 읽어낼 수 있다고 생각한다. 만약 이것이 옳다면, 성리학의 도덕교육론은 최근에 서양에서 부흥하고 있는 인격교육 혹은 덕교육론과도 상통하는 측면이 있다고 할 것이다.

그렇다면 성리학의 통합적 덕성함양교육론의 실체는 무엇인가? 이를 위해서 우선적으로 인간본성에 대한 성리학적 구명과 德性의 본질에 대한 주희의 고찰을 살펴볼 필요가 있다.13) 주희가 세계 탄생을 설명하고 인간 본성을 구명하기 위해 사용한 핵심개념은 말할 것도 없이 理와 氣이다. 그에 의하면, 이 우주에는 理도 있고 氣도 있다. 理는 形而上의 道로써 만물을 생성하는 근본이요, 氣는 形而下의 器로써 만물을 생성하는 도구이다. 따라서 인간과 만물은 모두 이 근본으로서의 理와 도구로서의 氣가 만나게 됨으로써 탄생한다.10) 理는 情意도 計度도 造作도 없는 속성을

---

12) 목영해, 「퇴계와 칸트 도덕관의 교육론적 연구」(부산대학교 대학원 박사학위논문, 1994).
13) 이하 주희의 인간본성에 대한 성리학적 구명과 덕성의 본질에 대해서는 졸고, 『유교 도덕교육론』(서울: 원미사, 2001), 80~86쪽 참조.
10) 『朱子大全』, 卷58, 「答黃道夫書」, "天地之間, 有理有氣. 理也者, 形而上之道也, 生物之本也. 氣也者, 形而下之器也, 生物之具也. 是以人物之生, 必稟此理, 然後有性, 必稟此氣, 然後有形."

지녔고, 凝結造作할 수 있는 것은 氣이다. 그러나 氣가 응취하는 곳에는 항상 理가 있다.[11] 그래서 理는 氣의 원리이다. 원리의 理는 무색무취하지만, 활동성의 氣는 淸濁厚薄의 속성을 지녔다. 어느 것이 먼저랄 것도 없이 활동성의 氣에는 理가 따르고 理는 氣에 원리를 제공하여 세상은 탄생한다. 理가 어떤 속성의 氣에 원리를 제공할 것인지는 우연이지만, 그것이 세상의 다양성을 결정한다. 치우치고(偏) 막힌(塞) 氣와 만나면 동식물이 되고, 바르고(正) 뚫린(通) 氣와 만나면 인간이 된다는 식이다.[12] 이렇게 하여 세상의 존재들은 결정되었다.

理氣의 만남은 존재들의 본성(性)까지도 결정하게 마련이었다. 理가 氣와 만나 존재를 이룰 때 性이 된다. 性이 곧 理이다(性卽理). 이렇게 하여 인간과 동식물은 탄생과 함께 각자 부여받은 理를 健順五常의 德으로 삼게 되는데 이것이 곧 본성이다.[13] 그러나 존재들의 본성에 대한 자각능력은 역시 어떤 속성의 氣와 만나느냐에 달렸다. 치우치고 막힌 氣로 탄생한 동식물에는 도덕적 자각능력이 거의 없거나 있어도 미미하다. 바르고 뚫린 氣로 탄생한 인간은 도덕적 자각능력이 뛰어나 지각하지 못하는 것이 없고 해나가지 못하는 것이 없다.[14] 이처럼 동식물과 인간 사이의 도덕적 자각능력과 관련한 존재의 위상은 엄청나기에 더 이상 인간 외의 性에 대해서는 거론하지 말기로 하자.[15] 어쨌든 인간의 性은 비록 氣와 같이 있지만 독자적 속성을 결코 잊지 않고 내재된 도덕성으로서의 역할을 수행한다.[16] 이것이 맹

---

11) 『朱子語類』, 卷1, 「理氣上」, "蓋氣則能凝結造作, 理却無情意, 無計度, 無造作. 只此氣凝聚處, 理便在其中."
12) 『朱子語類』, 卷4, 「性理1」, "自一氣言之, 則人物皆受是氣而生, 自精粗而言, 則人得其氣之正且通者, 物得其偏且塞者."
13) 『中庸章句』, "性卽理也. 天以陰陽五行化生萬物, 氣以成形而理亦賦焉, 猶命令也. 於是人物之生, 因各得所賦之理, 以爲健順五常之德, 所謂性也."
14) 『朱子語類』, 권4, 「性理1」, "物之間有知者, 不過只通得一路, 如鳥之知孝, 獺之知祭, 犬但能守禦, 牛但能耕而已. 人則無不知, 無不能." 인용에서 보듯, 주자가 동물들의 도덕적 자각능력을 인정하고 있는 것은 흥미로운 일이다.
15) 주희도 제자가 생명이 없는 붓에도 仁義가 있느냐는 질문에 대해 극히 미소하니 굳이 찾으려 애쓸 필요가 없다고 답하고 있다. 『朱子語類』, 권4, 「性理1」, "又問, 筆上如何分仁義. 曰, 小小底. 不消恁地分仁義."
16) 『朱子大全』, 卷46. 「答劉叔文 第2書」, "未有此氣, 已有此性. 氣有不存, 性却常在. 雖其方在氣中, 然氣自氣, 性自性, 亦自不相夾雜."

자의 性善에 대한 주희의 해석이다.

그러나 엄격히 말하면 理氣가 만나 형성된 인간의 性은 本然之性이 아니라 氣質之性이다. 본연지성은 理氣가 만나기 전 理의 도덕적 순수성을 염두에 두고, 理氣가 만나 기질지성을 형성하더라도 계속하여 내재된 도덕성으로 역할한다는 점을 강조하기 위해 채택된 용어라 본다. 본연지성은 善함 그 자체이고 仁義禮智의 德이다. 四德 중에서도 주희는 '仁'을 性卽理의 德으로, 四德을 포괄하는 全德으로 보고 있다. 이것은 孔·孟을 이은 관점이겠지만, 주희는 그 점을 「仁說」에서 명쾌하게 정리하고 있다. '心之德으로서의 仁'개념이 바로 그것이다. 仁의 의미는 두 가지다. 하나는 '愛之理로서의 仁'이고, 또 다른 하나는 '心之德으로서 仁'이다. 전자는 仁의 전통적 의미인 사랑(仁愛) 혹은 사랑의 두터움(仁厚)의 뜻으로 그것은 仁義禮智의 四德 속의 협의의 仁개념이다. 후자는 全德으로서의 광의의 仁개념이다. 이 全德으로서의 仁은 나머지 모든 德들을 포괄하는 德으로써, 말하자면 도덕의 제일 원리이고 도덕실천의 내적 근거라 할 수 있다.[17] 그리고 全德으로서의 仁을 터득한 사람은 도덕의 주체자가 되어 規範을 입법하고 집행할 수 있는 능력의 소유자가 되고,[18] 그가 곧 聖人이다.

그러나 불행하게도 가장 청명하고 뚫린 氣를 받고 태어난 성인과 같은 生知之者가 아닌 한 仁을 터득해 내기가 쉽지 않은 일이다. 氣質이 性의 표출을 가리고 있기 때문이다. 따라서 性의 표출을 온전하게 하고 仁의 터득을 완성해 나가기 위해서는 혼탁한 氣質을 교정하고 순화시키는 공부나 교육이 필요한 것이라 할 수 있다. 기질의 순화 정도에 따라 점차적으로 덕성이 함양되고 본성이 회복되어 간다. 이러한 점에서 볼 때, 주희에게 있어 본연지성은 공부나 교육의 궁극적 목표를 적시하고 있다면, 기질지성은 공부나 교육의 출발점이라 할 것이다.

---

17) 『朱子大全』, 卷67, 「仁說」, "蓋天地之心, 其德有四, 曰元亨利貞, 而元無不統. 其運行焉, 則爲春夏秋冬之序, 而春生之氣無所不通. 故人之爲心, 其德亦有四, 曰仁義禮智, 而仁無不包. 其發用焉, 則爲愛恭宜別, 而惻隱之心無所不貫. 故論天地之心者, 則曰乾元坤元, 則四德之體用不待悉數而足. 論人心之妙者, 則曰仁人心也, 則四德之體用亦不待遍擧而該."

18) 『朱子大全』, 卷67, 「仁說」, "蓋仁之爲道, 乃天地生物之心, 卽物而在. 情之未發而此體已具, 情之旣發而其用不窮. 誠能體而存之, 則衆善之源, 百行之本, 莫不在是."

기질지성을 교정하고 본연지성을 회복하는 길은 우선적으로 德目이나 규범을 내면화하는 것에서부터 시작되어야 한다. 이것이 格物致知이전에 涵養·實踐해야 한다는 〈小學의 단계〉이다.[19] 규범을 내면화하는 소학의 단계가 끝나고 〈大學의 단계〉에 오면 그동안 맹목적으로 수용해 온 규범에 대한 반성적 성찰이 이루어진다. 格物의 단계가 그것이다.[20] 格物이란 사물의 理를 궁구하는 것으로, 현대적 의미에서 도덕행위의 원리와 근거를 밝히는 것이라 할 수 있다. 이러한 반성적 성찰이 계속될 때 어느 순간에 豁然貫通하는 致知의 단계에 다다르게 된다. 이때가 全德으로서의 仁을 터득하게 됨으로써 性理와 天理가 합일하는 순간이다.

이것이 이른바 주희가 입론한 '小學－大學階梯說'에 기초한 덕성함양의 교육론이다. 부연해 두자면, 8~15세까지를 대상으로 하는 小學教育의 단계는 미성숙한 개인이 사회의 문화적 전통에 처음 입문하게 되는 단계로써 윤리적 행위 규범의 실천을 위한 교육(教之以事)을 통하여 개인의 도덕적 품성을 함양하는 것을 목표로 하고 있다. 그리고 그 주요 교육과정은 일상생활의 일을 처리하는 방법(灑掃應對進退之節)과 실용적 지식이 포함된 기본 교양으로서 六藝(禮樂射御書數)를 배운다. 그리고 도덕교육과 관련해서는 孝·悌·忠·信의 덕목과 愛親·敬長·隆師·親友의 道를 배운다.[21] 이러한 교육 과정은 모두 일상생활의 실천적 행위(事)를 위한 현실적 도덕규범이라 할 수 있다. 이 소학단계에서 배우는 가장 기본적인 교재가 『小學』이었다. 한편, 15세 이상을 대상으로 하는 大學教育의 단계는 소학단계에서 습득한 도덕규범의 이론적 근거를 탐색(窮理)하는 교육(教之以理)을 주로 하여 인륜의 궁극적 원리, 즉 全德인 仁을 터득게 하는 것을 목표로 하고 있다.[22] 대학단계의 교육

---

19) 『朱子大全』, 卷42, 「答吳晦叔」(제9서), "蓋古人之教, 自其孩幼, 而教之以孝悌誠敬之實, 及其少長, 而博之以詩書禮樂之文, 皆所以使之卽夫一事一物之間, 各有以知其義理之所在, 而致涵養踐履之功也."

20) 『朱子大全』, 卷42, 「答吳晦叔」(제9서), "及其十五, 成童學於大學, 則其灑掃應對之間, 禮樂射御之際, 所以涵養踐履之者, 略已小成矣. 於是不離乎此, 而教之以格物以致其知焉."

21) 『大學』, 「大學章句序」, "三代之隆, 其法寖備, 然後王宮國都以及閭巷, 莫不有學. 人生八歲, 則自王公以下, 至於庶人之子弟, 皆入小學, 而教之以灑掃應對進退之節, 禮樂射御書數之文."

22) 『大學』, 「大學章句序」, "及其十有五年, 則自天子之元子衆子, 以至公卿大夫元士之適(嫡)

과정으로 주희는 '폭넓은 배움(博學)'을 강조하는바, 여기에는 四書三經 등의 經書를 비롯한 역사서 등이 포함된다.

그리고 주희는 교육의 대상으로 사회구성원 모두를 상정했었고, 특히 대학의 입학 대상에 대해서도 군왕의 태자와 왕자, 공경대부와 선비들을 비롯한 일반백성의 준수한 자제까지 포함하였다. 그리고 주희의 교육론에서 주목을 끄는 것은 이른바 '學不獵等'의 원칙이다. '학불엽등'의 원칙이란 배움에 순서를 넘어서면 안 된다는 것으로, 소학단계를 거치지 않고 대학단계의 공부로 넘어가면 안 된다는 것이다. 그렇다면 소학단계의 교육 대상은 유소년들에서 훨씬 범위가 넓어질 수 있다. 현실적으로 대학의 입학 대상은 儒者들로 상당히 제한되었을 것으로 상정할 때, 주희가 '학불엽등'의 원칙을 제시하며 소학단계의 교육대상은 넓히려는 데는 실제 소학공부를 못한 유자들을 포함하면서도 제도 교육에의 접근이 어려웠을 일반백성들을 염두에 두었던 것이라 생각한다.

어쨌든, 이 두 단계를 거칠 때 有德한 人格으로서의 聖人이 된다고 할 수 있다. 인간에게 자기완성의 최고 경지는 知·情·行의 合一에 있으며, 스스로 도덕상황을 판단하고 이에 적절한 도덕규범을 입법하고 지켜 나갈 수 있는 도덕적 자율성의 단계가 된다. 그가 곧 성인으로서의 有德한 人格人이다. 말하자면 유덕한 인격인으로서 성인은 인간 스스로에게 내재된 도덕성(性)을 함양하고 도덕규범(禮)의 실천의지와 더불어 도덕적 행위의 원리(仁)에 대한 고도의 인지적 안목을 갖는다. 따라서 성인이란 사고·판단하는 지적 측면과 느끼고 의욕하는 정의적 측면, 그리고 실천·행동하는 행동적 측면의 통합된 내적 성향을 함양한 사람이라 할 수 있다. 이처럼, 성리학적 덕성함양의 교육론은 이른바 '도덕교육에서 형식과 내용'을 모두 강조하고 있는[23] 통합적인 덕교육론이고 인격교육론이라 하겠다.

子, 與凡民之俊秀, 皆入大學. 而教之以窮理正心修己治人之道, 此又學校之教, 大小之節, 所以分也." 비슷한 내용이 語類에서도 보인다. 『朱子語類』, 卷7, 「小學」, "古者初年入小學, 只是教之以事, 如禮樂射御書數及孝弟忠信之事. 自十六七入大學然後, 教之以理, 如致知格物及所以爲忠信孝弟者. 小學是直理會那事, 大學是窮究那理因甚恁地. 小學者學其事, 大學者學其小學所學之事之所以. 小學是事, 如事君事父事兄處友等事, 只是教他依此規矩去, 大學是發明此事之理."

2) 주희 교육론의 조선조적 원용: 教化와 教學

조선왕조실록 등에서 자주 눈에 띄는 교육관련 용어들을 유형화하여 제시하면, ① 修己而安百姓・成己成物・修齊而治平・修己治人, ② 內聖外王・聖學・正君心・格君, ③ 教育・位育・教學・講學, ④ 教化・風化・儒化・敦化・教人・德化・教民・牧民・教誨・王化・正人心 등이다. 사실 여기서 교육관련 용어라 하였지만, 이들을 반드시 교육용어로만 볼 수는 없다. 실천적 학문으로서의 유학 자체가 정치사상인 동시에 교육사상이라 할 것이기 때문이다. 조선시대 유자들에게 있어서도 정치와 교육은 분리되어 있는 것이 아니었다. 이를테면, "풍속은 국가의 원기요, 교화는 국가의 급무이니 교화가 이루어지면 풍속이 후해지고 국가가 다스려진다."[24]라고 하는 것처럼 당시 儒者들에게 교육은 治道의 요체로 부각되고 있었다. 이러한 점과

---

23) 연구자의 이러한 관점에 대하여 서은숙은 "서양교육학에서 말하는 〈내용을 위한 교육〉과 〈소학교육〉은 어느 정도 통할 것 같으나, 〈형식을 위한 교육〉과 (대학의: 필자) 〈격치의 공부〉는 서로 연관되기 어려운 것 같다."고 전제하고, "형식을 위한 교육은 도덕적 자율인을 위한 교육으로 합리적인 추론력, 도덕적인 판단력 등을 강조하는 교육을 말하지만, 격치의 교육은 인간을 포함하는 모든 사물의 이치를 궁구하는 것이지만, 유가의 덕성함양론에서 보면, 궁극적으로 도덕적인 知, 인간적인 知에 대한 궁구"라고 볼 수 있기 때문이라고 논평한 바 있다. 그러면서 그는 소학과 대학교육을 내용교육과 형식교육으로 구분하기보다는 차라리 行공부(소학교육에서의 함양과 실천공부, 성정순화의 공부, 성찰의 공부 등)와 知공부(대학교육에서의 도덕적 지식에 대해 탐구하는 格致공부)로 구분하는 것이 적절하다고 주장하였다. 서은숙, "〈덕성함양교육의 한 접근으로써 '교화'의 재검토: 교화는 indoctrination인가〉에 대한 논평", 한국국민윤리학회 춘계학술대회(2002. 5. 24.), 미출간 원고, 2쪽. 이러한 서은숙의 논평은 경청할 점이 있지만 동의하기는 어렵다. 우선, 연구자는 〈대학교육〉을 서양의 〈형식교육〉으로 等値시켜 주장하는 것이 아니라, 〈대학교육〉에 〈형식교육〉적 측면이 포함되어 있음을 주장한 것이다. 소학교육과 대학교육을 서양의 〈내용교육〉과 〈형식교육〉으로 等値시킬 수 없을 뿐만 아니라, 〈行공부〉와 〈知공부〉로 이해하는 것도 적절치 못하다고 여긴다. 소학교육에서는 行공부가 주축인 것이 사실이긴 하지만 知공부가 전혀 없는 것이 아니며, 특히 대학교육에서는 格致공부로서의 도덕적 知의 궁구 외에도 誠意正心하는 마음공부가 포함되어 있는 것이다. 이러한 점에서 연구자는 유가적 덕성함양교육이 내용의 도덕성과 형식의 도덕성을 모두 강조하는 통합적 덕교육론 혹은 인격교육론이라 보는 것이다.

24) 『태종실록』, 권19, 태종 10년 4월 갑진. "風俗國家之元氣, 教化國家之急務, 教化修則風俗厚, 而國家治矣."

아울러 고려되어야 할 것은, 이상의 용어들이 모두 儒者들에 의해 사용된 것들이라는 점이다. 현실적으로 조선시대에 있어 정치와 교육의 주체(이념집단)는 儒者인 사대부들이었다. 따라서 이들 용어들도 그들의 입장에서 특별한 대상을 염두에 두고 사용했던 것들로 이해된다.

①은 유자들 자신들을 향하여 썼던 비슷한 뜻의 용어들이다. 즉 먼저 자신의 도덕적 품성과 지도자적 자질을 함양하여, 이를 바탕으로 국가에 나아가서는 백성들을 잘 다스리고 敎化한다는 것이다. 이것은 모든 유자들이 공통적으로 가졌던 기대였고 희망이었다. ②는 유자들이 君王을 대상으로 하여 사용했던 용어들로 이해된다. 內聖外王은 修己治人의 논리를 그대로 왕에게 적용한 용어이고, 나머지는 왕의 학문 내지 교육을 말할 때 사용한 용어들이라 하겠다. ③은 유자들 자신들을 위한 교육과 학문을 지칭할 때 썼던 용어로 이해된다. 끝으로 ④는 유자들이 혹은 왕이 불특정 다수인 일반백성들을 향하여 썼던 용어로 이해된다. 이렇게 이해할 때, 결국 이들 용어 중 ①·②·③은 유자들 자신이나 군왕, 즉 현실적인 사회의 지도층을 대상으로 하여 사용했던 학문 내지 교육을 지칭하는 용어이고, ④의 경우만이 불특정 다수인 일반백성들을 대상으로 하여 통치나 교육을 지칭하는 용어였다고 볼 수 있겠다.

이러한 점에 착안하여 이 연구에서는 주희 교육론의 조선조적 원용을 나타내는 뜻으로 소학교육과 대학교육 대신에 '敎化'(교화적 덕성교육론)와 '敎學'(교학적 덕성교육론)이란 용어를 사용한다. 여기에는 다음과 같은 몇 가지 근거를 바탕으로 한다.

우선, 조선조의 교육을 봄에 있어 그 범위를 제도적 교육에 한정할 수 없는 사정과 관련된다. 조선조가 선초부터 주자학을 사회이념으로 수용한 것은 주지의 사실이거니와, 교육이론과 관련해서도 세종대를 거쳐 중종대에 이르면 주희의 틀을 거의 이해하게 되었던 것으로 볼 수 있다. 이를테면, 중종대의 司經 奇遵은 한 朝講에서 "사람이 나서 8세가 되면 소학에 입학시키고 15세에는 대학에 입학시켜, 효제와 몸을 닦고 사람을 다스리는 도리로 교도했기 때문에 인재가 많이 배출되고 풍속과 교화가 아름다웠습니다."라 하고 있고, 또한 대사헌 金瑺도 "사람이 나서 8세가 되면 소학에 들어가고 15세에는 대학에 들어가는 것이 본래부터 순서가 있는 것"이라 주장하고 있다.[25] 그리고 이러한 인식은 김안국과 조광조 등 여러 신료들의 건의를 받아들여 예조에 내린 중종의 전교에서도 명확하게 드러난다.[26]

그런데 주희나 조선의 유자들이 말하는 소학단계의 교육과 대학단계의 교육은 일단 '소학'과 '대학'이라는 제도적인 학교의 명칭이라 할 수 있다. 이를 따라 조선의 제도적인 교육으로 '소학'을 향교 등의 교육으로, '대학'을 성균관 교육으로 볼 수 있겠지만, 이렇게 구분지어서는 의미 있는 분석을 하기가 현실적으로 어렵다. 따라서 이 연구에서는 주희가 소학 및 대학단계에서 의도하고 있던 교육목표와 대상 및 방법적 특성에 주안점을 두어 그 특성을 드러내는 적절한 교육 용어를 선택하고자 하는 것이다.

그렇더라도 왜 '교화'와 '교학'이어야 하는가?

둘째, 우선 '교화'는 불특정 다수인 일반백성들을 대상으로 하여 사용하였을 ④의 용례 중에서도 가장 많이 등장하는 용어이기 때문이다. 그런데 '교화'라는 용어는 누가 사용하느냐에 따라 뉘앙스가 조금씩 달라지고 있다. 이를테면 군왕이 사용할 때 교화의 대상은 왕 자신을 제외한 모든 사람이고, 유자들이 사용할 때는 역시 그들 자신을 제외한 불특정 다수의 民을 대상으로 하는 경우가 많다. 이렇게 볼 때 교화는 오히려 교육 일반을 지칭하는 말이라고 할 수 있을 정도이다. 예컨대, 중종대 사림인 김안국이 "모름지기 위로는 公卿大夫에서 아래로는 閭巷小民까지 國學과 鄕校와 家塾에 이르기까지 朱子의 小學을 학습시켜서 幼少로부터 習熟해서 성격을 이루고 長年이 되어 德性을 이루게 함으로써 德化가 사방으로 확대될 수 있는 것"[27]이라 한 것은 대표적인 용례에 해당할 것이다. 따라서 '교화'개념을 사용할

---

25) 『중종실록』, 권26, 중종 11년 11월 신사.
26) 『중종실록』, 권26, 중종 11년 11월 계미. "學校風化之源, 首善之地, 敎學所尙而習俗隨焉. 古昔帝王能盡君師之責者, 莫不謹於敎尙以導率之, 設爲塾庠序學. 盖人生八世, 令入于小學, 敎之以灑掃應對, 進退之節, 愛親敬長, 隆師親友之道, 使之收其放心, 養其德性, 以立其大本. 至于十有五而入大學, 則特因小學已成之功, 順序而進以達夫窮理正心, 修己治人之術, 而已蒙養得正, 源本 旣厚, 故士敦於德, 民興於行, 風俗淳美, 人材衆盛."
27) 『慕齋集』, 卷14, 「行狀」, "徒知爲治以孝悌之爲美, 不知行之之事則無益矣. 欲使一國敦行孝悌, 須今上自公卿大夫, 下至閭巷小民, 國學鄕校家塾, 崇習朱文公小學, 自其幼少習與性, 成長而成, 德化達四境, 人敦於行則自然風俗淳美, 人材亦盛矣."

때는 엄격히 그 범위와 내용을 제한해서 써야 할 것으로 보인다.

그래서 연구자는 교화를 '광의의 뜻'과 '협의의 뜻'으로 구분하여 사용한다. 즉 광의의 뜻은 교육일반을 지칭하는 것으로 주희 교육론에서 소학과 대학의 모든 교육단계를 포함한다. 협의의 교화는 주희의 교육론에서 소학단계의 교육에 해당하는 것을 지칭한다. 이렇게 보는 이유는 세종대에서 중종대에 이르는 동안 위정자나 사대부들이 주력해 온 교육은 「行實圖」와 「小學」 등 이른바 小學類의 교육이었다는 데 있다. 중종대의 예를 보면, 『소학』은 사대부들의 필독서였을 뿐만 아니라 經筵에서도 講論의 과목이었고,[28] 신료들은 일반 백성과 부녀자들의 교화서로도 확대 보급하고 있다.[29] 삼강오륜 「행실도」류서만 해도 그렇다. 『三綱行實圖』의 서문은 그 보급대상으로 愚夫愚婦를 망라한 불특정 다수의 모든 民이라 하고 있거니와, 세종은 『三綱行實圖』가 만들어지자 가장 먼저 종친과 신하들에게 내려주고 있다.[30] 『三綱行實圖』는 『小學』과 함께 四學과 書堂의 필수 교과목이었고, 역대의 군왕들은 불특정 다수의 民을 대상으로 이 책을 계속적으로 간행 보급하여 왔던 것이다. 그래서 중종대에는 呂衡이라는 노비까지도 『小學』을 읽었을 정도였던 것이다.[31]

이러한 맥락에서 연구자는 주희의 소학단계에 해당하는 조선조적 교육을 '교화' 혹은 '교화적 덕성교육론'이라 부른다. 주희도 소학단계 교육대상을 王公으로부터 이하 庶人까지라 했거니와, 나이를 넘어선 사람 중에 소학공부를 하지 않은 사람으로 사대부들도 많았겠지만, 현실적으로 일반서인들이 훨씬 더 많았을 것이다. 이러한 점에서 보면, 주희의 소학단계의 교육은 유소년부터 소학공부를 못하고 나이를 넘긴 불특정 다수의 모든 백성까지를 대상으로 한 것이었고, 조선조의 교화는 바로 그가 설정한 소학단계의 교육적 관점을 이어받은 것이라 할 것이다. 한편, 주희는

---

28) 예컨대, 『중종실록』, 권25, 중종 11년 1월 정유; 권31, 중종 12년 윤12월 을유.
29) 『중종실록』, 권28, 중종 12년 6월 신미; 권32, 중종 13년 7월 갑자.
30) 『세종실록』, 권66, 세종 16년 11월 무술.
31) 『慕齋集』, 「附錄」, 〈諸書撮錄: 國朝寶鑑〉, "侍講官 奇公遵曰, (中略) 金安國 向在嶺南, 以小學教一道, 正其趨向, 士多言 科擧之外, 自有樂地. (中略) 有私奴呂衡者, 求讀小學, 上書安國曰, 義理出於天理, 父子君臣之道明然後, 天理正而人道立矣. 僕隸之人, 猶能興起如此, 況士君子乎."

대학단계의 교육대상으로 일반서인의 준수한 자제까지를 포함한다고 했지만 이는 현실적으로 어려웠을 것이고, 이 점 또한 조선조의 경우도 마찬가지라 할 수 있다. 따라서 주희의 소학단계의 교육과 조선조의 교화는 모두 기존의 도덕적 문화에 대한 입문을 목표로 하는 현대적 의미의 사회화론적 도덕교육의 단계에 해당하는 것으로 볼 수 있다.

다음으로, '교학'은 협의적 의미의 교화에 대비시켜 주희의 교육론에서 대학단계의 교육을 지칭하는 용어로 사용한다. 그것은 앞서 유자들 자신이나 군왕, 즉 현실적인 사회의 지도층을 대상으로 하여 사용했던 학문 내지 교육을 지칭하는 ①·②·③의 용례 중에 주희의 대학단계 교육의 성격에 가장 잘 부합하는 용어로 생각되기 때문이다. '敎育'이라는 용어를 쓸 수도 있지만, 『說文』의 글자풀이 그대로 그것은 '윗사람이 베풀어 아랫사람을 육성하는' 교사 중심적인 개념으로 이해될 뿐만 아니라, 보통명사로서의 교육일반을 지칭하는 경우와 구별할 필요에서 적절치 못하다. 그리고 '講學'은 講하는 주체가 교사일 수도 학생일 수도 있다. 일반적으로 우리가 교육의 장을 생각할 때 교사와 학생의 구분은 명확히 있어야 한다. 주희의 대학교육의 단계에서도 교사의 역할이 어떤가 하는 점은 소학교육의 단계와 다르더라도 교사는 분명히 있었다. 이러한 점에서 교사가 명확치 않은 '講學'도 적절한 용어가 되지 못할 것 같다. 한편, '敎學'은 본래 가르치고 배우는 일의 통칭으로써 교육일반이나 교육사상을 뜻하기도 하지만, 대학단계의 교육을 지칭하는 용어로 가장 적절할 것 같다. 일단 '敎學'은 가르치고 배우는 자의 구분이 명확하다. 특히 '敎學'은 '敎學相長'에서 따온 말로서,[32] 교사가 일방적으로 이끌어 가는 것이 아니라 학생들과 함께 나아가는 사람으로서 가르치며 동시에 배우는 것을 뜻한다. 즉 교사의 역할이 일방적인 것이 아니라 스승과 제자가 더불어 노닐며 공부하는 형태로 가르치고 배우는 것이다.

셋째, 선행연구에서 사용한 사례가 있다는 점이다. 정재걸은 지배층(양반)을 위한 교육과 피지배층(서민)을 위한 교육을 구분하면서 전자의 교육을 '교학'으로, 후자의

---

[32] 『禮記』, 「學記」, "學然後知困, 知不足, 然後能自反也, 知困, 然後能自强也, 故曰, 敎學相長也."

교육을 '교화'로 지칭하고 있다.[33] 그러나 그의 연구는 교화와 교학의 대상을 양반과 서민으로 단정 짓는 한계가 있다.[34] 이미 이러한 구분이 부적절함을 시사하였지만 다음 장에서 구체적으로 논증할 것이다.

이상과 같은 사정에서, 연구자는 주희가 소학 및 대학의 각 단계에서 의도했던 교육의 목표와 대상, 교육과정과 교수방법 등에 주안점을 두어, 각 단계의 교육적 특성을 드러낸다고 판단되는 '教化的 덕성교육론'과 '教學的 덕성교육론'이란 용어를 사용한다. 말할 것도 없이, '교화적 덕성함양교육론'은 아직 도덕성의 발달이 충분치 못한 학습자들을 대상으로 하는 도덕교육론이고, '교학적 덕성함양교육론'은 도덕성의 발달이 어느 정도 이루어진 학습자들을 대상으로 하는 도덕교육론이라 할 수 있다. 물론 조선조의 신분구조를 고려할 때, 사대부의 자식들에 대한 도덕교육은 교화적 교육의 단계를 거쳐 교학적 교육의 단계로 나아가는 절차를 밟았을 것으로 짐작해 볼 수 있다. 그러나 일반서민들은 현실적으로 유자들과 같은 단계를 밟기가 어려웠을 것이고, 따라서 그들은 항상 교화의 대상으로 남아 있어야 했을 것이다.

---

33) 정재걸, 「조선시대 서민교육으로서의 교화에 관한 연구」(서울대학교 대학원 석사학위논문, 1983). 26~28쪽.
34) 정재걸은 교화와 교학의 차이점을 다음과 같이 대비시키고 있다. 그리고 이러한 관점은 그의 박사학위논문인 「조선전기 교화연구」: 성종·중종(1469-1544)년간을 중심으로」 (서울대학교 대학원 박사학위논문, 1989)에서도 그대로 이어지고 있는 것 같다.

	교육대상	교육기관	교육목적		교육내용	교육방법
			國定	兩班		
교학	양반	정규학교기관	取才	修身	經學	講經
교화	서민	각종시책 및 행사	治人	향촌질서 유지	윤리규범	禮의 보급 (非禮단속)

3. 教化는 인독트리네이션(Indoctrination)인가?

이 글은 덕성함양의 전통적 방법이었던 교화 개념을 검토하는 것이다. 따라서 전 장에서 주희의 대학교육론의 조선조적 원용이라 보았던 '교학적 덕성함양교육론'에 대한 자세한 고찰은 다음으로 미룬다.[35] 이 장에서는 서두에서 밝힌 대로 교화 개념에 초점을 두고 그것이 서양 교육학적 개념인 인독트리네이션과 다름을 논증해 나가는 방법으로 교화적 덕성함양의 교육론을 고찰하고자 한다.

1) 교화의 대상

교화와 관련한 기존관점에 주목할 때, 우선적으로 검토되어야 할 것은 교화의 대 상에 관한 것이다. 서론에서 보았던 선행연구들은 교화의 대상을 피지배층이라 규 정하고 있기 때문이다. 우선 지배층은 儒者들이라면 피지배층은 구체적으로 누구인 가? 그들은 이를 '民' 혹은 '일반서민'이라는 표현을 쓰고 있다.[36] 정치학적 관점에 서 지배층과 피지배층을 나눈 관점은 용인될 수 있을 것이나, 교육학적 관점에서 교화의 대상을 '일반서민'으로만 제한하려는 관점에는 동의하기 어렵다. 선행연구들 이 교화를 다분히 인독트리네이션과 等値시켜 해석하고 그것의 대상을 '일반서민' 으로 제한하려는 데에는, 당시 지배층인 儒者들이 일반 서민에 대해 '도덕적 능력의 劣等者'로 인식했을 것이라는 가정이 깔려 있는 것 같다. 과연 유자들에게 있어 일 반서민들은 도덕적 열등자이고 인독트리네이션의 대상일 뿐이었던가? 실제로 교화

---

35) 이에 대한 연구자의 견해를 보려면, 「조선 전기 도학적 덕교육론 연구」(한국정신문화연구 원 한국학대학원 박사학위논문, 2000) 혹은 『유교도덕교육론』(서울: 원미사, 2001)를 참조.
36) 김대용은 조선초기의 교화를 "지배이념을 民의 의식과 관습에 뿌리를 내려 사회 전반적 인 가치기준으로 정립하려는 교육적 노력"이라 하였고, 정재걸은 "일반 서민들을 위한 교화는 구체적 사물이나 사건을 보고 듣는 것을 중심으로 하여 이루어 졌다"고 하고 있 다. 김대용, 앞의 책, 151쪽; 정재걸, 앞의 논문, 9쪽.

의 대상은 누구였는가?

주지하듯이, 정통 유학적 관점에서 볼 때, 인간의 본성은 善한 것으로 가정되어 왔다. 그것을 설명하는 방식이 다를지언정 인간의 선한 본성에 대한 믿음은 항상 유지되어 왔다. 그러한 믿음의 출발선에 맹자가 있었고, 이를 정통적 관점으로 자리 매김한 것이 주희로 대표되는 성리학이라 할 수 있다. 주희는 맹자의 성선론적 관점이 인간의 도덕적 능력의 경험적 다양성을 모두 설명할 수 없다고 보면서, 인간 본성의 선과 경험적 性의 개별성을 설명하기 위해 理와 氣라는 철학적 개념을 채택하였다. 그래서 주희는 本然之性이라는 관점에서 인간은 누구나 선한 존재이지만, 氣質之性이라는 관점에서 보면 인간의 性이 다양할 수 있다는 관점을 제시하였다. 그리고 주희는 본연지성의 선함에 대한 강한 믿음을 바탕으로 누구나 기질을 순화시켜 그것을 회복할 수 있다는 덕성함양의 교육적 관점을 제시하였다. 이 점에서 주희는 분명히 맹자 이래의 유학적 전통을 유지하면서 모든 인간에 대한 교육 가능성의 길을 열어 놓았던 것이다.

인간 도덕적 능력의 보편성과 개별성에 대한 주희의 관점은 조선시대에서 주자학이 본격적으로 이해되기 시작한 중종대의 사림들에게도 그대로 나타난다.[37] 이를테면, 중종대의 대표적인 사림이라 할 수 있는 趙光祖(1482~1519)는 "무릇 사람은 天地의 中을 받아서 태어나므로 仁義禮智라는 德만 있을 따름이다. 天理에 어찌 惡함이 있겠는가? 다만 氣稟에 얽매이기 때문에 어그러짐이 생기는 것"[38]이라 하였고, 金安國(1478~1543)도 "理致는 하나이니 본디 淸濁과 厚薄이 없는 것이거늘. 性品을 稟受할 그 마당에 어떻게 남고 모자람이 있었겠는가? 비록 氣質만은 혹 다

---

37) 15세기까지 사림들의 주자학에 대한 이해는 매우 초보적인 수준이었으나, 16세기에 들어 오면서 본격화되었다고 할 수 있다. 특히 두 차례에 걸친 사화와 연산군의 폭정 등은 지 배이념으로서의 주자학을 더욱 정당해 주었고, 그만큼 학문적 깊이와 폭도 넓혀 주는 계 기로 작용하였다. 영남에 국한되었던 사림의 학문이 기호사림으로 확대되는 중종대에 오 면 기존 훈구파들까지도 성리학에 대한 이해를 심화시키게 된다. 金恒洙, "16세기 士林 의 性理學 理解: 書籍의 刊行·編纂을 중심으로", 『韓國史論』7(1981); 李秉烋, 『朝鮮前 期 畿湖士林派 硏究』(서울: 일조각, 1984), 79쪽 및 259쪽.
38) 『靜菴集』, 卷4, 「經筵陣啓, 復拜副提學時啓13」, "夫人受天地之中以生, 只有仁義禮智之 德. 天理豈有惡哉? 但爲氣稟所拘, 故乃有差焉."

를 수 있어도 어떻게 본질이야 다르겠는가?"39)라 하고 있다.

또한 도덕적 능력의 보편성과 개별성에 대한 인식은 사람들의 사상적 차원에서뿐만 아니라 도덕과 교육의 실천적 장에서도 나타나고 있다. 이 점을 증명하는 대표적인 사례가 중종 11년에 있었던 '三年喪'과 관련된 논쟁이다. 여기서는 중종 자신조차도 귀천을 가리지 않고 서인에 이르기까지 삼년상을 거행할 수 있다고 보았던 것이다.40) 이는 인간의 도덕적 능력의 보편성과 개별성을 인정하는 중요한 단서이다. 이처럼 인간의 도덕적 능력의 보편성이 인정될 때, 교육도 현실적인 사회적 지위와 계급에 관계없이 가능한 것이 된다. 그러기에 김안국은 "모름지기 위로는 公卿大夫에서 아래로는 閭巷小民까지 國學과 鄕校와 家塾에 이르기까지 朱子의 小學을 학습시켜서 幼少로부터 習熟해서 성격을 이루고 長年이 되어 德性을 이루게 함으로써 德化가 사방으로 확대될 수 있는 것"41)이라 말할 수 있었던 것이다. 한편, 중종대의 노비였던 呂衡이 '義理는 天性에서 나왔으니 父子 君臣의 道가 바루어진 연후에야만 天理가 바루어져서 人道가 바루어진다.'라 하면서 『小學』을 공부했다는 사례도 주목되는 대목이다.42)

김안국이 교육의 대상으로 公卿大夫에서 閭巷小民까지라 하듯이, 넓게 보면 公卿大夫도 民이고 閭巷小民도 民으로, 그들은 모두 사회의 구성원이다. 조선 초기 관인층의 民에 대한 認識을 연구한 李碩圭에 의하면, 民의 범주는 크게 廣義의 民과 狹義의 民으로 구분하여 이해해야 한다. '광의의 民'은 왕을 포함한 인간 모두를 의

---

39) 『慕齋集』, 卷1, 「復性賦」, "理惟一原兮, 本無淸濁與厚薄, 稟靈厥初兮, 安有有餘與不足, 縱賦氣之或殊兮."

40) 『중종실록』, 권26, 중종 11년 11월 계미. "傳曰 …… 我國禮義之邦, 雖有三年之喪, 只行於士大夫, 獨不行於軍士庶民, 人之秉彝良心, 何異於上下尊卑乎. 是故三年之喪天下之通, 喪自天子至於庶人, 皆當行之."

41) 『慕齋集』, 卷14, 「行狀」, "徒知爲治以孝悌之爲美, 不知行之之事則無益矣. 欲使一國敦行孝悌, 須今上自公卿大夫, 下至閭巷小民, 國學鄕校家塾, 崇習朱文公小學, 自其幼少習與性, 成長而成, 德化達四境, 人敦於行則自然風俗淳美, 人材亦盛矣."

42) 『慕齋集』, 「附錄」〈諸書撮錄; 國朝寶鑑〉, "侍講官 奇公遵曰, (中略) 金安國 向在嶺南, 以小學敎一道, 正其趨向, 士多言 科擧之外, 自有樂地. (中略) 有私奴呂衡者, 求讀小學, 上書安國曰, 義理出於天理, 父子君臣之道明然後, 天理正而人道立矣. 僕隷之人, 猶能興起如此, 況士君子乎."

미하는 것으로 '天이 낳은 백성(蒸民)'을 지칭한다. 그러나 '협의의 民'은 官人層을 제외한 모든 사람을 지칭하는 것이라 한다. 여기에는 身分이나 職業, 또는 役에 의해 구분되는 특정 계층만을 지칭하는 의미가 없고, 良人이든 賤人이든 또는 農民이든 商人이든 관계없이 관인층에 의해 통치의 대상으로 인식된 모든 사람이 民이라는 것이다. 그리고 관인층을 지칭하는 용어로 人(大小人員・大小臣僚・大小員人 등)을 사용하고 있다면, 民을 지칭하는 용어로는 대표적인 百姓을 제외하고도, 生民・民庶・衆民・黎民 등의 용어로 표현되거나 극히 드물게는 民衆・國民 등이 사용되고 있다. 또 한편, 民들의 열악한 처지를 나타낼 때, 혹은 무지하고 어리석음을 강조할 때에는 주로 下民・小民・愚民・細民 등이 혼용된다고 한다. 그러나 이들 용어에는 平民・庶人・常人 등의 용어가 가지고 있는 신분적 성격은 전혀 없고 단지 관인층에 의해 통치의 대상으로 인식된 모든 사람을 지칭하는 의미만 있을 뿐이라고 한다.[43]

한편, 교화의 대상이 일반서민만이 아니라 불특정 다수인 民일반이었다는 것은 조선왕조실록에 나타나는 교화 용례를 검토해 보아도 알 수 있다. 연구자는 〈조선왕조실록 CD프로그램〉의 용어검색을 통하여 태조부터 중종대까지 '교화'의 용례 건수를 산출해 보았는데, 그 결과를 표로 정리해 보면 다음과 같다.

〈표 3〉 태조~중종 간 '교화' 용례 건수

구 분	태조	정종	태종	세종	문종	단종	세조	예종	성종	연산군	중종
용례수	13	2	33	155	20	14	76	4	266	89	467

표에서 보듯이, 중종실록에서 '교화'용례가 가장 많이 보인다. 모두 467건인데, 이를 ① 특정대상에 대한 고려 없이 교육일반을 지칭하는 경우, ② 군왕이 불특정 다수의 民을 대상으로 한 경우, ③ 군왕이 신료와 사대부들을 대상으로 한 경우, ④ 군왕이 일반서민들을 대상으로 한 경우, ⑤ 신료나 사대부가 불특정 다수의 民을

---

43) 李碩圭, "朝鮮初期 官人層의 民에 대한 認識: 民本思想과 관련하여", 『歷史學報』제151집 (1996. 6.), 35~69쪽.

대상으로 한 경우, ⑥ 신료나 사대부가 자신들을 대상으로 한 경우, ⑦ 신료나 사대부가 일반서민을 대상으로 한 경우 등으로 나누어 용례를 검토해 보았다. 그 결과 ①, ②, ③, ⑤, ⑥의 경우는 많은 용례들이 발견되나, ④와 ⑦의 군왕이나 유자들이 일반서민만을 대상으로 하여 사용한 용례는 거의 발견하기 어려웠다.

이상과 같은 사정에서, 연구자는 교화가 피지배층인 일반서민만을 대상으로 하여 유교적 이데올로기 혹은 윤리규범을 수동적으로 내면화시켜 그들의 저항의지를 소멸하기 위해 이루어졌다는 기존 관점에 동의할 수 없다. 앞서 밝힌 대로, 교화는 주희적 의미의 소학단계의 교육을 받지 못한 유소년부터 성인에 이르기까지 모든 불특정 다수의 백성을 대상으로 했던 덕성함양의 교육론이라 본다.[44]

2) 교화의 목적

I. A. 스누크에 의하면, 특정 신념이나 교리 혹은 교조를 일방적으로 주입시키는 형식을 갖는 인독트리네이션은 한 번 형성된 신념을 약화시키지 못할 정도로 학생으로 하여금 명제를 확고부동하게 신념화하도록 하기 위한 의도나 목적에서 이루어진다고 한다. 한편, 선행 연구에 의하면, 조선시대 교화의 목적은 '民의 저항의지 소멸'과 '국가권력의 공고화'에 있었다고 한다. 여기에서 보면, 인독트리네이션과 교화는 비슷한 의도와 목적을 가지고 이루어지는 것으로 볼 수 있다. 전통시대 교화의 목적이 전적으로 여기에 있었던 것일까?

선행연구가 조선조의 교화 현상을 분석하기 위해 원용하고 있는 알뛰세르의 이데올로기론의 시각에서 본다면 교화는 말할 것도 없고 지배층을 위한 교육도 역시 국가권력을 재생산하기 위한 국가기구의 한 장치일 뿐이다. 더 나아가 이러한 관점은 오늘날 우리의 교육에도 적용될 것이다.

조선왕조의 지배계층은 신유학이념에 입각한 엄격한 신분제도를 확립하고자 하였

---

44) 교화의 대상이 일반서민만이 아니라 관인층과 사대부를 포함하는 모든 불특정 다수의 民이었다는 관점에 대해 이석규도 동의하고 있다. 李碩圭, "朝鮮初期 '教化'의 性格", 『韓國思想史學』제11집(1999), 163~183쪽 참조.

다. 그것은 上下, 尊卑, 貴賤의 峻別을 기본 특징으로 하는 것으로, 이러한 계층 구조 속에서 인간관계를 규제하는 구체적인 윤리덕목이 바로 '三綱'과 '五倫'이었던 것은[45] 주지의 사실이다. 그러나 좀 더 다가서서 내면을 들여다보면, 三綱倫理를 강조했던 시기와 五倫을 강조했던 시기가 다르다. 세종대는 조선조의 수성기로 불리고 있거니와 중앙집권적 체제의 완비를 위해 이때는 『三綱行實圖』를 간행·보급하는 등 三綱의 '縱的인 秩序'의 확립에 초점을 두고 있었다. 그러나 성종대 이후 사림파의 등장으로 훈구파 등과 대립하게 되면서 王權 중심의 縱的인 秩序보다는 상대적으로 臣權과 '橫的인 秩序'를 함축하는 五倫이데올로기가 등장하는 것이다. 특히 중종대에 조광조 중심의 至治主義 운동과 김안국에 의해 『二倫行實圖』가 간행된 것은 그 대표적인 예에 해당할 것이다.

이러한 맥락에서 본다면, 조선조의 교육을, 특히 '教化'의 개념을 권력의 재생산을 위한 이데올로기 '注入'으로 등식화하는 것은 止揚되어야 할 것이다. 적어도 당시대적 관점에서 볼 때, 조광조와 김안국 등이 추진한 지치주의 운동은 권력의 재생산이 아니라 권력의 개혁을 요구하는 것으로 볼 수 있기 때문이다. 인류 역사상 이데올로기가 없었던 사회를 생각할 수 없거니와, 관건은 어느 이데올로기가 더 인류의 보편문화를 지향하고 있느냐 하는 것이라 생각한다. 따라서 역사상의 모든 이데올로기는 보편의 각도에서 상대적으로 평가되어야 마땅하다. 어떠한 개혁 이데올로기도 지배이데올로기로 둔갑할 수 있고, 그것은 다시 새로운 보편의 이데올로기에 의해 개혁의 대상으로 등장하게 마련이다.[46] 또한 이데올로기 없는 사회를 생각할 수 없다면, 이데올로기 교육이 없었던 역사도 없다. 권력의 재생산을 위한 이데올로기 교육도 있겠지만, 사회의 개혁적 요구를 반영한 이데올로기 비판교육도 존재한다. 어느 쪽이든 이데올로기 교육이 없다면, 사회의 통합성을 유지하기 힘들다. 그리고 어떤 이데올로기가 제시되면 그 속에는 특정한 도덕원리와 행위규범이 존재

---

45) 한영우, 『조선전기사회사상연구』(서울: 지식산업사, 1983), 62~63쪽.
46) 이를테면, 주자학도 개혁적 이데올로기에서 출발하여 지배이데올로기로 된 것이다. 그러나 주자적 이데올로기는 조선조 후기에 와서 실학적 개혁이데올로기의 도전을 받는다. 이러한 관점에서 볼 때, 시대와 공간을 뛰어넘어 근대 내지 현대적 관점에서 아무런 여과 없이 중세를 재단하는 오류도 지양되어야 할 것이다.

하기 마련이거니와, 이때 도덕교육은 바로 그 특정한 도덕원리를 반영한 윤리적 가치규범을 典範化하여 국민들에게 가르치려 하게 마련인 것이다.

그렇다면 교화의 진정한 의도 내지 목적은 무엇인가? 말할 것도 없이, 그것은 人倫을 밝히고 덕성을 함양하는 데에 있다. 소학단계의 핵심교과인 『소학』은 분명히 學童과 같은 初學을 위한 유학 입문서이다. 그러나 그것은 단순한 유학의 입문서가 아니라는 점에 유의해야 한다. 즉 이것은 心術之要(마음가짐), 威儀之則(몸가짐)을 비롯해서 五倫之道의 실천에 이르기까지 주로 律身的 修己를 위한 입문서요 그 律身과 修己가 '爲己之學'을 지향하는 성리학의 存心養性觀에 뒷받침된 性理學的 修己書인 것이다. 따라서 『소학』에는 선진 유가의 修行觀을 넘어선 성리학적 修身觀이 깃들어 있는 것이라 할 수 있다. 그러기에 주희도 소학교육의 단계에서 이『소학』을 핵심 교과로 삼았고, 그것이 끝났을 때 비로소 대학교육의 단계로 넘어가야 한다는 '學不獵等'의 원칙을 강조했던 것이다. 말하자면 『소학』은 修齊治平의 '根本'이 된다는 생각이다.[47]

'本'이라는 것은 항상 '末'과 함께 운위되는 것으로, 유가의 경전과 전술에는 本末에 관한 논의가 풍부하게 나타나고 있다. 이러한 本末論理는 유가적 사고의 한 특징을 이루고 있거니와, 『소학』 공부야말로 성리학적 수양의 '本'에 속한다는 것이다. 그래서 『소학』 공부를 통하여 형성되는 성현의 기질은 이른바 '습관에 의해 도야된 心性'이며, 이 습관과 함께 지혜가 함께 자라며, 기질의 변화와 더불어 인격의 완성에 이르게 되는 것이다(習與智長 化與心成). 조선조 사림의 『소학』 중시 사상도 이러한 本末論的 사고와 결을 같이하고 있음은 말할 것도 없다.[48] 따라서 교화적 덕성함양교육의 목적은 人倫의 根本을 함양하는 데 있었던 것이라 하겠다.

---

47) 『小學』, 「小學書題」, "古者小學, 敎人以灑掃應對進退之節, 愛親敬長隆師親友之道, 皆所以爲修身齊家治國平天下之本."

48) 예컨대, 중종대 사림인 조광조는 "天下之事, 未嘗無本, 而亦未嘗無末. 正其本者, 雖若迂緩而實易爲力, 捄其末者, 雖若切至而實難爲功. 是以善論治者, 必先明本末之所在, 而先正其本, 本正則末之不治, 非所憂矣."라 하고 있다. 『靜菴集』, 卷2, 「謁聖試策」.

3) 교화의 내용

그렇다면 구체적으로 人倫의 근본이란 무엇인가? 말할 것도 없이 그것은 『소학』에서 제시한 '灑掃應對하고 進退하는 節目과 愛親敬長하고 隆師親友하는 道理'이고, '日用之事의 道인 孝悌忠信'에 다름 아니다. 이러한 日用之事의 道를 가르쳐서 '학생들로 하여금 그의 放心을 回收하고 그의 德性을 涵養해서 그의 大本을 세우게' 했던 것이다.[49] 그래서 중종대 사림들은 이러한 日用之道를 담고 있는 많은 교화서들을 언해하기도 하고 독자적인 교화서를 자체적으로 편찬 간행하기도 하였다. 『童蒙須知』, 『童蒙先習』, 『三綱行實圖』, 『續三綱行實圖』, 『二倫行實圖』, 『正俗諺解』, 『呂氏鄕約』, 『警民編』, 『小學諺解』 등이 그것이다.

I. A. 스누크에 따르면, 인독트리네이션의 내용은 교조(doctrine)이고, 교조란 신념 체계의 하나로 참인지 거짓인지 알려져 있지 않고 과학적이지 못하다고 한다. 그럼 위 교화서들의 내용이 여기에 해당될 것인가? 우선적으로 지적되어야 할 것은 이 교화서들만 따로 분리시켜 해석하면 안 된다는 것이다. 주지하듯이, 주자학이라는 학문 자체가 세계와 인간의 질서를 합리적으로 설명하는 고도의 도덕형이상학이라 할 수 있거니와, 주희의 교육론도 이러한 형이상학적 틀 안에 정합적인 하나의 체계로 포함되어 있다. 따라서 이들 교화서들도 小學－大學 階梯說에 기초한 교육과정 중의 일부로 이해되어야 하는 것이다.

이들 교화서들은 모두 三綱五倫의 덕목들과 그것의 실천을 주 내용으로 하고 있다는 점에서 모두 小學類라 부른다. 그러나 교재의 편집방식이나 구체적인 내용 설명방식을 기준으로 볼 때 크게 두 종류로 분류될 수 있다. 삼강오륜의 모범적 실천 사례를 중심으로 편집된 〈行實圖類書〉와, 삼강오륜의 덕목습득과 실천의 중요성을 서술적으로 설명하고 있는 〈小學類書〉이다.

세종 때에 처음으로 『三綱行實圖』(세종 13년, 1431)가 간행된 이래, 『續三綱行實

---

49) 『慕齋集』, 卷9, 「下禮曹崇小學傳旨」, "學校風化之源, 首善之地, 敎學所尙而習俗隨焉. (中略)盖人生八世, 令入于小學, 敎之以灑掃應對, 進退之節, 愛親敬長, 隆師親友之道, 使之收其放心, 養其德性, 以立其大本."; 같은 책, 卷11. 「公州鄕校重修記」, "竊聞古之爲學者, 群處乎庠序, 昕夕講習於師友之間者, 皆不出乎彝倫日用之中, 孝悌忠信之道."

圖』(中宗 9년, 1514), 『二倫行實圖』(中宗 12년, 1517), 『東國新續三綱行實圖』(光海君 6년, 1614), 『五倫行實圖』(正祖 12년, 1797) 등이 편찬 간행되었다. 여기에 거명된 삼강오륜 行實圖類書서는 本을 새로이 하여 내용이나 형식 면에서 변동이 있는 경우이고, 같은 本이 여러 번에 걸쳐 재간행된 경우가 많았다.[50] 당시 편찬 사업이 쉽지 않았을 것이라는 점에서 본다면, 얼마나 이 책의 편찬에 정책적 배려를 기울였는지를 알 수 있다.

그리고 선택된 인물사례를 국적별로 볼 때, 『三綱行實圖』의 경우 84%가 중국인들인 데 반하여, 『續三綱行實圖』의 경우는 80% 정도가 한국인물들이고, 『東國新續三綱行實圖』에서는 100%가 한국인물들이다. 이처럼, 인물사례를 우리나라 인물로 선정한 것은 보편주의 속에 특수주의가 반영된 것이라고 본다. 이미 三綱五倫의 윤리가 조선조적 사회규범으로 보편화되어 가는 상황이라면, 그것을 백성들에게 가르치는 것도 이왕이면 좀 더 친화력을 가질 수 있도록 우리 역사 속에서 모범적 사례를 뽑아 교육하는 것이 더 효과적일 것이라는 판단이 깔려 있는 것이 아닌가 한다. 한편, 『二倫行實圖』는 『三綱行實圖』류서와는 전혀 다른 내용인 兄弟, 宗族, 朋友, 師生에 대한 인물사례들을 담고 있다. 이 책을 간행한 김안국은 三綱을 보완하기 위한 것이라고 주장하고 있지만,[51] 앞에서 보았듯이 윤리사상 혹은 윤리의식의 발전이라는 측면에서 검토해 볼 여지가 있다고 본다.

行實圖類書가 三綱五倫의 모범적 실천사례를 중심으로 편집된 것이라면, 小學類書는 삼강오륜 등의 日用的 덕목습득과 실천의 중요성을 서술적으로 설명하고 있는 교화서들이다. 먼저, 『童蒙須知』와 『童蒙先習』은 아동용 교재이다. 『동몽수지』는 주희가 편한 책으로, '무릇 兒童들이 할 일은 衣服과 飮食에서부터 日用凡百에 이르기까지 모두 구비한 것'이라 전한다. 『童蒙先習』은 중종대 사림인 김안국이 직접 편찬·간행한 것인데, "첫머리에 五倫의 道를 논하고 또한 總論이 있는데 中國을

---

50) 金元龍, "三綱行實圖刊本攷", 『東亞文化』제4집(서울대학교 동아문화연구소, 1965), 97~120쪽 참조.

51) 김안국은 이에 대해 "삼강의 중요함은 비록 어리석은 사람들도 모두 알거니와, 붕우형제의 윤리에 대해서는 보통 사람은 알지 못하는 이가 있기 때문"이라고 말하고 있다. 『중종실록』, 권32, 중종 13년 4월 기사.

먼저하고 다음에 東國으로 하였다."고 전한다.[52]

『警民編』은 김안국의 동생인 金正國이 중종조 기묘년(1519)에 황해도 관찰사로 재직할 때 일반백성들을 대상으로 하여 편찬·간행한 교화서인데, 특징적인 점은 三綱五倫의 德目과 차이가 있다는 것이다. 君臣·朋友·長幼 등의 덕목이 탈락하고, 그 대신 향촌질서의 유지에 필요한 族親·奴主·鄰理 등의 덕목이 추가되고 있다. 또한 敬身에 해당할 心術·威儀·衣服 등의 덕목은 탈락하고 鬪毆·勸業·儲積·詐僞·盜賊·殺人 등의 항목이 추가되어 조선조적 향촌현실과 부합되는 덕목으로 변형되고 있는 것이다.[53] 또한 일반적인 유교적 교화서들에서는 발견되지 않는 '姉妹'항이 등록되고 있다. 대체로 유교적 교화서에서 가족윤리를 언급할 때 兄弟간의 윤리에 대해서는 말하면서도 姉妹간의 윤리에 대해서는 언급되지 않는다. 그런데 『경민편』에서는 '姉妹'항을 넣어 姉妹간의 윤리를 넣고 있는데, 이것은 당시대까지의 男女均分相續制度와 外孫奉祀를 비롯한 조선의 가족제도의 특징이 이 책에 반영된 것으로 볼 수 있다.[54]

다음으로 『正俗諺解』와 『呂氏鄕約諺解』도 김안국에 의해 이루어졌는데,[55] 『正俗』은 孝父母, 友兄弟, 和室家 등 18항목으로 이루어졌고, 가족관계 내의 인간관계 규범만을 제시한 것이 아니라 향촌사회 내의 비혈연적인 인간관계 규범까지 아울러 제시한 점이 특징이다.[56] 한편, 『呂氏鄕約』은 향촌사회의 비혈연적인 인간관계의 규범을 규정한 향당윤리라 할 수 있다. 주지하듯이, 향약의 주요 덕목은 德業相勸, 過失相規, 禮俗相交, 患難相恤 등이기 때문이다.

---

52) 『모재집』, 附錄上, 「諸書撮錄; 東儒師友錄(南溪所撰)」, "童蒙先習, 金慕齋所著, 首論五倫之道, 又有總論, 先之以中國, 次及東方之事."

53) 丁淳佑, "조선 전기 영남지역 평민층에 대한 교화와 교육", 『정신문화연구』, 제22권 제3호, 통권 76호(한국정신문화연구원, 1999. 가을호), 120쪽.

54) 이에 대한 자세한 고찰은, 金勳埴, "中宗代 〈警民編〉보급의 고찰", 『李載龒博士還曆紀念 韓國史學論叢』(서울: 한울, 1990), 443～471쪽 참조.

55) 『중종실록』, 권32, 13년 4월 기사. "如呂氏鄕約·正俗等書, 乃敦厚風俗之書也. 鄕約雖載於性理大全, 而無註解, 遐方之人, 未易通曉, 故臣乃詳其諺解, 使人接目便解, 正俗亦飜以諺字."

56) 『呂氏鄕約·正俗諺解』(原文社, 1976).

교화서로써 무엇보다 중요한 교재는 역시 『小學』이다. 사실 이상에서 언급한 여러 교화서들은 공통적으로 『小學』을 본으로 삼고 있어서 흔히 '小學類'라고 불리는 것들이다. 소학류는 대체로 父母, 兄弟, 君臣 등 인륜을 밝히는 것을 위주로 하며 일상생활에 절실한 행동 세칙을 기술하고 있다는 특징이 있다. 나아가 『小學』은 단순한 유학의 입문서가 아니라 律身과 修己가 '爲己之學'을 지향하는 성리학의 存心養性觀에 뒷받침된 성리학적 수기서라는 점에 관해서는 앞에서 지적한 바이다.

4) 교화의 방법

I. A. 스누크에 의하면, 입증이나 타당한 논리와 상관없이 일방적인 승복과 동의만을 요구하는 방식에서 인독트리네이션은 일어나는데, 그 특징은 자유로운 토론이나 질문이 허용되지 않고, 내용을 기계적으로 반복해서 연습시키고, 학생들에 대한 어떤 류의 위협이 존재한다고 한다. 한편, 정재걸의 선행연구에서도 일반서민들을 위한 교화의 방법으로는 구체적 사물이나 사건을 보고 듣는 것을 통하여 혹은 黜陟이나 법 및 형벌 등의 수단이 사용되었다고 하였다.57) 그러나 이러한 정재걸의 지적은 단편적이라 본다. 특히 법이나 형벌은 교화에 있어서 가장 부차적인 수단이었다.58) 예컨대, 中宗이 의정부에 내린 傳教에서 보면, "대개 듣건대 왕이 백성을 다스리는 데는 德으로 계도하고 刑으로 징벌한다 하는데, 刑이라는 것은 聖人이 하고자 하는 바가 아니다."고 하여 刑을 교화의 부차적인 수단으로 보고 있다. 법과 형벌은 쟁송의 판결을 명쾌하게 하여 다툼의 재발을 방지하고 권력에 복종시키는 수단이 될 수는 있다. 그러나 그것은 풍속까지 아름답게 만드는 근본적 해결책이 될 수 없다. 법과 형벌은 백성들의 자립을 가져오기보다는 의존과 요행을 키울 뿐이다. 교육을 통한 덕성의 함양만이 백성들의 '도덕적 자아의 확립'을 보장하는 것이라 할 수 있다. 그리고 교육을 위한 가장 수월한 방법은 書籍을 통한 것이다. 그리기에 조선조의 위정자와 사대부들은 『小學』과 「행실도」류서의 간행보급에 심혈을 기울였던

---

57) 정재걸, 앞의 논문, 9쪽.
58) 김훈식, "中宗代〈警民編〉보급의 고찰", 앞의 글, 445쪽.

것이다.

　교화적 덕성함양교육(소학단계의 교육)이란 인륜의 근본이 되는 日用之道를 학생들에게 가르쳐 내면화하도록 하는 것에 다름 아니다. 그리고 일용지도의 내면화를 통하여 형성되는 성현의 기질은 이른바 '습관에 의해 도야된 心性'이라 하였다. 이처럼, 일용지도의 내면화와 습관에 의한 心性을 함양하는 데는 교수기법상으로 볼 때 간접전달의 교수기법보다는 학생들에게 좀 더 가까이 다가가서 학생들로 하여금 직접 體驗과 實踐을 해보도록 하고, 說得하며 感化시키는 교수기법이 효과적일 것이다. 그러나 학생들에게 가까이 다가서서 직접 설득하고 감화시키는 교수기법이라 하여 그것을 '인독트리네이션'으로 오해해서는 안 된다. 오히려 그것은 맹자가 말한 이른바 '正己而物正' 개념에 가깝다.59)

　자신의 德을 닦고 나서 그 방법을 事物에 옮겨 행하는 것은, 맹자적 표현으로 '正己하고 物正'하는 것이다. 자신의 덕은 닦지 않고 단지 사물에만 善을 실시하는 것은 正己도 않으면서 사물을 善되게 하고자 하는 '正物'의 개념이다. 여기서 '物正'과 '正物'은 개념상 엄청난 차이가 있다. 주희의 해석에 의할 때 '物正'은 '物自正'으로써, 物이 스스로 혹은 자연적으로 바르게 됨이다. 그러나 '正物'은 인간이 인위적으로 자연에 간섭하여 조작하는 개념이다. 자신의 덕을 닦지 않은 채 학생들에게만 일방적으로 正物하려 하는 교육이 '인독트리네이션'이다. 그러나 꽃이 꽃 되게 하고 事物이 사물 되게 자연적 율동에 맡겨두는 태도가 '物正'의 개념이다. 그래서 조광조도 '자신의 德을 닦고 그 방법을 사물에 옮겨 행하면 사람들이 모두 '感化하여 자연스럽게 德을 닦을 것이지만'(物正), 인위적으로 正物을 하려 한다면 아무리 실시한들 무슨 이익이 있겠는가'라고 반문하고 있다.60) 자신의 덕을 닦고 物正함, 이것이 교화적 덕성함양의 방법이다. 따라서 正物의 '인독트리네이션'과 物正의 '교화'는 교육학적으로 큰 차이가 있다고 할 수 있다.

---

59)『孟子』,「盡心章 上」, "有大人者, 正己而物正者也."
60)『중종실록』, 권31, 중종 13년 1월 정묘. "三代之治, 今可復致者, 雖不可易言, 豈全無致之之道乎. 自上先養己德, 推之行事, 則人皆誠服, 不期化而自化矣. 若吾德不修, 而修飾於事爲之間, 則亦何益乎. 須敦厚其德, 使萬化自明德中流出, 則下民自然觀瞻所感, 有不能已者矣."

요컨대, '正物'은 교사가 자신의 덕은 닦지 않은 채 학생들에게 일방적으로 善을 행하라고 강요하는 인위적 간섭과 조작의 개념이다. 그러나 '物正'의 교화는 선생이 먼저 덕을 닦고(正己) 모범을 보임으로써 학생들이 스스로 감화되고 설득되는 '말없는 가르침'(默化)과도 같은 것이다. 따라서 교화적 덕성함양에서 스승의 모범적 역할은 무엇보다도 중요한 것이 된다. 한마디로 교사는 전통의 안내자이고 실천가이며 모범자가 되어야 한다. 즉 가르치는 매개체로서의 교재가 전통과 사회의 도덕적 요구를 반영하는 典範이어야 한다면, 교사는 학생들로 하여금 그 典範에 입문시키는 안내자가 되어야 하고 실천으로 보여주는 典型的 대변자가 되어야 한다. 교사는 학생들에게 가까이 다가서서 작은 목소리로 때로는 웅장한 목소리로 영웅들의 이야기를 전해 주며 그들을 따라 나서기를 종용한다. 이러한 교사를 訓蒙之師라 한다.[61]

교화적 덕성함양의 '物正'의 교수기법으로는 모방과 체험을 통한 실천, 영웅적 이야기를 통한 감화와 설득, 암송의 過學習을 통한 지식습득, 居敬공부를 통한 실천의지의 함양 등을 들 수 있다.

(1) 모방과 체험을 통한 실천

학생들에게 가까이 다가가서 직접 說得하고 感化시키는 데에는 때로 불가피하게 刑罰이나 사랑의 매와 같은 채찍이 동원될 수도 있다. 그러나 채찍은 유교의 교육사상에서 볼 때 어디까지나 차선책이고 소극적인 방법에 불과하다. 오히려 褒賞과 같은 당근책이 더 우선적이고 적극적인 방법에 해당한다. 이를테면 조선시대에 계속하여 행해졌던 旌表政策은 그 대표적인 교화의 당근책이라 할 것이다. 교화의 당근책으로서의 정표정책은 도덕적 품성과 행위를 모범적으로 보여준 사람들에게 褒賞을 함으로써 다른 사람들을 감화시키고 모방적 행위를 유도하고자 하는 데 목적이 있다. 선행연구에 따를 때, 이러한 교육은 書籍을 통한 講經의 교육이 아니라, 구체적인 사물이나 사건을 보고 듣고 행하는 實物 위주의 교육이다.[62] 이러한 實物

---

61) 최봉영, "조선시대 儒學敎育과 '敎學'의 의미", 『敎育史學硏究』제8집(1998), 9쪽.
62) 정재걸은 지배계급을 위한 '교육'과 일반 서민들을 위한 '교화'의 교수기법의 차이점을 "지배계급을 위한 교육이 주로 講經, 즉 서적을 중심으로 하여 이루어진다면, 일반 서민

위주의 교육으로 旌表 외에도 유교적 의례들, 즉 鄕飮酒禮, 鄕射禮 등을 통한 교화도 해당될 것이다.

세종대 이후에는 많은 교화서들이 간행되고 언해본도 나와 서적을 통한 교육의 가능성이 커져가고 있었다. 그럼에도 불구하고 기술적인 문제로 서적의 간행 부수는 제한될 수밖에 없었을 것이고, 한문은 물론이고 한글을 깨우친 사람도 그리 많지는 않았을 것이다. 이러한 현실적 상황에서 백성들을 위한 교육은 서적을 통한 교육보다는 實物 위주의 교육이 더 효과적이었을 것임은 얼마든지 짐작해 볼 수 있다. 그러나 향음주례나 향사례 등은 직접 실천을 통한 덕성 교육이라는 점에서 매우 중요한 의미를 갖는 것이라고 할 수 있다.

(2) 영웅적 이야기를 통한 감화와 설득

그러나 이상과 같은 實物과 실천을 통한 교육뿐만 아니라, 제한적이지만 일반서민들을 대상으로도 서적을 통한 교육이 행해졌음에 주목해야 한다. 『三綱行實圖』를 비롯한 行實圖類書는 도덕적 품성과 행위를 모범적으로 보여준 '도덕적 영웅'들의 사례를 담고 있다. 이들 책 속의 모든 인물들은 전통과 역사 속에 빛나는 '도덕적 영웅'들이다. 학생들은 이 책을 통하여 그 영웅들을 만나며, 교사들은 전통의 도덕적 모범들에 대한 풍부한 이야기를 가지고 학생들을 훈화한다. 여기에 지극한 善行만이 하늘을 감동시키고 福을 내릴 것이라는 교훈적 사실도 곁들인다. 도덕적 영웅 이야기는 단순히 이야기로만 그치는 것이 아니다. 그림과 詩와 讚이 있다. 이것의 교육적 효과는, 세종대의 藝文大提學 鄭招가 「三綱行實圖跋文」에서 말하듯이, "形容하는 모습을 친히 보며 그 사실을 詩로써 노래한다면 마음이 感化되고 興起됨이 반드시 빠르고도 깊을 것이다."[63] 실제 교육함이 이쯤 되면 학생들은 무한한 감동

들을 위한 교화는 구체적인 사물이나 사건을 보고, 듣는 것을 중심으로 하여 이루어졌다."고 전제하면서 후자의 교화적 교수기법을 實物 위주의 교육이라 하였다. 정재걸, 「조선전기 교화연구」, 앞의 논문, 9쪽.

63) 『세종실록』, 권59, 15년 2월 정미. "何況親見形容, 詠嘆其事乎, 其感之也必深, 其興之也必速矣."

과 감화를 받으며 說服되게 되어 있다.

그러나 영웅적 이야기를 통한 感化만으로 만족할 만한 효과를 거두기 어렵다. 감화는 마음으로 설복되도록 하는 정의적 접근이다. 여기에 지적이고 합리적인 설득이 가미될 때 도덕적 동기는 더욱 강화될 수 있다. 따라서 영웅적 이야기를 통한 감화만을 이끌 것이 아니라, 학생들이 그 영웅적 이야기를 듣고 왜 자신들도 이야기처럼 행동을 해야 하는지 나름대로 합리적인 이유와 더불어 그 행동의 구체적 의미까지 들려줄 수 있어야 한다. 특히 교육적 훈화에서 이 점이 빠질 때, 그것은 학생들에게 특정 행위를 맹목적으로 강요하는 '正物'의 인독트리네이션과 다르지 않을 것이기 때문이다. 이러한 점에서 아무래도 行實圖類書의 교수기법은 한계를 갖는 것으로 보인다. 그래서 중종대 사림들은 『正俗』 등과 같은 小學類의 교화서들을 언해하고 편찬했던 것이 아닌가 한다.

『正俗』에서는 초보적인 수준에서나마 槪念的이고 論理的인 설명을 시도하고 있다.[64] 즉 『三綱行實圖』는 제시된 그림을 설명하는 식으로 효행의 사례를 단순히 나열하는 데에 그치는 반면에, 『正俗』는 효도를 해야 하는 이유와 그것의 구체적 의미를 비교적 논리적으로 설명하고 있는 것이다. 한편, 『正俗』보다도 체계적이고 논리적으로 日用의 道를 논하고 있는 책은 말할 것도 없이 『小學』이다. 『三綱行實圖』의 도덕적 영웅들은 "거의가 변고와 위급한 때를 당했을 때의 특수한 몇 사람의 激越한 행실이지, 일상생활 가운데에서 행하는 도리는 아니다." 이 책은 읽는 이로 하여금 감동과 감화를 줄지언정, 그 영웅적 행위는 너무 높아 "누구에게나 그것을 요구할 수는 없는 것"이다.[65] 이러한 점에서 일상생활에서 누구나 행할 수 있고 왜 행해야 하는지를 쉽게 납득할 수 있는 『小學』의 이야기와 훈화가 더 교육에 효과적이다.

---

64) 池政敏, 「朝鮮前期 教化書 諺解의 教育的 意味: 慕齋 金安國의 活動을 中心으로」, 앞의 논문, 50쪽.
65) 『중종실록』, 권28, 중종 12년 6월 신미. "三綱行實所載, 率皆遭變故難危之際, 孤特激越之行, 非日用動靜常行之道, 固不可人人而責之."

(3) 암송의 過學習을 통한 지식습득

그리고 『소학』 등을 교육함에 있어서는 스승의 도덕적 이야기와 훈화만이 있었던 것이 아니라는 점에 주목해야 한다. 학생들로 하여금 교과의 내용을 암송(誦)하게 하였다. 『정속』이나 『소학』처럼 왜 도덕적으로 행동해야 하는지에 대한 논리적 근거를 설명해 주고는 있지만, 사실 그 의미를 명확히 인지하기는 쉽지 않았을 것이다. 그래서 논리적 분석이나 철학적 사고를 유도하기보다는 교화적 교육의 단계에서는 학생들로 하여금 읽고 외우도록 하는 것을 더 강조했다고 볼 수 있다. 즉 音讀하는 것을 배우고, 句讀法을 배우고, 또 문장의 大義를 배웠으며, 그다음에는 계속 반복하여 읽으며 배운 바를 암송하도록 하여 완전히 외울 때에야 다음 학습 진도를 나갔다고 전한다.[66] 이것은 학습내용이 아이들의 現在의 필요보다는 將次의 필요를 위해서 備蓄해 두는 지식이라 할 수 있다. 그리고 암기방법으로써 배운 것을 몇 번이고 되풀이해서 외우게 하는 過學習(over-learning)은 현대의 학습 심리학에서 밝혀지고 있는 記憶과 忘却의 원리와도 부합되는 것으로,[67] 뜻을 모르더라도 자꾸 외우다 보면 기억으로 저장되고 언젠가는 그 뜻을 이해하게 될 뿐만 아니라, 자기도 모르게 도덕적 습성이 되어 행동으로 옮기게 되는 것이다.

(4) 居敬공부를 통한 실천의지의 함양

소학단계의 교육내용들은 실천을 통해서 진리가 확인되는 것들이라 할 수 있다. 주희는 立志를 하기 이전에 소학에서의 함양·성취에 의해 근본을 세울 수 있으며,

---

66) 박상만, 『한국교육사』 上(중앙교육연구소, 1956). 여기서는 徐鳳延, 「傳統的 生活世界와 兒童生活」, 姜信杓 외, 『傳統的 生活樣式의 硏究』 中(한국정신문화연구원, 1982), 54쪽 참조.

67) 文字나 文章을 학습하는 데는 개인에 따라 학습 속도에 차이가 있지만 일단 過學習에 의해 완전히 기억된 것이 忘却되는 데는 별로 차이가 없다는 것이다. 이러한 점을 당시의 교사들이 실험 심리학적으로 연구한 것은 아니었겠지만, 오랜 경험을 통하여 터득한 것이 아닌가 한다. 현재 壯·老年期에 있는 사람들 가운데는 옛날에 뜻도 완전히 모르고 외웠던 글귀가 지금도 기억에 남아 있고, 그 글귀의 뜻이 이제야 이해되는 것이 있다고 述懷하는 사람이 많다고 한다. 徐鳳延, 위 논문, 위 책, 54~56쪽.

이러한 공부가 없이 사려와 지식으로써만 道를 구하려고 하는 것은 설사 깨달음을 얻는다 하더라도 실천과는 유리된 공허한 것이라고 하였다.[68] 소학공부를 통하여 형성되는 성현의 자질은 '습관에 의해 도야된 心性'이라 하였거니와, 이러한 실천을 위하여 요구되는 태도가 居敬인 것이다. 敬의 태도는 도덕적으로 행동하고자 하는 意志를 함양하는 것으로써, 그것은 밖으로 구체화된 행동은 아닐지라도 마음속의 행동이라 할 수 있는 것이다.

주희는 소학단계에서 『소학』 공부를 못하고 대학단계로 넘어온 학생들에게 '학불엽등'의 원칙을 적용하여 『소학』 공부 할 것을 권장하면서, 그것의 공부를 위한 방법으로도 居敬을 강조하고 있다. 소학단계의 居敬이 외재적 측면이 강했다면, 대학단계의 敬은 '主一無適'의 내재적 敬이다. 이러한 居敬공부가 되어 있을 때 格物窮理 공부도 의미를 지니며, 格物窮理를 통하여 알게 된 것도 敬이 아니면 지킬 수 없다고 주희는 말하고 있다.

조선조 사림들도 이러한 주희의 居敬공부의 원리를 이어받고 있다. 이를테면, 김안국은 知行兼全의 공부를 함에 있어서 공통으로 갖추어야 할 공부의 자세를 敬이라 전제하면서 '敬이란 것은 知의 節目이고 行함의 充足이며 輪의 굴레'라 하고 있다.[69] 그리고 조광조는 누구라도 "자기를 이길 수 있으면 사악함을 없앨 수 있다"[70]고 말하면서, '克己', 즉 자신의 기질지성(私氣)을 극복해야만 타고난 성품을 발휘하여 사욕을 없앨 수 있는바, 만약 人欲을 버리고 天理를 깨닫고자 한다면 마음을 '敬'의 상태로 유지해야 한다는 것이다.

---

68) 『性理大全』, 卷43, 「總論爲學之方」 및 『朱子大全』, 卷42, 「答吳晦叔」(제9서) 참조.
69) 『모재집』, 권10, 「朴漢老咸敬忠字說」, "而敬者其知之目, 行之足, 輪之軸乎. 大學之格致, 中庸之明善, 卽知之事也, 大學之誠正, 中庸之誠身, 卽行之事也. 而所謂忠恕者卽誠也, 自聖人謂之誠, 自學者謂之忠恕, 則忠恕者固誠之之事而行之所由也. (中略) 苟不加以明之之功, 則不能審, 夫行之所當而擇執之, 其爲忠 終亦歸於不實, 而不能致於高明廣大之域矣. 明以擇其善, 忠以體之身, 敬以兼盡乎兩者, 何憂學之不至也."
70) 『정암집』, 권3, 「參贊時啓」, "人能克己則無私矣."

4. 결 론

이 연구는 전통시대 교육 현상의 하나인 '교화'를 서양 교육학적 개념인 '인독트리네이션'과 등치시켜 해석하는 관점에 대한 문제제기이다. 연구자는 '교화'를 전통시대에 있어서 덕성함양을 위한 교육론의 하나라고 본다. 성리학적 의미의 교화란 사악한 기질을 순화시켜 인간의 선한 본성을 드러내도록 하는 것이다. 이를 위해 주희는 小學－大學階梯說에 근거한 단계적 덕성함양론을 정초하였는바, 그것이 광의적 의미의 교화라고 본다. 그리고 소학단계의 교육의 조선조적 원용을 연구자는 협의적 의미의 '교화'(교화적 덕성함양교육론)로, 대학단계의 교육을 '교학'(교학적 덕성함양교육론)이라 부른다.

그러나 광의든 협의든 교화는 선행연구의 관점과는 달리, '인독트리네이션'의 개념과는 번지수가 다르다. 교화의 대상은 일반서민만이 아니며, 교화의 목적이 윤리규범의 수동적 내면화에 다른 저항의지의 소멸에 있었던 것도 아니다. 오히려 교화는 公卿大夫에서 閭巷小民까지 모든 불특정 다수의 民에게 덕성함양의 교육을 함으로써 '도덕적 자아 확립'(선한 본성의 회복)을 목적으로 하는 교육프로그램이다. 물론 대학단계에서 교육의 대상은 현실적으로 儒者들에 국한되었을 가능성이 있지만, 협의적 의미의 교화, 즉 소학단계의 교육대상은 사회의 모든 구성원이다.

교화적 덕성함양의 교육론을 요약하면, ① 교화적 덕성함양의 교육목적은 인륜의 근본을 함양하도록 하는 데 있다. ② 교육 내용으로써 인륜의 근본이란 日用之道, 즉 三綱五倫 등과 같은 기본적 덕목들과 다르지 않다. ③ 교육방법은 스승이 먼저 덕을 닦고(正己) 학생들에게 가까이 다가감으로써 학생들이 스스로 감화되도록 하는 '物正'의 교수론인데, 그것은 모방과 체험을 통한 실천, 영웅적 이야기를 통한 감화와 설득, 암송의 過學習을 통한 지식습득, 居敬공부를 통한 실천의지 함양 등이다.

이처럼, 소학단계에서 이루어지는 교화는 불특정 다수의 民에게 덕성함양의 교육을 함으로써 '도덕적 자아 확립'을 목적으로 하는 교육프로그램이다. 물론 여기서의 '도덕적 자아'는 엄격히 말해 '사회적 자아'이다. '사회적 자아'를 넘어 '개인적 자아'의 확립(聖人됨)은 대학교육의 단계에서 이루고자 하는 목표로 넘긴다. 이러한 점에서, 협의적 의미의 '교화'란 사회의 합의된 규범과 문화를 학생들에게 가르쳐 사회의 구성원으로 만들어 간다는 '도덕적 사회화' 개념과 다르지 않다고 본다. 따라서 여기에 인독트리네이션적 요소가 전혀 없다고 단정할 수는 없다 하더라도, 이제 교화와 인독트리네이션을 등치시켜 해석하는 관점에서는 벗어나야 할 것이다.

그리고 오늘날 교육학계에서 인독트리네이션을 교화로 번역하는 오류도 수정되어야 마땅하다. 이돈희가 제안했던 '孟敎'로 번역하든지 아니면 그냥 '인독트리네이션'으로 사용할 것을 제안한다. 한편, 최근의 도덕교육에 대한 이론적 동향은 덕교육론과 함께 공동체주의적 도덕교육론이 주목을 끌고 있다. 이들 이론들은 그동안 우리에게 잊혀져 왔던 덕과 인격의 함양, 전통과 역사의 중요성, 공동체의 복원 등과 같은 매우 유용한 교육적 개념을 부활시켜 주고 있다.[71] 그러나 이러한 개념들은 이미 교화적 덕성함양의 교육론에서 담겨져 있는 것들이다. 따라서 이제 우리 도덕교육에 대한 이론적 근거도 한국 공동체적 역사의 '위대한 전통'에서 찾는 노력이 시도되어야 할 것이라 믿는다.

---

71) 추병완, "공동체주의 도덕교육론", 진교훈 외, 『윤리학과 윤리교육』(서울: 경문사, 1997), 368쪽

▌참고문헌

『大學・論語・孟子・中庸』, 『性理大全』, 『朱子大全』, 『朱子語類』, 『二程文集』, 『禮記』, 『小學』, 『國譯 栗谷全書(Ⅴ) ― 聖學輯要』(한국정신문화연구원, 1985), 『慕齋集』, 『靜菴集』, 『태종실록』, 『중종실록』, 『세종실록』, 『呂氏鄕約・正俗諺解』(原文社, 1976).

강봉수, 「조선전기 도학적 덕교육론 연구」(한국학대학원 박사학위논문, 2000).

강봉수, 『유교 도덕교육론』(서울: 원미사, 2001).

金元龍, "三綱行實圖刊本攷", 『東亞文化』제4집(서울대학교 동아문화연구소, 1965).

金恒洙, "16세기 士林의 性理學 理解: 書籍의 刊行・編纂을 중심으로", 『韓國史論』 7(1981).

金勳埴, "中宗代 〈警民編〉보급의 고찰", 『李載龒博士還曆紀念 韓國史學論叢』(서울: 한울, 1990).

김대용, 『조선초기 교육의 사회사적 연구』(서울: 한울 아카데미, 1994).

김형효, "율곡적 사유의 이중성과 현상학적 비전", 김형효 외 4인 공저, 『율곡의 사상과 그 현대적 의미』(성남: 한국정신문화연구원, 1995).

목영해, 「퇴계와 칸트 도덕관의 교육론적 연구」(부산대학교 대학원 박사학위논문, 1994).

박상만, 『한국교육사』上(중앙교육연구소, 1956).

朴翼煥, 「朝鮮前期 鄕村敎化史 硏究」(동국대학교 대학원 박사학위논문, 1987).

徐鳳延, "傳統的 生活世界와 兒童生活", 姜信杓 외, 『傳統的 生活樣式의 硏究』中(한국정신문화연구원, 1982).

서은숙, "〈덕성함양교육의 한 접근으로써 '교화'의 재검토: 교화는 indoctrination인가〉에 대한 논평", 한국국민윤리학회 춘계학술대회(2002. 5. 24.), 미출간 원고.

윤팔중 역, 『교화와 교육』(서울: 배영사, 1993 중판).

이돈희, 『교육철학개론』(서울: 교육과학사, 1983).

이돈희, 『도덕교육』(서울: 교육과학사, 1979).

李秉烋, 『朝鮮前期 畿湖士林派 硏究』(서울: 일조각, 1984).

李碩圭, "朝鮮初期 '敎化'의 性格", 『韓國思想史學』제11집(1999).

李碩圭, "朝鮮初期 官人層의 民에 대한 認識: 民本思想과 관련하여", 『歷史學報』제151집 (1996. 6.).

丁淳佑, "조선 전기 영남지역 평민층에 대한 교화와 교육", 『정신문화연구』, 제22권 제3호, 통권 76호(한국정신문화연구원, 1999. 가을호).

정재걸, 「조선시대 서민교육으로서의 교화에 관한 연구」(서울대학교 대학원 석사학위논문, 1983).

정재걸, 「조선전기 교화연구: 성종・중종(1469~1544)년간을 중심으로」(서울대학교 대학원 박사학위논문, 1989).

池富一, 「元・明 交替期 朱子學의 東傳과 朝鮮初의 鄕村教化」(경희대학교 대학원 박사학위논문, 1992).

지정민, "조선전기 庶民 文字教育에 관한 연구: 慕齋 金安國의 教化書 諺解事業을 中心으로", 『교육사학연구』제6・7집(서울대학교 교육사학회, 1996).

池政敏, 「朝鮮前期 教化書 諺解의 教育的 意味: 慕齋 金安國의 活動을 中心으로」(서울대학교 대학원 석사학위논문, 1995).

최봉영, "조선시대 儒學教育과 '教學'의 의미", 『教育史學研究』제8집(1998).

추병완, "열린 도덕과 교육의 개념과 이론적 기초", 『열린 도덕과 교육론』(서울: 도서출판 하우, 2000).

한영우, 『조선전기사회사상연구』(서울: 지식산업사, 1983).

I. A. Snook, *Indoctrination and Education*(London and Boston: Routledge and Kegan Paul, 1972).

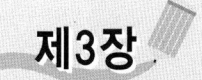

제3장

옛 圖書類에 함의된 덕성교육의
두 가지 접근법
―「行實圖」類書와 『聖學十圖』를 중심으로―

이 글은, 「行實圖」類書와 『聖學十圖』 등의 圖書가 성리학적 덕성교육론의 조선조적 원용과 실천이라는 차원에서 깊은 '교육적 고려' 속에 편찬 간행된 것이라는 가정하에, 여기에 함의된 덕성교육의 접근법을 교수─학습의 모형과 방법적 원리를 중심으로 탐구한 것이다.

「行實圖」類書는 덕목과 행위의 교화적 덕성교육의 목표달성에 걸맞게 특별히 개발되고 간행된 교재이다. 『聖學十圖』는 제목 그대로 '聖人이 되기 위한 학문론 혹은 공부론'으로, 대학단계의 교학적 덕성교육에 입문할 초학자를 위해 깊은 교육적 안목에서 개발된 교재이다. 각 교재의 저변에 함의되어 있는 교수─학습의 모형과 원리는 다음과 같다.

■ 출처 : 『윤리교육연구』 제7집 (한국윤리교육학회, 2005. 4.), 231~262쪽. 이 글은 졸저에도 있다. 『한국전통 도덕교육론』(한국학술정보[주], 2006. 5.), 289~335쪽.

「행실도」류서에 함의된 교수-학습 모형은 〈도입 → 이야기하기 → 행동 실천해 보기 → 실천의지 다지기 → 마무리하기〉의 5단계이고, 교수-학습의 원리는 ① 지·정·행의 통합적 접근의 원리, ② 도덕적 영웅 따라 배우기의 원리, ③ 감화설득의 원리, ④ 행동실천을 통한 배우기의 원리 등이다. 『성학십도』에 함의된 교수-학습 모형은 〈도입 → 문제의 제시(圖) / 탐구 및 상호토론 → 1차 자료의 제공(說) / 자료읽기 및 잠정결론 도출하기 → 2차 자료의 제공(관련 전문가 혹은 교사의 조언) / 견해 수정하기 → 마무리하기〉의 5단계로 구성되고, 교수-학습의 원리는 ① 인지 중심 접근의 원리, ② 자료로서의 교재 제공의 원리, ③ 대화와 토론의 원리 ④ 개별화 교수의 원리 등이다.

1. 서 론

　圖書를 이용하여 사상을 표현하는 방식은 예로부터 있었고, 특히 송대의 도교사상가들이 자신의 易學사상을 풀이하기 위하여 도서를 사용하는 기풍이 생겼다고 전한다.1) 이것이 당시대 성리학자들에게도 영향을 주었는데, 주렴계가 '太極圖'에 근거하여 태극도설을 지은 것도 그 대표적인 사례에 해당한다. 특히, 조선조 철학자들에게 도서를 통한 접근은 성리학 연구의 특별한 방법적 통로였던 것 같다.2) 권근의 『入學圖說』에서 보듯이, 성리학의 초입단계에서부터 도서가 적극적으로 활용되었고, 정지운의 「天命圖說」은 조선 성리학에서 철학적 논쟁을 촉발하는 계기가 되었던 것이다.

　윤사순이 밝혔듯이, 도서를 통한 접근은 "말로 표현하기 어려운 철학을 완벽하게 표현할 수 없음을 자각하고, 언어 이상의 상징 방법을 강구한 동양철학의 방법론적 성찰에 그 연원을 두고 있는 것"3)이라는 주장에 적극 동감한다. 그러나 이 글에서는 이러한 측면의 함의보다는 도서를 통한 접근의 교육적 의의에 더 관심을 두고자 한다. 즉 도서를 통한 접근은 '온축된 철학사상을 그림과 그에 대한 해설로 표현하는 방식으로, 알기 쉬운 그림과 해설을 사용하여 난해한 철학사상을 초학자들에게 교육하기 위해'4) 일종의 교수방법을 고려하여 편찬된 책인 것이다. 권근의 『入學圖

---

1) 노사광 저, 정인재 역, 『중국철학사』(서울: 탐구당, 1997 四版), 19쪽.
2) 한국사상연구회, 『圖說로 보는 한국 유학』(서울: 예문서원, 2000), 6쪽.
3) 위 책, 7쪽.
4) 위 책, 같은 쪽.

說』5)이나 퇴계의 『聖學十圖』 등은 그 대표적인 사례라고 여긴다.

한편, 도서를 통한 접근에는 '온축된 철학사상을 그림과 그에 대한 해설로 표현하는 방식'과는 전혀 성격을 달리하는 경우도 있는데, 바로 『三綱行實圖』처럼 行實圖類書가 그것이다. 여기서의 圖는 五倫的 덕목의 실천사례를 그림으로 표현한 것으로 문자로 된 내용을 보완하는 성격의 것이라 하겠다. 그리고 우리가 아는 한 삼강오륜 「행실도」류서는 조선 세종대 이후 유교윤리의 정착을 위하여 교육적 고려에서 특별히 고안되고 반복적으로 재간행되었던 圖書이다.

'유교윤리의 정착', '교육적 고려'라는 두 가지 측면에서 보면 『삼강행실도』나 『성학십도』는 같은 목적과 동기를 공유하고 편찬 간행된 圖書들이다. 그러나 두 책에 활용된 圖를 들여다보면 확연히 구분되는 것처럼, 『삼강행실도』의 도는 그림이고 『성학십도』의 도는 오히려 도표에 가깝다. 즉 전자의 도가 오륜덕목의 실천 행위를 표현한 그림이라면, 후자의 도는 온축한 사상내용을 구조화한 도표인 것이다. 이러한 차이의 전제에는 드러난 圖의 차이보다 더 깊고 서로 다른 교육 이론적 함의가 깔려 있는 것이라 여긴다. 이 글은 바로 이러한 가정을 확인해 보기 위한 것이다.

물론 「行實圖」類書와 『聖學十圖』가 조선시대에 편찬된 모든 圖書類를 대표한다고 생각하지는 않는다. 그러나 두 圖書는 성리학적 덕성교육론의 조선조적 원용과 실천이라는 차원에서 깊은 교육적 고려 속에 편찬 간행된 것이라 여긴다. 이 글에서는 이러한 가정을 확인해 보면서,6) 특히 두 圖書에 함의된 덕성교육의 접근방법을 현대적 관점에서 탐색해 보려 한다. 이를 위해 먼저 덕성교육의 교재로서 「行實

---

5) 권근은 『입학도설』의 自序에서 다음과 같이 말하고 있다. "나에게 와서 『대학』과 『중용』을 배우는 초학자들이 한둘 있었는데, 거듭 자세히 설명해 주어도 분명히 이해하지를 못하므로, 이에 周子의 「태극도」를 근본으로 하고 장구의 설을 참작하여 그림을 그려 보이고, 다시 先賢들의 격언을 취하여 그 의미를 해석해 주었다." 장숙필, 『권근의 「입학도설」과 그 영향』, 위 책, 15쪽에서 재인용.

6) 사실 연구자는 그동안 이러한 검토를 한 바 있다. "삼강오륜〈행실도〉류서에 함의된 전통도덕교육의 방법과 원리", 『국민윤리연구』제46호(한국국민윤리학회, 2001); "퇴계의 『성학십도』에 함의된 도덕교육론", 『도덕윤리과교육』, 제19호(한국도덕윤리과교육학회, 2004). 이 글은 앞선 두 연구를 통합적 관점에서 재고찰하는 셈이 된다. 따라서 기존연구와 부분적인 논의의 중복은 피할 길이 없다.

圖」類書와 『聖學十圖』의 간행목적과 그 특징을 짚어본다. 다음으로, 두 圖書의 편찬방식과 체재에 주목하면서 여기에 함의된 덕성교육의 접근방법, 즉 교수-학습의 모형과 방법적 원리를 고찰한다. 결론에서는 연구를 요약하면서 현대적 의의를 생각해 본다.

2. 덕성교육 교재로서 「行實圖」類書와 『聖學十圖』

유가적(성리학적) 의미에서 덕성함양(德性 涵養 혹은 涵泳)이란, 마치 화선지 위에 붓글씨를 쓰거나 묵화를 그릴 때 먹이 종이 속으로 젖어 들어가듯이, 존재론적 도리(道)가 주체의 심정 속으로 스며들어 오는 것과 다르지 않다.[7] 따라서 덕성함양을 하려면, 우선 논리적 순서로 道가 무엇인지를 밝히는 작업이 선행되어야 하고, 다음으로 밝혀진 道를 내 마음속으로 체득하는 공부가 뒤따라야 한다. 그래서 성리학적 덕성함양 방법의 양 날개는 〈尊德性〉과 〈道問學〉인 것이다. 〈존덕성〉은 마음을 보존하여(存心) 道體의 광대함으로 뻗어 나아가는 것이며, 〈도문학〉은 앎에 이르러서(致知) 道體의 미세함에까지 남김없이 밝히는 것이다.[8]

주희는 바로 이러한 핵심개념을 중심으로 〈존덕성〉의 공부방법으로 〈敬〉을, 〈도문학〉의 공부방법으로 〈格物窮理〉를 주장하였다. 아울러 그를 위한 교육론까지 입론하였는데, 소학교육과 대학교육이 그것이다. 조선조는 이러한 주희의 공부론 내지 교육론을 수용하여 세종대를 거치고 중종대에 이르기까지는 나름대로 주희적 틀을 이해하였다고 할 수 있다. 주희의 소학교육과 대학교육을 조선조 나름대로 원용한 표현이 '敎化'(교화적 덕성교육론)와 '敎學'(교학적 덕성교육론)이었던 것으로 생각한다.[9]

---

7) 김형효, "율곡적 사유의 이중성과 현상학적 비전", 김형효 외 4인 공저, 『율곡의 사상과 그 현대적 의미』(성남: 한국정신문화연구원, 1995), 38~39쪽.
8) 『國譯 栗谷全書(Ⅴ)— 聖學輯要』(한국정신문화연구원, 1985), 21쪽.

요컨대, '교화적 덕성교육론'은 아직 도덕성의 발달이 충분치 못한 학습자들을 대상으로 하는 도덕교육론이고, '교학적 덕성교육론'은 도덕성의 발달이 어느 정도 이루어진 학습자들을 대상으로 하는 도덕교육론이다. 주희의 입론에서 소학단계의 주교재는 『小學』이었고, 대학단계의 교재는 『大學』을 비롯한 경전 등이었다. 조선조의 위정자와 사대부들은 주희의 입론을 원용하여 조선의 사정에 걸맞은 교재개발의 필요성을 인식했고, 바로 그 대표적인 예가 「行實圖」類書와 『聖學十圖』 등의 圖書들이었던 것으로 이해된다.

1) 「行實圖」類書의 편찬 목적과 특징

조선시대 위정자와 사대부들은 유교적 실천윤리를 사회의 근간으로 삼아 가정에서부터 국가사회질서의 기틀까지 연결시키고자 하였다. 여기서 '유교적 실천윤리'라 함은 말할 것도 없이 '三綱五倫'이라 할 것이며, 조선의 위정자와 사대부들이 바로 삼강오륜윤리의 정착을 위하여 부단하게 政策的·敎育的 노력을 기울였다. 이를테면, 『朱子家禮』의 보급과 실시 장려·『五禮儀注』의 편찬·『小學』의 보급·里杜制와 祠廟의 실시권장·『孝行錄』의 重修·旌表政策의 실시·鄕約의 보급과 실시 등은 그 대표적인 예이다. 三綱五倫 「行實圖」類書의 편찬 간행과 보급도 이러한 정책적·교육적 노력의 일환에 다름 아니다. 『三綱行實圖』의 序의 기록을 보면 그 점을 충분히 짐작할 수 있다.

> 天下에 達道 다섯에서 三綱이 그 으뜸에 해당하니, 이는 진실로 經綸의 큰 법이며 온갖 敎化의 本源이다. (중략) 三代의 정치는 모든 人倫을 밝히는 것이었는데, 後世에는 교화가 침체되어 백성들이 親睦하지 않아서 君臣·父子·夫婦의 큰 인륜이 모두 타고난 本性이라는 것을 몰라 항상 薄한 데로 흐른다. 그러나 때로는 탁월한 행실과 높은 절개를 지켜 세속에 휩쓸리지 아니하여 사람의 耳目을 聳動

---

9) 이에 대한 자세한 고찰은, 강봉수, "전통적 덕성함양교육의 한 접근으로써 '敎化': 교화는 Indoctrination인가", 『백록논총』제4권 제1호(제주대학교 사범대학·교육과학연구소, 2002. 8.), 43~54쪽 및 이 책의 제2장 2절 참조.

시키는 자가 또한 많다. 나는 그 특이한 자를 뽑아서 그림을 그리고 讚을 짓게 하여 서울과 지방에 반포하고자 하니, 이렇게 하면 어리석은 夫와 婦가 보고 느끼어 興起할 것인 즉 이것도 백성을 교화시키고 풍속을 이루는 한 가지 방법이다.34)

세종 때에 처음으로『三綱行實圖』(世宗 13년, 1431)가 간행된 이래,『續三綱行實圖』(中宗 9년, 1514),『二倫行實圖』(中宗 12년, 1517),『東國新續三綱行實圖』(光海君 6년, 1614),『五倫行實圖』(正祖 21년, 1797) 등이 편찬 간행되었다. 여기에 거명된 삼강오륜「行實圖」類書는 本을 새로이 하여 내용이나 형식 면에서 변동이 있는 경우이고, 같은 本이 여러 번에 걸쳐 재간행된 경우가 많았다.35) 당시 편찬 사업이 쉽지 않았을 것이라는 점에서 본다면, 얼마나 이 책의 편찬에 정책적 배려를 기울였는지 알 수 있다.

세종대의『三綱行實圖』는 우리나라와 중국문헌에서 孝子・忠臣・烈女 각각 110명(모두 330명)을 뽑아 그림과 漢文의 설명과 詩, 贊을 붙여 3권 3책으로 구성되었다.36) 성종대의『三綱行實圖』는 3책을 1책으로 축소하여 효자・충신・열녀 각각 35명(모두 105명)으로 구성되었고, 각 장의 체재는 앞뒷면의 상단에는 해당 사실에 대해서 諺文으로 기록하고, 앞면의 중하단에는 그림을, 뒷면에는 한문 설명과 詩 혹은 贊이 실려 있다.

중종대의『續三綱行實圖』는 80% 이상을 한국의 인물사례에서 효자 36명, 충신 6명, 열녀 28명(모두 70명)을 뽑아 편찬되었고, 각 장의 체재는 성종대의 예를 그대로 따르고 있다.『二倫行實圖』는 兄弟 25명, 宗族 7명, 朋友 11명, 師生 5명(모두 48명)을 중

---

34)『三綱行實圖』序 및『세종실록』, 권56, 세종 14년 6월 병신. "天下之達道五, 而三綱居其首. 實經綸之大法, 而萬化之本源也. (中略) 三代之治, 皆所以明人倫也, 後世敎化陵夷, 百姓不親, 君臣父子夫婦之大倫, 率皆昧於所性, 而常失於薄. 間有卓行高節不爲習俗 所移, 而聳人觀聽者亦多. 予欲使取其特異者, 作爲圖讚, 頒諸中外. 庶幾愚婦愚夫, 皆得易以觀感吏興起, 則亦化民成俗之一道也."

35) 金元龍, "三綱行實圖刊本攷",『東亞文化』제4집(서울대학교 동아문화연구소, 1965. 10.), 97~120쪽.

36) 河宇鳳, "世宗代의 儒敎倫理 普及에 대하여:〈孝行錄〉과〈三綱行實圖〉를 중심으로",『全北史學』, 제7집(1983. 11.), 38쪽.

국문헌에서 뽑았고, 각 장의 체재는 역시 성종대의 예를 따르고 있다. 광해군대의 『東國新續三綱行實圖』는 100% 한국인물로 효자편이 8권 705명, 충신편이 1권 90명, 열녀편이 8권 732명, 그리고 續附 1권 72명으로 모두 18권 1599명으로 구성되었다. 각 장의 체재는 앞면에 그림을, 뒷면에는 漢文과 諺文 순으로 해당 사실을 소개하고 있다.

〈표 1〉三綱五倫「行實圖」類書에 반영된 한국인과 중국인 인물사례 비교[37]

구 분		한국인	중국인
三綱行實圖(세종)	효자(110명)	22(20%)	88(80%)
	충신(110명)	17(15%)	93(85%)
	열녀(110명)	15(14%)	95(86%)
三綱行實圖(성종)	효자(35명)	4(11%)	31(89%)
	충신(35명)	6(17%)	29(83%)
	열녀(35명)	6(17%)	29(83%)
續三綱行實圖(중종)	효자(36명)	33(92%)	3(8%)
	충신(6명)	3(50%)	3(50%)
	열녀(28명)	20(71%)	8(29%)
二倫行實圖(중종)	형제(25명)		28
	종족(7명)		7
	붕우(11명)		11
	사생(5명)		5
東國新續三綱行實圖 (광해군)	효자(705명)	705	
	충신(90명)	90	
	열녀(732명)	732	
五倫行實圖(정조)	효자(33명)	4(12%)	29(88%)
	충신(35명)	6(17%)	29(83%)
	열녀(35명)	6(17%)	29(83%)
	형제(24명)		24
	종족(7명)		7
	붕우(11명)		11
	사생(5명)		5

끝으로, 정조대의 『五倫行實圖』는 세종대의 『三綱行實圖』와 중종대 김안국의 『二倫行實圖』에서 효자 33명, 충신 35명, 열녀 35명, 형제 24명, 종족 7명, 붕우 11명, 사생 5명(모두 150명)을 각각 뽑아 편집되었다. 각 장의 체재는 그림, 漢文설명 및 詩·贊, 諺文설명 순으로 되어 있고, 활자의 크기가 다른 책보다 훨씬 크다. 그래서 해당 사실에 대한 소개가 여러 쪽에 걸쳐 할애되는 경우도 있다.[38]

선택된 인물사례를 국적별로 볼 때, 『三綱行實圖』가 84%가 중국인들인 데 반하여 『續三綱行實圖』는 80% 정도가 한국인물이고 『東國新續三綱行實圖』에서는 100%가 한국인물들이다. 임란 이후 정표정책의 일환으로 만들어진 『東國新續三綱行實圖』는 논외로 하더라도, 『三綱行實圖』와 『續三綱行實圖』에서 국적별 인물사례의 전환에 대해서는 생각해 볼 여지가 있다고 본다. 세종대와 성종대는 중앙집권체제의 守成期에 해당하거니와, 따라서 보편적 유교윤리의 정착이 필요했던 시기라 볼 수 있다. 그래서 『三綱行實圖』에 반영된 인물도 중국인들을 중심으로 했던 것이라 생각한다. 그러나 중종대의 『續三綱行實圖』에서 인물사례를 우리나라 인물로 선정한 것은 보편주의 속에 특수주의가 반영된 것이라고 본다. 이미 三綱의 윤리가 조선조적 사회규범으로 보편화되어 가는 상황이라면, 그것을 백성들에게 가르치는 것도 이왕이면 좀 더 친화력을 가질 수 있도록 우리 역사 속에서 모범적 사례를 뽑아서 교육하는 것이 더 효과적이라는 판단이 깔려 있는 것이다.

인물사례의 내용별 특징을 보면, 먼저 세종대와 성종대의 『三綱行實圖』에서 孝行의 사례는 삼 년간의 여묘살이, 부모의 봉양을 위해 관직을 사직한 경우, 난을 당하여 효심으로 위험을 극복한 경우, 지극한 정성에 의해 기적이 일어난 경우, 자기의 손가락이나 허벅지를 잘라 부모님께 효도한 경우 등이다. 忠臣의 사례는 삼국 간의 전쟁이나, 대몽고, 대왜구와의 항쟁에서 충절을 지켜 순절한 경우나, 반역에 대해 반대하다가 죽은 경우, 不事二君의 충절을 지킨 경우 등이다. 烈女의 사례는 외침

---

37) 최순권의 연구를 참조하여 재구성함. 최순권, "조선조 〈삼강행실도〉의 간행과 보급", 『옛 사람들의 삶과 윤리』(국립민속박물관, 1996), 153~164쪽.
38) 세종대의 『三綱行實圖』를 제외하고, 이하는 모두 弘文閣에서 影印한 『三綱行實圖』(成均館大本, 奎章閣本), 『續三綱行實圖』(原刊本, 重刊本 合本), 『二倫行實圖』, 『東國新續三綱行實圖』, 『五倫行實圖』를 참조하였다.

을 당하여 정절을 지킨 경우나, 남편을 따르거나 구하기 위해 목숨을 던지고 죽은 경우, 개가하지 않고 시부모를 모시는 경우 등이다. 그리고 『續三綱行實圖』의 인물 사례들은 대체로 『朱子家禮』의 실천자나 3년간의 시묘살이를 한 효자, 충절한 자, 정절을 지킨 자 등으로, 사림의 등장과 함께 보편화되는 유교적 의례를 실천한 내용이 주로 강조되고 있다. 『東國新續三綱行實圖』에서는 왜란 등의 어려움을 극복할 수 있었던 효행과 충절, 그리고 왜적의 침략에 굴하지 않고 절개를 지킨 열녀들을 내세우고 있다. 한편, 『二倫行實圖』는 『三綱行實圖』類書와는 전혀 다른 내용인 兄弟, 宗族, 朋友, 師生에 대한 인물사례들을 담고 있다.

이상에서 「행실도」류서의 편찬 목적과 그 특징들에 대해 고찰해 보았거니와, 무엇보다 여기에 함의된 도덕교육의 방법론은 '德目과 行爲' 중심의 교육론이라 할 것이다. 말할 것도 없이, 「행실도」류서는 삼강의 忠·孝·烈의 덕목과 오륜의 親·義·別·序·信의 덕목을 주 내용으로 담고 있기 때문이다. 「행실도」류서에 함의된 도덕교육의 방법론적 위상은 주희의 덕성함양론에서 소학단계의 교육에 해당하는 교화적 덕성교육론이다. 교화적 덕성함양의 교육목표는 유소년을 비롯하여 제 나이에 교육적 혜택을 받지 못한 불특정 다수의 모든 民을 대상으로 기존의 도덕적 문화에 입문시키는 것이다. 요컨대, 「행실도」류서는 이러한 교육목표의 달성에 걸맞게 특별히 개발되고 간행된 교재인 것이다.

2) 『聖學十圖』의 저술 목적과 특징

퇴계(1501~1570)는 생애 후반 약 20년 동안의 隱居講學의 시기에 많은 학문적 업적을 남겼다.[39] 그의 대표적인 저술로 『朱子書節要』, 『啓蒙傳疑』, 『宋季元明理學通錄』, 『論四端七情書辨』, 『自省錄』, 『聖學十圖』 등을 드는데 별로 異見이 없을 것이다. 이들 대표적 저작들 중에서도 퇴계가 말년에 지은 『聖學十圖』는 나른 저술과 특별히 대비되는 것 같다. 다른 저술들은 대체로 일정한 주제에 대해 퇴계 자신의 사고

---

39) 이상은, "퇴계의 생애와 그 인간", 예문동양사상연구원, 『퇴계 이황』(서울: 예문서원, 2002), 70~79쪽.

가 적극적으로 반영된 著作이라면, 『성학십도』는 상대적으로 자신의 사고가 덜 반영된 일종의 編著이기 때문이다. 즉 이 책에는 宋·元代 이래 程朱學派의 저술 속에서 10개의 圖象과 解說을 선택하여 수록하고 있는 것이다. 그것도 분량으로 따질 때 漢籍本으로 겨우 54쪽, 그나마 왕에게 올리는 箚子를 제외하면 43쪽에 지나지 않은 소책자에 불과하다.[40)]

그렇다면 창작품도 아닌 『성학십도』를 묶어낸 퇴계의 의도는 무엇일까? 우선 그의 교육관이 그 실마리가 될 수 있다. 퇴계는 68세 때인 戊辰年(1568년) 11월 초삼일 선조를 위한 夕講에서 공부의 "차례를 말씀드린다면 마땅히 『소학』을 먼저 강한 다음에 『대학』을 강하는 것이 옳습니다."[41)]라 하고, 또 선생이 "자손을 교육하실 때는 반드시 『효경』이나 『소학』 등의 책을 먼저 가르쳤다. 그리고 글의 뜻을 대략 통하게 된 후에 四書를 가르치셨다. 교육에 있어서는 차근차근 순서를 좇았으며, 함부로 단계를 뛰어넘지 않으셨다."[42)]고 김성일은 전하고 있다. 간략한 인용이지만, 퇴계 역시 교육에 관한 한 주희의 입론을 이해하고 그대로 실천하였음을 보여주는 대목이라 할 것이다.

그런데 퇴계는 선조에게 『대학』을 먼저 강한 다음에 『소학』을 강한 것 같다.[43)] 퇴계가 선조에게 『대학』을 먼저 강하고 『소학』을 강한 것은 일단 주희가 강조했던 學不躐等의 원칙에 의거한 것이라 할 수 있다. 『소학』은 8~15세의 소학단계의 교육에서 다루어지던 필수 교재였다. 그러나 주희는 나이가 들었다 하더라도 소학교육을 받지 못한 사람은 학불엽등의 원칙에 의거 대학단계에서도 『소학』을 배워야 한다고 하였다. 퇴계는 이러한 주희의 입론에 유의하여 당시 선조 임금이 17세로 대학단계의 교육을 받을 시기였기에 『대학』을 강한 것이었고, 학불엽등의 원칙에

40) 윤사순, "이황의 「성학십도」", 한국사상연구회, 앞의 책, 91쪽.
41) 『增補 退溪全書』(四), 「言行錄」, 卷1, 〈讀書〉, "戊辰十一月初三日 入侍夕講, 講小學畢, 進啓曰, 小學今已畢講, 以次第言之, 當先講小學, 而次大學."
42) 『增補 退溪全書』(四), 「言行錄」, 卷2, 〈家訓〉, "訓誨子孫, 必先以孝經小學等書, 略通文義, 然後及於四書, 循循有序, 未嘗躐等焉."
43) 『增補 退溪全書』(四), 「言行錄」, 卷1, 〈讀書〉, "小學今已畢講, 以次第言之, 當先講小學, 而次大學. 今反先講大學, 而次小學矣."

의거하여 『소학』도 강한 셈이다. 이 점은 "비록 『소학』을 연소자들의 글이라고 하지만, 대학에 들어간 뒤에 『소학』의 가르침을 버리고 오로지 『대학』에만 힘쓸 수는 없는 것"[44]이라는 퇴계의 주장에서도 확인된다.

이처럼, 퇴계가 교육에 관한 주희의 입론을 그대로 따르고 있는 것으로 볼 때, 17세의 선조를 위해 찬술하여 바친 『성학십도』에 함의된 교육론적 위상에 대해서도 추론해 볼 수 있다. 즉 『성학십도』는 대학단계의 교육을 받을 16세 이상의 학생들을 위하여 쓰인 교재의 하나인 것이다. 『성학십도』는 제목 그대로 '聖人이 되기 위한 학문론 혹은 공부론'과 관련하여 주목해야 할 열 개의 圖, 그리고 각 圖의 바탕이 된 說(혹은 銘, 箴) 등으로 구성되어 있다. 그리고 각 도설의 뒤에는 퇴계의 보충적 설명도 곁들여져 있다. 도설의 제목과 핵심 내용을 제시해 두면 다음과 같다.

[성학십도]를 올리는 箚와 圖: 圖說을 지어 올림에 부치는 序文
제1 태극도(太極圖) / 태극도설(太極圖說): 세계와 인간의 기원, 천도와 인도의 관계를 밝힘.
제2 서명도(西銘圖) / 서명(西銘): 理一分殊, 즉 원리는 같으나 품부받은 분수는 다름을 밝힘.
제3 소학도(小學圖) / 소학제사(小學題辭): 인륜과 교육의 기초를 밝힘.
제4 대학도(大學圖) / 대학경문(大學經文): 학문의 목표, 내용, 방법과 至善의 길을 밝힘.
제5 백록동규도(白鹿洞規圖) / 동규후서(洞規後敍): 道問學의 방법 및 知行공부의 중요성을 밝힘.
제6 심통성정도(心統性情圖) / 심통성정도설(心統性情圖說): 마음의 體用과 中和의 道를 밝힘.
제7 인설도(仁說圖) / 인설(仁說): 도덕의 궁극적 원리[全德]로서 仁을 밝힘.
제8 심학도(心學圖) / 심학도설(心學圖說): 마음의 구조와 덕성, 그리고 敬의 관계를 밝힘.
제9 경재잠도(敬齋箴圖) / 경재잠(敬齋箴): 공간적 상황에 따른 敬공부의 요체를 밝힘.

---

44) 『增補 退溪全書』(四), 「言行錄」, 卷1, 〈讀書〉, "小學雖釋之以小子之學, 入大學後, 亦不可舍此, 而專事大學也."

제10 숙흥야매잠도(夙興夜寐箴圖) / 숙흥야매잠(夙興夜寐箴): 시간적 상황에 따른 敬 공부를 밝힘.

퇴계는 10도에 대하여 상이한 두 가지 구조로 나누어 설명하고 있다.

첫째, 1도~5도와 6도~10도, 즉 전반 5도와 후반 5도로 나누어, 전반 5도는 "天道에 근본하고 있지만 목적은 人倫을 밝혀 德業에 힘쓰게 하는 데"[45] 있고, 후반 5도는 "心性에 근원하고 있지만, 요점은 일상생활에서 힘을 써서 敬畏하는 마음을 높이는 것"[46]이라 설명하고 있다. 이 첫째 구조를 철학적 구조 혹은 근본체계의 구조라고 규정하는 금장태에 의하면, 전반 5도가 규범의 초월적 기준을 발견하여 인격에 정착시키는 것이라면, 후반 5도는 주체의 내면적 기반을 발견하여 행동에 정착시키는 것이라는 것이다. 그래서 『성학십도』 전체는 天道와 心性의 두 근원이 인간 주체를 결합 점으로 상호 작용하여 균형을 이루고 있는 것이라 한다.[47]

둘째, 3도와 4도를 중심으로 하여 앞의 1~2도와 뒤의 5~10도로 나누어, "위의 1~2도는 단서를 찾아 확충하게 하고 天을 체득하여 道를 다하게 하는 지극한 경지로서 『소학』과 『대학』의 표준이며 본원이 되고", "아래 5~10도는 明善, 誠身, 崇德, 廣業을 힘쓰는 곳으로 『소학』과 『대학』의 밭이며 결과가 된다."고 설명하고 있다.[48] 이 둘째 구조를 금장태는 교육적 구조 혹은 학문방법의 구조라 규정하는데, 그에 의하면 10도의 중심을 이루는 『소학』과 『대학』은 유교교육에서 기본 경전적 위치를 갖고 있으며, 유교의 규범체계와 실천방법에서부터 유교적 인격의 실현과정을 그 출발점에서 목표까지 포함하고 있는 것이라 보고 있다.[49]

---

45) 『增補 退溪全書』(一), 卷7, 「聖學十圖」, 〈白鹿洞規圖〉, "以上五圖, 本於天道, 而功在明人倫懋德業."

46) 『增補 退溪全書』(一), 卷7, 「聖學十圖」, 〈夙興夜寐箴圖〉, "以上五圖, 原於心性, 而要在勉日用, 崇敬畏."

47) 금장태, 『한국유학의 탐구』(서울대학교 출판부, 1999), 111~112쪽.

48) 『增補 退溪全書』(一), 卷7, 「聖學十圖」, 〈大學圖〉, "然非但二說當通看, 并與上下八圖, 皆當通此二圖而看. 蓋上二圖, 是求端擴充體天盡道極致之處, 爲小學大學之標準本原. 下六圖, 是明善誠身崇德廣業用力之處, 爲小學大學之田地事功."

49) 금장태, 앞의 책, 같은 쪽.

유교교육의 목표는 有德한 人格으로서의 聖人이 되도록 하는 데 있다. 인간에게 자기완성의 최고 경지는 知·情·行의 合一에 있으며, 스스로 도덕상황을 판단하고 이에 적절한 도덕규칙을 입법하고 지켜 나갈 수 있는 도덕적 자율성의 단계가 된다. 그가 곧 성인으로서의 有德한 人格人이다. 그러나 유덕한 인격으로서의 성인 됨이란 하루아침에 이루어지는 것이 아니다. 공부와 교육을 통하여 점진적 이루어져 간다. 주희의 '소학−대학계제설'은 바로 이러한 도덕성의 발달 단계성을 염두에 두고 정초된 덕성함양의 교육론이다. 이러한 점을 퇴계도 충분히 알고 있었다. 그러나 한편, 대학단계의 교육을 거친다 해서 바로 성인이 될 수 있는 것도 아닌 것 같다. 이 점을 퇴계는 〈聖學十圖를 올리는 箚〉에서 간명하면서도 자세하게 밝히고 있다. 그것은 다음과 같이 3단계를 거친다.

1단계: "처음에는 마음대로 안 되고 서로 모순됨이 있는 근심이 없을 수 없고, 또 때로는 지극히 괴롭고 불쾌한 병통도 있겠지만, 이것은 바로 옛사람이 말한 장차 크게 나아갈 기미이며 또한 좋은 소식의 단서라 할 수 있습니다."[50]

2단계: "진리가 많이 쌓이고 노력이 오래되면 자연히 마음이 진리와 서로 머금게 되어 자신도 모르는 사이에 융회하여 관통하게 됩니다. 그리고 익힘과 일이 서로 익숙해져서 차츰 모든 행동이 순탄하고 자연스럽게 됨을 보게 될 것입니다. 처음에 일을 한 가지씩만 다스렸지만, 이제는 하나의 근원과 만나게 될 것입니다. 이는 실로 맹자가 말한 '도에 깊이 나아가 도를 자득한'(深造自得) 경지이며, '내면에서 우러난다면 어찌 그만둘 수 있겠는가?'의 체험입니다."[51]

---

50) 『增補 退溪全書』( ), 卷7, 「聖學十圖」, 〈進聖學十圖箚(并圖)〉, "其初猶未免或有掣肘矛盾之患, 亦時有極辛苦不快活之病, 此乃古人所謂將大進之幾, 亦爲好消之端, 切毋因此而自沮, 尤當自信而益勵."

51) 『增補 退溪全書』(一), 卷7, 「聖學十圖」, 〈進聖學十圖箚(并圖)〉, "至於積眞之多, 用力之久, 自然心與理相涵, 而不覺其融會貫通, 習與事相熟, 而漸見其坦泰安履, 始者各專其一, 今乃克協于一, 此實孟子所論'深造自得'之境, '生則烏可已'之驗."

3단계: "계속해서 부지런히 힘써 나의 재능을 다하면 안자의 '인을 어기지 않는 마음'과 '나라를 다스리는 사업'이 다 그 속에 있게 될 것이며, 증자가 말한 '충서'로 일관되어 도를 전할 책임이 자기 몸에 있게 될 것입니다. 일상 생활에서 경외함이 떠나지 않게 되어 '중화를 극진하게 이루어 천지가 제자리에서 운행되고 만물이 육성되는' 공을 이룰 수 있고, 덕행이 일상의 윤리를 벗어나지 않는 가운데 천인합일의 오묘함을 여기서 얻을 수 있는 것입니다."[52]

편의상 위의 단계에 각각 명칭을 부여하면, 1단계는 '도로 들어가는 문'으로의 입문과 '덕을 쌓은 기초'의 함양 단계, 2단계는 '도에 깊이 나아가 도를 자득한 경지'의 단계, 3단계는 '인을 어기지 않은 마음'과 천인합일의 단계라 할 수 있다.

소학교육 단계에서의 교육은 日用之道의 내면화를 통한 덕성의 함양에 있기에, 여기서 길러진 본성은 외부적 힘에 의하여 타율적으로 습득된 것이지, 스스로에 의해 자각적이고 반성적으로 터득한 것은 아니다. 그래서 어린 시절에 길러진 본성은 이익의 泥田鬪狗가 벌어지는 어른의 세계에 오면 쉽게 상처받을 수 있다. 어른이 되면 그동안 길들여진 본성이나 습관화된 관습의 도덕이 현실과 맞지 않음을 의심하게 되고, 스스로의 자각적인 반성과 성찰을 통한 자기혁신이 모색된다. 이즈음이 대학단계의 교육이고, 콜버그식으로 관습 수준의 도덕성에서 관습 이후 수준의 도덕성으로의 이행과정과 다르지 않으리라 여긴다.

특히, 관습 이후 수준의 첫 단계에서는 퇴계의 언표처럼 "처음에는 마음대로 안되고 서로 모순됨이 있는 근심이 없을 수 없고, 또 때로는 지극히 괴롭고 불쾌한 병통"이 있을 수밖에 없다. 철들어 맞게 된 어른의 세계란 훨씬 더 복잡하며 비도덕적이어서, 순진무구함으로 무장해 왔던 도덕적 마음이 흔들리고 분열되어 버리기 십상이기 때문이다. 효도 안하면 어때? 나는 왜 도덕적이어야 하는가? 등 그동안 당연시했던 도덕규범에 관한 의혹이 제기된다. 泥田鬪狗의 마당에 휩쓸려 私慾과 利

---

52) 『增補 退溪全書』(一), 卷7, 「聖學十圖」, 〈進聖學十圖箚(幷圖)〉, "又從而俛焉孳孳, 旣竭吾才, 則顏子之心不違仁, 而爲邦之業在其中. 曾子之忠恕一貫, 而傳道之責在其身. 畏敬不離乎日用, 而中和位育之功可致. 德行不外乎彝倫, 而天人合一之妙斯得矣."

慾으로 선한 본성을 잃어버릴 것인지, 아니면 흔들리고 분열되는 도덕적 마음을 다 잡아 天性을 회복할 것인지는 바로 이러한 물음들에 대해 주체적이고 자각적인 성찰을 할 수 있느냐에 달렸다. 전자로 낙착할 경우 맹자가 말한 바의 '自暴自棄'한 사람이 되고, 氣稟의 지배에 놓인 소인배가 되고 만다. 사정이 이러하다면, 이즈음이 교육적으로 얼마나 중요한 시기인지는 짐작할 만하다. "이것은 바로 옛사람이 말한 장차 크게 나아갈 기미이며 또한 좋은 소식의 단서라 할 수 있습니다."라는 퇴계의 언표도 바로 이러한 각도에서 읽어야 한다. 그러기에 퇴계는 이 1단계를 설명하는 말미에 "절대 이 때문에 스스로 그만두지 마시고, 더욱 자신감을 가지고 힘써야 할 것"이라 당부하고 있는 것이다.

　퇴계가 『성학십도』를 선조에게 올리며 의도했던 교육의 목표도 바로 여기에 있는 것으로 여긴다. 즉 '도에 들어가는 문'으로의 입문과 '덕을 쌓는 기초'의 함양이 그것이다.[53] 물론 『성학십도』에는 "도를 이루어 성인이 되는 요령과 근본을 바로잡아 정치를 경륜하는 근원이 모두 갖추어져" 있다. 그러나 이 경지를 실제로 갖추는 것은 1단계인 '도에 들어가는 문'으로의 입문과 '덕을 쌓은 기초'의 함양이 이루어진 다음의 일이다. 어쩌면 1단계의 교육목표를 성공적으로 달성한다면, 2단계의 '도에 깊이 나아가 도를 자득한 경지'의 단계와, 3단계의 '인을 어기지 않은 마음'과 천인합일의 단계는 내친걸음이라 할 수 있을지 모른다. 이처럼, 『성학십도』는 대학단계의 교육으로 입문하는 초학자를 배려하여 저술된 교재인 것이다. 한편, 『성학십도』는 상대적으로 퇴계 자신의 사고가 덜 반영된 일종의 編著이다. 물론, 圖說 중에는 퇴계의 저작이 전혀 없진 않으며, 각 도설에 대한 퇴계의 補說이 곁들여지고는 있다. 각 도설에 대한 저자에 주목하여 『성학십도』의 체재구성을 제시해 보면 다음의 〈표 2〉와 같다.

---

53) 『增補 退溪全書』(一), 卷7, 「聖學十圖」, 〈進聖學十圖箚(幷圖)〉, "聖學有大端, 心法有至要, 揭之以爲圖, 指之以爲說, 以示人入道之門, 積德之基, 斯亦後賢之所不得已而作也."

구분	구성에 따른 저자			
	도(圖)	설(說)	해설 (인용자)	보설 (補說)
제1 태극도	주렴계	주렴계	주희	퇴계
제2 서명도	정복심 (程復心)	장횡거(의 「西銘」)	주희, 양귀산, 쌍봉 요씨	퇴계
제3 소학도	퇴계	주희(의 「小學題辭」)	주희	퇴계
제4 대학도	권근(權近)	「大學」의 經文	주희	퇴계
제5 백록동규도	퇴계	주희(의 「洞規後敍」)		퇴계
제6 심통성정도	上圖: 정복심 中下圖: 퇴계	상도: 정복심 중하도: 퇴계		퇴계
제7 인설도	주희	주희(의 「仁說」)		퇴계
제8 심학도	정복심	정복심		퇴계
제9 경재잠도	왕백(王栢)	주희(의 「敬齋箴」)	오임천, 진서산	퇴계
제10 숙흥야매잠도	퇴계	진백(陳柏) (의 「夙興夜寐箴」)		퇴계

3. 두 圖書에 함의된 덕성교육의 접근법

소학단계의 교육(교화적 덕성교육)이 자라나는 세대들을 대상으로 도덕적 문화에 입문시키기 위해 고안된 것이라면, 대학단계의 교육(교학적 덕성교육)은 소학단계를 마친 학생들을 대상으로 기존 규범에 대한 지적 반성의 과정을 거치면서 인륜의 궁극적 원리(仁)를 터득하게 하기 위해 고안된 것이다. 「행실도」류서는 전자의 교육을

---

54) 이상린, 「성학십도를 통해 본 퇴계사상의 윤리교육적 의미」, (영남대학교 대학원 석사논문, 2004), 20쪽 참조하여 재구성.

위해 개발된 교재이고, 『성학십도』는 후자의 교육용 교재인 셈이다. 특히, 두 교재의 체재가 '圖'의 형식을 취하고 있다는 점에서 구체적인 교육실천상의 교수－학습의 방법적 원리까지 고려하여 간행한 것으로 여겨진다. 이제 이 점을 본격적으로 고찰해 보기로 한다.

1)『三綱行實圖』에 함의된 교수－학습의 모형과 원리

「행실도」류서의 각 장의 체재는 ① 해당 사실에 대한 기록(한문, 언문), ② 그림, ③ 詩 혹은 贊으로 구성되었다. 이러한 체재는 마치 교수－학습의 전개 단계에 따른 구성이라 보아도 무리가 아니라 생각한다. 이를 현대적 교수－학습 모형으로 구성해 보면 다음과 같다.

〈표 3〉 삼강행실도에 함의된 교수－학습 모형

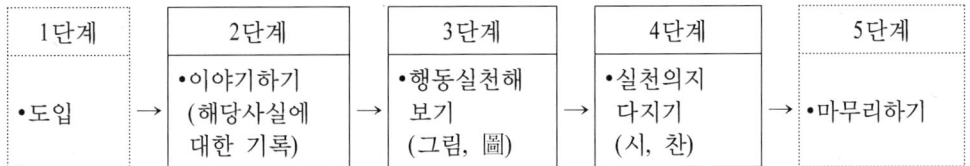

위 〈표 3〉에서 보듯이, 교수－학습의 단계는 모두 5단계로 구성된다. 다만 책에서 1단계와 마지막 5단계는 생략되어 있을 뿐인 것이다. 이러한 교수－학습의 단계적 모형에 유의하면서 여기에 함의된 교수－학습의 방법적 원리를 제시해 보면 다음과 같다.

(1) 시·정·행의 통합적 접근의 원리

「행실도」류서에 함의된 교수－학습의 방법적 원리 중의 하나는 인지·정의·행동의 통합적 접근이라 본다. ① 해당 사실에 대한 기록(한문, 언문)은 도덕교육에 대한 인지적 접근, ② 그림은 행동적 접근, ③ 詩 혹은 贊은 정의적 접근의 통합적 접근을 시도한 것으로 읽을 수 있을 것이다.

『三綱行實圖』의 서문이 이를 직접적으로 적시해 주고 있다. 즉 "이 책을 만들어 민간에 널리 반포해서 어진 자나 어리석은 자, 귀한 자나 천한 자, 어린 자나 부녀자를 막론하고 모두 즐겨 보고 익히 들어 그 그림을 구경하고는 그 모습을 상상하며, 그 詩를 읊조리고는 그 情을 체득하게 하여 모두 부러워하고 사모하여 근면하고 격려하지 않는 사람이 없어서 그 同然한 善心을 感發시키어 자기가 마땅히 해야 할 職分을 다하게 할 것이다."[55]고 말하고 있다. 이러한 통합적 접근의 유용성에 대해 예문대제학 鄭招는 "하물며 친히 그 형용을 보고 그 사적을 읊고 稱嘆함에 있어서리까? 감동함은 반드시 깊을 것이며 그 분발하는 것을 반드시 빠를 것이다."[56]고 하였고, 또한 좌의정 孟思誠도 "무릇 눈으로 보고는 누가 마음에 감동하지 않겠는가? 거의 감격하여 薰陶됨을 볼 것이고 마침내 鼓舞되어 착하게 변하는 데 이를 것이다."[57]라 하고 있다. 그리고 『二倫行實圖』를 간행했던 金安國도 이러한 점에 찬동하여 "조종대에 三綱行實을 撰述해서 圖書로 보이고 歌詠을 부기하였으니 그것을 中外에 반포하여 백성으로 하여금 익히도록 함이 아주 좋은 방법이라 생각한다."[58]라 하고 있다.

도덕교육에 대한 지·정·행의 통합적 접근의 타당성에 대해서는 현대 덕교육 혹은 인격교육론자들에 의해서도 인정되고 있다. 콜버그(L. Kohlberg)의 인지발달론이나 래스(E. Raths) 등의 가치명료화론을 중심으로 하는 기존의 도덕교육은 도덕성의 인지적 측면이나 정의적 측면의 어느 한 측면만을 강조하여 왔다. 그러나 인격교육의 대표 주자인 리코나(T. Likona)에 의하면, 도덕성은 도덕적 인지, 도덕적 느낌, 도덕적 행위를 포함하는 개념이며, 따라서 훌륭한 인격이란 선을 아는 것, 선을 바

---

55) 『三綱行實圖』序 및 『세종실록』, 권56, 세종 14년 6월 병신. "乃爲此書廣布民間, 使無賢愚貴賤孩童婦女, 皆有以樂觀而習聞, 披玩其圖以相形容, 諷詠其詩以體情性. 莫不歆羨嘆慕勸勉激勵, 以感發其同然之善心, 而盡其職分之當爲矣."

56) 『三綱行實圖』跋; 『세종실록』, 권59, 세종 15년 2월 무신. "何況親見形容詠嘆其事乎, 其感之也必深, 其興之也必速矣."

57) 『三綱行實圖』, 「進三綱行實圖箋」, "凡諸寓目, 孰不竦心, 庶見感激而薰陶, 終鼓舞而於變."

58) 『慕齋集』, 권14, 「行狀」, "祖宗朝, 撰三綱行實, 形諸圖畵播之歌詠, 頒諸中外, 使民勸習, 甚盛意也."

라는 마음, 선을 행하는 것, 즉 사고의 습관, 심정의 습관, 행동의 습관으로 구성된다는 것이다.[59] 따라서 덕을 기르는 교육적 접근도 지·정·행의 통합적 접근이 되어야 할 것을 주장하고 있다.

우리의 전통적 도덕교육론에서는 일찍부터 덕성함양의 통합적 접근의 유용성을 인식하여 왔던 터이다. 예컨대, 孝의 덕을 습득하게 하려면, 孝에 대해서 알 뿐만 아니라, 孝心과 孝行의 습관이 동시에 길러져야 되는 것이다. 이러한 점에서 「행실도」류서에 함의된 통합적 접근의 원리는 중요한 의미를 갖는 것이라 아니 할 수 없다. 그야말로 사적을 읽음으로써 孝를 어떻게 하는 것인지 알게 되고, 詩를 읊음에 감흥하여 孝心을 불러일으킬 것이며, 그림을 보며 孝行을 결심하게 될 것이기 때문이다.

(2) 도덕적 영웅 따라 배우기의 원리

「행실도」류서에 함의된 교수−학습의 방법적 원리 중의 하나는 도덕적 영웅 따라 배우기라고 할 수 있다. 말할 것도 없이, 「행실도」류서는 '탁월한 행실과 높은 절개를 지켜 세속에 휩쓸리지 않고 세상 사람들의 耳目을 聳動시켰던 특이 자를 뽑아서'[60] 편집한 도덕교과서이기 때문이다. 한마디로 여기에 뽑힌 특이 자들은 도덕적 품성과 행위를 모범적으로 보여준 '도덕적 영웅'들에 다름 아니다. 하나의 사례만 보자.

> 맹희는 촉나라 사람이다. 집이 몹시 가난하였으나 부모를 정성껏 섬겨 자신이 고생하는 것을 조금도 꺼리지 않았다. 그 아버지도 아들의 이러한 효성을 알아 항상 말하기를 '나는 비록 가난하지만 증삼 같은 아들 하나를 길렀다'고 자랑했다. 아버지가 죽으매 맹희는 곡기를 끊고 슬피 우니, 몸이 파리해져서 거의 죽게 되었다. 거적을 깔고 거처하며 3년 동안 소금이나 장물을 입에 넣지 아니하니 원근 사람들은 ㄱ의 효성에 탄복했다. 어느 날 쥐 한 마리가 땅을 파들어 가는 것을 보고 그 땅을 파보니 황금 수천 냥을 얻게 되어 큰 부자가 되었다.[61]

---

59) Thomas Likona, *Education for Character: How our School can Teach Respect and Responsibility*(New York: Bantam Books, 1991), pp.53~62.
60) 『三綱行實圖』, 序. "間有卓行高節, 不爲習俗, 所移而聳人觀聽者亦多."

저 서양에서 인격적 '전형'의 도덕교육적 유용성에 대해 제대로 자리매김한 가치윤리학자가 셸러(M. Schler)이다. 그에 의하면, 인격전형은 도덕적 세계에서 선을 실행하도록 하는 가장 효과적인 자극제이고 발전과 변화를 위한 가장 중요한 근원이라고 말한다. 한 인간이 도덕적 행동을 하고 도덕적 존재가 되는 것은 규범을 따르는 것보다 하나의 전형을 따를 때이다. 그래서 셸러는 "윤리적 세계에 대한 선한 인간의 가장 큰 작용은 자신의 의욕이나 행동에 토대를 두는 것이 아니라, 직관과 사랑에 의해 접근 가능한 존재와 '그렇게 있음'에 의해 그가 배타적으로 소유하고 있는 잠재적인 전형가치에 근거를 두고 있다."고 말하고 있다. 그러나 학생들은 전형자가 의욕하고 행동하는 것을 그대로 배우는 모방이나 복종이라기보다는 인격의 전형자가 의욕하고 행동했던 것처럼 의욕하고 행동하는 방법을 배우는 것으로, 그것은 전형적인 인격의 가치내용에 대한 진실한 헌신이고 추종이다.[62]

이처럼 셸러가 말하는 전형의 도덕교육적 의의가 우리의 「행실도」류서에도 함의되어 있는 것으로 여긴다. 그야말로 이들 책 속의 모든 인물들은 전통과 역사 속에 빛나는 '인격적 전형'들이다. 학생들은 이 책을 통하여 그 전형과 영웅들을 만나며, 이 영웅들을 '되어야 할 당위'로 체험하게 되는 것이다. 물론 교사들은 전통의 도덕적 모범들에 대한 풍부한 이야기를 가지고 학생들을 훈화할 것이다. 여기에 지극한 先行만이 하늘을 감동시키고 福을 내릴 것이라는 교훈적 사실도 곁들일 것은 말할 것도 없으리라. 그래서 「행실도」류서에는 감화설득의 교수−학습 원리도 함의되어 있다.

(3) 행동실천을 통한 배우기의 원리

「행실도」류서에 함의된 또 하나의 교수−학습의 원리는 행동실천을 통한 배우기의 원리라고 본다. 책의 체재가 '圖'의 형식으로 만들어진 본의도 여기에 있다고 여긴다. 감동감화나 설득도 구체적인 도덕적 행동의 실천으로 이어지지 않으면 아무

---

61) 『三綱行實圖』, 「孝子編」.
62) 이인재, "셸러의 가치윤리학과 도덕교육", 진교훈 외. 『윤리학과 윤리교육』(서울: 경문사, 1997), 416~418쪽.

런 의미가 없다. 그래서 감정의 습관 못지않게 행동의 습관은 중요한 것이라 할 수 있다.

「행실도」류서에 함의된 도덕생활은 합리적인 도덕생활(반성적 사고의 습관)을 함의하기보다는 행동의 습관으로서의 도덕생활을 염두에 두고 있다. 요컨대, 「행실도」류서에 나타난 도덕적 진리는 행동실천을 통해서라야 비로소 확인되는 진리들인 셈이다. 이는 저 피터스(R. S. Peters)가 말한 이성의 궁전에 들어가기에 앞서 관습의 뜰을 지나야 한다는 함의와도 다르지 않다고 본다. 이 점에 대해서 누구보다 주희가 명쾌히 밝히고 있다.

> 먼저 涵養・實踐하지 않고 바로 格物致知에 들어간다는 뜻은 아니다. 또 格物致知를 먼저 하지 않으면 誠意・正心・修身・齊家를 할 수 없다는 것도 아니다. 다만 모름지기 안 뒤에야 治己治人의 道를 다할 수 있다는 것이다. 만일 반드시 知가 이르는 것을 기다린 뒤에야 行할 수 있다고 말한다면, 事親・從兄・承上・接下 등은 사람이 살아가면서 하루도 폐하지 못할 것인데, 어떻게 내가 아직 알지 못하니 충분히 안 뒤에 행하겠다고 말할 수 있겠는가?[63]

事親・從兄・承上・接下 등의 日用之道는 하루라도 폐할 수 없는 긴요한 것인데 언제 모든 인륜의 원리와 근거를 명확히 파악된 다음에야 행동할 수 있겠는가라고 주희는 반문하고 있다. 아직 소학단계에 있는 학생들에게는 지적인 공부보다는 행동적 측면의 함양공부를 시키고 점차 지적능력이 향상됨에 따라 도덕적 지식의 탐구로 나아가야 하는 것이다. 이러한 점에서 소학단계에서의 知的인 공부란 人倫의 기초로서의 일상적 규범에 대한 지적 이해와 내면화인 것으로, 그것은 행동과 실천을 통하여 확인되는 지식인 것이다. 이미 언급한 바이지만, 「행실도」류서에도 주희

---

63) 『朱子大全』, 卷42, 「答吳晦叔」(제9서), "雖以格物致知爲用力之始, 然非謂初不涵養履踐, 而直從事於此也. 又非謂物未格知未至, 則意可以不誠心,可以不正身, 可以不修家, 可以不齊也. 但以爲必知之至, 然後所以治己治人者. 始有以盡其道耳. 若曰必俟知至而後可行, 則夫事親・從兄・承上・接下, 乃人生之所不能一日廢者, 豈可謂吾知未至, 而暫輟以俟其至而後行哉."

의 이러한 관점이 함의되어 있는 것으로 본다.

행동의 습관을 위한 涵養·實踐의 교수는 어떻게 가능한가? 아리스토텔레스를 빌릴 것도 없이, 학생들로 하여금 孝行을 직접 해 보도록 하는 것에 다름 아니다. 孝行을 함으로써 효를 알고 효자가 되고, 충성스런 행동을 해 보도록 함으로써 충성이 무엇인지 알게 되고 충신이 될 수 있다.

(4) 감화설득의 원리

「행실도」류서에 함의된 또 하나의 교수－학습의 방법적 원리는 감화설득의 원리이다. 감화는 학생들로 하여금 마음으로 설복되도록 하는 정의적 접근이다. 그래서 「행실도」류서에는 마음을 흥기시키는 도덕적 영웅들과 그들의 행위를 찬양하는 詩와 贊이 실려 있다. 그러나 영웅에 대한 찬양을 통한 접근은 학생들에게 도덕적 감화는 줄지언정 일상생활에서 구체적 행동의 실천으로 이끄는 데는 만족할 만한 효과를 거두기 어려울 수 있다. 왜냐하면, 「행실도」류서에 나오는 도덕적 전형과 영웅들은 "거의가 변고와 위급한 때를 당했을 때의 특수한 몇 사람의 激越한 행실이지, 일상생활 가운데에서 행하는 도리는 아니다." 따라서 이 책을 읽는 이로 하여금 감동과 감화를 줄지언정, 그 영웅적 행위는 너무 높아 "누구에게나 그것을 요구할 수는 없는 것"일 수 있기 때문이다.[64] 이러한 점에서 「행실도」류서는 한계를 가지고 있는 것으로 보인다. 따라서 激越한 행실을 일상생활의 영역으로 끌어내리면서 학생들의 도덕적 실천을 종용하는 것은 결국 교사의 설득에 달렸다.

교사의 설득에 있어 영웅적 이야기를 들려주는 감화만으로는 만족할 만한 효과를 얻기 또한 어려울 것이다. 여기에 지적이고 합리적인 설득이 가미될 때 학생들의 도덕적 동기를 더욱 강화시킬 수 있다. 따라서 영웅에 대한 찬양만이 아니라 학생들이 그 영웅적 이야기를 듣고 왜 자신들도 이야기처럼 행동을 해야 하는지, 또 일상생활의 영역에서 어떻게 실천할 수 있는 것인지 등에 대한 나름대로 합리적인 이

---

64) 『중종실록』, 권28, 중종 12년 6월 신미. "三綱行實所載, 率皆遭變故難危之際, 孤特激越之行, 非日用動靜常行之道, 固不可人人而責之."

유와 방법, 그리고 그 행동의 구체적 의미까지 들려줄 수 있어야 한다.

2) 『聖學十圖』에 함의된 교수-학습의 모형과 원리

앞의 〈표 2〉에서 보듯이, 『성학십도』의 체재는 ① 圖, ② 說, ③ 圖說에 관한 해설, ④ 퇴계 자신의 補說로 구성되었다. 이 역시 교육실천상의 교수-학습의 전개 단계에 따른 체재 구성이라 생각한다. 이를 현대적 교수-학습의 단계적 모형으로 제시해 보면 다음 〈표 4〉와 같다.

〈표 4〉『성학십도』에 함의된 교수-학습 모형

1단계	2단계	3단계	4단계	5단계
•도입	〈교사〉 •문제 제시하기 (圖) 〈학생〉 •개인탐구 및 상호토론	〈교사〉 •1차 자료의 제공 (說) 〈학생〉 •자료 읽기 및 잠정 결론 도출하기	〈교사〉 •2차 자료의 제공 (관련 전문가 혹은 교사의 조언) 〈학생〉 •견해수정 하기	•마무리하기

〈표 4〉에서 역시 1단계와 5단계는 생략되어 있는 것이고, 또한 2~4단계에서도 점선 아래의 〈학생〉의 활동사항은 생략된 것으로 읽을 수 있을 것이다. 이제 여기에 유의하여 함의된 교수-학습의 방법적 원리들을 제시해 보면 다음과 같다.

(1) 인지 중심 접근의 원리

『성학십도』에 함의된 교수-학습의 방법적 원리의 하나는 인지 중심 접근의 원리이다. 앞의 「행실도」가 통합적 접근이면서 특히 정의적, 행동적 접근을 강조했다면, 『성학십도』에서는 인지적 접근이 중시되고 있다.

우선 圖에서부터 이를 알 수 있다. 여기서의 圖는 저 '三綱五倫行實圖'類書의 圖와도 그 의미가 다른 것이다. 行實圖類書에서의 圖는 도덕교육의 행동적 접근이라는 의의를 갖는 것이었다. 여기서의 圖는 오륜적 덕의 실천사례를 그림으로 표현한 것으로 문자로 된 내용을 보완하는 성격의 것이기 때문이다. 그러나 『성합십도』에서의 圖는 그림이기보다는 도표적인 성격의 圖이다. 그것은 교재의 내용을 구조화하여 제시함으로써 명료하게 인식할 수 있도록 돕기 위한 인지적 접근인 셈이다. 여기서 圖는 행동 실천해 보기가 아니라, 학생들에게 사고와 토론의 문제를 제기하는 기제로 등장하고 있다. 뒤따르는 說이나 補說을 보아도 역시 인지적 접근임을 알 수 있다. 교수-학습의 과정에서 교사는 먼저 圖만을 학생들에게 제시할 수 있다. 학생들은 제시된 圖를 탐구한다. 그런 다음에 동료들과 상호 토론을 벌린다. 토론의 잠정적 결론이 도출되면, 이번에는 교사가 說을 제시한다. 그러면 다시 학생들은 자신들의 잠정적 결론과 교사가 제시한 說을 대비시켜 보면서 다시 토론과 의견 수정을 거친다. 이러한 일련의 교수-학습 과정은 오늘날의 탐구식 도덕수업과 그리 멀지 않은 방식처럼 여겨진다. 이것이 바로 위의 〈표 4〉인 것이다.

그러나 『성학십도』에서는 이상에서처럼 인지 중심 접근이 강조되고 있지만, 그렇다고 행동실천적 측면을 간과하고 있는 것은 결코 아님에 유의해야 한다. 실제 『성학십도』에서는 學思竝進의 원리와 함께 知行竝進의 원리를 매우 강조하고 있다. 특히 『성학십도』 전체를 일관하는 하나의 사상이 敬사상이라 할 정도로 경공부를 중시하고 있다. 따라서 『성학십도』에 함의된 교수-학습의 원리도 지·정·행 통합적 접근이라 보아야 할 것이다. 그러나 다만 여기서는 구체적인 교육실천장에서 이루어질 교수-학습과정에 주안점을 두었기 때문에 인지 중심 접근으로 읽는 것이다.

(2) 자료로서의 교재 제공의 원리

『성학십도』는 제목 그대로 '성인이 되기 위한 학문론 혹은 공부론'과 관련하여 주목해야 할 열 개의 說(혹은 銘, 箴)을 가려 뽑고, 또한 그것을 도상화한 圖(기존에 없던 것은 퇴계가 도상화하여)를 모아 편집된 교재이다.

그러나 사실 교재라 하여 남의 글을 모아 편저해야 할 것인지는 의문이다. 바로 이 지점에 교재에 관한 퇴계 나름의 관점이 함의되어 있는 것이다. 금장태에 의하면, 『성학십도』는 왕실에서 역대 군왕이 병풍으로 만들거나 서첩으로 만들어 항상 곁에 놓고 窮理하고 體認하는 典範으로 삼았다고 한다. 그러나 한편으로, 이 책은 經筵에서 거듭 강의되는 敎材였고, 17세기부터 20세기 전반까지 계속해서 다양한 註釋과 應用이 이어지고, 그 註釋에서 제기되는 문제는 가히 한국철학사의 중요문제에 다름 아니라고 한다.[65] 이러한 금장태의 연구결과에서 특히 주목할 부분은 후자이다.

이처럼 다양한 논의와 주석, 그리고 그 응용이 가능했던 연유는 어디에 있을까? 연구자는 바로 『성학십도』라는 교재의 특성에 있다고 생각한다. 교재는 크게 두 가지 유형으로 분류됨직 하다. 하나는 〈典範으로서의 교재〉요 다른 하나는 〈자료로서의 교재〉이다.

〈典範으로서의 교재〉는 도덕적 문화전통을 대변하며 객관화된 도덕적 진리를 담고 있다. 사회구성원이 합의하는 바람직한 덕목과 규범, 공동체의 위대한 전통 등이 실린 이 교재는 말 그대로 자라나는 세대들이 익혀야만 할 전범으로 등장한다. 반면에, 〈자료로서의 교재〉는 교수-학습의 상황에서 제공됨 직한 하나의 교수-학습 자료일 뿐이다. 물론 이 교과서에도 바람직한 덕과 규범, 도덕적 원리와 규칙 등이 실리지만, 그것은 어디까지나 교수-학습을 돕는 자료일 뿐이다. 여기서는 자료를 읽고 토론하는 교수-학습의 과정을 통하여 도덕적 진리를 구성해 가야 하는 것이라 말할 수 있다. 요컨대, 전자의 수업에서 학생들은 교사의 말씀과 교재의 내용을 진리 그 자체로 습득토록 하는 依樣之味를 추구한다면, 후자의 수업에서는 교사가 제시하는 교수-학습 자료에 대하여 서로 토론하고 대화하면서 진리를 구성해 가는 自得之味를 추구한다.

이 중 『성학십도』에 함의된 퇴계의 교재관은 밀힐 것도 없이 〈자료로서이 교재〉라 생각한다. 그 가장 뚜렷한 증거가 바로 『성학십도』를 다른 사람들이 저작한 圖說

65) 금장태, "〈聖學十圖〉 註釋과 朝鮮後期 退溪學의 展開", 『退溪學報』, 제48집(1985), 7쪽.

을 모아 편저했다는 점이라고 본다. 주지하듯이, 이 책은 퇴계 자신의 학문적 혹은 사상적 체계에 완숙함을 갖춘 시기 중에서도 가장 생애의 말년에 쓰였다. 성인이 되는 학문론 혹은 공부론에 관한 책을 얼마든지 퇴계 자신의 독자적인 사상과 문법으로 저술할 수도 있다.

예컨대, 퇴계 이전부터 주렴계의 「태극도설」을 어떻게 이해할 것인가를 놓고 이미 조선의 학자들 간에는 철학적 논쟁을 벌이거나 의견을 달리하는 사례들이 있다. 논쟁의 한 사례로 회재 이언적(晦齋 李彦迪)과 망기당 조한보(忘機堂 曺漢輔)가 벌인 이른바 '무극태극논쟁'이 있다.[66] 또한 특정 학자들 간에 직접 논쟁을 하지는 않았으나 의견을 달리하는 사례로 태극과 음양의 관계를 어떻게 볼 것인가에 관해 '太極・陰陽一體說'(정여창, 이항 등)과 '太極・陰陽二物說'(기대승, 김인후 등) 등의 주장이 있다.[67] 특히 후자의 사례에서 퇴계는 '태극・음양이물설'을 옹호하는 대표적인 사상가이다.[68] 그리고 이외에도 퇴계사상의 독창적인 요소로 우주론에서의 理動說, 사칠론에서의 理發說, 격물설에서의 理自到說 등이 거명된다.[69] 조선철학사에 있어서 이들 주제들은 모두 논쟁적인 것이었다. 이처럼 논쟁적인 주제들에 대해 퇴계 자신의 확고한 관점을 가지고 있지만, 『성학십도』의 교재에서는 예외가 없지 않지만 그런 자신의 주장을 거의 제시하지 않고 있는 것이다.

만약 『성학십도』에 포함된 모든 주제들에 대하여 퇴계 자신의 사상과 문법으로

---

66) '無極太極論爭'의 중심 주제는 인간의 도덕 근거가 무엇이며 그 본질을 어떻게 체득하여 이를 바탕으로 한 실천이 나올 수 있겠는가에 관한 논쟁이다. 예컨대, '태극'에 앞서 '무극'을 강조하는 조한보가 도덕의 근거를 초월적인 데서 찾으려 하고 있다면, 무극이태극을 동시적이고 하나로 보는 이언적은 도덕성의 근원을 현실 속에서 찾으려고 한 것으로 볼 수 있다. 이에 관한 자세한 고찰은 김교빈, "태극논쟁: '태극'을 둘러싼 주자학적 이해와 비주자학적 이해의 대립", 한국철학사상연구회 지음, 『논쟁으로 보는 한국철학』(서울: 예문서원, 1995), 111~128쪽.

67) 오병무, 「한국 성리철학의 특성에 관한 연구」(전북대학교 박사학위논문, 1992).

68) 『增補 退溪全書』(二), 卷41, 「雜著」, 〈非理氣爲一物辨證〉. "理與氣決是二物, 但在物上看, 則二物渾淪, 不可分開各一處, 然不害二物之各爲一物也, 若在理上看, 則雖未有物而有物之理, 然亦但有其理而已, 未嘗實有是物也."

69) 尹絲淳, 「退溪의 理氣哲學에 대한 現代的 解釋」, 『退溪學報』, 제110집(2001. 10.), 119~144쪽; 文錫胤, "退溪에서 理發과 理動, 理到의 의미에 대하여-理의 능동성 문제", 『퇴계학보』, 같은 책, 161~201쪽.

교재를 저술하였다면 그것은 전혀 성격을 달리하는 교재, 즉 〈전범으로서의 교재〉가 되고 말았을 것이다. 당시 퇴계는 이미 조선성리학을 대표하는 거장이었기 때문이다. 만약 그랬다면 당시 학생들은 퇴계의 관점에 이의를 제기하기보다는 우선 그것을 부동의 진리로 받아들이는 데 급급했을 것이다. 그러나 퇴계는 그렇게 하지 않았다. 바로 이 점에서 퇴계의 깊은 교육적 고려와 안목을 엿볼 수 있는 것이다.

이처럼 『성학십도』에 함의된 퇴계의 교재관은 〈자료로서의 교재〉이다. 〈자료로서의 교재〉는 교수-학습의 상황에서 제공됨 직한 하나의 교수-학습 자료일 뿐이다. 다시 말해, 이 교재는 교수-학습 과정상의 읽을거리, 토론거리가 될 뿐이라는 것이다.

(3) 대화와 토론의 원리

『성학십도』에 함의된 퇴계의 교재관이 〈자료로서의 교재〉라면, 이에 따른 교수방법은 대화와 토론이 주가 될 것이라 짐작할 수 있다. 그리고 교사의 역할도 주도적이기보다는 간접적인 방법으로 학생들의 학습을 도울 것이다.[70] 이러한 퇴계의 관점은 『言行錄』 등에 남겨진 후학들의 증언자료를 통하여 실제로 확인된다.

　　선생은 남과 논변할 때에 서로 의견이 맞지 않으면 자기의 의견이 혹시 미흡하지 않은가 하여 자기의 선입을 주장하지 않았으며 남과 자신을 분별하지 않고 허심하게 이리저리 따지되 뜻과 이치에 근거해 구하고 전훈에 근거해 물어보아 자기의 말이 이치에 맞고 전훈에 일치함이 있으면 곧 더불어 변설하여 상대의 의혹은 풀어주었다. 자기의 오래전의 견해에 때로 미안함이 있으면 곧 자기를 버리고 상대를 좇았기 때문에 사람들이 기쁘게 복종하지 않음이 없었다.[71]

　　후학들을 가르침에 싫어하거나 게을리 하지 않았으며 친구처럼 대접해서 끝까

---

70) 퇴계의 師道觀에 관한 보다 자세한 연구는 尹用南, "退溪 李滉의 師道觀", 『退溪學報』 제95집(퇴계학연구원, 1997. 9.), 51~84쪽 참조.
71) 『增補 退溪全書』(四), 「言行錄」 卷2, 〈講辯〉, "與人論辯有所不合, 則猶恐己之所見, 或有未盡不主先入, 不分人己, 虛心紬繹, 求之於義理, 質之於典訓, 己言合理而有稽, 則更與辯說, 期於解彼之惑, 舊見或有未安, 卽舍己而從人, 故人莫不悅服."

지 스승으로 자처하지 않았다.[72)]

교수-학습의 전개과정에 의할 때 적어도 2단계와 3단계에서 학생과 학생 간, 학생과 교사 간에는 열띤 토론이 전개될 것으로 짐작해 볼 수 있다. 인용에서 보듯, 이때 교사는 학생들보다 우위에 있다기보다는 토론의 상대방일 뿐이다.

(4) 개별화 교수의 원리

뿐만 아니라, 퇴계는 후학들을 가르침에 개별화 교수에도 매우 신경을 쓴 것으로 보인다. 즉 일찍이 공자가 주장했던 인재시교(因材施敎)와 수인이교(隨人異敎)의 방법을 퇴계는 성실히 실천에 옮겼던 것이다.

> 옛 문인들의 자질이나 병통이 만 가지로 다름을 안다. 그러므로 재주에 따라 가르침을 베풀고 증세에 대응해서 약을 쓰는 것이다.[73)]

> 배우려는 자가 가르침을 묻고 청하면, 그 자질의 얕고 깊음에 따라 가르쳐주고, 만약 깨닫지 못하는 곳이 있으면, 거듭해서 자세히 설명하여 깨우쳐주고야 그쳤다.[74)]

---

72) 『增補 退溪全書』(四), 「言行錄」 卷1, 〈敎人〉, "訓誨後學, 不厭不倦, 待之如朋友, 終不以師道自處."
73) 『增補 退溪全書』(四), 「言行通錄」 卷2. "知舊門人資質病痛, 有萬不同, 故因材施敎, 對症下藥."
74) 『增補 退溪全書』(四), 「言行錄」 卷1, 〈敎人〉, "學子質業請益, 隨其淺深而告詔之, 若有未曉處, 則反復詳說, 啓發乃已."

4. 결 론

이 글은, 「行實圖」類書와 『聖學十圖』 등의 圖書가 성리학적 인격교육론의 조선 조적 원용과 실천이라는 차원에서 깊은 '교육적 고려' 속에 편찬 간행된 것이라는 가정하에, 여기에 함의된 덕성교육의 접근법을 교수-학습의 모형과 방법적 원리를 중심으로 탐구한 것이다.

주희의 입론에서 소학단계의 교육(교화적 덕성교육론)은 아직 도덕성의 발달이 충분치 못한 학습자들을 대상으로 하는 도덕교육론이고, 대학단계의 교육(교학적 덕성교육론)은 도덕성의 발달이 어느 정도 이루어진 학습자들을 대상으로 하는 도덕교육론이다. 이러한 두 가지 교육 단계를 거칠 때 비로소 有德한 人格이 된다.

「行實圖」類書와 『聖學十圖』 등의 圖書는 이러한 덕성교육론을 잘 이해하고 있었던 조선조의 위정자와 사림들의 특별한 고려 속에 개발된 교재인 셈이다. 「行實圖」類書는 삼강의 忠·孝·烈의 덕목과 오륜의 親·義·別·序·信의 덕목을 주 내용으로 담고 있는 '덕목과 행위' 중심의 교육론이요, 교화적 덕성교육의 목표달성에 걸맞게 특별히 개발되고 간행된 교재이다. 『聖學十圖』는 제목 그대로 '聖人이 되기 위한 학문론 혹은 공부론'과 관련하여 주목해야 할 열 개의 圖, 그리고 각 圖의 바탕이 된 說(혹은 銘, 箴) 등으로 구성되었고, 대학단계의 교학적 덕성교육에 입문할 초학자를 위해 깊은 교육적 안목에서 개발된 교재이다.

나아가 각 교재의 저변에는 이러한 교육에 관한 철학, 교육의 방향과 목표 등에 관한 기본관점들 외에도 교수-학습의 방법적 원리도 함축되어 있다. 「행실도」류서의 체재는 해당 사실에 대한 기록(한문, 언문), 그림(圖), 詩 혹은 贊으로 구성되었다. 이러한 체재는 교수-학습의 전개 단계에 따른 구성이라 해석할 수 있다. 즉 그것은 〈① 도입단계 → ② 이야기하기 단계 → ③ 행동 실천해보기 단계 → ④ 실천의지 다지기 단계 → ⑤ 마무리 단계〉라는 교수-학습 모형으로 정리해 볼 수 있다. 여기에 함의된 교수-학습의 원리로는 ① 지·정·행의 통합적 접근의 원리, ② 도덕적 영웅 따라 배우기의 원리, ③ 감화설득의 원리, ④ 행동실천을 통한 배우기의 원리 등이다. 『성학십도』의 체재는 圖, 說, 解說, 퇴계의 補說 등으로 구성되었고, 이 역시 교수-학습의 단계를 고려한 것으로 읽을 수 있다. 즉 그것은 〈① 도입→ ② 문제의 제시(圖) / 탐구 및 상호토론의 단계→③ 1차 자료의 제공(說) / 자료읽기 및 잠정결론 도출하기 단계→④ 2차 자료의 제공(관련 전문가 혹은 교사의 조언) / 견해 수정하기 단계→⑤ 마무리하기 단계〉의 교수-학습 모형으로 정리해 볼 수 있다. 여기에 함의된 교수-학습의 원리로는 ① 인지 중심 접근의 원리, ② 자료로 서의 교재 제공의 원리, ③ 대화와 토론의 원리 ④ 개별화 교수의 원리 등이다.

우리는 그동안 유교적 전통 도덕교육론을 '德目과 行爲' 중심의 교육론으로 이해 하여 왔던 것이 사실이다. 유교교육론에서는 三綱의 孝·忠·烈의 덕목과 五倫의 親·義·別·序·信의 덕목, 나아가 五常으로써 仁·義·禮·智·信의 덕목 등을 가르칠 것을 함의하고 있기 때문이다. 그러나 더 이상 유교적 도덕교육론은 덕목과 행위 중심의 교육론이 아니다. 『성학십도』에 함의된 교수-학습의 방법적 원리들은 이 점을 분명하게 알려주고 있다. 유교적 도덕교육론은 '도덕교육에서의 형식과 내용'을 모두 강조하고 있는 '인격교육론' 혹은 '덕 교육론'으로 읽을 수가 있다. 아니 처음부터 유교 도덕교육론은 인격(지·정·행)의 분열도, 형식과 내용의 구분도 없 었던 통합적 인간관과 그에 토대한 교육론이었다.

『성학십도』의 교수-학습의 방법적 원리로 인지 중심 접근이 강조되고 있지만, 그렇다고 행동 실천적 측면을 간과하고 있는 것은 결코 아님에 유의해야 한다. 실 제 『성학십도』에서는 學思竝進의 원리와 함께 知行竝進의 원리를 매우 강조하고 있다. 특히 『성학십도』 전체를 일관하는 하나의 사상이 敬사상이라 할 정도로 경공 부를 중시하고 있다. 따라서 『성학십도』에 함의된 교수-학습의 원리도 지·정·행 통합적 접근이라 보아야 할 것이다. 그러나 다만 여기서는 구체적인 교육실천장에 서 이루어질 교수-학습과정에 주안점을 두었기 때문에 인지 중심 접근으로 읽은 것이다.

분열된 인격과 그에 토대한 교육은 근대 이후의 산물이다. 그래서 최근까지만 해 도 이론적이든 실제적이든 인격적인 사람 혹은 덕스러운 사람 그 자체보다는 덕목이나 가치, 규범을 알게 하거나 또는 그 외의 어떤 부분적인 능력을 육성하는 것이 도덕교육의 전부인 것인 양 생각해 왔다. 그래서 우리는 도덕교육과 관련하여 '무엇을 해야 하는가' 하는 행동을 제시하는 데 더 관심을 두어왔지 '어떤 사람이 되어야 하는가' 하는 데에는 소홀히 해 왔던 것이 사실이다.

　물론 도덕적 가치를 가르치거나 그와 관련된 사고·판단 능력 또는 행동 습관을 기르는 일은 중요하다. 그러나 그것은 도덕교육의 한 부분 또는 한 측면에 불과한 것이지, 그 자체가 본질이거나 궁극적 도달점은 아니라는 데 유의해야 한다. 이 점을 우리의 유교적 덕성교육론은 분명히 밝혀주고 있었다. 즉 유교적 덕성교육론은 도덕교육의 본질이 단순한 도덕적 기능인이 아니라, 有德한 人格을 함양하는 데 있음을 분명하게 적시해 주고 있다. 그리고 有德한 人格은 善에 대해 알기만 하거나 느끼기만 하거나 무조건 행동의 습관만을 갖게 하는 일면성을 통해서 기를 수 있는 것이 아니라, 사고·판단하는 지적 측면과 느끼고 의욕하는 정의적 측면, 그리고 실천·행동하는 행동적 측면의 통합된 내적 성향으로 구현될 때 가능한 것이다. 따라서 유덕한 인격을 함양하는 도덕교육은 통합적인 접근을 통해서만 가능한 것임을 유교적 덕성교육론은 시사하고 있다.

▌참고문헌

『大學・論語・孟子・中庸』(1985 影印本, 成均館大學校 大同文化研究院).

『三綱行實圖』, 『續三綱行實圖』, 『二倫行實圖』, 『東國新續三綱行實圖』, 『五倫行實圖』
*이상 모두 弘文閣 影印本. 『朝鮮王朝實錄』, 『CD-ROM 국역 조선왕조실록』(서울시
스템), 『慕齋集』, 『增補 退溪全書』(1997 影印本, 成均館大學校 大同文化研究院).

『朱子大全』(民國 74), 台北: 大化書局印行.

『朱子語類』(1983), 黎靖德(宋) 編, 北京: 中華書局.

이황 지음, 이광호 옮김, 『성학십도』(서울: 홍익출판사, 2001).

강봉수, "삼강오륜〈행실도〉류서에 함의된 전통 도덕교육의 방법과 원리", 『국민윤리연구』제
46호(한국국민윤리학회, 2001).

강봉수, "전통적 덕성함양교육의 한 접근으로써 '敎化' ― 교화는 Indoctrination인가?", 『교육
과학연구 백록논총』(제주대학교 사범대학・교육과학연구소, 2002).

강봉수, "퇴계의 「성학십도」에 함의된 도덕교육론", 『도덕윤리과교육』, 제19호(한국도덕윤
리과교육학회, 2004).

강봉수, 『유교 도덕교육론』(서울: 원미사, 2001).

금장태, "〈聖學十圖〉 註釋과 朝鮮後期 退溪學의 展開", 『退溪學報』, 제48집, 1985.

금장태, 『한국유학의 탐구』(서울대학교 출판부, 1999).

김교빈, "태극논쟁: '태극'을 둘러싼 주자학적 이해와 비주자학적 이해의 대립", 한국철학
사상연구회, 『논쟁으로 본 한국철학』(서울: 예문서원, 1995).

김안중, "德目敎育의 再吟味", 『도덕교육연구』, 제4집(한국교육학회 도덕교육연구회, 1990).

金元龍, "三綱行實圖刊本攷", 『東亞文化』, 제4집(서울대학교 동아문화연구소, 1965. 10.).

김형효, "율곡적 사유의 이중성과 현상학적 비전", 김형효 외 4인 공저, 『율곡의 사상과
그 현대적 의미』(성남: 한국정신문화연구원, 1995).

노사광 저, 정인재 역, 『중국철학사』(서울: 탐구당, 1997 四版).

文錫胤, "退溪에서 理發과 理動, 理到의 의미에 대하여 ―理의 능동성 문제", 『퇴계학보』,
제110집(2001. 10.).

오병무, 「한국 성리철학의 특성에 관한 연구」(전북대학교 박사학위논문, 1992).

윤사순, "이황의 「성학십도」", 한국사상연구회, 『圖說로 보는 한국유학』(서울: 예문서원, 2000).

尹絲淳, "退溪의 理氣哲學에 대한 現代的 解釋", 『退溪學報』, 제110집(2001. 10.).

이상은, "퇴계의 생애와 그 인간", 예문동양사상연구원·윤사순 편저, 『퇴계 이황』(서울: 예문서원, 2002).

이인재, "셸러의 가치윤리학과 도덕교육", 진교훈 외, 『윤리학과 윤리교육』(서울: 경문사, 1997).

정재걸, 「조선시대 서민교육으로서의 교화에 관한 연구」(서울대학교 대학원 석사학위논문, 1983).

정재걸, 「조선전기 교화연구: 성종·중종(1469-1544)년간을 중심으로」(서울대학교 대학원 박사학위논문, 1989).

최봉영, "조선시대 유학교육과 '敎學'의 의미", 『교육사학연구』, 제8집(1998).

최순권, "조선조 〈삼강행실도〉의 간행과 보급", 『옛 사람들의 삶과 윤리』, 국립민속박물관, 1996.

河宇鳳, "世宗代의 儒敎倫理 普及에 대하여: 〈孝行錄〉과 〈三綱行實圖〉를 중심으로", 『全北史學』, 제7집(1983. 11.).

Thomas Likona, *Education for Character: How our School can Teach Respect and Responsibility*(New York: Bantam Books, 1991).

제4장

主理論과 主氣論의 도덕교육론

― 퇴계와 율곡의 관점에 주목하여 ―

성리학은 자아실현의 교육론이기보다는 덕성함양의 교육론이다. 성리학의 형이상학적 토대인 리기론에 대한 관점에 따라 다른 도덕교육이론을 탄생시킨다. 단순하게 대비시킬 수는 없지만, 주기론(율곡)이 현대적 의미의 도덕 사회화론에 가깝다면, 주리론(퇴계)은 자율적 도덕발달론에 가까워 보인다.

율곡의 덕성교육론은 욕망조절의 합리적 기준인 도리를 끊임없이 내면화하여 습관화하는 도덕적 사회화 개념과 다르지 않다. 도리에 대해 탐구하고 항상 도덕적 관점에서 생각하려는 사고의 습관화와 그것을 실천에 옮기려는 의지의 습관화가 필요하다. 습관화는 간단없는 자기노력[誠實]을 통해서 얻어지는 것이다. 사고의 습관화를 위한 공부가 窮理라면, 의지의 습관화를 위한 공부는 力行이다. 이처럼, 율곡은 도덕 사회화의 입장에 있었기에, 교육의 실제와 관련해서도 典範과도 같은 교육과정을 중시했고, 교사 중심의 교수─학습모형을 설계했다. 교사는 보다 직접적인 방식으로 학생들의 학습에 관여하고, 덕 있는 교사의 모범적 역할도 중요하다. 아울러 권

■ 출처 : 『교육과학연구 백록논총』 제9권 제1호 (제주대학교 사범대학 · 교육과학연구소, 2007. 8.), 119~146쪽.

위자로서의 교사는 학생들의 기질적 편차와 개별성을 고려하면서 학습을 지도해 나간다.

주체적이고 자각적인 성찰을 통한 천성의 회복!! 이것이 퇴계의 덕성교육론의 핵심이다. 反求諸己와 物格은 격물의 인식수준을 넘어 天理가 자발적으로 나의 마음속으로 도래하는 理自到의 성찰과정이다. 敬은 氣發의 私意가 항상 도덕적 선의지의 감시를 받아 기발리승의 정이 선을 향하도록 할 뿐만 아니라, 언제나 마음에서 천리가 발현하여 리발기수의 정이 표출될 수 있도록 하는 공부와 교육의 원리이다. 이러한 퇴계의 교육론은 자율적 도덕발달의 관점이라 할 수 있다. 이처럼, 퇴계는 자율적 도덕발달의 입장에 있었기에, 교육의 실제와 관련해서 자료로서의 교재관에 입각한 교육과정을 중시했고, 학생 중심의 대화와 토론이 주가 되는 탐구식 교수-학습 모형을 설계했다. 교사의 역할은 주도적이기보다는 간접적인 방법으로 학생들의 학습을 도울 뿐이고, 개별화 교수방법을 중시하였다.

1. 서 론

성리학에서 理氣論은 세계와 인간을 설명하기 위한 최상위의 형이상학적 개념 틀이다. 성리학은 그 자체가 인간의 마음의 성격과 형성과 표현이라는 교육학의 근본 문제를 다루기에, '성리학은 곧 교육이론'이라는 혹자의 주장은 타당한 것 같다.[1] 또한 리기론은 세계와 인간을 설명하는 최상위의 개념 틀이기에, 리기론을 정초하는 관점에 따라 세계와 인간, 그리고 교육을 설명하는 서로 다른 이론이 탄생한다.

리기론의 사고 자체가 리기이분법적 원형에서 출발하는 까닭에, 어느 문제에 관한 이론이든 모든 리기론은 리에 치중하는 이른바 '주리적 이론'이 아니면 기에 치중하는 '주기적 이론'에 흐를 수밖에 없다.[2] 아무리 리기 중의 어느 한편에 편향하지 않고 공평한 태도로 리기를 조화시키는 노력을 기울이며 이론을 구축한다고 하더라도 결과적으로는 주리 아니면 주기의 경향을 완전히 벗어나는 무색투명의 중립적 이론을 구축할 수 없다. 예의 주리적 경향의 대표적인 사상가로 주희와 퇴계를 들 수 있다면, 주기적 경향의 대표적인 사상가로 장횡거, 서경덕, 율곡 등을 들 수 있을 것이다.

이홍우는 일찍이 "理氣哲學에 나타난 교육이론"을 主理論과 主氣論의 관점에서 각각 분석한 바 있다.[3] 여기서 그는 청나라 氣철학자였던 顔元의 〈공자에 의한 교

---

1) 이홍우, 『성리학의 교육이론』(서울: 성경재, 2000).
2) 윤사순, "동양 본체론의 의의", 한국동양철학회 편, 『동양철학의 본체론과 인성론』(연세대학교출판부, 1982, 초판; 1996, 7판), 154~155쪽.
3) 이홍우, "理氣哲學에 나타난 교육이론", 『사대논총』제30집(서울대학교 사범대학, 1985). 여

육〉과 〈理學에 의한 교육〉의 비유를 인용하고 있다.[4]

〈공자에 의한 교육〉: 한 교실을 들여다보니 칼을 차고 옥을 달고 큰 옷에다 띠를 질끈 동인 70여 학생들이 공자를 모시고 있는데, 어떤 학생은 예절을 익히고 어떤 학생은 거문고를 타며 어떤 학생은 文舞와 武舞를 추고 있다. 그런가 하면 또 한군데에서는 혹은 仁·孝를 묻고 혹은 兵·農·政에 대한 것을 의논하고 있지 않은가? 시설을 둘러보니 벽에는 弓·矢·鈇·簫·磬·算器·馬策 등이 놓여 있고 禮服·衣冠이 정제해 있는 것이다.

〈理學에 의한 교육〉: 발걸음을 옮겨 이번에는 다른 교육을 보니 거기에는 정자가 앉아 있는데, 뿔 관에다 넓은 띠를 두른 옷을 입고 눈을 지그시 감고 앉아 있는 모양이 마치 흙으로 빚어 놓은 석고상 같이 보인다. 하도 조용해서 방안을 둘러보니 游酢, 楊龜山, 朱晦菴, 陸象山 등이 侍坐하고 있는데, 어떤 이는 벽을 향해 정좌하고 있고 어떤 이는 웅얼웅얼 책을 읽고 어떤 이는 靜敬에 대해 담론하고 또 어떤 이는 붓을 움직이며 무엇인가 쓰고 있는 것이었다. 시설이라고는 벽상에 서적과 두루마리가 놓여 있고 종이, 벼루, 먹, 연적, 붓 등이 있을 뿐이었다.

인용에서 보듯, 〈공자에 의한 교육〉과 〈리학에 의한 교육〉 간에는 실제 교실에서 이루어지는 교육 현상의 차이가 있다. 그 이유에 대하여 이홍우는 교육의 실제를 뒷받침하는 교육이론의 차이에서 비롯되는 것이라 한다. 말하자면 〈공자에 의한 교육〉은 주기론의 교육이론에 근거한 것이고, 〈리학에 의한 교육〉은 주리론에 기초한 교육이라는 것이다. 공감이 가는 고찰이다. 또한 그는 주기론의 교육이론은 현대적 의미에서 '흥미'와 '관심'을 중시하는 듀이(Dewey)의 이론에 가깝고, 주리론의 교육이론은 교육의 본질적 가치와 내재적 가치를 중시하는 피터즈(Peters)의 이론에 가까운 것이라 한다.[5] 이러한 이홍우의 고찰에 공감하면서도, 이 글은 일반 교육이론이 아니라 도덕교육과 관련하여 좀 더 천착하여 보고자 한다. 연구자는 성리학이

기서는 이홍우·유한구 편,『교육의 동양적 전통 Ⅰ: 교육과 실재』(서울: 성경재, 2000) 참조.
4) 위 책, 172~173쪽.
5) 위 책, 186~189쪽.

교육이론이지만 그중에서도 특히 도덕교육이론이라 여기기 때문이다.

예나 지금이나 교육의 목적은 자아실현과 인격완성에 있을 터이다. 현대 심리학자들의 고찰처럼 자아실현과 인격완성의 심리적 상태가 비슷할지 모르지만, 엄격히 말해 자아실현을 위한 교육과 인격완성을 위한 교육은 그 길이 다르다. 전자의 교육은 개인의 자질과 능력, 흥미와 관심에 기초하여 접근되어야 할 성격의 교육이지만, 후자의 교육은 오히려 개인을 떠나 사회적, 도덕적 덕성을 함양함으로써 가능한 교육이다. 주기론을 듀이의 교육이론과 결부시켜 이해하는 것은 전자의 교육을 설명하는 데는 의미가 있을지 모르지만, 후자의 교육을 설명하기에는 뭔가 석연치 않은 측면이 있다. 인격완성을 직접적인 교육의 목적으로 삼는 도덕교육이 일반 교육과 다른 점은 이를 두고 한 말이다. 주리론을 피터스의 교육이론과 결부시켜 도덕교육을 이해하는데도 일정한 한계를 가진다. 연구자가 보기에 주리론에 함의된 도덕교육론은 피터스적 의미 이상을 포함하고 있다고 여기기 때문이다.

따라서 이 글은 성리학이 자아실현을 위한 교육이론이라기보다는 인격완성을 위한 도덕교육이론이라는 관점에서 주리론과 주기론에 함의된 도덕교육론을 비교 분석한다. 분석의 범위를 더욱 좁혀 주리론을 대표하는 이로 퇴계(1501~1570)를, 주기론을 대표하는 이로 율곡(1536~1584)을 상정하고, 특히 그들이 덕성교육교재로 편찬했던 『聖學十圖』와 『聖學輯要』에 함의된 도덕교육론을 비교분석의 대상으로 삼고자 한다.

일찍이 주희는 자기만의 리기론적 관점에 기초하여 이른바 '小學－大學階梯說'에 입각한 덕성교육론을 정초한 바 있다.[6] 말할 것도 없이, 퇴계와 율곡도 주희 입론을 수용하고 원용하고 있다. "성인이 되는 공부론 혹은 학문론"으로 요약되는 『성학십도』와 『성학집요』는 퇴계와 율곡이 공히 선조 임금을 위하여 편찬한 것이었다. 그러나 율곡이 "임금의 학문을 주로 하였지만 실상은 상하에 모두 통하는 것"[7]이라

---

6) 이에 대한 자세한 고찰은 졸저, 『유교 도덕교육론』(서울: 원미사, 2001), 73~121쪽 참조.
7) 『국역 율곡전서』(Ⅴ), 「성학집요」, 11쪽. (성남: 한국정신문화연구원, 1985). 이하 모든 『국역 율곡전서』는 한국학중앙연구원(前 한국정신문화연구원)에서 번역 출간한 것을 자료로 삼는다. 필요할 경우 번역을 수정했다.

고백하는 것처럼, 이 두 책은 모두 주희 입론을 원용하여 대학단계의 교육을 위해 만들어진 일종의 교재들이라는 것이 우리의 가정이다. 같은 목적에서 편찬된 교재들임에도 불구하고 두 책의 내용과 체재는 전혀 다름에 유의할 필요가 있다. 즉 퇴계의 『성학십도』는 그의 다른 저술과는 달리, 상대적으로 자신의 사고가 덜 반영된 일종의 編著이다. 이 책에는 宋·元代 이래 程朱學派의 저술 속에서 10개의 圖象과 解說을 선택하여 수록하고 있다. 반면에, 율곡의 『성학집요』는 "단순히 성현들의 글 모음"에 불과하다는 율곡의 고백8)과는 달리, '輯要'의 형식으로 자신의 관점과 문법에 토대하여 쓰였다.

연구자는 『聖學十圖』와 『聖學輯要』에는 그들이 명시적으로 밝히는 '교육적 고려' 이상의 교육이론적 함축을 가지고 저술된 교재들이라 여긴다. 교사, 학생과 함께 교육의 3대 요소 중의 하나인 교재는 특정한 교수－학습의 목표를 달성하기 위해 일정한 학습내용을 의도적·계획적으로 조직, 구성한 학습 자료이다. 따라서 교재가 교재로서의 의의와 가치를 가지고 기능하기 위해서는 그 배후에 지도의 체계, 교육과정(커리큘럼)이 구체화된 것이라야 한다. 바로 이러한 배려에서 만들어진 것이 이른바 교과서이다. 따라서 특정한 교재(교과서)의 저변에는 교육에 관한 기본관점과 철학, 교육의 방향과 목표, 교육받은 사람이 지니고 있기를 기대하는 어떤 능력과 자질, 교수－학습의 방법적 원리 등에 관한 교육이론이 함축되어 있는 것으로 볼 수 있다.9) 그리고 이러한 교육이론은 더 추상적 차원에서 리기론에 관한 관점에 의해 뒷받침되어 있는 것이라 할 것이다.

사실 연구자는 퇴계의 『성학십도』에 함의된 도덕교육론과 율곡의 『성학집요』에 함의된 도덕교육론을 연구한 바 있다.10) 따라서 이 글은 독창적인 연구라기보다는 앞의 두 연구 결과를 정리하고 보완하는 후속연구에 해당한다. 이러한 점에서, 이 글은 앞의 연구들과 일정부분 겹치는 부분이 있음을 밝혀두고자 한다.11)

---

8) 『국역 율곡전서』(Ⅴ), 「성학집요」, 2쪽.
9) 이택휘·유병열 공저, 『도덕교육론』(서울: 양서원, 2000), 772~773쪽.
10) 졸고, "퇴계의 『성학십도』에 함의된 도덕교육론", 한국도덕윤리과교육학회, 『도덕윤리과교육』제19호(2004. 12.); "율곡의 『성학집요』에 함의된 도덕교육론", 한국윤리교육학회, 『윤리교육연구』제12집(2007. 6.). 이 책의 제7장과 제8장 참조.

2. 덕성교육의 이론적 기초

도덕교육론의 핵심영역은 도덕교육 방법론이다. 도덕교육론은 도덕이나 덕성에 관한 철학적·심리학적 탐구보다는 도덕을 어떻게 가르치고 덕성을 어떻게 함양할 것인가에 관심을 갖는다. 그러나 도덕이나 덕성에 관한 철학적·심리학적 탐구와 도덕교육 방법론을 탐구하는 실천적 탐구는, 상호 독립적인 측면이 없지 않지만, 근본적으로 상호보완적인 관계에 있다. 도덕의 개념과 덕성의 본질을 어떻게 규정하느냐 하는 것은 바로 교육 방법론의 관점에 영향을 미치는 것이기 때문이다. 이러한 관점에서, 이 장에서는 퇴계와 율곡의 리기론과 심성론을 고찰하면서 도덕의 개념과 덕성의 본질을 비교 검토하기로 한다.

1) 理氣論과 도덕의 개념

성리학에서 리기론은 세계와 인간을 설명하기 위한 최상위의 형이상학적 개념 틀이다. 따라서 리기론에 관한 철학적 관점이 어떠냐에 따라 세계와 인간을 설명하는 방식이 달라지게 마련이다. 주지하듯이, 퇴계의 리기론에 관한 철학적 관점은 太極動靜說(理動說), 理氣二物說, 理氣互發說 등으로 요약되고, 율곡의 관점은 理氣之妙說, 理通氣局說, 氣發理乘一途說 등으로 요약된다. 이러한 두 사상가의 철학적 관점에 관한 구체적 고찰은 그동안 많은 선행연구들이 다루었기에 반복 설명하는 수고를 여기서는 생략한다. 다만 두 사상가가 도덕의 개념을 어떻게 정초하고 있는지를 보기 위한 수준에서 리기론을 검토하고자 한다. 이를 위해서는 퇴계의 理氣互發說과 율곡의 氣發理乘一途說을 분석하는 것으로 족할 것이다.

먼저, 퇴계의 관점을 본다. 『성학십도』는 퇴계의 편저이기에 圖와 說이 대체로 주

---

11) 특별한 경우를 제외하고 겹치는 부분에 대한 주를 따로 밝히진 않겠다.

희 등 다른 사람의 작품이다. 그중 유일한 예외가 있는데, 「心統性情圖」가 그것이다. 제6도인 「심통성정도」에는 上·中·下圖가 있는데, 이 중 중도와 하도만은 퇴계의 자작이다. 여기에서 퇴계는 리기론과 심성론에 관한 자신의 관점을 제시하고 있다. 「심통성정도」의 본래 주제는 도명 그대로 '마음이 성과 정을 통섭한다'는 것이다. 즉 마음이 적연부동하면 성이 되어 마음의 본체를 이루고, 감이수통하면 정이 되어 마음의 작용을 이룬다. 따라서 학자들은 마음의 본체인 성을 잘 기르고, 마음의 작용인 정을 잘 다스려야 한다는 것이 이 도설의 주제이다.[12] 퇴계는 이러한 내용을 주장하는 정복심의 도설을 원용하고 있다. 「심통성정도」의 본래 주제를 생각하면 정복심의 도설 인용만으로도 충분할 것처럼 판단된다. 그러나 퇴계는 정복심의 도설을 상도로 하고, 자신의 관점을 두 가지 더하여 중도와 하도를 제시하고 있다.

중도는 이른바 '본연지성'과 그것이 발한 것으로써 선일변의 정에 관한 도설이다. 퇴계는 본연지성을 〈기품 속에서도 그것과 섞이지 않은 성〉이라 하면서 〈자사가 '하늘이 명했다'는 성〉, 〈맹자가 '본성은 선하다'고 할 때의 성〉, 〈정자가 '성이 곧 리'라고 할 때의 성〉, 〈장횡거가 말한 '천지지성'〉의 경우가 모두 본연지성의 예에 해당한다고 말하고 있다. 그리고 이러한 본연지성이 발하여 선일변의 정의 예로 〈자사가 말한 '중절'의 정〉, 〈맹자가 말한 '사단'의 정〉, 〈정자가 '어찌 선하지 않다고 이름 할 수 있겠는가'라고 했을 때의 정〉, 〈주자가 '성으로부터 흘러 나와 본래 선하지 않음이 없다'고 했을 때의 정〉을 들고 있다. 본연지성이 발한 결과로서의 정은 그것이 사단이든 칠정이든 모두 선일변도이다.[13]

그러나 '본연지성'이 발하여 선일변도의 정이 된다는 중도의 관점은 어디까지나

---

12) 『增補 退溪全書』(一), 卷7, 「聖學十圖」, 〈心統性情圖〉, "所謂心統性情者, 言人稟五行之秀以生, 於其秀而五性具焉, 於其動而七情出焉. 凡所以統會其性者則心也. 故心寂然不動爲性, 心之體也, 感而遂通爲情, 心之用也.(中略) 學者知此, 必先正其心, 以養其性, 以約其情, 則學之爲道得矣."

13) 『增補 退溪全書』(一), 卷7, 「聖學十圖」, 〈心統性情圖〉, "其中圖者, 就氣稟中指出本然之性不雜乎氣稟而爲言. 子思所謂天命之性, 孟子所謂性善之性, 程子所謂卽理地性, 張子所謂天地之性, 是也. 其言性旣如此, 故其發而爲情, 亦皆指其善者而言. 如子思所謂中節之情, 孟子所謂四端之情, 程子所謂何得以不善名之之情, 朱子所謂從性中流出, 元無不善之情, 是也."

이론적 수준일 뿐이고, 공부나 교육을 통하여 도달해야 할 이상일 뿐이다. 현실적 인간은 퇴계가 말하듯, 이미 〈리와 기가 이미 합해진 성〉을 가지고 있을 뿐이다. 인간의 현실적 성정을 다룬 것이 하도이다. 퇴계는 현실적 인간의 성을 다른 표현으로 〈공자가 '서로 비슷하다'고 했을 때의 성〉, 〈정자가 '성은 기이며, 기는 곧 성'이라 했을 때의 성〉, 〈장횡거가 말한 '기질지성'〉, 〈주자가 '비록 기 속에 있어도 기는 기대로 성은 성대로 서로 섞이지 않는다'고 했을 때의 성〉의 예가 바로 여기에 해당한다고 말하고 있다. 말하자면, 현실적 인간의 성은 본연지성과 기질지성이 상호 待對하고 있다고 할 수 있다. 따라서 성이 발하여 정이 되는 방식에도 두 가지 길이 있다. 하나는, '리가 발하여 기가 따르는'(理發氣隨之) 경우로써, 그 결과는 사단의 정이 되어 본래 순선하여 악이 없다. 그러나 리가 발할 때에 기가 잘 따르지 않아 리를 방해하고 가려버리면 사단의 정은 유실되고 선하지 않게 된다. 다른 하나는, '기가 발하여 리가 타는'(氣發理乘之) 경우로써, 그 결과는 칠정이 되어 선하지 않음이 없다. 그러나 기가 발하면서 중절하지 못하고 리를 멸하게 되면 역시 방탕해지고 악하게 된다.14)

이상이 중도와 하도의 핵심내용이다. 여기서 보듯이, 내용은 그야말로 퇴계의 사상 중에서도 가장 퇴계적이라 할 수 있는 四端七情論과 理氣互發說을 주장한 것이다. 또한 우리가 아는 한 이러한 주장은 기나긴 세월 동안 제자 기대승과 심도 있는 철학적 논쟁을 거쳐 최종적인 자신의 관점으로 정립한 것이다.15) 어쩌면 퇴계사상의 또 다른 독창적 요소로 평가되는 우주론에서의 理動說이나 인식론에서의 理到說16)도 바로 사단칠정론과 리기호발설을 뒷받침하기 위한 발판일 것이다. 『성학십

---

14) 『增補 退溪全書』(一), 卷7, 「聖學十圖」, 〈心統性情圖〉, "其下圖者, 以理與氣合而言之, 孔子所謂相近之性, 程子所謂性卽氣氣卽性之性, 張子所謂氣質之性, 朱子所謂雖在氣中, 氣自氣性自性, 不相夾雜之性, 是也. 其言性旣如此, 故其發而爲情, 亦以理氣之相須或相害處言. 如四端之情, 理發而氣隨之, 自純善無惡. 必理發未遂, 而揜於氣, 然後流爲不善. 七者之情, 氣發而理乘之, 亦無有不善. 若氣發不中, 而滅其理, 則放而爲惡也."

15) 전호근, "사칠리기논쟁: 주희 심성론의 한국적 전개를 위한 최초의 갈등", 한국철학사상연구회 지음, 『논쟁으로 보는 한국철학』(서울: 예문서원, 1995), 149~179쪽.

16) 윤사순, "退溪의 理氣哲學에 대한 現代的 解釋", 『退溪學報』제110집(2001. 10.), 119~144쪽.

도』에는 리동설이나 리도설에 관해서는 전혀 언급이 없다. 아니 일부러 주장을 안하고 있는 것이라 봄이 옳다. 뒤에서 보겠지만 『성학십도』는 퇴계 나름의 교육이론적 함의를 가지고 저술된 교재이기 때문이다.

다음으로, 율곡의 관점을 확인한다. 『성학집요』는 율곡의 문법으로 쓴 교재이기에 리기론과 심성론에 관한 자기관점을 분명하게 제시하고 있다. 그중 氣發理乘一途說은 퇴계의 理氣互發說 혹은 理發氣隨之 / 氣發理乘之說에 반대하여 주장한 것이다. 즉 그는 "마음과 성을 두 가지 작용으로 생각하고, 사단과 칠정을 두 가지 정으로 생각하는" 퇴계의 관점은 잘못일 뿐만 아니라, 이러한 관점의 근거가 되는 "태극과 음양이 서로 동할 수 있다고 생각하여 리와 기가 서로 발한다."고 보는 관점도 잘못이다.[17] 오로지 氣發理乘만이 옳다는 것이다.

율곡은 "대개 마음의 체는 성이요, 마음의 용은 정인데, 성정밖에 또 다른 마음은 없다."고 단정한다.[18] 여기서 우선, 마음의 본체인 성은 본연지성과 기질지성으로 구분되는 두 개의 마음이 아니라 기질지성 한 가지일 뿐이다. 본연지성이란 어디까지나 기질의 위에 나아가 단순히 그 리만을 지칭한 표현일 뿐이고, 마음이란 이미 리와 기의 묘합으로 구성된 기질지성일 뿐인 것이다.[19] 따라서 마음이 작용하는 길은 한 가지, 기발리승의 길만이 있다. "음·양이 동·정하는데 태극이 이것을 올라타니, 발하는 것은 기이며 그 機를 올라타는 것은 리이다." 다른 표현으로 "정으로 표출될 때에 발하는 것[能發]은 기요, 발하는 까닭[所發]은 리"이다. 이처럼 능발의 기와 소발의 리는 섞이어 원래부터 서로 떠나지 않는 것이다.[20]

그리고 기발리승을 통한 마음작용의 결과는 일단 모두 칠정의 인심으로 표현된다. 미발의 마음인 성이 둘이 아니듯이, 이발의 마음인 정도 사단과 칠정으로 구분되는 두 가지가 아니다. "오성밖에 다른 성은 없고, 칠정밖에 다른 정도 없다. 맹자가 칠정 가운데에서 그 선정만을 적출하여 사단으로 지목한 것이고 칠정 밖에 사단

---

17) 『국역 율곡전서』(Ⅴ), 「성학집요」, 83쪽.
18) 『국역 율곡전서』(Ⅴ), 「성학집요」, 82쪽.
19) 『국역 율곡전서』(Ⅴ), 「성학집요」, 77쪽.
20) 『국역 율곡전서』(Ⅴ), 「성학집요」, 83쪽.

이 따로 있는 것이 없다."[21] 즉 "사단은 다만 리만 말한 것이고, 칠정은 리와 기를 합하여 말한 것이며, 두 가지 정이 있는 것이 아니다."[22] 이것이 율곡의 칠정이 사단을 포함하고 있다는 관점이다. 인심의 칠정과 그 소이연으로서의 성은 성인이든 미치광이든 누구나 다 가지고 있다. 관건은 '청명한 기'[本然之氣]를 올라타고 천리에 따라 곧장 나올 수 있느냐, '더럽고 흐린 기'[流行之氣]에 은폐되어 도리어 리를 침해해 버릴 것이냐에 달렸다.[23] 성인이 표현한 인심은 四端이고 道心이며, 미치광이가 표현한 인심은 人欲이다.

퇴계가 「심통성정도」의 하도에서 주장한 四端理發氣隨之와 七情氣發理乘之는 원래 四端理之發과 七情氣之發의 관점을 기대승과 논쟁 이후에 수정하고 합의한 최종 관점이다. 우리의 현실적인 성은 리와 기가 합해진 기질지성이기에 기대승의 초안과 후학 율곡의 주장대로 기발리승만이 허용될 것 같지만, 퇴계는 끝까지 리발기수를 포기하지 않았다. 그렇다면 퇴계의 리발기수와 율곡의 기발리승의 관점이 도덕의 개념과 관련하여 어떤 의미의 차이가 있을까? 기발리승이나 리발기수가 모두 도덕적 행위인 것은 같다. 그러나 전자는 욕망추구의 정당화와 욕망의 합리적 조절로서의 도덕행위이고, 후자는 처음부터 욕망과 무관하게 순수한 도덕적 동기에 따라 이루어지는 도덕행위이다. 그러니까 전자는 칠정의 감정으로 표현되고, 후자는 사단의 도덕심으로 표현되는 것이다. 그러나 순수한 도덕적 동기도 욕망추구의 합리적 조절도 기의 물욕에 방해받으면 도덕행위로 실현되지 못할 가능성은 항상 존재한다.

퇴계는 현실 속에서도 선험적 이념에 따라 살아가는 것이 가능하다고 보는 관점이다. 인간의 본성은 선하다. 天理가 마음 안에 내재해 있다. 마음 안에 내재한 리가 性이다. 이는 인간이 태어날 때부터 함장하고 있는 선험적 이념이다. 이것은 군신이 있기 전에 군신의 리가 먼저 있고, 부자가 있기 이전에 부자의 리가 있는 것과 같다.[24] 현실적으로 본성의 실현과 리의 발현은 기의 힘을 빌려야 하겠지만, 욕

---

21) 『국역 율곡전서』(V), 「성학집요」, 83쪽.
22) 『국역 율곡전서』(V), 「성학집요」, 82쪽.
23) 『국역 율곡전서』(V), 「성학집요」, 83쪽.

망의 합리적 추구를 넘어 순수한 도덕적 동기, 즉 이 선험적 이념에 따라 살아갈 수 있는 유일한 존재가 인간이고, 항상 그러한 도덕행위를 생활화한 이가 성인이다. 물론 율곡이 보는 성인도 처음부터 욕망과 무관하게 순수한 도덕적 동기에 따라 행위할 수 있는 사람일지 모른다. 성인이란 처음부터 '湛一淸虛'한 본연지기를 받고 태어난 사람이기 때문이다. 그러나 이론적으로는 성인조차도 인심의 표현이 氣發理乘인 한에서 그의 도덕행위는 욕망의 완벽한 조절일 뿐이다. 처음부터 욕망과 무관하게 순수한 도덕적 동기에서 도덕행위가 이론적으로나 현실적으로 가능하려면 퇴계처럼 理發 혹은 理發氣隨의 입장에 서지 않는 한 불가능하다. 율곡적 관점에서 성인조차도 이러할 진대 보통사람은 욕망의 조절이 쉽지 않다. 그들은 편차가 있는 유행지기를 받고 태어났기 때문이다. 이 유행지기는 물욕에 예민할 수밖에 없고 리의 도덕적 명령을 완벽히 수행해 낼 수가 없다.

2) 心性論과 덕성의 본질

덕성이란 도덕적 삶을 살 수 있는 탁월한 성품이다. 퇴계가 보는 도덕적 삶이란 처음부터 가지고 태어난 도덕적 동기에 따라 살아가는 것이요, 율곡이 보는 도덕적 삶은 욕망추구의 정당화 내지 욕망의 합리적 조절과 다르지 않다. 퇴계에게 있어 도덕의 근원은 안에 있다. 그러나 율곡에게 있어 도덕의 근원은 밖에 있다. 욕망의 조절을 위한 합리적 기준은 밖에서 주어질 수밖에 없기 때문이다. 퇴계에 있어 덕성이란 도덕의 내적 동기에 따라 살아가는 성품이요, 율곡에게 있어 덕성이란 인심의 표현이 밖의 도리에 부합하게 발하도록 하는 성향이다. 그러나 이러한 두 사람이 보는 덕성의 본질을 제대로 이해하기 위해서는 그들이 보는 마음의 구조를 좀더 깊이 들여다보아야 하리라.[25]

---

24) 『增補 退溪全書』(二), 卷25, 「鄭子中與奇明彦論學」, "朱子曰此言未有這事先有這理, 如未有君臣已先有君臣之理, 未有父子已先有父子之理."

25) 『성학십도』에는 교재적 특성상 이후 우리가 검토하려는 마음의 구조에 대한 퇴계의 관점이 드러나 있지 않다. 따라서 여기서는 그의 다른 글들을 참고할 수밖에 없다.

마음의 구조를 보는 키워드는 心統性情, 性發爲情, 心發爲意인 것 같다. 말할 것도 없이 이들은 모두 성리학의 공통용어이다. 虛靈해서 어둡지 않은 것이 마음이다. 그래서 사람의 한 마음에는 만 가지 이치가 전부 갖추어져 있다. 이 이치가 마음에 갖추어 흡족해서 조금이라도 결함이 없는 것이 性이다. 성은 아직 未發의 마음인 본체다. 외물과의 접촉으로 마음이 작용하기 시작한다. 이것이 已發의 마음이다. 이처럼 '마음은 性과 情을 통괄'한다. 여기에는 이견이 없다. 문제는 性發爲情, 心發爲意을 둘러싼 해석의 관점이다. 性發爲情에 대한 관점 차이를 확인한다. 이것은 앞의 리기론의 관점과 겹치는 것이기에 간략히 언급한다. 퇴계에게 있어 성이 발한다는 것은 본연지성이 발하는 경우와 기질지성이 발하는 경우이다. 전자는 理發氣隨로서 四端이 되고, 후자는 氣發理乘으로서 七情이 된다. 그러나 율곡에게 있어 性發爲情이란 오로지 기발지성, 즉 氣發理乘의 길이 있을 뿐이다. 기발리승의 표현이 곧 칠정이고 사단은 칠정 안에 포함된 선의 측면일 뿐이다.

여기서 유의해야 할 점은 성발, 리발, 기발이 모두 마음의 작용이라는 것이다. 그런데 왜 性이 발하여 情이 되고, 心이 발하여 意가 된다고 했을까? 그것은 情과 意의 구분 때문이다. 퇴계는 "성이 발하여 정이 됨은 오성이 감동하는 것을 말하고, 심이 발하여 의가 됨은 선악의 기미가 나누어지는 것"[26]이라 하고, 율곡은 "의는 정을 운행할 수 있으나 정은 의를 운행할 수 없다."[27]고 한다. 인용에 유의할 때, 意가 情을 운행하고 선악의 기미를 결정한다. 반면에 리발이든 기발이든 성의 표현인 정은 '발하여 나온 그대로의 현상'[發出恁地]일 뿐이다. 즉 정은 '자연적인 마음(의식)의 행동' 혹은 '마음의 지향성이라는 자연발생적 현상'을 뜻한다.[28] 그러한 정이 선으로 향할지 악으로 향할지를 결정하는 것은 意이다. 意뿐만 아니라 여기에 관여하는 마음의 작용에는 思, 志 등도 있다. 그런데 意·思·志의 해석에 있어 퇴계와 율곡 간에 차이가 있는 것 같다. 다음의 〈표 1〉의 인용을 비교해 보자.

---

26) 『增補 退溪全書』(二), 卷41, 「天命圖說後敍」, "性發爲情 心發爲意. 卽五性感動之謂也. 善幾惡幾善惡分也."
27) 『국역 율곡전서』(V), 「성학집요」, 82쪽.
28) 김형효, "율곡적 사유의 이중성과현상학적 비전", 김형효 외, 『율곡의 사상과 그 현대적 의미』(한국정신문화연구원, 1995), 74쪽.

	퇴 계	율 곡
意	• 의는 志가 경영하고 왕래하는 것이니 이는 志의 다리이다. 무릇 영위하고 도모하고 왕래하는 것이 모두 의이다. • 의는 사사로운 견지에서 슬그머니 다니고 간간이 나타나는 것, 의는 私意의 것 • 의는 침략하는 것 • 의는 선악의 기미가 되니 조그만 차이가 이미 구덩이에 함몰되는 것	• 의는 정으로 말미암아 計較하는 것, 마음이 감수된 것에 따라 축출하고 헤아려 생각하는 것 • 의라는 것은 마음에 計較가 있는 것을 말하는데, 정이 이미 발하여 생각도 하고 운용도 하는 것 • 의는 '지가 아직 정해지지 않은 것'[志之未定者]
志	• 지는 마음이 가는 바가 한결같이 곧게 가는 것 • 지는 공공의 주장으로써 요긴하게 일을 만드는 것, 지는 公共의 것 • 지는 징벌하는 것 • 지는 정대하고 성실하고 확고하여 변치 않음	• 지는 마음이 가는 바가 있는 것을 이른 것이니, 정이 이미 발하여 그 趣向을 정한 것. 선으로도 가고 악으로도 가는 것이 모두 지이다. • 지는 '의가 정해진 것'[意之定者]
思	• 생각하면 얻고, 생각하지 않으면 얻지 못함	• 思·念·慮는 모두 意의 별칭인데, 思는 비교적 重하고, 念과 慮는 비교적 輕한 것

意는 의식이나 생각이지만, 퇴계에게 있어서 그것은 마음에서 무의식적이고 사사로이 일어나는 생각에 가깝다. 意는 감정상에 일어나는 이해관계의 마음, 好不好의 마음이고 따라서 그것은 사사로운 기미를 언제나 지닌다. 그래서 퇴계는 意를 한마디로 私意 혹은 '침략하는 것'이라고 표현하고 있다. 반면, 율곡에게 있어 意는 好不好와 상관없이 마음의 지향성과 정감을 한 박자 늦게 비교하고 헤아리는 'cogito'의 반성력을 뜻한다. 한마디로 意는 도덕적 판단능력이라 보아도 무방하다. 이를 통해 선악을 판단히다. 성찰히는 意의 반성력은 괴기의 정감에 대해서도 기억하고 돌이켜볼 수 있는 능력을 지닌다.30) 아울러, 念·慮·思의 세 가지도 모두 意의 별칭

29) 〈표 1〉의 내용은 『增補 退溪全書』(二), 卷25, 「答鄭子中別紙」; 같은 책, 卷29, 「答金而精」; 『국역 율곡전서』(V), 「성학집요」, 82~85쪽 등을 참조하여 작성하였음.

인데, 思는 비교적 重하고, 念과 慮는 비교적 輕한 것이라 율곡은 말하고 있다.[31] 이러한 율곡의 意개념에 대응하는 퇴계의 용어는 思이지만, 퇴계는 思의 기능에 대해 적극적인 해석을 하지 않는 것 같다. 그의 관심은 오히려 志에 있다.

志는 의지인데, 퇴계에게 있어 志는 意의 기미를 감시하고 경영 관리하는 마음의 도덕적 의지, 즉 선의지의 마음에 해당하는 것 같다. 志는 한결같이 정대하고 성실하고 확고하여 변치 않는 마음이기 때문이다. 그래서 그는 志를 한마디로 '公共의 것' 혹은 '징벌하는 것'이라 언표했던 것이다. 그러나 율곡에게 있어 志는 선악 혹은 호불호와 상관없는 '자유의지'인 것 같다. 사람은 인심의 표현을 道理를 향하여 발할 수도 있고, 食色을 위하여 발할 수도 있다. 그중 어느 쪽을 선택할 것인가를 판단하는 것이 意라면, 志는 판단에 토대하여 행위를 결정한다. 그래서 율곡은 志는 '의가 정해진 것'[意之定者]이고, 意는 '지가 아직 정해지지 않는 것'[志之未定者]이라 했다. 그러나 반드시 意가 먼저고 志가 뒤인 것은 아니다.[32] 즉 우리는 판단을 한 다음에 행위결정을 하는 경우도 있지만, 먼저 행위를 결정해 놓고 거기에 판단을 정당화하는 경우도 있기 때문이다.

성은 아직 未發의 마음인 본체다. 외물과의 접촉으로 마음이 작용하기 시작한다. 마음작용의 통로는 理發氣隨이거나 氣發理乘이다. 已發의 마음인 情이 표현될 즈음에 마음의 온갖 기제들이 동시에 작동한다. 퇴계의 경우 선험적 도덕의지인 志가 중요하다. 리발기수의 길은 욕망과 무관하게 도덕적 의지가 작용하기에 선일변도인 사단이 표출되겠지만, 기발리승의 길에는 사사로운 意가 작동하여 선의지를 꺾어버릴 수가 있다. 그럴수록 志의 도덕의지를 부여잡는 것이 중요하다. 그러나 율곡의 경우에 마음작용의 통로는 기발리승일 뿐이다. 항상 食色의 욕망이 꿈틀대며 道心[四端]과 대척한다. 이들 사이에서 코기토인 意의 반성력이 작동하고 志가 최종결정을 내린다. 마땅히 기뻐할 것은 기뻐하고 마땅히 화낼 일에 화내는 것[發而中節]은 情의 善으로써 도심이 되고, 마땅히 기뻐하지 않아야 할 것을 기뻐하거나 마땅히

---

30) 『국역 율곡전서』(Ⅴ), 「성학집요」, 82쪽.
31) 『국역 율곡전서』(Ⅴ), 「성학집요」, 85쪽.
32) 『국역 율곡전서』(Ⅴ), 「성학집요」, 85쪽.

화내지 않을 일에 화내는 것[發而不中節]은 情의 惡으로써 人欲이 된다.

그렇다면 性發爲情이 항상 도리를 위하여 발할 수 있도록 하는 덕성의 본질은 무엇인가? 우리는 앞에서 퇴계에 있어 덕성이란 도덕의 내적 동기에 따라 살아가는 성품이고, 율곡에게 있어 덕성이란 인심의 표현이 밖의 도리에 부합하게 발하도록 하는 성향이라 하였다. 이제를 이를 분명하게 말할 수 있다. 퇴계에 있어 덕성이란 도덕적 문제사태에서 私意를 이겨내고 언제나 선험적 도덕의지[志]가 작동하도록 하는 성향이다. 반면, 율곡에 있어 덕성이란 도덕적 문제사태에서 의식의 반성력[意]과 자유의지[志]가 도리를 향하여 작동하도록 하는 경향성이라 할 수 있다. 그런데 문제는 기질이다. 기질은 性發爲情의 수단이지만 퇴계의 선험적 도덕의지를 꺾어버리고, 율곡의 의식의 반성력과 의지의 행위 선택을 방해하는 주범이기 때문이다. 그래서 공부나 교육이란 '나쁜 기질'을 순화시키거나, 선험적 도덕의지를 보존하는 것과 다르지 않다. 이른바 '存天理 遏人欲'(즉 천리를 보존하고 인욕을 억제함!!)은 이를 두고 한 말이다.

3. 主氣論의 덕성교육론: 율곡

'存天理 遏人欲'를 위한 공부나 교육이 곧 덕성함양(德性 涵養 혹은 涵泳)이다. 성리학적 의미에서 덕성함양이란, 마치 화선지 위에 붓글씨를 쓰거나 묵화를 그릴 때 먹이 종이 속으로 젖어들어 가듯이, 존재론적 도리(道)가 주체의 심정 속으로 스며들어 오는 것과 다르지 않다.[33] 따라서 덕성함양을 하려면, 우선 논리적 순서로 道가 무엇인지를 밝히는 작업이 선행되어야 하고, 다음으로 밝혀진 道를 내 마음속으로 체득하는 공부가 뒤따라야 한다. 그래서 성리학적 덕성함양 방법의 양 날개는

---

33) 김형효, 앞의 글, 38~39쪽.

〈尊德性〉과 〈道問學〉인 것이다. 〈존덕성〉은 마음을 보존하여(存心) 道體의 광대함으로 뻗어 나아가는 것이며, 〈도문학〉은 앎에 이르러서(致知) 道體의 미세함에까지 남김없이 밝히는 것이다.[34] 주희는 이러한 핵심개념을 중심으로 〈존덕성〉의 공부방법으로 〈敬〉을, 〈도문학〉의 공부방법으로 〈窮理〉를 주장하였다.

퇴계도 율곡도 성리학자인 한 이러한 덕성함양의 방법을 수용함에 예외일 수 없다. 그러나 〈尊德性〉과 〈道問學〉의 구체적인 의미와 방법은 도덕의 개념과 덕성의 본질을 규정하는 리기론과 심성론적 관점에 따라 달리 규정될 성격의 것이라 할 수 있다. 리기론과 심성론적 기초에 토대한 〈尊德性〉과 〈道問學〉의 방법론이 곧 도덕교육이론이다. 이제 교육의 이론과 실제라는 측면에서 퇴계와 율곡의 관점을 비교 검토해 보기로 한다. 이 장에서는 먼저 율곡의 주기론의 덕성교육론을 본다.

1) 이론: 사회화

성인도 광인도 인심을 가지고 있다. 그 누구든 인심의 표현이 氣發理乘인 한에서 도덕행위란 욕망의 합리적 조절일 뿐이다. 리를 태우고 달리는 기가 리의 명령을 제대로 수행할 것이냐는 또 다른 마음작용인 의식[意]의 반성력과 의지[志]의 결정에 달렸다. 불행히도 성인이 아닌 한 사람들은 대체로 편차가 있는 유행지기를 받고 태어났다. 이 유행지기는 물욕에 예민할 수밖에 없고 리의 도덕적 명령을 완벽히 수행해 낼 수가 없다. 따라서 공부나 교육은 기질의 편차를 인정하고 그 기질을 어떻게 순화할 것이냐에 대한 방법론과 다르지 않다. 이론적으로 기질을 변화시키는 길은 형식상 동전의 양면에 비유될 법한 두 가지다. 客氣를 고치는 길[矯氣質]과 正氣를 보양하는 길[養氣]이 그것이다.[35] 다음의 인용을 보자.

仁義의 마음은 사람마다 같이 받았으나 資品이 트인 것[開]과 가리운 것[蔽]이 있으며, 진원의 기[眞元之氣]는 사람마다 같이 가지고 있으나 血氣에 虛와 實이

---

34) 『국역 율곡전서』(Ⅴ), 「성학집요」, 21쪽.
35) 『국역 율곡전서』(Ⅴ), 「성학집요」, 113쪽.

있습니다. 인의의 마음을 잘 기르면 가린 것이 열릴 수 있어서 그 천부의 본심을 온전히 할 수 있게 되고, 진원의 기를 잘 기르면 허가 실이 될 수 있어서 그 하늘로부터 받은 명을 보존할 수 있게 됩니다. 〈중략〉 (인의의)마음을 기르는 것과 (진원의)기를 기르는 것은 실로 한가지 일이므로, 양심이 날로 생장하면서 상하고 해되는 것이 없어서 마침내 그 가려진 것을 모조리 다 없애버리게 되면 호연의 기[浩然之氣]가 성대하게 흐르고 통하여 장차 천지와 함께 동체가 될 것입니다.[36]

사람은 누구나 〈인의의 마음〉과 〈진원의 기〉를 가지고 있다. 그런데 〈자품에 트인 것과 가리운 것〉이 있어 〈인의의 마음〉을 가리고, 〈혈기에 허와 실〉이 있어 하늘로부터 받은 명을 보존할 수 없게 한다. 따라서 〈인의의 마음〉과 〈진원의 기〉를 보양하거나 〈자품〉과 〈혈기〉를 교정해야 한다. 〈인의의 마음〉과 〈진원지기〉는 각각 마음이 아직 발하지 않았을 때의 본연지리와 본연지기에 해당한다. 반면에 〈자품〉과 〈혈기〉는 모두 유행지기에 해당하는 기와 질이다. 모든 인심의 표현은 기질지성에 뿌리를 두고 기발리승을 통해서이다. 인심의 표현이 도심을 향하려면 본연지기가 본연지리의 명령을 수행하면 된다. 그러나 본연지기는 미발일 때나 가능하지, 이발일 때 인심을 표현하는 것은 유행지기이고 그것은 흐트러지기 쉽다. 그래서 유행지기는 리의 명령을 그대로 수행해 내지 못한다. 따라서 결국 공부나 교육은 이발의 유행지기를 교정하거나 미발의 본연지기를 보양하는 것과 다르지 않다. 유행지기를 교정하는 만큼 본연지기가 보양되고 본연지기를 보양하는 만큼 유행지기가 교정되는 것이기에 두 가지는 곧 하나의 일이다.

그러나 율곡적 의미에서 엄격하게 말하여 마음이 아직 발하지 않았을 때의 본연지기나 진원지기의 상태란 현실적으로 존재하지 않다고 보아야 한다. 율곡이 미발의 상태를 천리가 마음에 온전히 보존된 적연부동의 상태이고 마음의 氣가 전혀 느낌이나 생각을 하지 않는 그런 상태라고 말하고 있지만,[37] 우리의 현실적 마음이 기발리승인 한 사실상 미발의 마음이란 이념적 요청이거나 존재론석 가정에 불과하

---

36) 『국역 율곡전서』(Ⅴ), 「성학집요」, 119~120쪽.
37) 『국역 율곡전서』(Ⅴ), 「성학집요」, 122쪽.

다. 따라서 현실적으로 공부나 교육의 방향은 유행지기를 교정하여 본연지기에 가까워지도록 하는 것이다. 유행지기와 본연지기가 같아지도록 하는 것이 공부나 교육의 과제이고, 그 결과가 곧 호연지기이고, 이 호연지기를 기른 이가 성인이다.

그렇다면 유행지기인 기질을 교정하는 방법은 무엇인가? 의식의 반성력[意]과 자유의지[志]가 도리를 향하여 작동하도록 해야 한다. 달리 말하여, 그것은 욕망조절의 합리적 기준인 도리를 끊임없이 내면화하여 습관화하는 도덕적 사회화 개념과 다르지 않다. 사회화, 습관화라고 해서 이성의 개념이 배제되는 자동적 행위로 예단해서는 안 된다. 반성력[意]과 자유의지[志]가 도리를 향하여 작동하도록 하는 덕성이 함양되려면, 도리에 대해 탐구하고 항상 도덕적 관점에서 생각하려는 사고의 습관화와, 그것을 실천에 옮기려는 의지의 습관화가 필요하다. 습관은 간단없는 자기 노력을 통해 얻어지는 것이다. 그래서 율곡에게 誠實은 공부와 교육의 일차적 원리에 해당한다.

율곡에 따를 때, 誠이란 한마디로 '眞實無妄'(참되고 허망함이 없음)인데, 천도로서의 誠은 實理라면 인도로서의 誠之는 實心이다.[38] 하늘에는 이 實理가 있기 때문에 氣化가 쉬지 아니하고 流行하며, 사람에게는 이 實心이 있기 때문에 공부가 틈이 없이 밝아지고 넓어지는 것이라고 율곡은 말한다.[39] 實心, 즉 진실한 마음이란 공부나 교육을 향한 간단없는 자기 노력과 다르지 않다. 어버이가 있는 사람으로서 마땅히 효도를 해야 한다는 것을 모르는 자는 없으면서도 효도하는 자는 드물고, 형이 있는 사람으로서 마땅히 공경해야 한다는 것을 모르는 자는 없으면서도 공경하는 자는 적다. 이런 따위는 다 거짓이다. 성실한 마음이 없기 때문이다. 그래서 진실한 마음을 유지하기 위해서는 끊임없는 자기극복[克己][40]과 자기개혁[勉强][41]이 요구된다. 성인을 본받는 공부를 하겠다는 자가 간단없는 자기극복과 자기개혁의 노력을 하지 않는다면 그것은 거짓이다. "성실하지 않으면 뜻이 확립되지 못하고,

---

38) 『국역 율곡전서』(Ⅳ), 「습유: 잡저 3」〈사서에서 성을 말한 데 대한 의문〉, 470~471쪽.
39) 『국역 율곡전서』(Ⅴ), 「성학집요」, 102쪽.
40) 『국역 율곡전서』(Ⅴ), 「성학집요」, 105쪽.
41) 『국역 율곡전서』(Ⅴ), 「성학집요」, 110쪽.

성실하지 않으면 이치도 궁격되지 못하며, 성실하지 않으면 기질도 변화할 수가 없다. 나머지는 이로 미루어 알 수 있는 바이다."[42] 이처럼, 성실은 공부와 교육의 모든 과정에 적용되어야 할 근본원리이다.

성실과 실심은 구체적으로 두 가지 공부에 적용되어야 한다. 도리를 향한 사고의 습관화와 의지의 습관화가 그것이다. 이것이 구체적인 기질교정의 방법이다. 욕망의 합리적 기준인 도리는 말할 것도 없이 밖에서 주어지는 것이다. 율곡에게 있어 도덕이란 선험적 도리라기보다는 경험적 담론을 거쳐서 공인된 實理이기 때문이다. 이러한 그의 관점은 〈도문학〉의 방법인 궁리에 대한 입장에서도 확인된다. 먼저, 궁리는 그 연구대상에 따라 ① 독서를 통한 방법이 있고, ② 고금의 인물에 대한 시비를 통한 방법이 있고, ③ 구체적인 사물을 놓고 그 이치를 탐색하는 방법 등이 있다.[43] 정자의 말을 인용하여 주장하는 이러한 율곡의 입장은 남다른 측면이 있다. 우리가 아는 한 주희적 의미의 격물은 독서를 통한 측면이 강하고, 뒤에서 보듯 퇴계적 의미의 궁리는 反求諸己의 성격이 강하기 때문이다. 그리고 서경덕은 독서나 반구제기보다는 사물에 대한 궁구를 강조했던 사상가였다.[44] 율곡은 퇴계보다는 주희와 서경덕에 가깝고 그들을 통합한다. 율곡이 '公論'의 중요성을 주장한 것도 이러한 측면과 관련이 있다.[45]

의식의 반성력은 항상 공론과 실리의 덕과 규범을 탐구한다. 그리고 도덕적 문제사태에서 의식의 반성력은 공론과 실리에 근거하여 욕망을 합리적으로 조절하려는 사고의 습관화를 지향해야 한다. 그러나 덕과 규범에 대한 이해와 사고의 습관화는 기질순화의 필요조건이다. 의지의 반성력은 선악을 판단할 뿐이고 구체적인 행위를 결정하는 자유의지[志]이기 때문이다. 따라서 자유의지가 선을 실천하도록 하는 의지의 습관화가 필요하다. 율곡에게 있어 〈존덕성〉의 공부방법인 居敬과 力行은 바로 의지의 습관화를 위한 교육원리이다.

---

42) 『국역 율곡전서』(Ⅴ), 「성학집요」, 102쪽.
43) 『국역 율곡전서』(Ⅴ), 「성학집요」, 37쪽.
44) 졸고, "서경덕의 '머무름'의 윤리학과 자득적 공부론", 『국민윤리연구』제55호(한국국민윤리학회, 2004. 4.), 87~88쪽.
45) 『국역 율곡전서』(Ⅱ), 「소차 5」〈대 백참찬 인걸 소〉, 263쪽.

마음을 바르게 하는 데는 未發時에 戒懼하는 涵養공부와 已發時에 愼獨하는 省察공부의 두 갈래가 있다. 전자가 靜之敬이라면 후자는 動之敬이다. 그 어느 것이든 경공부의 요체는 ① 주일무적(主一無適), ② 정제엄숙(整齊嚴肅), ③ 항상 깨어 있게 하는 방법[常惺惺法], ④ 그 마음을 수렴하여 하나의 물건도 용납하지 않음[其心收斂, 不容一物] 등이다.46) 이러한 경공부의 방법은 특별한 것이 아니다. 율곡의 무게 중심은 항상 이발시의 공부에 있다. 已發의 마음인 人心[七情]이 표현될 즈음에 마음의 온갖 기제들이 동시에 작동하기 때문이다. 그가 끊임없는 자기극복[克己]과 자기개혁[勉强]의 경공부를 통하여 실리와 실심의 誠에 도달할 수 있다고 주장한 것도 이러한 맥락과 닿아 있다.47)

요약한다. 율곡은 리의 선험적 도리보다는 기의 경험적 실리를 강조했기에 그는 도덕의 개념을 욕망의 합리적 조절로 이해했다. 따라서 덕성교육이란 밖의 규범을 내면화함으로써 기질을 교정하고 순화하는 것과 다르지 않다. 이를 현대적 의미에서 도덕적 사회화론에 가깝다고 할 수 있다. 기질교정은 '간단없는 자기노력'[誠實]을 통한 습관화가 중요한데, 사고의 습관화와 의지의 습관화가 덕성교육의 두 축을 이룬다.

2) 실제: 교수-학습의 모형과 원리

교육이론은 교육의 실제현상들을 설명할 수 있어야 한다. 교실현장의 실제모습은 교사-교재-학생 간의 상호작용이다. 그 상호작용의 방식이 교수-학습의 모형과 방법적 원리들이다. 도덕 사회화의 율곡적 입장이 교육의 실제를 어떻게 설명하는지 보기로 한다.

우선, 율곡은 전범과도 같은 교육과정을 중시하였다. 주희는 四書三經의 經書와 역사서, 그리고 송대의 성리서 등이 포함되는 폭넓은 교육과정을 권장했다. 이 점에 대해서는 율곡도 이론이 없다. 그러나 주희에게 그러한 교육과정은 〈資料로서의 교

---

46) 『국역 율곡전서』(Ⅴ), 「성학집요」, 129~130쪽.
47) 『국역 율곡전서』(Ⅴ), 「성학집요」, 138~140쪽.

재〉의 성격이 강했다면, 율곡은 독서의 순서를 엄격하게 정하여 숙독해 나가야 할 〈典範으로서의 교재〉의 성격이 강하다.48) 독서의 순서는 「小學」→「大學」→「論語」 →「孟子」→「中庸」→「六經」→「史記」 등이다. 이 외에 송대의 周子, 程子, 朱子 등의 性理書들도 읽어야 하지만, 그것은 앞의 전범적 교재를 숙독한 다음의 일이다.49) 이미 선현들이 권장해 온 교육과정이 있는데 율곡이 굳이 『聖學輯要』라는 별도의 교재를 저술한 함의도 이러한 맥락과 무관하지 않다고 여긴다. 특히 『聖學輯要』은 四書와 六經의 계단이며 사다리[階梯]요, 개론과 각론 사이를 연결하는 전범과도 같은 도학총론 격의 교재인 것이다.50) 따라서 교재 내용의 선정·조직도 나름의 교수-학습의 절차를 염두에 두고 편성된 것으로 읽을 수 있다.

겉으로 드러나는 『聖學輯要』 각 장의 체재를 주목해 보자. ① 서설: 율곡의 주제 제시, ② 주제 관련 經文의 제시(四書五經 및 선현의 글), ③ 경문에 대한 다양한 註說(經傳 및 제서의 글, 혹은 율곡의 小註), ④ 정리: 율곡의 결론 순이다. 여기서 ②와 ③은 반복되는데, 주제 관련 경문이 다양하게 제시되고, 제시된 경문에 대해 각각 주설도 제시된다. 이러한 체재를 보면 상당히 논리적이고 체계적인 글쓰기에 해당한다. 현대적 교수법을 염두에 두고 읽는다면, 이러한 체재의 순서는 교사 중심의 강의법이나 이야기법을 주로 삼으면서 토의법을 가미한 교수-학습의 방법과 기

---

48) 교재는 크게 두 가지 유형으로 분류됨직 하다. 하나는 〈전범으로서의 교재〉요, 다른 하나는 〈자료로서의 교재〉이다. 〈전범으로서의 교재〉는 도덕적 문화전통을 대변하며 객관화된 도덕적 진리를 담고 있다. 사회구성원이 합의하는 바람직한 덕목과 규범, 공동체의 위대한 전통 등이 실린 이 교재는 말 그대로 자라나는 세대들이 익혀야만 할 전범으로 등장한다. 반면에, 〈자료로서의 교재〉는 교수-학습의 상황에서 제공됨직한 하나의 교수-학습 자료일 뿐이다. 물론 이 교과서에도 바람직한 덕과 규범, 도덕적 원리와 규칙 등이 실리지만, 그것은 어디까지나 교수-학습을 돕는 자료일 뿐이다. 여기서는 자료를 읽고 토론하는 교수-학습의 과정을 통하여 도덕적 진리를 구성해 가야 하는 것이라 말할 수 있다. 요컨대, 전자의 수업에서 학생들은 교사의 말씀과 교재의 내용을 진리 그 자체로 습득토록 하는 의양지미(依樣之味)를 추구한다면, 후자의 수업에서는 교사가 제시하는 교수 학습 자료에 대하여 서로 토론하고 대화하면서 진리를 구성해 가는 자득지미(自得之味)를 추구한다. 졸고, "퇴계의 [성학십도]에 함의된 도덕교육론", 『도덕윤리과교육』(한국도덕윤리과교육학회, 2004. 12.), 37~38쪽.
49) 『국역 율곡전서』(Ⅴ), 「성학집요」, 60쪽.
50) 『국역 율곡전서』(Ⅴ), 「성학집요」, 11쪽.

법을 떠올리게 한다. 이를 교수-학습의 모형으로 도표화해 보면 아래의 〈표 2〉와 같다.

〈표 2〉『聖學輯要』에 함의된 교수-학습 모형

1단계	2단계	3단계	4단계	5단계
•도입 •주제 제시 (핵심 가치규범 혹은 주요지도요소) •학습동기 유발	•1차 자료의 제공(經文) •주제 관련 가치규범 제시하기	•2차 자료의 제공(註說) •가치규범의 의미 파악하기 •가치규범의 타당성 제시하기	•토의 및 질의응답 •가치규범의 적용 연습하기 •교사의 보충 설명	•종합정리하기 •실천동기 부여하기

〈표 2〉에서 보듯이, 교수-학습의 모형은 모두 5단계로 구성된다. 다만 책에서 4단계는 생략된 것으로 양해할 수 있다. 〈誠實章〉을 들어 이상의 교수-학습 모형에 따라 수업지도안의 실례를 간략히 예시해 보면 다음의 〈표 3〉과 같다.

1단계 〈도입〉에서는 교사인 율곡이 교수-학습의 주제를 제시한다. 해당 시간에 교수-학습할 핵심 가치규범이나 주요 지도요소를 제시하여 학습동기를 유발한다. 〈표 3〉의 지도안의 실례에서 율곡은 전 시간의 주제와 관련시키면서 오늘 주제의 의의와 중요성을 언급하고, 誠實이라는 가치규범을 수업 주제로 제시하고 있다.

2단계 〈1차 자료의 제공〉에서는 핵심 가치규범과 관련 가치규범이 포함된 經文이 제시된다. 경문은 주로 四書五經 및 송대 선현의 글이 주를 이룬다. 교사는 해설에 들어가기에 앞서 이 경문을 가지고 학생들과 질의응답을 할 수도 있을 것이다. 〈표 3〉의 지도안의 실례에서는 『논어』의 공자의 경문을 제시하고 있다. 3단계 〈2차 자료의 제공〉에서는 경문을 통하여 제시된 핵심가치와 관련 가치규범에 대한 의미를 분석하고, 그러한 가치규범이 왜 필요하고 지켜져야 하는지, 말하자면 가치규범의 타당성에 대해 다양한 전문가들의 견해를 들면서 설명해 나간다. 〈표 3〉의

<표 3> 교수-학습 지도안의 실례

1단계: 도입
신이 살피건대, 窮理가 분명한 뒤에는 躬行할 수가 있는데, 반드시 마음이 진실하여야만 비로소 진실한 공부에 착수 할 수 있는 것입니다. 그 때문에 誠實이 궁행의 근본이 됩니다.

▼

2단계: 1차 자료의 제공		3단계: 2차 자료의 제공
공자는 말하기를, "忠과 信을 主로 하라." 하였습니다.	↔	• 주자는 말하기를, "스스로 양심에 충실한 것을 忠이라 하고, 일에 진실한 것을 信이라 한다.〈생략〉
자장이 행하는 도리를 물었더니, 공자는 말하기를, "말이 忠하고 信하며, 행동이 경건하면..(생략)	↔	• 주자는 말하기를, "자장의 뜻은...(생략) • 장남헌이 말하기를, "篤敬은 敦篤하게...(생략)
(이하 생략)		

▼

4단계: 토의 및 질의 응답

▼

5단계: 종합정리하기
• 신이 살피건대, 하늘에는 진실한 이치가 있기 때문에 기화가 쉬지 아니하고 유행하며, 사람에게는 진실한 마음이 있기 때문에 공부가 틈이 없이 밝아지고 넓어지는 것이니, 사람에게 진실한 마음이 없으면 하늘의 이치에 어긋나게 됩니다.(생략) • 주자는 말하기를 "성실이란 성인의 근본이다." 하였습니다. 바라건대, 이 점을 유념하소서. • 신은 또 살피건대, 뜻을 성실하게 하는 것은 수기와 치인의 근본입니다. 지금 비록 따로 한 장을 만들어 그 대개를 진술하였습니다마는 싱실하게 하는 뜻은 실로 상하의 모든 장에 일관하고 있습니다. 만일, 뜻이 성실하지 않으면 확립되지 못하고, 이치가 성실하지 않으면 궁격되지 못하며, 기질이 성실하지 않으면 변화할 수가 없으니, 다른 것도 미루어 알 수 있습니다.

지도안의 실례에서는 주자와 장남헌 등의 주설이 제시되고 있다. 주제에 대한 충분한 설명이 이루어질 때까지 2단계와 3단계는 반복된다.

4단계 〈토의 및 질의응답〉에서 교사는 여러 전문가들의 견해를 바탕으로 학생들과 서로 토의를 하거나 질의응답을 할 수 있다. 이 과정을 통하여 교사는 학생들에게 가치규범의 현실 적용을 연습하고 가치판단을 해 보도록 할 수 있다. 교사의 보충 설명도 곁들여질 수 있다. 마지막 5단계 〈종합정리하기〉에서 교사는 지금까지 검토해 온 교수-학습 내용을 다시 한 번 요약정리하면서, 가치규범을 현실에서 실천할 수 있도록 결의를 다지는 정의적·행동적 동기를 부여한다. 그리고 다음 시간에 배울 교수-학습 주제를 미리 제시할 것이다. 〈표 3〉 지도안의 실례에서 보면 이러한 점들이 확인된다.

이러한 교사 중심의 교수-학습방법에서는 말할 것도 없이 교사의 역할이 매우 중요하다.

> 반드시 도와 덕 있는 선비를 선발하여 師傅로 삼아서, 세자로 하여금 공경을 극진히 다하게 하여, 스승의 도를 엄정히 하여 보고 느끼는 데에서 본을 받게 하며, 보좌하는 요속들도 모두 단정하고 뜻이 바르며 도가 있는 선비를 선발하여 밤낮으로 함께 같이 있게 하면서, 좌우에서 붙들어 보좌하게 하고 薰習시켜 天性을 이루게 하되, 잘못이 있으면 기록하고 게으르면 경계하여, 세자로 하여금 언제나 마음으로 근신하게 하여, 스스로 안일한 여가를 갖지 못하게 해야 되는 것입니다.[51]

인용은 비롯하여 세자 교육과 관련하여 언표한 내용이지만, 교사의 역할을 이해하는 데 시사하는 바가 있다. 여기서 보듯이, 덕 있는 교사의 모범이 중요하고, 영향력 있는 주변 사람들이 어떤 이인가 하는 점도 중요하다. 학생들은 교사와 그들을 모델로 삼는 가운데 자연스럽게 도덕적 행위를 배우면서 덕과 규범을 습득해 갈 것이기 때문이다. 그리고 교사는 학생들의 기질적 편차를 고려하여 개별화 지도를 하는 것도 중요하다. 율곡은 "학문을 하는 데는 모름지기 그 기질에 따라서 그 편

---

51) 『국역 율곡전서』(Ⅴ), 「성학집요」, 234~235쪽.

벽된 것과 이르지 못한 것을 살피되, 그 가장 절실한 것을 택하여 자기의 힘을 기울여야 할 것이다. 비유하면, 약을 쓰는 것과 같은 것인데, 옛 사람의 약 방문 또한 그 대법만을 말해 놓았을 뿐이며, 병의 증세는 여러 갈래이므로 또한 증세에 대응하여 좋은 약 방문을 신중하게 택하여야 하는 것"이라는 黃氏의 말을 인용하고 있다.52) 그렇다면 구체적으로 기질의 편차와 병증세의 갈래는 어떤 것들이 있을까? 다음의 인용을 보자.

> 맹자는 "사람마다 모두 요순이 될 수 있다." 했는데, 이것이 어찌 虛言이겠습니까? (1) 氣가 맑고 質이 순수한 사람은 知와 行을 힘쓰지 않고도 능하게 되어 더할 것이 없으며, (2) 氣가 맑고 質이 박잡한 사람은 알 수는 있어도 능히 행할 수는 없는 것인데, 만일 궁행에 힘써서 반드시 성실하고 반드시 독실하며 행실이 가히 이루어지고 유약한 사람이라도 강하게 될 수 있으며, (3) 質이 순수하고 氣가 탁한 사람은 능히 행동할 수는 있으나 잘 알 수는 없는 것인데, 만일 묻고 배우는 데 힘써서 반드시 성실하고 반드시 정밀하게 하면 지식을 통달할 수 있으며 우매한 자라도 명석하여질 수 있습니다.53)

인용에서 보는 것처럼, (1) 기가 맑고 질이 순수한 사람은 知와 行에 모두 능하여 공부나 교육의 필요가 없고, (2) 기가 맑으나 질이 박잡한 사람은 知는 가능하나 行이 안 된다. 따라서 그는 궁행공부가 필요하다. (3) 질은 순수하나 기가 탁한 사람은 行은 가능하나 知가 안 된다. 따라서 그는 궁리공부가 필요하다. 인용에는 없지만 (4) 질도 박잡하고 기도 탁한 사람이 이론적으로 있을 수 있다. 그는 아마 知와 行이 모두 불가능하고 공부나 교육도 불가능한 존재일 것이다. (1)과 (4)는 모두 이론적 차원에 불과하고, 현실적인 존재들은 (2)나 (3)의 경우에 해당한다. 따라서 현실적 존재인 (2)와 (3)의 경우의 사람들은 누구나 기질을 순화하기 위하여 궁행공부와 궁리공부에 나서야 한다. 그리고 교사는 이러한 기질의 편차와 개별성을 고려하여 학습을 지도해야 하리라.

---

52) 『국역 율곡전서』(Ⅴ), 「성학집요」, 105쪽.
53) 『국역 율곡전서』(Ⅴ), 「성학집요」, 112쪽.

율곡의 덕성교육론의 의문점을 적시해 둔다. 인간의 도덕적 삶은 항상 욕망의 합리적 조절인가? 인간은 다른 동물과 달리 욕망과 무관하게 순수한 도덕적 동기에 따라서도 도덕적 행위를 할 줄 아는 유일한 존재가 아닌가? 도덕이란 공리주의적 실리와 규범이기보다는 선험적으로 실재하는 것이 아닌가? 공론과 담론의 도덕은 결국 도덕적 삶의 기준을 상대화시키지 않을까? 도덕교육이란 반구제기를 통하여 인간의 선험적 본성을 회복하도록 하는 것이 아닐까? 도덕적 사회화란 결국 인독트리네이션을 조장하는 것이 아닐까? 이러한 물음들이 율곡의 덕성교육론에서 떠오르는 의문이고 한계들인 것 같다. 퇴계는 바로 이러한 물음과 의문들에 미리 답하고자 했던 것이다. 그가 마음작용에서 氣發理乘의 길을 인정하면서도 理發氣隨의 길을 더 중시했던 이유가 그것이다.

4. 主理論의 덕성교육론: 퇴계

1) 이론: 자율적 발달

퇴계에 의할 때, 君臣이 있기 전에 군신의 理가 먼저 있고, 父子가 있기 이전에 부자의 理가 있다.[54] 그것이 天理이고 도덕이다. 이 선험적 이념으로서의 理가 마음 안에 내재해 있다. 마음 안에 내재한 리가 性이다. 그래서 사람은 욕망과 무관하게 내재된 순수한 도덕성과 도덕적 선의지(志)에 따라 행위할 수 있는 존재이다. 理發氣隨라는 性發爲情의 통로는 이를 증거하기 위해 설정한 퇴계만의 관점이다. 그러나 불행히 사람은 기질을 가지고 세상에 태어날 수밖에 없는 존재이므로 私意의 욕망에 휩쓸리는 비도덕적 행동의 가능성에 항상 노출되어 있다. 공부나 교육이 필

---

54) 『增補 退溪全書』(二), 卷25, 「鄭子中與奇明彦論學」, "朱子曰此言未有這事先有這理, 如未有君臣已先有君臣之理, 未有父子已先有父子之理."

요한 이유는 이 때문이다. 그리고 공부나 교육의 초점은 한마디로 '存天理 遏人欲'이다.

율곡도 '存天理 遏人欲'을 공부나 교육의 목표로 삼았다. 그러나 '存天理 遏人欲'의 현실적 의미는 욕망의 합리적 조절 개념이었다. 인욕은 인심의 표출이 잘못된 결과이고, 천리는 이상일 뿐 현실적 도리는 條理이다. 인욕은 제거의 대상이기보다는 밖의 규범인 條理를 통하여 조절되어야 할 대상이었다. 퇴계도 이러한 관점을 용인하지만 그것을 넘어선다. 궁극적으로 인욕은 제거되어야 할 대상이고, 그것이 제거되는 만큼 천리가 보존된다.

퇴계적 의미의 천리를 가장 잘 보존하고 있는 이가 어린아이다. 어린아이는 무장되어 있지 않고, 자기 자신을 주위에 있는 그대로 노출시킨다. 어린아이는 순진성과 자발성의 원본이다. 어린아이는 아직 세상의 부정과 저항을 잘 모른다. 이것이 저 맹자가 말한 바의 '赤子之心'이요 天性이다. 그러나 어린아이는 그의 자발성의 신화가 깨어지는 순간에 어른의 세계에로 진입하게 되고, 그와 동시에 역사와 사회현실의 복잡함과 어려움 앞에서 그의 의식이 안으로 분열한다. 그 분열은 주객분리를 가져오고, 주객분리는 판단을 잉태하며, 판단과 함께 천진한 자발성은 숨어버리고 간접적 표현과 수식이 그 자리를 대신한다. 누구든지 어른이 되면 운명적으로 천진난만한 자발성을 상실하고 이욕의 때가 묻기 마련이고, 하늘로부터 부여받은 天性이 가려지고 잊혀져 버린다.[55] 그러나 결코 그것이 없어져 버린 것은 아니다. 이를 다시 회복해야 한다. 잊히고 가려진 천성을 회복함!! 이것이 '存天理'의 정확한 뜻이다. 천성을 가리고 잊히게 만든 것은 인욕이다. 따라서 인욕을 제거하는 만큼 天理가 회복되는 것이다. 퇴계의 덕성교육론은 가려지고 잊혀진 천성을 다시 찾는 방법론에 다름 아니다.

어린아이의 순수성과 자발성이 분열을 가져오는 때가 언제인가? 소학단계의 교육이 시작되는 7·8세기 아닌가 생각해 볼 수 있다. 어린아이가 어른의 세계로 진입하려는 순간부터 이욕의 때가 묻기 시작한다. 이제 理發의 자발성보다는 氣發의 욕

---

55) 이상의 어린아이의 심성에 대한 고찰과 표현은 김형효, 『맹자와 순자의 철학사상』(서울: 삼지원, 1990), 117~122쪽.

망이 우선적으로 작용한다. 그는 아직 도덕적 탐구능력도 모자라다. 氣發理乘의 길이 중도를 얻도록 하는 교육이 필요하다. 퇴계는 이를 위한 교육으로 소학단계의 교육을 주목한 것이 아닌가 한다. 주희를 빌릴 때, 소학단계의 교육은 日用之道의 내면화를 통한 덕성함양의 교육이다. 율곡도 이러한 소학단계의 교육을 인정했다.[56] 그러나 주희나 율곡과 달리, 퇴계는 소학단계의 교육에서부터 理發氣隨의 길을 염두에 둔 교육을 고려했다. 주희와 율곡은 소학에서 하학공부(덕과 규범의 습득)를 하고, 대학에 가서는 상달공부(도덕원리와 全德의 터득)를 한다는 것이었다. 그러나 퇴계는 일상과 하학공부가 곧 비일상과 상달공부로 통한다고 본다.[57] 정확히 말하여, 퇴계의 관점은 하학과 상달공부가 동시적인바, 소학에서는 가깝고 쉬운 일상의 규범과 예절, 그리고 그의 원리를 동시에 공부한다면, 대학에서는 멀고 어려운 일상적이지 않은 일들로 그 수준을 높이되 역시 규범과 원리, 그리고 덕의 함양을 동시에 공부하는 것이라 추정해 볼 수 있다.

그럼에도 불구하고 소학단계의 교육에서 길러진 본성은 외부적 힘에 의하여 타율적으로 습득된 것이지, 스스로에 의해 자각적이고 반성적으로 터득한 것은 아니다. 그래서 어린 시절에 길러진 본성은 이익의 이전투구가 벌어지는 어른의 세계에 오면 쉽게 상처받을 수 있다. 어른이 되면 그동안 길들여진 본성이나 습관화된 관습의 도덕이 현실과 맞지 않음을 의심하게 되고, 스스로의 자각적인 반성과 성찰을 통한 자기혁신이 모색된다. 이즈음이 대학단계의 교육이고, 콜버그식으로 관습 수준의 도덕성에서 관습 이후 수준의 도덕성으로의 이행과정과 다르지 않으리라 여긴다.

특히, 관습 이후 수준의 첫 단계에서는 퇴계의 언표처럼 "처음에는 마음대로 안되고 서로 모순됨이 있는 근심이 없을 수 없고, 또 때로는 지극히 괴롭고 불쾌한 병통"[58]이 있을 수밖에 없다. 철들어 맞게 된 어른의 세계란 훨씬 더 복잡하며 비

---

56) 『국역 율곡전서』(Ⅴ), 「성학집요」, 42쪽.
57) 『增補 退溪全書』(一), 卷19, 「答黃仲擧」. "大抵儒者之學, 若升高必自下, 若陟遐必自邇, 夫自下自邇, 固若迂緩, 然舍此又何自而爲高且遐哉, 著力漸進之餘, 所謂高且遐者, 不離乎卑且近者而得之, 所以異釋老之學也."
58) 『增補 退溪全書』(一), 卷7, 「聖學十圖」, 〈進聖學十圖箚(幷圖)〉, "其初猶未免或有掣肘矛盾之患, 亦時有極辛苦不快活之病, 此乃古人所謂將大進之幾, 亦爲好消之端, 切毋因此而

도덕적이어서, 순진무구함으로 무장해 왔던 도덕적 마음이 흔들리고 분열되어 버리기 십상이기 때문이다. 효도 안하면 어때? 나는 왜 도덕적이어야 하는가? 등 그동안 당연시했던 도덕규범에 관한 의혹이 제기된다. 이전투구의 마당에 휩쓸려 사욕과 이욕으로 선한 본성을 잃어버릴 것인지, 아니면 흔들리고 분열되는 도덕적 마음을 다잡아 천성을 회복할 것인지는 바로 이러한 물음들에 대해 주체적이고 자각적인 성찰을 할 수 있느냐에 달렸다. 이를 위한 본격적인 교육이 理發氣隨의 길을 위한 대학교육이다. 주체적이고 자각적인 성찰을 통한 천성의 회복!! 이것이 퇴계의 덕성 교육론의 핵심이다. 이러한 퇴계의 교육론을 현대적 의미에서 자율적 도덕발달론에 가깝다고 할 수 있을 것이다.

천성을 회복하는 공부는 일단 성리학 일반과 같이 〈도학문〉의 반성적 과정을 거치고, 〈존덕성〉의 공부를 통해 體認하는 것이다. 그러나 퇴계에게 있어 〈도문학〉의 궁리는 궁극적으로 밖이 아니라 안으로 향한다. 그것은 끊임없는 反求諸己를 통한 주체적이고 자각적인 성찰과정이기 때문이다. 물론 처음부터 궁리가 안을 향하는 것은 아니다. 格物은 나의 마음이 밖의 物理를 궁구하는 것이라면, 物格은 격물의 인식수준을 넘어 天理가 자발적으로 나의 마음속으로 도래하는 理自到의 성찰과정이다.[59] 격물의 궁리는 기발리승의 條理를 탐구하기 위한 것이고, 물격은 리발기수의 天理를 계발하는 공부론이라 할 수 있다. 여하튼, 사물의 리에 대한 궁리는 어디까지나 반구제기를 통한 天理의 도래를 위한 수단일 뿐이다.

다음으로, 〈존덕성〉의 공부방법으로 敬은 모든 공부나 교육에서 지켜져야 하는 알파요 오메가에 해당하는 원리이다. 율곡에게 敬은 자유의지[志]가 항상 도덕적 행위를 실천하도록 하는 의지의 습관화를 위한 공부론이었다. 그러나 퇴계에게 敬은 氣發의 私意가 항상 도덕적 선의지의 감시를 받아 기발리승의 정이 선을 향하도록 할 뿐만 아니라, 언제나 마음에서 천리가 발현하여 리발기수의 정이 표출될 수 있도록 하는 공부의 원리이다. 전자가 도덕의지를 기르는 윤리학적 경공부라면, 후자

自沮, 尤當自信而益勵."

59) 『增補 退溪全書』(一), 卷18, 「答奇明彦 別紙」, "然則方其言格物也, 則固是言我窮至物理之極處, 及其言物格也, 則豈不可謂物理之極處, 隨吾所窮而無不到乎."

는 마치 마음속에 내재하는 '上帝'(천리)를 향한 종교적인 외경심을 함양하는 것과 다르지 않다.[60] 퇴계의 『성학십도』전체를 일관하는 하나의 사상이 있다면 경공부 론이다.[61] 특히 十圖 중에 「경재잠도」와 「숙흥야매잠도」는 하루의 시공간적 삶 자체를 경공부로 일관하라는 것에 다름 아니다.[62] 이렇게 유별나게 경공부를 강조하는 퇴계의 관점에는 덕성의 함양과 도덕교육의 성패여부는 궁극적으로 학생 자신들에게 달려 있을 수밖에 없다는 인식이 깔려 있는 것처럼 보인다. 예나 지금이나 도덕교육이 어려운 것은 바로 여기에 있다.

2) 실제: 교수-학습의 모형과 원리

자율적 도덕발달의 퇴계적 입장이 교육의 실제를 어떻게 설명하는지 보기로 한다. 우선, 퇴계가 보는 교재관은 〈자료로서의 교재〉이다. 그 가장 뚜렷한 증거가 바로 『성학십도』를 다른 사람들이 저작한 도설을 모아 편저했다는 점이라고 본다. 주지하듯이, 이 책은 퇴계 자신의 학문적 혹은 사상적 체계에 완숙함을 갖춘 시기 중에서도 가장 생애의 말년에 쓰였다. 성인이 되는 학문론 혹은 공부론에 관한 책을 얼마든지 퇴계 자신의 독자적인 사상과 문법으로 저술할 수도 있다.

예컨대, 퇴계 이전부터 주렴계의 「태극도설」을 어떻게 이해할 것인가를 놓고 이미 조선의 학자들 간에는 철학적 논쟁을 벌이거나 의견을 달리하는 사례들이 있다. 논쟁의 한 사례로 晦齋 李彦迪과 忘機堂 曹漢輔가 벌인 이른바 '무극태극논쟁'이 있다.[63] 또한 특정 학자들 간에 직접 논쟁을 하지는 않았으나 의견을 달리하는 사례로

---

60) 김형효, "퇴계 성리학의 자연신학적 해석", 『퇴계의 사상과 그 현대적 의미』(한국정신문화연구원, 1997), 125쪽.
61) 퇴계 스스로도 "「십도」는 모두 경으로 주를 삼았다."고 언표하고 있다. 『增補 退溪全書』(一), 卷7, 「聖學十圖」, 〈進聖學十圖箚(幷圖)〉.
62) 「경재잠도」는 일상의 공간적 상황에 따른 경의 실천방법을, 「숙흥야매잠도」는 하루의 시간적 흐름에 따른 경의 실천방법을 알려주고 있다.
63) '無極太極論爭'의 중심 주제는 인간의 도덕 근거가 무엇이며 그 본질을 어떻게 체득하여 이를 바탕으로 한 실천이 나올 수 있겠는가에 관한 논쟁이다. 예컨대, '태극'에 앞서 '무극'을 강조하는 조한보가 도덕의 근거를 초월적인 데서 찾으려 하고 있다면, 무극이태

태극과 음양의 관계를 어떻게 볼 것인가에 관해 '태극·음양일체설'(정여창, 이항 등)과 '태극·음양이물설'(기대승, 김인후 등) 등의 주장이 있다. 특히 후자의 사례에서 퇴계는 '태극·음양이물설'을 옹호하는 대표적인 사상가이다.[64] 그리고 이외에도 퇴계사상의 독창적인 요소로 우주론에서의 理動說, 사칠론에서의 理發說, 격물설에서의 理自到說 등이 거명된다. 조선철학사에 있어서 이들 주제들은 모두 논쟁적인 것이었다. 이처럼 논쟁적인 주제들에 대해 퇴계 자신의 확고한 관점을 가지고 있지만, 『성학십도』의 교재에서는 그런 자신의 주장을 거의 제시하지 않고 있다.

만약 『성학십도』에 포함된 모든 주제들에 대하여 퇴계 자신의 사상과 문법으로 교재를 저술하였다면 그것은 전혀 성격을 달리하는 교재, 즉 〈전범으로서의 교재〉가 되고 말았을 것이다. 당시 퇴계는 이미 조선성리학을 대표하는 거장이었기 때문이다. 만약 그랬다면 당시 학생들은 퇴계의 관점에 이의를 제기하기보다는 우선 그것을 부동의 진리로 받아들이는 데 급급했을 것이다. 그러나 퇴계는 그렇게 하지 않았다. 바로 이 점에서 퇴계의 깊은 교육적 고려와 안목을 엿볼 수 있는 것이다. 물론, 그도 주희가 제시했던 교육과정을 중시했다. 퇴계도 그 교재 하나하나를 格物의 대상으로 삼지만, 궁극적으로 그것들은 어디까지나 하나의 있을 법한 교수-학습 자료, 즉 物格을 위한 읽을거리, 토론거리일 뿐인 셈이다.

『성학십도』에 함의된 퇴계의 교재관이 〈자료로서의 교재〉라면, 이에 따른 교수방법은 대화와 토론이 주가 될 것이라 짐작할 수 있다. 『성학십도』에는 대화와 토론 중심의 교수-학습 모형이 함의되어 있다고 여긴다. 『성학십도』는 제목 그대로 '聖人이 되기 위한 학문론 혹은 공부론'과 관련하여 주목해야 할 열 개의 圖, 그리고 각 圖의 바탕이 된 說(혹은 銘, 箴) 등으로 구성되어 있다. 물론, 圖說 중에는 퇴계

극을 동시적이고 하나로 보는 이언적은 도덕성의 근원을 현실 속에서 찾으려고 한 것으로 볼 수 있다. 이에 관한 자세한 고찰은 김교빈, "태극논쟁: '태극'을 둘러싼 주자학적 이해와 비주자학적 이해의 대립", 한국철학사상연구회 지음, 『논쟁으로 보는 학국철학』(서울: 예문서원, 1995), 111~128쪽 참조.

64) 『增補 退溪全書』(二), 卷41, 「雜著」, 〈非理氣爲一物辨證〉, "理與氣決是二物, 但在物上看, 則二物渾淪, 不可分開各一處, 然不害二物之各爲一物也, 若在理上看, 則雖未有物而有物之理, 然亦但有其理而已, 未嘗實有是物也."

의 저작이 전혀 없진 않으며, 각 도설에 대한 퇴계의 補說이 곁들여지고는 있다. 각 도설에 대한 저자에 주목하여 『성학십도』의 체재 구성을 제시해 보면 다음의 〈표 4〉와 같다.

〈표 4〉 圖說의 구성에 따른 저자[65]

구분	구성에 따른 저자			보설 (補說)
	도(圖)	설(說)	해설(인용자)	
제1 태극도	주렴계	주렴계	주희	퇴계
제2 서명도	정복심(程復心)	장횡거(의 「西銘」)	주희, 양귀산, 쌍봉 요씨	퇴계
제3 소학도	**퇴계**	주희(의 「小學題辭」)	주희	퇴계
제4 대학도	권근(權近)	「大學」의 經文	주희	퇴계
제5 백록동규도	**퇴계**	주희(의 「洞規後敍」)		퇴계
제6 심통성정도	上圖: 정복심 中下圖: **퇴계**	상도: 정복심 중하도: **퇴계**		퇴계
제7 인설도	주희	주희(의 「仁說」)		퇴계
제8 심학도	정복심	정복심		퇴계
제9 경재잠도	왕백(王栢)	주희(의 「敬齋箴」)	오임천, 진서산	퇴계
제10 숙흥야매잠도	**퇴계**	진백(陳栢) (의 「夙興夜寐箴」)		퇴계

〈표 4〉에서 보듯이, 『성학십도』의 체재는 ① 圖, ② 說, ③ 圖說에 관한 해설, ④ 퇴계 자신의 補說로 구성되었다. 이러한 체재는 교육실천상의 교수-학습의 전개 단계에 따른 체재 구성이라 생각한다. 이를 현대적 교수-학습의 단계적 모형으로 제시해 보면 다음 〈표 5〉와 같다.[66]

---

65) 이상린, 「성학십도를 통해 본 퇴계사상의 윤리교육적 의미」, (영남대학교 대학원 석사논문, 2004), 20쪽 참조하여 재구성.
66) 졸고, "옛 도서류에 함의된 덕성교육의 두 가지 접근법", 『윤리교육연구』 제7집(한국윤리교육학회, 2005. 4.), 253~254쪽.

〈표 5〉『성학십도』에 함의된 교수-학습 모형

1단계	2단계	3단계	4단계	5단계
•도입	〈교사〉 •문제 제시하기 (圖) 〈학생〉 •개인탐구 및 상호토론	〈교사〉 •1차 자료의 제공 (說) 〈학생〉 •자료 읽기 및 잠정 결론 도출하기	〈교사〉 •2차 자료의 제공 (관련 전문가 혹은 교사의 조언) 〈학생〉 •견해수정하기	•마무리하기

〈표 5〉에서 1단계와 5단계는 생략되어 있는 것이고, 또한 2～4단계에서도 점선 아래 〈학생〉의 활동사항은 생략된 것으로 읽을 수 있다. 교수-학습의 과정에서 교사는 먼저 圖만을 학생들에게 제시할 수 있다. 학생들은 제시된 圖를 탐구한다. 그런 다음에 동료들과 상호 토론을 벌인다. 토론의 잠정적 결론이 도출되면, 이번에는 교사가 說을 제시한다. 그러면 다시 학생들은 자신들의 잠정적 결론과 교사가 제시한 說을 대비시켜 보면서 다시 토론과 의견수정을 거친다. 이러한 일련의 교수-학습 과정은 오늘날의 탐구식 도덕수업과 그리 멀지 않은 방식처럼 여겨진다.

탐구식 수업에서 교사의 역할은 주도적이기보다는 간접적인 방법으로 학생들의 학습을 도울 뿐이다.[67] 이러한 퇴계의 관점은 『言行錄』등에 남겨진 후학들의 증언 자료를 통하여 실제로 확인된다.

> 선생은 남과 논변할 때에 서로 의견이 맞지 않으면 자기의 의견이 혹시 미흡하지 않은가 하여 자기의 선입을 주장하지 않았으며 남과 자신을 분별하지 않고 허심하게 이리저리 따지되 뜻과 이치에 근거해 구하고 전훈에 근거해 물어보아 자기의 말이 이치에 맞고 전훈에 일치함이 있으면 곧 더불어 변설하여 상대의 의혹은 풀어주었다. 자기의 오래전의 견해에 때로 미안함이 있으면 곧 자기를 버리고 상

---

67) 퇴계의 師道觀에 관한 보다 자세한 연구는 尹用南, "退溪 李滉의 師道觀", 『退溪學報』 제95집(퇴계학연구원, 1997. 9.), 51～84쪽 참조.

대를 좇았기 때문에 사람들이 기쁘게 복종하지 않음이 없었다.[68]; 후학들을 가르침에 싫어하거나 게을리 하지 않았으며 친구처럼 대접해서 끝까지 스승으로 자처하지 않았다.[69]

교수-학습의 전개과정에 의할 때 적어도 2단계와 3단계에서 학생과 학생 간, 학생과 교사 간에는 열띤 토론이 전개될 것으로 짐작해 볼 수 있다. 인용에서 보듯, 이때 교사는 학생들보다 우위에 있다기보다는 토론의 상대방일 뿐이다. 뿐만 아니라, 퇴계는 후학들을 가르침에 개별화 교수에도 매우 신경을 쓴 것으로 보인다. 아래의 인용에서 보듯, 일찍이 공자가 주장했던 인재시교(因材施敎)와 수인이교(隨人異敎)의 방법을 퇴계는 성실히 실천에 옮겼던 것이다.

　옛 문인들의 자질이나 병통이 만 가지로 다름을 안다. 그러므로 재주에 따라 가르침을 베풀고 증세에 대응해서 약을 쓰는 것이다.[70]; 배우려는 자가 가르침을 묻고 청하면, 그 자질의 얕고 깊음에 따라 가르쳐주고, 만약 깨닫지 못하는 곳이 있으면, 거듭해서 자세히 설명하여 깨우쳐주고야 그쳤다.[71]

퇴계의 덕성교육론의 의문점을 적시해 둔다. 도덕은 선험적으로 실재하는 것일까? 인간만이 순수한 도덕적 동기와 선의지를 가지고 있을까? 이러한 사고 자체가 인간 중심적이고 이상주의적 허구가 아닐까? 理의 현현을 요청하는 理自到와 敬공부론은 윤리학이기보다 上帝의 현현을 꿈꾸는 신학에 불과한 것이 아닐까? 퇴계 스스로는 부정하지만, 주체적 자각과 성찰을 통한 천리의 발견 방식이 왕양명과 불교적 혐의

---

68) 『增補 退溪全書』(四), 「言行錄」 卷2, 〈講辯〉, "與人論辯有所不合, 則猶恐己之所見, 或有未盡不主先入, 不分人己, 虛心紬繹, 求之於義理, 質之於典訓, 己言合理而有稽, 則更與辯說, 期於解彼之惑, 舊見或有未安, 卽舍己而從人, 故人莫不悅服."

69) 『增補 退溪全書』(四), 「言行錄」 卷1, 〈敎人〉, "訓誨後學, 不厭不倦, 待之如朋友, 終不以師道自處."

70) 『增補 退溪全書』(四), 「言行通錄」 卷2, "知舊門人資質病痛, 有萬不同, 故因材施敎, 對症下藥."

71) 『增補 退溪全書』(四), 「言行錄」 卷1, 〈敎人〉, "學子質業請益, 隨其淺深而告詔之, 若有未曉處, 則反復詳說, 啓發乃已."

에서 벗어날 수 있는가? 자율적 도덕발달이란 결국 자기만의 도덕원리를 천리로 착각하게 만드는 꼴이 되지 않을까? 천리가 윤리학적 성찰의 대상이 아니라 특정 신학으로 形骸化될 때 오히려 그것은 도덕의 발전을 가로막고 사회의 보수화를 가져오지 않을까? 이러한 물음들이 도덕실재론에 바탕을 둔 퇴계의 덕성교육론에서 떠오르는 의문이고 한계들로 여겨진다. 율곡이 그토록 퇴계의 리기호발론과 사단칠정론을 비판하며 자기만의 덕성교육론을 수립한 것도 이러한 의문과 한계 때문이라여긴다.

5. 결 론

성리학의 형이상학적 토대인 리기론에 대한 관점에 따라 다른 도덕교육이론이 탄생한다. 리기론은 도덕의 개념과 덕성의 본질을 규정하고, 도덕의 개념과 덕성의 본질에 대한 규정에 따라 교육방법론이 달라질 것이기 때문이다. 이 글은 바로 이러한 관점에서 주리론과 주기론에 함의된 도덕교육이론을 비교 검토하였다. 특히, 이 글은 퇴계와 율곡을 각각의 이론을 대표하는 이로 상정하고, 그들이 덕성교육교재로 편찬했던 『성학십도』와 『성학집요』에 함의된 도덕교육론을 분석하였다.

인간 마음의 표현과 관련하여 율곡은 氣發理乘의 길을 고수하고, 퇴계는 기발리승의 길을 인정하면서도 그만의 독특한 理發氣隨의 길을 더 중시하였다. 율곡이 보는 도덕적 삶이란 욕망추구의 정당화 내지 욕망의 합리적 조절과 다르지 않다. 그러나 퇴계는 욕망의 합리적 추구를 넘어 처음부터 가지고 태어난 순수한 도덕적 동기에 따라 살아갈 수 있는 존재가 인간이라고 여긴다. 퇴계에게 있어 노력의 근원은 이처럼 안에 있고, 덕성이란 바로 私意를 이겨내고 그러한 도덕의 내적 동기에 따라 살아가는 성품이다. 그 도덕의 내적 동기를 퇴계는 본연지성[天理]에 근거하는 선의지[志]라 보았다. 그러나 율곡은 천리나 선의지란 理氣之妙로 구성되는 기질지성 속의 理만을 관념적으로 추상한 것에 불과한 것이라 여긴다. 성인조차도 인심의 표현이 기발리승인 한 도덕행위란 욕망의 합리적 조절일 뿐이다. 욕망의 조절을 위한 합리적 기준은 밖에서 주어질 수밖에 없다. 율곡에게 덕성이란 인심의 표현이 밖의 도리[條理]에 부합하게 발하도록 하는 성향이다. 즉 의식의 반성력[意]과 자유의지[志]가 늘 도리를 향하여 발휘하도록 하는 성향이 덕성이다.

그런데 문제는 기질이다. 기질은 性發爲情의 수단이지만 퇴계의 선험적 도덕의지를 꺾어버리고, 율곡의 의식의 반성력과 의지의 행위 선택을 방해하는 주범이기 때문이다. 그래서 공부나 교육이란 '나쁜 기질'을 순화시키거나, 선험적 도덕의지를 회복하는 것과 다르지 않다. 율곡의 관점에서 기질을 교정하려면 의식의 반성력과 자유의지가 늘 도리를 향하여 작동하도록 하여야 한다. 그것은 욕망조절의 합리적 기준인 도리[덕과 규범, 公論과 實理]를 끊임없이 내면화하여 습관화하는 현대적 의미의 도덕적 사회화 개념에 가깝다. 이것이 율곡의 덕성교육론이다. 도리에 대해 탐구하고 항상 도덕적 관점에서 생각하려는 사고의 습관화와 그것을 실천에 옮기려는 의지의 습관화가 필요하다. 습관화는 간단없는 자기노력[誠實]을 통해서 얻어지는 것이다. 사고의 습관화를 위한 공부가 窮理라면, 의지의 습관화를 위한 공부는 居敬과 力行이다. 이처럼, 율곡은 도덕 사회화의 입장에 있었기에, 교육의 실제와 관련해서도 典範과도 같은 교육과정을 중시했고, 교사 중심의 교수－학습모형을 설계했다. 교사는 보다 직접적인 방식으로 학생들의 학습에 관여하고, 덕 있는 교사의 모범적 역할도 중요하다. 아울러 권위자로서의 교사는 학생들의 기질적 편차와 개별성을 고려하면서 학습을 지도해 나간다.

퇴계적 의미의 천리와 선의지를 가장 잘 보존하고 있는 이가 어린아이다. 어린아이가 어른의 세계로 진입하려는 순간부터 이욕의 때가 묻기 시작한다. 이제 理發의 자발성보다는 氣發의 욕망이 우선적으로 작용한다. 기발리승의 길이 중도를 얻도록 하는 소학단계의 교육은 그래서 설정되었다. 그러나 퇴계는 소학단계의 교육에서부터 理發氣隨의 길을 염두에 둔 교육을 고려했다. 그는 일상과 하학공부가 곧 비일상과 상달공부로 통한다고 보았다. 그럼에도 불구하고 소학교육에서 길러진 본성은 외부적 힘에 의하여 타율적으로 습득된 것이지, 스스로에 의해 자각적이고 반성적으로 터득한 것은 아니다. 어린 시절에 길러진 본성은 이익의 이전투구가 벌어지는 어른의 세계에 오면 쉽게 상처받을 수 있다. 어른이 되면 그동안 길들여진 본성이나 습관화된 관습의 도덕이 현실과 맞지 않음을 의심하게 되고, 스스로의 자각적인 반성과 성찰을 통한 자기혁신이 모색된다. 이즈음이 理發氣隨의 길을 위한 대학단계의 교육에 해당한다.

　주체적이고 자각적인 성찰을 통한 천성의 회복!! 이것이 퇴계의 덕성교육론의 핵심이다. 反求諸己와 物格은 격물의 인식수준을 넘어 天理가 자발적으로 나의 마음 속으로 도래하는 理自到의 성찰과정이다. 敬은 氣發의 私意가 항상 도덕적 선의지의 감시를 받아 기발리승의 정이 선을 향하도록 할 뿐만 아니라, 언제나 마음에서 천리가 발현하여 리발기수의 정이 표출될 수 있도록 하는 공부와 교육의 원리이다. 이러한 퇴계의 교육론은 현대적 의미에서 자율적 도덕발달론에 가깝다고 할 수 있다. 이처럼, 퇴계는 자율적 도덕발달의 입장에 있었기에, 교육의 실제와 관련해서 자료로서의 교재관에 입각한 교육과정을 중시했고, 학생 중심의 대화와 토론이 주가 되는 탐구식 교수－학습 모형을 설계했다. 교사의 역할은 주도적이기보다는 간접적인 방법으로 학생들의 학습을 도울 뿐이고, 개별화 교수방법을 중시하였다.

　성리학은 자아실현의 교육론이기보다는 덕성함양의 교육론이다. 성리학은 그 자체가 인간의 도덕적 마음의 성격과 형성과 표현이라는 도덕교육의 근본문제를 다루기 때문이다. 그래서 성리학은 곧 도덕교육이론이라 할 수 있다. 이상에서 보았듯이, 성리학의 형이상학적 토대인 리기론에 대한 관점에 따라 다른 도덕교육이론을 탄생시킨다. 주기론(율곡)은 현대적 의미의 도덕 사회화의 덕성교육론, 주리론(퇴계)은 자율적 도덕발달의 덕성교육론을 정초했다. 현대적 의미의 도덕사회화론을 대표하는 이가 뒤르껭(Emile Durkheim)이라면, 자율적 도덕발달론을 대표하는 이는 콜버그(Lawrence Kohlberg)라 할 것이다. 퇴계와 율곡을 포함한 성리학의 도덕교육론이 소학－대학계제론에 입각하고 있다는 점에서 "전통의 마당을 지나 이성의 궁전으로 들어간다"는 피터스의 도덕교육론을 연상시키기도 한다.

　그러나 시공을 달리하는 성리학의 도덕교육론과 현대 서양의 도덕교육론이 일치하는지는 단정할 수 없는 노릇이다. 분명한 사실은 우리의 전통 도덕교육론은 덕과 규범의 습득이나 이성의 계발에만 머무르지 않는 통합적인 인격교육 혹은 덕성교육론이라는 점이다. 퇴계와 율곡을 포함하여 성리학의 도덕교육론이 窮理공부에 못지 않게 誠敬공부를 그토록 강조한 것도 이러한 의미에서이다. 분열된 인격과 그에 토대한 교육은 근대 이후의 산물일 뿐이다. 이러한 점에서, 주기론의 덕성교육론을 뒤르깽류의 도덕사회화론으로, 주리론의 덕성교육론을 콜버그류의 자율적 도덕발달론으로 단순하게 이해하는 것은 무리일 것이다.

‖ 참고문헌

增補 退溪全書』(1997 影印本, 成均館大學校 大同文化研究院).

『국역 율곡전서』(Ⅰ), 『국역 율곡전서』(Ⅱ), 『국역 율곡전서』(Ⅲ), 『국역 율곡전서』(Ⅳ), 『국역 율곡전서』(Ⅴ). 이상 모두 한국학중앙연구원(전 한국정신문화연구원) 번역본.

『朱子大全』(民國 74), 台北: 大化書局印行.

『朱子語類』(1983), 黎靖德(宋) 編, 北京: 中華書局.

이황 지음, 이광호 옮김, 『성학십도』(서울: 홍익출판사, 2001).

강봉수, "남명의 '의로움'의 윤리학과 덕성함양론", 『국민윤리연구』제63호(한국국민윤리학회, 2006. 12.).

강봉수, "서경덕의 '머무름'의 윤리학과 자득적 공부론", 『국민윤리연구』제55호(한국국민윤리학회, 2004. 4.).

강봉수, "율곡의 『성학집요』에 함의된 도덕교육론", 『윤리교육연구』, 제12집(한국윤리교육학회, 2007. 05.).

강봉수, "퇴계의 『성학십도』에 함의된 도덕교육론", 『도덕윤리과교육』, 제19호(한국도덕윤리과교육학회, 2004).

강봉수, "옛 도서류에 함의된 덕성교육의 두 가지 접근법", 『윤리교육연구』, 제7집(한국윤리교육학회, 2005. 04.).

강봉수, 『한국 전통 도덕교육론』(파주: 한국학술정보 주, 2006).

강봉수, 『유교 도덕교육론』(서울: 원미사, 2001).

김교빈, "태극논쟁: '태극'을 둘러싼 주자학적 이해와 비주자학적 이해의 대립", 한국철학
　　　사상연구회, 『논쟁으로 본 한국철학』(서울: 예문서원, 1995).

김형효, 『맹자와 순자의 철학사상』(서울: 삼지원, 1990).

김형효, "율곡적 사유의 이중성과 현상학적 비전", 김형효 외 4인 공저, 『율곡의 사상과
　　　그 현대적 의미』(성남: 한국정신문화연구원, 1995).

김형효, "퇴계 성리학의 자연신학적 해석", 『퇴계의 사상과 그 현대적 의미』(성남: 한국정
　　　신문화연구원, 1997).

文錫胤, "退溪에서 理發과 理動, 理到의 의미에 대하여 ―理의 능동성 문제", 『퇴계학보』,
　　　제110집(2001. 10.).

심우성, "해제", 『국역 율곡전서』(성남: 한국정신문화연구원, 1996 재판).

오병무, 「한국 성리철학의 특성에 관한 연구」(전북대학교 박사학위논문, 1992).

윤사순, "이황의 「성학십도」", 한국사상연구회, 『圖說로 보는 한국유학』(서울: 예문서원,
　　　2000).

윤사순, "退溪의 理氣哲學에 대한 現代的 解釋", 『退溪學報』, 제110집(2001.10.).

윤용남, "퇴계 이황의 사도관", 『퇴계학보』, 제95집(퇴계학연구원, 1997. 09.).

이상린, 「성학십도를 통해 본 퇴계사상의 윤리교육적 의미」, (영남대학교 대학원 석사논
　　　문, 2004).

이상은, "퇴계의 생애와 그 인간", 예문동양사상연구원·윤사순 편저, 『퇴계 이황』(서울:
　　　예문서원, 2002).

이상익, "이기일원론과 이기이원론의 철학적 특성: 퇴계, 율곡의 경우를 중심으로", 『퇴계
　　　학보』91(퇴계학연구원, 1996).

이택휘·유병열, 『도덕교육론』(서울: 양서원, 2000).

이홍우, 『성리학의 교육이론』(서울: 성경재, 2000).

이홍우, "이기철학에 나타난 교육이론", 이홍우·유한구 편, 『교육의 동양적 전통Ⅰ: 교육
　　　과 실재』(서울: 성경재, 2000).

전호근, "사칠리기논쟁", 한국철학사상연구회 지음, 『논쟁으로 보는 한국철학』(서울: 예문
　　　서원, 1995).

황의동 편저, 『율곡 이이』(서울: 예문서원, 2002).

제5장

서경덕의 '머무름'의 윤리학과
自得的 공부론

이 글은, 哲學者로서보다는, 당시대에 지식인 일반의 존재이유라 할 수 있는 道學者的 삶이라는 관점에서 서경덕의 삶의 방식과 그 것을 터득하기 위한 공부론을 연구한 것이다. 서경덕은 난세의 당시대를 살아내기 위해 자신만의 삶의 방식과 존재론적 도리를 '自得'이라는 독특한 공부방법을 통하여 구축해 낸 것으로 판단된다.

먼저, 서경덕이 정초했던 自得的 공부론은 자신만의 삶의 방식과 존재론적 도리 터득의 중요성과 그것을 실제로 발견해 가는 방법을 제시하는 것이었다. 그 방법은 크게 '觀物工夫'와 '自在工夫'로 대별되는바, 전자가 도덕성의 인지적 측면에서 존재론적 도리를 발견하고 터득하는 공부라면, 후자는 발견한 존재론적 도리를 자신의 정신세계에 잠기게 함영하는 공부이다.

■ 출처 : 『국민윤리연구』 제55호 (한국국민윤리학회, 2004. 4.), 61~100쪽.

다음으로, 이러한 공부방법을 통해 서경덕이 구축한 존재론적 도리는 이른바 '머무름'(止)의 윤리학이다. 그가 구축한 존재론적 도리로써 '머무름'의 윤리는 인간본성의 所從來를 알고 그것에 근거하여 인간사의 도덕생활에서 '時中的 머무름'을 취하는 삶의 태도와 다르지 않다. 그가 보는 인간의 所從來란 天地之心이고, 이를 받은 인간본성의 본질은 仁義의 도덕성이다. 이 仁義의 도덕성을 時中的 상황에 적절히 취한 도덕적 태도가 부자간의 親, 군신 간의 義, 그리고 孝, 仁, 敬, 義 등의 덕목이나 행위규범이다. 물론 이러한 時中的 머무름은 어디까지나 하나의 예들이기에, 엄격히 말해 상황이 달라지면 달라진 상황에 맞게 최적의 도덕법칙과 규범은 항상 再立法되어야 한다. 상황에 걸맞은 최적의 도덕법칙을 재입법해 내고 행동으로 옮길 수 있는 이야말로 〈物로써 物을 보는 慧眼〉과 〈無思無爲〉의 경지에 다다른 有德한 인격이다.

1. 문제의 제기: 道學者로서 徐敬德 읽기

화담 서경덕(花潭 徐敬德, 1489~1546)을 道學者로 읽어보려는 이 글의 시도에 대해 독자들은 의아해 할 수도 있을 것이다. 기왕에 알려진 바의 서경덕은 조선유학 사상사에서 보기 드문 독특한 氣철학자이며,1) 속세를 떠나 자연을 노래한 자연철학 자로2) 알려져 있기 때문이다. 저 북녘의 학인들은 그를 유물철학자로 읽기도 한다.3)

---

1) 화담의 理氣哲學의 성격에 관한 규명은 아직까지 결론짓지 못하고 있다. 唯氣論, 氣一元論, 理氣一元論 등의 평가가 있다. 우선, 화담의 기철학을 唯氣論으로 규정하는 대표적인 논문으로는 玄相允, 『朝鮮儒學史』(서울: 玄音社, 1982); 金炯孝, "花潭 徐敬德의 自然哲學에 대하여", 『東西哲學에 대한 主體的 記錄』(서울: 高麗苑, 1985), 79~108쪽; 南廷淑, 「徐花潭의 唯氣論에 關한 硏究」(한국정신문화연구원 한국학대학원 석사논문, 1982) 등이 있다. 다음으로, 화담의 기철학을 唯氣論보다는 다소 완화된 표현으로 氣一元論이라 규정하는 대표적인 논문으로는 裵宗鎬, 『韓國儒學의 哲學的 展開(上)』(서울: 연세대학교 출판부, 1985); 李楠永, "徐敬德의 哲學思想", 韓國哲學會編, 『韓國哲學史(中)』(서울: 東明社, 1994); 劉明鍾, 『韓國哲學史』(서울: 일신사, 1990); 金敎斌, "徐花潭의 氣哲學에 대한 考察: 氣에 內在한 時間性을 中心으로", 『東洋哲學研究』 第5輯(동양철학연구회, 1984), 13~37쪽 등이 있다. 그러나 崔一凡, 黃光旭, 李相益, 鮮于勳滿 등은 화담의 철학을 氣一元論으로 규정하는 것에 대해서도 재고를 요청한다. 崔一凡, "徐敬德의 理氣論에 관한 試論", 『東洋哲學研究』제11집(동양철학회, 1990), 125~142쪽; 黃光旭, "花潭哲學의 性格規定에 대한 批判的 考察", 『한국철학논집』제5집(한국철학사연구회, 1996), 25~41쪽; 李相益, "花潭 徐敬德의 理氣論에 대한 再解釋", 『畿湖性理學研究』(서울: 한울아카데미, 1998), 159~183쪽; 鮮于勳滿, 「花潭 徐敬德의 氣哲學 研究」(대전대학교 대학원 박사논문, 2001) 등을 참조.

2) 金炯孝, "花潭 徐敬德의 自然哲學에 대하여", 『東西哲學에 대한 主體的 記錄』(서울: 高麗苑, 1985), 79~108쪽 참조.

3) 정진석 등의 북한철학자들은 화담이 말하는 "태허를 비물질적 존재로 규정하여서는 안

나아가 절세미인 황진이도 울게 한 장본인이 서경덕이라는 설도 있다.[4] 어쨌든 '철학자로서의 서경덕'은 비교적 익숙하지만, '도학자로서의 서경덕'은 무척 낯설다.

철학자와 도학자가 어떻게 다른가? 동양사상가치고 도학자가 아닌 자가 있던가? 철학이라는 용어가 서양에서 유입되기 이전의 동양사상들은 모두 '道'와 '學'을 탐구하고 수행했던 도학자들이었다. 즉 '學'조차도 '道'를 터득하기 위한 방편이었기에 동양의 전통에서 엄밀한 의미의 철학은 존재하지 않았다. 따라서 동양사상가들은 모두 도학자였다. 그런데 왜 서경덕은 철학자로만 읽혀져 왔던가? 그것은 아마도 그가 남긴 논문이나 언설들이 대체로 '修行의 道'에 관한 것이라기보다는 '探究의 學'에 관한 것들이었기 때문이라고 생각한다.

'수행의 道'가 존재론적 도리를 어떻게 수행자의 정신세계에 잠기게 涵泳(혹은 涵養)할 것인가에 관심을 둔다면, '탐구의 學'은 탐구하는 자의 수신적 수준과 도덕적 성품이 별로 문제되지 않고 탐구하는 자가 얼마나 전대미문의 새로운 관념을 존재의 탐구에서 발견했는가 하는 창조의 신선함이 학문의 척도가 된다.[5] 율곡의 표현

된다. 이것은 우리의 의식 밖에 존재하는 객관적 실재이며 물질적인 것"이라고 하고 있다. 정진석·정성철·김창원 공저, 『조선철학사 〈상〉』(북한사회과학원 력사연구소, 1962), 109쪽. 또한 주홍성 등의 중국 조선족 철학자들도 "서경덕이 말하는 기는 세계의 물질성과 그 시원을 표현한 것으로 그의 철학체계의 기본 출발점"이라 보고 있다. 주홍성·이홍순·주칠성 지음, 김문용·이홍용 옮김, 『한국철학사상사』(서울: 예문서원, 1993), 205쪽 참조. 그러나 남한의 철학자들은 이러한 북한 및 사회주의적 관점을 인정하지 않는다. 화담을 자연철학자로 규정한 金炯孝도 화담철학에 등장하는 氣나 物개념이 결코 유물론으로 환원될 수 없다고 강조한다. 화담의 氣 개념에 '先天氣'와 '後天氣'의 개념이 논리적으로 구분되듯이, 그의 物사상에도 '能産的 자연'과 '所産的 자연'의 논리적 구분이 있다. 능산적 物의 개념은 전체성·근원적 통일의 형이상학이고, 소산적 物의 개념은 인물, 사물, 물질 등의 삼라만상이다. 여기서 인간도 소산적 物에 소속되기에 소산적 物개념조차도 물질만을 뜻하지 않는다. 인물을 포함한 소산적 物의 본래적 법도는 이 세계에 잠시 머무르다가 능산적 物의 통일성에로 돌아가는 것, 즉 자연성에 거슬림이 없이 順事하여 복귀함이 우주 질서에 화합하는 것이다. 이것이 바로 화담이 그리고자 했던 자연철학이라는 것이다. 김형효, 앞의 책, 92~93쪽.

4) 名妓 황진이와의 野史에 관한 내용은 이종호, 『화담 서경덕』(서울: 일지사, 1999년 2쇄), 115~127쪽 참조.

5) 이상의 '修行의 道'와 '探究의 學'에 관한 보다 자세한 대비적 설명은 김형효, "율곡적 사유의 이중성과 현상학적 비전", 김형효 외 공저, 『율곡의 사상과 그 현대적 의미』(성남:

을 빌리면, 수행의 도는 성인이 이미 밝힌 바의 존재론적 도리를 함양하는 '依樣之學'에 가깝고, 탐구의 학은 성인의 말씀도 '음미하고 사색하면서 깊이 탐구하는'(玩索潛究), '自得之學'에 가깝다.6) 서경덕의 경우가 바로 탐구의 학자요 자득의 학자였던 것이다. 만물의 근원성을 탐구하는 성리학적 理氣論의 틀에서, 조선유학이 대체로 理의 선험성을 강조하는 주희(朱熹)적 전통을 잇고 있는 것에 반해, 화담학이 理보다는 氣에 무게 중심을 두어 정초되고 있다는 사실은 서경덕을 철학자로 보게 하는 대표적인 증거로 되고 있다. 그리고 존재의 탐구에 초점을 둔 4편의 철학논문7) 외에 다양한 자연학적 탐구를 보여주는 여러 논문8)과 언설들, 속세를 벗어나 자연과 함께 한 삶의 여정 등도 그를 도학자로 읽히기에 낯설게 하고 있다.

그래서 한 연구는 일찍이 서경덕을 자연철학자로 규정하였다.9) 이 연구에 따르면, 서경덕에게 있어서 人間學(혹은 윤리학)은 自然學의 이면일 뿐이다. 따라서 화담철학에서는 '擇善而固執'(善을 선택하여 견고히 붙드는 것)하는 '誠之'(인간이 성실하려고 노력함)의 敎育學도 크게 문제되지 않았다는 것이다. 화담철학의 빛과 그림자가 여기에 있다고 그는 말한다.10) 서경덕이 탐구의 학자인 점에서는 빛이었지만 도학자로서는 그림자였다는 평가가 당대의 학인들 중에서도 없지 않았고11) 오늘날의 연구관심도 대체로 그러하지만,12) 이러한 평가는 '철학적 패러다임'을 통한 서경덕

한국정신문화연구원, 1995), 37~41쪽 참조.

6) 율곡은 이황의 경우 한결같이 주희의 학설만을 신봉하고 따르기만을 생각한 점에서 '依樣之味'가 많고, 서경덕은 스스로 체험에서 이치를 터득한 '自得之味'가 많다고 논평하였다. 『栗谷全書』, 卷 10, 「答成浩原」 참조.

7) 「原理氣」, 「理氣說」, 「太虛說」, 「鬼神死生論」이 그것이다. 이 4편의 철학논문은 서경덕이 서거하기 2년 전인 56세에 병상에서 쓴 것이다. 『花潭集』, 卷 3, 「年譜」〈56歲條〉 참조.

8) 「溫泉辨」, 「聲音解」, 「皇極經世數解」, 「六十四卦方圓之圖解」, 「卦變解」 등이 있다.

9) 김형효 교수가 "花潭 徐敬德의 自然哲學에 대하여"라는 논문을 발표한 것은 『韓國學報』 1978년 겨울호에서다. 그러나 이 글에서 김형효 교수의 논문인용은 그가 단행본으로 펴낸 『동서철학에 대한 주체적 기록』을 참고하였다.

10) 김형효, 위 글, 위 책, 101쪽 참조.

11) 예컨대, 명종대에 서경덕의 증직을 높일 것인가에 대한 논란에서 명종조차도 "경덕이 저술한 글을 내가 읽어본즉 氣數에 관해 논한 것이 많고 修身하는 일에는 미치지 아니하였으니, 그 공부가 의심스러운 곳이 많다."고 말하고 있다. 『花潭集』, 「遺事」(李珥, 經筵日記) 참조.

읽기에 국한된 관점으로 논자는 간주한다.

여기서 '철학적 패러다임'은 '사상(史)적 패러다임'과 대비되는 관점으로 이해한다. 우리는 흔히 '사상'이라 하면, 그것은 철학에 못 미치는 좀 엉성한 체계, 그리고 철학적 소양이 부족한 2류의 학인들이 자신 없이 내거는 명칭 정도로 인식하는 경우를 대하게 된다. 그러나 '철학'과 '사상'에 대한 이러한 이해는 엄청난 잘못이라고 본다. 철학이 공시적 보편주의와 형이상학적 사변체계를 전제로 하고 있는 개념이라면, 사상은 역사주의와 사회과학적 방법론을 전제로 하고 있다. 그런 점에서 철학은 사변적이며 사상은 즉물(卽物)적이다. 즉물의 物은 역사적·사회적 시공 속의 물이며 끊임없는 변화 속에 있지만 사변을 형성하는 개념은 비시공적인 이데아적인 것이다. 철학은 실체적이며 사상은 관계적이다. 철학은 어느 사상 그 자체의 실체적 구조만을 밝히는 데 주력하지만 사상은 그 사상 자체의 구조보다 그 사상이 놓인 역사적 시공 속에서의 제반 관련과 그 영향을 탐구한다. 철학은 절대적이지만 사상은 상대적이다. 철학은 항상 공시적인 보편성을 따지기에 그 개념 하나하나의 인간학적 의의가 절대적일 수 있지만, 사상은 그러한 개념의 상대적 가치를 중시한다. 절대적 개념성을 주장하는 모든 체계의 역사적 상대성을 탐구하는 것이 곧 사상이라 할 수 있다.[13]

따라서 사상(史)적 패러다임에서 화담철학을 본다는 것은 당시의 역사적·사회적 시공 속의 제반 테스트 내에서 서경덕을 읽어내는 것이 된다. 이렇게 접근할 때 서경덕은 얼마든지 도학자로 읽어낼 수 있다고 논자는 여긴다. 앞서 언급한 바의 동양 사상가 일반이 도학자였다는 것을 차치(且置)하고도, 서경덕이 유학자였던 한 그는 철학자 이전에 도학자였다고 보아야 한다. 이미 당시대의 문화적 테스트는 '도학적 패러다임'이 주류를 형성해 가고 있었기 때문이다. 말할 것도 없이, 여기서 도학이란 유교적 전통의 修己治人을 학문함의 목적으로 삼는 것으로, 도학자들은 '개인의 인

---

12) 위의 註2에서 보듯이, 그동안 서경덕에 관한 연구는 대체로 존재론에 관한 철학적 접근이었다.

13) 이상의 '철학'과 '사상'에 관한 대비적 설명은 다음을 참조. 김용옥, "解題: 배움을 희구하는 朝鮮의 젊은이들에게 告함", 마루야마 마사오 지음·김석근 옮김, 『日本政治思想史研究』(서울: 통나무, 1995), 29쪽.

격완성'과 '이상사회의 실현'이라는 두 목표를 중요한 실천적 과제로 여긴다.[14] 뒤에서 보겠지만, 서경덕 스스로도 은밀히 세계경영의 꿈을 내비치기도 하였다. 그러나 결국 서경덕이 선택한 도학 실현의 길은 당시 儒者일반의 방법과는 달리했다. '적극적 참여의 길'(出)보다는 '소극적 참여 혹은 간접적 참여의 길'(處)이었다.

그러면 왜 서경덕은 당시 유자일반과는 달리 處士的 삶의 길을 걸었을까? 그것은 당시대적 시공 속에서 그가 구축했던 존재론적 도리와 무관하지 않으리라. 더 나아가 존재론적 도리 구축의 전제가 되는 공부론(혹은 인식론)과도 밀접한 관련이 있을 것이라 생각한다. 바로 이 연구는 이러한 관점에서 삶의 가치선택의 지표가 되는 화담적 윤리학과 공부론을 탐색해 보는 데 일차적인 목적을 두고 있다. 따라서 이 글은 서경덕을 자연철학적 관점에서 접근한 선행연구와는 전혀 다른 각도인 '도학자로서의 서경덕 읽기'가 된다. 이때 서경덕은 '머무름'(止)의 자연철학자[15]가 아니라 오히려 '머무름'의 윤리학자로 등장한다. 물론 그가 구축한 '머무름'의 윤리학은 주희나 퇴계 이후에 구축되는 성리학적 체계와는 다른 점이 있다. 그의 윤리학 구축의 전제가 되는 공부론(인식론) 자체가 '依樣'이 아니라 '自得'的인 것이었기 때문으로 여긴다. 그래서 이 연구는 서경덕의 '머무름'의 윤리학과 自得的 공부론에 관한 연구이다.

2. '머무름'(止)의 윤리학과 그 理氣論的 근거

1) 난세를 살아가는 花潭的 삶의 방식

조선조가 주자학을 수용하여 정치와 교육의 실천이념으로 삼으려 하였음은 주지

---

14) 도학의 개념에 관한 간략한 고찰은 졸고, 「조선전기 도학적 덕교육론 연구」(한국정신문화연구원 한국학대학원 박사논문, 2000), 34~39쪽 참조.
15) 김형효, "화담 서경덕의 자연철학에 대하여", 앞의 책, 79쪽.

의 사실이다. 그러나 조선 초부터 주자학을 수용하였다 하더라도, 그것이 실제로 정치와 교육을 이끌어 가는 실천적 사회이념으로 현실화되는 데는 여러 우여곡절을 겪는 등 상당한 유보기간이 있었던 것으로 이해된다. 여기서 말하는 우여곡절이란, 15세기 중엽부터 16세기 중엽에 이르기까지 약 1세기 동안 신왕조 개창 초기의 정치과정을 격동 속에 몰아넣었던 일련의 사건, 즉 세조의 왕위찬탈사건(1455)을 비롯해서 戊午(1498)・甲子(1504)・己卯(1519)・乙巳(1545) 등의 이른바 四大士禍를 지칭한다. 이러한 정치적 격동을 겪는 과정에서 儒者들은 집단적인 희생을 치르면서 군왕을 비롯한 정치 주체의 자기규율문제를 날카롭게 의식하게 되었고, 그 결과로 그들은 체제운영 전반의 문제를 주자학적 사유체계를 준거로 삼아 자각적으로 다루는 이른바 道學的 準據의 기틀을 세우게 되었던 것이다. 그리고 이와 같은 사정과 더불어 그 동안에 상당한 수준으로 진흥을 보게 된 영남・기호의 양대 사학을 중심으로 학계에서도 주자학적 사상체계에 대한 심층적 이해가 이루어지게 됨으로써, 16세기 후반 선조대 이후부터는 체제운영 전반의 문제가 학리적으로는 물론 현실적으로도 이러한 도학적 준거에 따라 전개되는 특징을 지니게 되었던 것이다.

　　서경덕은 바로 이러한 약 1세기에 걸친 정치사적 격동기의 한 시기를 살았던 사상가이다. 성종 20년(1489년) 개성에서 태어나 연산군, 중종, 인종대를 거쳐 명종원년(1546년)에 죽었기 때문이다. 연보에 의하면, 서경덕은 어릴 때부터 총명하고 과단성이 있고 강직・의연하고 정직한 품행으로 윗사람들의 말을 공경하고 따랐고, 14세부터는 동네 선생으로부터 『尙書』를 공부하기 시작하였다. 그러나 서경덕 나름의 본격적인 공부는 18세(중종 원년, 1506) 때 『大學』을 접하면서부터인 것 같다. 이후 건강상의 이유로 두 번에 걸친 유람생활을 제하면 58세에 생을 마감할 때까지 好學하는 삶을 산 것으로 볼 수 있다.[16] 그런데 가장 감수성이 예민한 시기라고 할 수 있는 10세(연산군 4년, 1498)와 16세(연산군 10년, 1504)에 서경덕은 戊午 및 甲

---

16) 서경덕은 건강상의 이유로 21세(중종 4년, 1509)에는 영・호남의 여러 명산을 순례하였고, 34세(중종 17년, 1522)에는 속리산, 변산, 지리산, 금강산 등을 유람하였다. 『花潭集』, 卷3, 「부록: 年譜」 참조. 서경덕의 好學的 生涯에 대해서는 申東浩, "花潭 徐敬德의 好學的 生涯와 氣學思想", 『論文集』제21권 제1호(충남대학교 인문과학연구소, 1994. 8.), 186~191쪽 참조.

子士禍라는 정변을 간접 경험했고, 31세(중종 14년, 1519)와 57세(인종 원년, 1545)에는 己卯 및 乙巳士禍를 겪음으로써 그야말로 서경덕은 이른바 四大士禍를 모두 경험한 것이다. 특히, 서경덕의 삶의 핵심시기에 해당하는 中宗代(1506~1544)는 격동의 세월이었다. 己卯士禍를 기점으로 중종대 前期에 조광조·김안국 등의 士林들에 의해 도학적 개혁운동이 강도 높게 추진되었다면, 後期에는 김안로 등의 훈척세력에 의해 국정이 농락당한 시기였다.

전기에 조광조 등의 至治主義 이념에 토대하여 추진된 도학적 개혁운동은 제도개혁을 통해 舊弊를 일신하고, 왕정운영의 道學化를 통해 왕도정치의 기틀을 마련하며, 향촌의 교화를 통해 도학적 사회질서의 구현을 적극적으로 추진하는 것이었다. 조광조·김안국 등 이 시기 사림의 공통된 정치이념인 '至治'는 덕치와 예치에 의한 왕도정치의 표어였다. 그리고 그것이 현실적으로는 중대한 경제적 변동을 겪던 16세기 초 조선사회의 경제적인 이득을 독차지하려는 훈구세력을 비판하며 사회 전체의 공익이 우선되어야 마땅하다는 시각에서 일련의 근본적인 개혁을 실현하려고 했던 정치이념이기도 하였다.[17] 조광조 등은 제도개혁과 함께 산림에 묻혀 사는 현량들을 발굴 등용하는 천거과를 설치(중종 14년, 1519)하기도 했는데, 이때 전국 유생 128명이 추천되었고 31세인 서경덕이 제일순위로 천거된다. 그러나 서경덕은 이에 응하지 않았다.

중종대 전기 동안 추진된 도학적 개혁운동에는 두 가지 흐름이 있었지만,[18] 현실

---

17) 졸고, 앞의 논문, 7~8쪽.
18) 하나는 적극적인 개혁을 주장하는 측의 입장이다. 이들은 전통적 인습과 舊弊의 革袪 노력으로 나타났는데, 이는 올바른 명분의 회복운동과 표리관계를 이루면서 추진되었다. 소릉복위, 무오·갑자사화의 피해자 복권, 신씨복위 등이 그것이다. 그리고 이러한 개혁 운동의 교육적 측면과 관련해서는, 왕정운영의 도학화를 위해 〈經筵〉이나 〈諫諍〉을 통해 군왕에 대한 도학교육을 강화하는 것과, 도학을 관료의 자질로 강조하여 科擧에 도학의 요소를 도입하는 등 臣僚들의 도학교육을 강화해 나갔다. 한편, 적극론자들이 제도개혁을 지향하는 것과는 달리, 분위기와 여건의 조성을 통하여 향촌무대를 중심으로 도학적 윤리질서의 수립을 꾀하려는 노력이 실용주의적 성향을 띤 온건파 인물들에게서 나타났다. 이들은 時弊의 개선을 통해 민생의 안정을 도모해 나가는 한편, 朱文公家禮·三綱行實·二倫行實의 보급, 小學교육의 장려, 鄕約의 보급, 鄕校교육의 강화 등에 더욱 많은 관심과 실천력을 보여주었다. 이처럼 중종대 사림의 입장은 크게 두 계열로 나눌 수

적으로 개혁의 주도권을 가진 쪽은 조광조 중심의 급진적인 세력이었다. 이들의 급진적 개혁운동은 훈구파에게는 존재의 위협으로 다가올 수밖에 없었고, 僞勳削除를 계기로 그들 간의 충돌은 극에 달했다. 결국 기묘사화가 일어남으로써 급진적 개혁운동은 실패로 끝나게 된다. 이후 중종 후기 동안의 국정은 훈척세력에 의해 좌지우지 될 수밖에 없는 상황이었다. 즉 사림파의 정치적 도전에 직면한 훈구파는 그들의 기득권 유지를 위해 물리적인 타격을 가하는 한편, 왕실의 외척인 戚臣과 연대하여 훈척세력을 형성해 왕권과 밀착하는 방법으로 독존적 집권체제를 강화해 나간다. 이러한 경향은 더욱 심화되어 중종대 후반 이후 명종대에 걸쳐서는 김안로·윤원형·이양 등으로 이어지는 소수 외척들에 의해 권력이 독점되는 이른바 戚臣政治의 양상까지 나타나게 되었던 것이다.[19]

이러한 난세의 중종 후반기에도 서경덕은 두 차례나 조정에 천거된다. 그것은 전기 도학적 개혁운동을 실용주의적 노선에서 이끌었던 대제학 김안국에 의해서였는데,[20] 서경덕의 나이 52세(중종 35년, 1540)와 56세(중종 39년, 1544)되던 해이다. 그러나 서경덕은 두 번 모두 출사를 거절한다. 전자의 경우에는 경세에 대한 자신의 無能을,[21] 후자의 경우에는 병을[22] 출사거부의 이유로 들었지만 여기에는 이미 난세를 살면서 서경덕이 터득하고 구축한 존재론적 도리가 근거하고 있었던 것으로 여겨진다. 비록 서경덕이 세 번의 출사기회를 모두 거절하였지만, 출사 자체를 부정

있다. 전자를 대표하는 사람이 조광조(1482~1519)라면, 후자를 대표하는 사람은 김안국(1478~1543)이라 할 수 있다. 졸고, 앞의 논문, 7~8쪽.

19) 金宇基, 「16世紀 戚臣政治의 展開와 基盤」(경북대학교 대학원 박사논문, 1995) 참조.

20) 김안국은 조광조와 함께 도학적 개혁운동을 이끌었던 영수의 사람이지만, 조광조의 급진적 개혁과는 달리 교화를 통한 도학질서의 구축이라는 실용주의적 노선에 서 있었다. 그래서 기묘당적에 포함되어 삭탈관직이 되었지만 士禍후 20여 년 세월이 흐른 뒤에 다시 복직할 수 있었다. 한편, 두 차례나 조정에 천거해 준 인연으로 김안국이 죽자 서경덕은 「慕齋 金相國의 惠扇에 謝함」이라는 詩를 통해 고마움을 남기고 있다. 『화담집』, 권1, 「謝慕齋金相國惠扇」 참조.

21) 서경덕은 "평생을 단지 聖賢의 書冊만을 읽었을 뿐 사람들이 숭상하는 擧業공부는 익히지 않았기 때문에 관직을 맡더라도 감당하지 못한다."고 하고 있다. 『화담집』, 권3, 부록1 「遺事」 참조.

22) 같은 책, 「擬上中宗大王辭職疏」 참조.

했던 것은 아니기 때문이다.

서경덕은 어머니의 설득에 의한 것이긴 하나 두 번이나 과거를 치러 떨어진 적이 있고,[23] 43세(중종 26년, 1531) 되던 해에는 生員試를 치러서 합격한 적도 있다.[24] 또 스스로 자신이 품었던 뜻을 노래하기를 "지난날의 장한 뜻은 임금님 신하되려 하였다",[25] "공부하던 그 옛날엔 세상 다스리는 일에 뜻을 두었다"[26]라 밝히고 있다. 그리고 제자 박이정(1516~1586)에게는 "그동안 학문에 많은 정진있었으니, 원대한 재능과 포부로 그대는 성공할 걸세"[27]라 하는 한편, 사위에게도 "봉황새 굴에서 언제까지나 병아리로 엎디어 있겠는가, 뒷날 용문(龍門)에 이르면 나는 고기로 변하리라"고 노래하면서, 비록 자신은 處士的 삶을 살고 있지만 유능한 젊은이들에게는 세상에 나아가 훌륭한 일을 할 것을 권하고 있기도 하다. 이러한 점에서 서경덕은 분명 당시대의 도학자들과 다르지 않았다. 다만, 그에게 있어서 도학자의 길이란 반드시 세계경영에 나아가는 것만이 유일한 것이 아니라 다른 길도 있을 수 있다는 입장인 것이다. 다음과 같은 제자 홍인우(1515~1554)와 서경덕의 대화에서 이 점을 분명히 확인할 수 있다.

[1] 홍인우: 선비가 천지간에 태어난 것이 우연한 것이 아닌데 임금을 요순으로 만들고 백성에게 혜택을 끼치는 것은 당연한 일이다. (중략) 포부를 가지고서도 세상에서 도망하여 벼슬하지 않는 것은 옳지 않은 일이 아닌가?

서경덕: 선비의 출처에는 한 가지가 아니다. ① 혹은 道를 행할 능력이 있어도 시대가 적절치 않으면 도를 숨기고 세상을 고민하지 않은 자가 있는가 하면, ② 혹은 백성을 새롭게 할 능력이 있어도 자신의 德이 새롭지 못하면 분수를 헤아려 자처하는 이도 있고, ③ 혹은 밝은 군주가 위에

---

23) 『화담집』, 권3, 부록, 「遺事」, 〈洪仁祐, 『自錄』抄〉.

24) 같은 책, 「연보」, 〈43세조〉. 소과시에 합격하면 성균관에 들어가는 일반적 순서에 따라 서경덕은 바로 자퇴해 버리긴 했지만 성균관에 입학도 했었던 것 같다.

25) 같은 책, 「次沈教授見贈韻」.

26) 같은 책, 「述懷」.

27) 같은 책, 「別朴瑟간頤正」.

있어 배운 바를 시험할 기회가 있어도 山林에서 분방하게 자신이 좋아하는 바를 따르는 자가 있는가 하면, ④ 혹은 자신의 德이 다 성취되지 못하여도 백성들이 어려움을 보고만 있을 수 없어서 부득이 세상에 나아가서 일을 하는 자도 있는 것이다.

홍인우: 그렇다면 선생은 이 중에 어느 경우에 해당하는가?

서경덕: (빙그레 웃고 한참 있다가) 평생 동안 聖賢의 글만 읽으면서도 科擧를 위한 공부를 하지 않아 經世에 전혀 도움이 되지 않는데다가 나이가 들어서는 天命을 알게 되었다.[28]

[2] 홍인우: 상국 모재 김안국(相國慕齋金安國)이 선생을 천거하여 만약 벼슬을 준다면 어떻게 처신할 것인가?

서경덕: 분수를 헤아리고 능력을 헤아려 보건데 아무리 작은 관직도 감당할 수 없다. 다행히 발탁을 받는다 하더라도 나는 고마움을 표하고 사양할 것이다.[29]

인용에서 보듯이, 도학자의 길에는 4가지 유형이 있다. 훗날 율곡도 선비의 유형을 4가지로 구분한 바 있는데, 「遺賢」, 「隱遁」, 「恬退」, 「盜名」이 그것이다. 「유현」은 가장 높은 경지의 道人으로, 도를 터득하여 흉중에 품고 있으면서도 출세하기를 바라지 않다가 일단 일을 하게 되면 온전한 爲民정치를 할 수 있는 부류다. 「은둔」은 고고한 뜻을 지녀 수행의 최고 경지에 있지만 결코 현실참여를 하지 않는 부류에 속한다. 「염퇴」는 內聖外王의 큰 이상을 갖고 있으나 현실적으로 본인의 능력이 미치지 못해서 조용히 安居하면서 학문과 수양에 몰두하는 부류다. 「도명」은 세속적 출세와 이득에만 관심을 갖는 부류로, 이는 眞儒가 아니다.[30] 이러한 율곡의 분류는 「도명」이나 「은둔」처럼 眞儒나 도학자가 아닌 자도 선비로 포함된다. 그러나 서경덕의 분류는 도학자의 유형이다. 인용의 ①은 율곡의 「유현」에, ②는 「염퇴」에

---

28) 이상의 인용은 庚子年 2월에 송도를 찾아간 홍인우와 서경덕 간의 대화임. 같은 책, 「遺事」, 〈洪仁祐,『自錄』抄〉.

29) 이상의 인용은 같은 해 8월에 송도를 찾아간 홍인우와 서경덕의 대화임. 같은 책, 같은 편.

30)『栗谷全書』, 卷2, 「疏箚 3」 참조.

해당함 직하다. 그리고 인용의 ③은 율곡의 「은둔」에 가까워 보이지만 현실을 완전히 무시하지는 않은 점에서 「은둔」과는 달라 보인다. ④는 율곡적 도학자 유형에 비유할 수 있지 않을까 한다. 그러면 서경덕은 이 중 어디인가? 두 번째[2]의 인용에서 보듯, 그는 「은둔」이라기보다는 ②의 「염퇴」의 도학자였다고 보아야 한다. 당대 사림의 영수들에 의해 세 번이나 천거된 사실은 서경덕이 內聖外王의 자질을 가지고 있었음을 반증해 주는 것이고, 그럼에도 불구하고 분수를 자처하며 나아가지 않았기 때문이다.

2) '머무름'의 윤리학과 德性의 본질

서경덕은 당시대의 도학자들과 다르지 않게 현실을 외면하지 않았다. 그러나 그는 현실에 직접 참여하여 세계경영에 나아가는 대신 간접적인 길을 선택했던 「염퇴」의 도학자이다.[31] 그랬기에 그는 山林에 묻혀 있으면서도 중종과 인종이 승하하자 古禮에 의거하여 자최복을 입었고, 상제의 잘못됨을 인종에게 건의하는 疏를 작성하기도 하였다. 그러나 서경덕의 현실참여는 훨씬 더 「염퇴」적이었다. 그는 생애의 대부분을 속세에서 떨어진 화담의 초가에서 공부와 교육에 전념하는 好學的 삶을 살았던 것이다. 그렇더라도 서경덕을 속세와 절연하고 자연을 노래했던 은둔자이거나 난세를 피해 산림에 묻혀버린 도피의 사상가로 몰아가는 것은 적절치 않다.[32] 이를 논증하기 위해서는 서경덕이 구축했던 삶의 철학(윤리학)을 살펴보아야 한다.

(1) '머무름'(止)의 윤리학

서경덕은 출사기회를 거절할 때마다 그 이유로 '분수를 헤아리건대 능력이 모자

---

31) 훗날 퇴계도 서경덕과 같은 길을 걸었던 도학자이다.
32) 제자 박민헌(1516~1586)도 서경덕에 대하여 "산림에 자취를 숨기고 산 것이 마치 세상사에 뜻이 없는 듯 보였지만 정치가 잘못된 일들을 들으면 곧 탄식하였으니 대개 일찍이 세상을 잊을 적은 없었던 것"이라고 술회하고 있다. 『화담집』, 「부록: 神道碑銘幷序」(朴民獻 撰) 참조.

라다'고 답하고 있다. 그러나 이것은 어디까지나 변명일 것이고 내면 깊숙이 구축한 존재론적 도리에 근거한 것으로 보아야 한다.[33] 그렇다면 그것이 무엇일까? 먼저, 다음의 존재일반을 노래한 詩 한 편을 인용하기로 하자.

[1] 존재하는 만물은 오고 또 와도 다 오지 못하니 / 다 왔는가 하고 보면 또 다시 오네 / 오고 또 오는 것은 시작 없는 데로부터 오는 것 / 묻노니 그대는 처음에 어디로부터 왔는가.

[2] 존재하는 만물은 돌아가고 또 돌아가고 다 돌아가지 못하니 / 다 돌아가는가 하고 보면 아직 다 돌아가지 않았네 / 돌아가고 또 돌아가고 끝까지 해도 돌아감은 끝나지 않는 것 / 묻노니 그대는 어디로 돌아갈 것인가.[34]

존재일반은 시작도 귀결도 없지만 끝없이 변화하고 있다. 인간도 그 속에서 만물과 함께 변한다. 그렇다면 현실적으로 존재하는 인간과 만물은 무엇이란 말인가? 이 세상에 잠시 '머무르는'[止] 것이다. 서경덕은 "천하의 만물과 모든 일은 각기 모두 그 '머무름'이 있다."[35]고 말한다. 그렇다고 이 '머무름'을 '멈춤'이나 '정지'(停止)로 읽어서는 안 된다. 어디까지나 그것은 '변화 속의 머무름'이다. 따라서 이 '머무름'은 존재일반의 '질서', '마디' 혹은 '이치'[理]와 다르지 않다고 보아야 한다. 이 점을 서경덕은 『易經』을 빌려 다음과 같이 말하고 있다.

『역경』에 말하기를 "때가 머물러야 하겠으면 머무르고, 때가 움직여야 하겠으면 움직인다." 하였다.[36] 〈때가 움직여야 하겠으면 움직인다〉는 것은 곧 움직임에 '머무르는 것'이고, 〈때가 머물러야 하겠으면 머무른다〉는 것은 곧 머무름에 '머무르'

---

33) 자신을 천거해 준 김안국에게 보낸 한 편의 詩에서도 이를 짐작해 볼 수 있다. "허유(許由)는 억지로 요임금의 요청을 사양한 게 아니거니와 / 나는 성인의 조정 움직일 재주 없음을 스스로 아네 / 태평시대에 발 내미는 것은 분수에 넘치는 일임을 알고 있으니 / 홀로 떠나가 자유로이 거닐며 사는 게 좋을 듯하네." 같은 책, 「又奉贈一首」.

34) 같은 책, 「有物」. [1] "有物來來不盡來, 來纔盡處又從來, 來來本自來無始, 爲問君初何所來." [2] "有物歸歸不盡歸, 歸纔盡處未曾歸, 歸歸到底歸無了, 爲問君從何所歸."

35) 같은 책, 「送沈敎授義序」, "夫天下之萬物庶事, 莫不各有其止."

36) 『周易』, 「艮卦」 〈象傳〉, "時止則止, 時行則行. 動靜不失其時, 其道光明."

는 것'이다.37)

　　인간과 만물은 잠시 이 세상에 '머물다'가 돌아간다. 그것이 존재일반의 법칙이고, 우주 대자연의 마음이다.38) 그리고 이 세상에 머무는 동안에도 '머무름'의 질서가 있다. 하늘은 위에 머물고, 땅은 아래에 머무른다. 산은 솟아 있고, 냇물은 흐름에 머무른다. 새는 날고 짐승은 기듯이 모든 만물은 그 '머무름'에서 벗어나지 않는다.39) 인간도 여기서 예외가 아니다.

　　　　① 움직이고 수고로우면 쉬고 편안해짐에 머무르고 싶고, 뜨거운 것을 쥐면 식
　　게 되기를 바라며, 고단해지면 졸음에 머무르고 싶어진다. ② 아버지와 아들은 은
　　혜에 머무르려 하고, 임금과 신하는 의로움에 머무르려 한다. ③ 이것들은 모두가
　　인간의 타고난 성품이며 만물의 법칙이다.40)

　　그런데 인간이 다른 만물과 다른 점이 두 가지가 있다. 먼저, 인용에서 ①은 맹자의 용어로 '食色之性'이고, ②는 '道義之性'이 될 것이다. 이 중 ①의 '식색지성'은 지혜를 기다리지 않고서도 그 머무는 바를 알게 되는 것이라고 서경덕은 말한다.41) 따라서 이것은 인간이나 만물이 공유하는 것이라 할 수 있다. 그러나 ②의 '도의지성'은 대체로 인간만이 소유하는 성품인 것 같다. 서경덕은 이것이 인간의 타고난 성품이며 만물의 법칙이라 하면서도, 한편으로는 "하늘과 땅의 올바름을 온전히 타고난 것이 사람"42)이라 하고 있기 때문이다. 이러한 관점은 서경덕이 주희의 용어

---

37) 『화담집』, 「送沈教授義序」, "易曰, 時止則止, 時行則行. 盖時行而行, 則行而止也, 時止
　　而止, 則止而止也."
38) 같은 책, 「復其見天地之心說」 참조.
39) 같은 책, 「送沈教授義序」, "夫天下之萬物庶事, 莫不各有其止. 天吾知其止於上, 地吾知
　　其止於下. 山川之流時, 鳥獸之飛伏, 吾知其各一其止而不亂."
40) 같은 책, 「送沈教授義序」, "① 動者之投靜, 勞者之抵逸, 執熱則就凉, 乘困則打睡. 夫動
　　勞之不得不止於靜逸, 熱困之不得不止於凉與睡. ② 如父子之止於恩, 君臣之止於義, ③
　　皆所性而物之則也."
41) 같은 책, 같은 편. "是則不待智者而後知所止也."
42) 같은 책, 「朴頤正字詞并序」. "天地之正, 稟全者人."

를 사용하지는 않지만 그의 생각에서 그리 멀지 않다.[43] 주희도 性理가 곧 만물의 법칙이지만 만물 중에 인간의 도덕적 자각 능력이 가장 뛰어나다고 보지 않았던가.

다음으로, 인간이 다른 만물과 다른 또 한 가지는, 인간은 생각하는 능력이 있고 배움을 통하여 '머무름'을 알 수가 있다는 것이다. 배우고도 '머무름'을 알지 못한다면 그것은 배우지 않은 것과 다르지 않으며, 바로 여기에서 小人과 君子, 혹은 狂人과 聖人으로 가름된다.

> [1] 군자들이 배움을 귀하게 여기는 것은 그것을 통하여 '머무름'을 알 수 있기 때문이다. 배우고도 '머무름'을 알지 못한다면 배우지 않은 것과 무엇이 다르겠는가?[44]
>
> [2] 감정(情)이 작용하면 간혹 올바름을 잃게 되는 수가 있다. 처음에는 약간의 차이에서 출발하지만 결국에 가서는 聖人과 狂人으로 갈리게 된다. 광인은 생각함이 없어서 행동함에 사물과 다름이 없다. 성인만이 생각할 줄 알아서 德이 하늘과 비등하게 된다. 성인과 광인의 구분은 한쪽은 게으르고 한쪽은 主敬하는 조그만 차이에서 생긴다.[45]

'머무름'을 알기 위한 공부론에 관해서는 뒤로 미룬다. 먼저 검토해 보아야 할 것은 인간으로서 '머무름'을 안다는 것이 대체 무엇인가? 서경덕은 『周易』에 능했다고 한다. 앞에서 인용했던 존재일반을 노래한 詩도 주역적 세계관에 근거한 것이라 할 수 있다. 서경덕에게 있어서 '머무름'의 뜻은 주역적 세계관에 근거하여 말하는

---

43) 다음의 인용에서 보듯이, 서경덕의 주희에 대한 존경은 대단했던 것으로 볼 수 있고, 따라서 주희의 용어를 직접 사용하고 있지는 않지만 주자학을 누구보다 열심히 공부했다고 할 수 있다. "공자의 心學을 송대 주돈이와 정자가 계승하였다. 그리고 이들의 학문을 넓히어 후세 학자들에게 길을 열어 준 공로는 주희보다 더한 이가 없다. 여러 성인들의 사상을 계승 발전시키고 그 本末을 자세히 연구하였다. 따라서 그의 학설은 근거 없이 생겨난 것이 아니며, 모든 經典을 꿰뚫었다. 학문의 목적을 분명히 제시하여 후세 사람들에게 보여 주었다. 주희야말로 우리가 믿고 기댈 만한 분이니, 해나 별처럼 우러러 모셔야 할 것이다." 같은 책, 「朴頤正字詞幷序」 참조.
44) 같은 책, 「送沈敎授義序」, "君子之所貴乎學, 以其可以知止之也. 學而不知止, 與無學何異."
45) 같은 책, 「朴頤正字詞」, "情一用事, 或失其正. 其始也幾差, 其究也狂聖. 彼狂罔念 蠢與物競. 惟聖克念, 德與天倂. 聖狂之分, 一蹉怠敬."

‘至日之理’와도 다르지 않다.

① ‘至日’이란 하늘과 땅이 회전을 시작하고 陰과 陽이 처음으로 변화하는 날이다. (중략). (周易에) ‘한번 陰하고 한번 陽이 되는 것을 道라 하고, 그것을 잇는 것을 善’이라 했는데, 이 말은 ‘至日之理’를 잘 표현한 것이다. ② 일년 360일의 운행과 24절기의 나뉨이 ‘至日’의 流行이 아닌 것이 없으니, (절기의 나뉨)이란 곧 ‘때에 알맞음’(時中)인 것이다. (중략). (따라서 至日은) 모든 변화가 시작되는 곳이요, 모든 차별의 근본이 되는 것이니, 이것은 음과 양의 우두머리 격이며 한결같은 원리로 꿰뚫어 볼 수 있는 것이다. ③ 우리의 몸으로 돌이켜 보건데 仁智之性과 忠恕之道도 ‘至日之理’에서 벗어나지 않는다.[46]

至日之理는 시작도 끝도 없는 자연이 시작되는 지점이고, 인간본성(仁智之性과 忠恕之道)의 所從來이다. 일년 360일의 운행과 24절기의 나뉨은 ‘至日’의 流行이고, 인간의 사회 및 도덕질서는 인간본성의 ‘時中的 머무름’이다. 至日之理가 ‘머무름의 道이고 體’라면, 至日의 流行은 ‘머무름의 作用 내지 運用’이다. 여기서 至日之理와 ‘머무름’의 道體는 하늘(天)의 항상성 내지 불변성과 다르지 않다. 이를 서경덕은 한마디로 ‘無改移’라 부르면서 그것이 하늘의 마음(天地之心)이라 하고 있다.[47] 인간본성의 所從來도 ‘無改移’의 天地之心에서 비롯됨은 말할 것도 없다. 이 점을 서경덕은 「開窓」이라는 철학 시를 통하여 다음과 같이 은유적으로 표현하고 있다.

담담한 하늘 빛이 (시간적으로) 오래고, (공간적으로) 먼 것에서 비로소 나의 性의 所從來를 알 수 있다.[48]

---

46) 같은 책, 「復其見天地之心說」, “① 至日乃天地始回旋, 陰陽初變化之日也. (中略) 一陰一陽之謂道, 繼之者善, 此語盡至日之理也. ② 三百六旬之運, 二十四氣之分, 無非至日之流行者, 所謂時中也. (中略) 萬化之所自, 萬殊之所本, 此陰陽大頭臚處, 可以一貫之者也. ③ 反於吾身, 仁智之性, 忠恕之道, 無非至日之理, 暫於動靜, 微於瞬息..”

47) 같은 책, 「復其見天地之心說」, “無改移者, 何謂也. 周千三百六十五度四分之一, 朞歲三百六十五日四分之一. (中略) 萬古常常如此, 可見其心之無改移也.”

48) 같은 책, 「開窓」, “湛湛天光依舊遠, 始知吾性所從來.”

서경덕이 구축했던 존재론적 도리는 자연철학적 관점과 거리가 멀다. 인용에서 보듯이, 그는 인간본성의 所從來가 자연현상을 관찰한 결과 획득한 지성의 物理로부터 유추된 것이 아니라 하늘(天)의 항상성에 찾고 있다. 다만 서경덕은 하늘의 항상성을 인식하는 방법론에 있어서 자연현상의 고찰을 통해 접근하고 있을 뿐인 것이다.[49] 그러나 인식의 주된 목표는 자연철학처럼 외재적으로 존재하는 물리를 관찰하는 데에 있지 않고, 내재된 본성을 자연현상을 통해 그 특징을 확인하여 性善의 정당성을 더욱 명확히 하는 데 있는 것으로 보아야 한다.[50] 이러한 주장이 옳다면, 이제 서경덕이 구축한 존재론적 도리는 '머무름'의 윤리학이라 명명할 수 있지 않을까 한다.

'至日'의 流行으로 일년 360일의 운행과 24절기의 나뉨이 時中을 얻듯이, 인간의 세계에서 '머무름'을 안다는 것은 인간본성의 所從來를 알고 그것에 근거하여 '時中的 머무름'을 취하는 삶의 태도와 다르지 않다. 이것이 서경덕이 구축했던 존재론적 도리요, '머무름' 윤리의 본질이라고 본다.

(2) 德性의 본질

'머무름'의 윤리학은 인간본성에 근거하여 다양한 인간사의 도덕생활에서 '時中的 머무름'의 삶을 취하라고 권고한다. 이러한 권고에 따라 살아감의 일상화가 곧 德性의 본질과 다르지 않을 것이며, 그러한 사람이 바로 聖人이고 有德한 인격이다.

> 하늘과 땅의 올바름을 온전히 타고난 것이 사람이다. 그 올바름이란 무엇인가? 仁과 義이다. 仁과 義의 근원은 지극히 선하고 지극히 참되어 물결이 일지 않는 물과도 같고 먼지 묻지 않은 거울과도 같은 것이다. 그런데 감정이 일단 발동하게 되면 간혹 그 올바름을 잃게 될 수도 있다. 처음에는 약간의 차이가 날 뿐이지만 결과적으로는 聖人과 狂人으로 갈리게 된다. (중략) 어찌 분명한 하늘의 명령을

---

49) 이러한 인식론은 뒤에서 보겠지만 서경덕 특유의 자득적 공부론과 관련된다.
50) 연구자와 비슷한 관점은 황광욱, "서경덕의 도덕론 및 공부론 연구", 『동양고전연구』제15집(동양고전학회, 2001. 6.), 137~138쪽 참조.

돌아보지 않겠는가? 때에 알맞게 물러앉아 스스로를 길러 성실히 타고난 본성을 되찾아야 한다.51)

인간에게 내재되어 있는 도덕성(性)은 구체적으로 仁智之性으로 仁義 혹은 忠恕之道로 표현되며, 그것은 앞서 보았듯이 天地之心과 다르지 않은 것이다. 이러한 인간본성에 근거하여 인간사의 도덕생활에서 '時中的 머무름'의 삶을 취해야 한다. 예컨대, 아버지와 아들 간에는 '은혜'에, 임금과 신하 간에는 '의로움'에,52) 그리고 도덕적 상황에 따라 孝, 仁, 敬, 義 등의 德目이나53) 행위규범으로 구체화되어 나타나는 것이 바로 '時中的 머무름'이다. 그런데 이처럼 '時中的 머무름'의 태도를 취하는 것이 聖人과 狂人을 가를 정도로 중요한 삶의 지표이지만, 그것이 말처럼 쉬운 일은 아니라는 데 문제가 있다.

서경덕이 「주역」에 눈 밝았기에 이를 빌려 문제상황의 심각성을 잠시 들여다보자. 易의 64卦와 384爻 및 그 괘효사와 彖·象은 64개, 384개의 상황과 그 상황에서 취할 바른 도리를 제시한 것이라고 할 수 있다. 우리는 64괘, 384효로 나타나는 구체적 상황(時, 位) 가운데 어느 하나에 처하게 된다. 그런데 그 만나는 時와 처하는 位가 다르므로 거기에는 무궁한 변화가 있게 된다. 즉 이것이 바로 인간이 살면서 부딪칠 수 있는 도덕적 삶의 현장이라는 말이다. 그런데 이처럼 무궁한 時勢 내지는 상황 속에서 자신의 상황을 판단하고 행위의 결단을 내리는 일, 곧 '時中的 머무름'이 쉬운 일이겠는가 생각해 보라. 특히 오늘날과 같은 복잡한 사회적 삶의 장에서는 옛날보다 더 그럴 것이고, 매번 새로운 도덕문제에 닥칠 때마다 상황판단과 행위결단을 결정할 시간적 여유도 없다고 할 것이다.

그러나 사실은 「주역」적 상황과는 달리 인간사의 생활은 매 상황, 매 개인마다 완전히 상이한 것만은 아닌 것 같다. 즉 인간 일반 및 그들의 행위 중에는 많은 유

---

51) 『화담집』, 「朴頤正字詞」, "天地之正, 稟全者人, 其正伊何, 曰義與仁. 仁義之源, 至善之眞, 如水未波, 如鏡未塵. 情一用事, 或失其正. 其始也幾差, 其究也狂聖. (中略) 盍顧於明命, 宜時遵養, 敦復初性."
52) 같은 책, 「送沈敎授義序」.
53) 같은 책, 「擬上仁宗大王論國朝大喪喪制不古之失疏」.

사성들이 존재하는 것이다. 따라서 유사한 상황에 따른 유사한 행위규칙들이 존재할 수도 있다. 예컨대, 서경덕은 다음과 같이 말한다.

> 陽은 陰을 겸할 수 있으나 陰은 陽을 겸할 수가 없다. 그러므로 陽은 완전하나 陰은 반쪽이며, 陽은 풍부하나 陰은 결핍되며, 陽은 높고 陰은 낮다. 이래서 곧 임금이 신하들을 다스리고, 남편이 아내를 거느리고, 군자가 소인들을 부릴 수 있고, 중국은 오랑캐들을 복종케 할 수 있는 것이다.[54]

예의 陽尊陰卑論에 토대한 三綱五倫的 실천윤리는 당시대의 사회맥락에서 폭넓게 통용되기 시작한 행위규칙이라 할 수 있다. 주지하듯이, 당시 조선왕조의 지배계층은 신유학이념에 입각한 엄격한 신분제도를 확립하고자 하였으며, 그것은 上下, 尊卑, 貴賤의 峻別을 기본 특성으로 하는 것으로, 이러한 계층구조 속에서 인간관계를 규제하는 구체적인 윤리덕목이 바로 '三綱'과 '五倫'이었다. 서경덕도 이러한 당시대의 행위규칙들에 대해서는 그대로 수용하는 입장이었던 것으로 볼 수 있다. 따라서 그의 '時中的 머무름' 윤리도 이러한 관점에서 해석되어야 할 것이다. 그래야 그가 "올바른 道는 사람을 멀리하지 않는 것이어서 성인은 공부하면 될 수가 있다."고 전제하면서 공자, 주돈이, 정자, 주자 등을 따라 배울 것을 강조하는 공부론도 이해될 수 있는 것이다.[55]

그러나 엄격히 말하면 유사한 상황에 따른 행위규칙도 항상 불변하는 것은 아니다. 時空的 맥락이 달라지면 일상에 통용되던 행위규칙이라 하더라도 再立法이 추진되어야 한다. 유교적 禮制가 보편화되어 가는 당시대적 상황에서 이에 걸맞지 않은 禮制의 부당성을 지적하는 서경덕의 태도[56]는 이러한 관점에서 이해할 수 있을

---

54) 같은 책, 「溫泉辨」, "陽得兼陰, 而陰不得兼陽. 故陽全而陰半, 陽饒而陰乏, 陽尊而陰卑. 是乃君統臣, 夫制婦, 而君子得以役小人, 中國得以服夷狄."

55) 같은 책, 「朴頤正字詞」.

56) 서경덕은 중종이 승하하자 당시 제도상으로 유생들은 상복을 입지 않고 다만 흰옷을 3년 동안 입도록 되어 있었음에도 불구하고 "임금과 부모의 상에 어찌 상복이 없겠는가" 하면서 齋衰 3월의 복을 입었고, 상제의 부당성을 논하는 疏를 작성하기도 하였다. 인종의 승하했을 때도 마찬가지로 齋衰 3월의 복을 입었다. 같은 책, 「神道碑銘 幷序」 및 「擬上仁

것이다.

결국 서경덕의 '時中的 머무름'은 「周易」的 정언명법처럼 '過不及하지 말고 항상 中正을 지켜라'는 것과 다르지 않다고 여긴다. 그리하여 過한 상황에서는 '노력·반성·근신, 혹은 유순·겸손·순종해야' 되고, 不及한 상황에서는 보다 '적극적 태도로 전진·추진해야' 되는 것이다.[57] 그리고 中正과 '時中的 머무름'을 지키는 전제조건은 인간본성인 仁義에 근거하여야 한다는 점이다. 요컨대, 인간본성에 근거하여 '時中的 머무름'의 삶의 일상화가 곧 德性의 본질이고 有德한 인격이다. 서경덕은 바로 이러한 존재론적 도리를 구축하고 있었기에, 그리고 그러한 도덕적 진리에 근거하여 그는 삶의 중요한 마디에서 出仕보다는 處士의 삶을 선택했던 것이고, 때로는 강력하게 禮制의 부당성을 지적하는 疏를 작성하기도 했던 것이다.

지금까지 봐왔듯이, 서경덕이 바라보는 도덕적 진리란 實在로부터 고원하게 별도로 존재하는 것이 아니다. 오히려 도덕적 진리는 삶의 현장 속에, 도덕적 생활의 일상 속에 존재하는 것임을 제시하고 있다. 이러한 서경덕의 관점은 도덕적 진리관의 토대인 그의 理氣論과 무관하지 않아 보인다.

3) '머무름'의 윤리의 理氣論的 근거

화담 理氣哲學의 성격에 관한 규명은 아직까지 결론짓지 못하고 있다. 唯氣論, 氣一元論, 理氣一元論 등의 평가가 있다.[58] 우선, 화담의 기철학을 唯氣論으로 규정하는 대표적인 학자로는 현상윤과 김형효 등을 들 수 있는데, 현상윤은 "理와 氣가 아직 서로 갈리지 않은 宇宙의 本源處, 즉 宇宙의 本質을 가리켜 氣라 하고, 또 그 후에 理와 氣가 서로 갈린다 할지라도, 그 所謂 理는 氣中에 內在한 것이니, 氣外에는 理가 別箇로 존재치 않는다고 하여 唯氣論을 주장하였다."고 평가하였다.[59]

宗大王論大行大王喪制不古之失疏」.

57) 이에 대해서는 졸고, "서양윤리이론의 관점에서 『周易』읽기 연습", 『국민윤리연구』제35호 (한국국민윤리학회, 1996. 12.), 119~127쪽 참조.

58) 각각에 대한 대표적인 논문들은 앞의 註2 참조.

59) 玄相允, 『朝鮮儒學史』(서울: 玄音社, 1982), 67쪽.

김형효는 "화담 철학에도 율곡 철학에서처럼 「理氣不相離」를 주장하기에 리와 기가 한 근본임은 자명하다. (중략) 그러나 화담에게는 「理氣不相雜」의 논리가 없다. 그래서 결국 理氣는 그에게서 하나다. 그 「하나」의 개념은 화담이 즐겨 쓰는 「太一」과 같은 절대적 「하나」이기에 (중략) 氣則理 理則氣로 풀이될 수 있으리라. (중략) 그 太虛卽太一은 절대적 氣이어야 한다. 그래서 유기론이다"라고 평가하고 있다.[60]

다음으로, 화담의 기철학을 唯氣論보다는 다소 완화된 표현으로 氣一元論이라 규정하는 대표적인 학자로는 배종호, 이남영, 김교빈 등을 들 수 있는데, 이남영은 화담을 氣一元論者라 규정하면서도 그의 氣一元論이 理를 완전히 배제한 것은 아니라고 보아 화담 역시 성리학의 범주에 포함된다고 보았고,[61] 김교빈은 화담철학이 莊子나 張橫渠의 영향을 많이 받은 것으로 "화담의 특징은 根源者로서의 氣와 法則性으로서의 理를 一元的으로 본 데" 있다고 평가하였다.[62] 그러나 崔一凡, 黃光旭, 李相益, 鮮于勳滿 등은 화담의 철학을 氣一元論으로 규정하는 것에 대해서도 재고를 요청한다. 예컨대, 이상익은 "先儒들이 충분히 논한 것은 제외하고 아직 說破하지 않은 것을 논하겠다."는 화담의 年譜기록을 중시하여, 화담이 理에 대한 논의가 소략한 것이 唯氣論이나 氣一元論의 근거가 될 수 없고, "理 자체만으로는 空虛하고 氣 자체만으로는 粗雜하다. 둘이 합쳐지면 妙하고 妙하다."[63]고 한 것처럼, 화담철학은 理氣不相離을 강조했던 율곡의 입장과 다르지 않은 理氣一元論者로 보아야 한다고 주장한다.[64]

이상의 주장들 중에 어느 것이 서경덕의 理氣철학적 본질에 합당할까? 한 사상가의 사상체계에 있어 세계를 설명하는 틀과 인간 및 윤리를 설명하는 틀 간에는 논리적 정합성이 있을 것으로 가정할 수 있다면, '머무름의 윤리학'은 理氣一元論의

---

60) 김형효, 앞의 책, 같은 논문, 105쪽.
61) 李楠永, "徐敬德의 哲學思想", 韓國哲學會編, 『韓國哲學史(中)』(서울: 東明社, 1994), 191쪽.
62) 金敎斌, "徐花潭의 氣哲學에 대한 考察: 氣에 內在한 時間性을 中心으로", 『東洋哲學研究』 第5輯(동양철학연구회, 1984), 36쪽.
63) 『花潭集』, 「原理氣」, "理之一其虛 氣之一其粗 合之則妙乎妙."
64) 李相益, "花潭 徐敬德의 理氣論에 대한 再解釋", 『畿湖性理學研究』(서울: 한울아카데미, 1998), 160~161쪽 및 169~173쪽 참조.

관점에서 기초되어야 할 것이라 여긴다. 선행연구들이 화담철학의 특징으로서 氣개념에 주목하고 이에 대한 논구를 충분히 한 것으로 판단되기에, 연구자는 理개념에 한정하여 '머무름' 윤리의 근거를 소략하게 밝힌다.

지금까지 봐왔듯이, 天地之心과 다르지 않은 인간의 도덕성은 구체적으로 仁智之性으로 仁義 혹은 忠恕之道로 표현되며, 주희 성리학에서 이러한 인간의 도덕성을 理라 한다. 그런데 서경덕이 바라보는 도덕적 진리란 實在로부터 고원하게 별도로 존재하는 것이 아니라 삶의 현장 속에, 도덕적 생활의 일상 속에 존재하는 것이었다. 따라서 김형효나 이상익의 소론처럼, 서경덕의 理氣論의 기본입장은 理氣不相離에 있다. 다음은 이러한 기본 입장을 증거하는 대표적인 언표들이다.

[1] 理 자체만으로는 空虛하고 氣 자체만으로는 粗雜하다. 둘이 합쳐지면 妙하고 妙하다.[65]

[2] 太虛는 하나이나, 그 가운데 둘을 머금고 있다. 이미 둘임에 闔闢과 動靜과 生克이 없을 수 없다. 그 능히 闔闢하고 능히 動靜하고 능히 生克하는 所以를 밝혀서 太極이라 이름한다. 氣 밖에 理가 없다. / 理는 氣보다 앞서지 않는다. 氣는 시작이 없으며, 理도 진실로 시작이 없다.[66]

[3] 陰陽 二氣가 능히 生生化化하여 그치지 않는 所以가 바로 太極의 妙이다. 만약 陰陽의 造化를 떠나서 太極의 妙를 말한다면 易을 알지 못하는 것이다.[67]

闔闢·動靜·生克과 生生化化하는 것은 陰陽이고 氣이고, 闔闢·動靜·生克과 生生化化하게 하는 所以는 太極이고 理이다. 이러한 理와 氣는 따로 떨어져 존재하거나 시간적 先後가 있는 것도 아니다. 언표 그대로 氣 밖에 따로 理가 없다. 그런데 문제는 理의 역할에 있다. 주희나 퇴계에서 나타나는 理의 적극적 역할이 서

---

65) 『花潭集』, 「原理氣」, "理之一其虛 氣之一其粗 合之則妙乎妙."
66) 같은 책, 「理氣說」, "太虛爲一, 其中涵二. 旣二也, 斯不能無闔闢, 無動靜, 無生克也. 原其所以能闔闢, 能動靜, 能生克者, 而名之曰太極, 氣外無理. (中略) 理不先於氣, 氣無始, 理固無始."
67) 같은 책, 「理氣說」, "二氣之所以能生生化化而不已者, 卽其太極之妙. 若外化而語妙, 非知易者也."

경덕에게는 보이지 않기 때문이다.

> [1] 갑자기 뛰고 문득 열리니, 누가 그렇게 시킨(使) 것인가? 스스로 능히 그러한 것이요, 또한 스스로 부득불 그러한 것이니, 이것을 '理의 때(理之時)'라 한다.[68]

> [2] 理는 氣를 주재(宰)한다. 그런데 이른바 宰란 밖으로부터 와서 宰하는 것이 아니다. 그 氣의 작용이 능히 所以然의 바름을 잃지 않는 것을 宰라 하는 것이다.[69]

> [3] 음양과 오행은 누가 움직이게(發) 했을까? 이들이 상응하며 주고받고 작용하는 곳에 환히 하늘의 기밀이 보인다. 太一이 움직임과 고요함의 근간(幹)이 되며 만물의 변화는 천지의 회전을 따른다.[70]

인용에서 「使」, 「發」, 「宰」, 「幹」의 문맥적 뜻에 주목하자. 「使」와 「發」은 밖에서 인위적으로 강제하는 뜻이 강해 보인다. 즉 太極인 理가 陰陽의 氣를 闔闢·動靜·生克과 生生化化하도록 하는데 직접적이고 적극적으로 관여한다는 뜻이 된다. 그러나 「宰」나 「幹」의 뜻에 함의된 理는 陰陽의 氣가 闔闢·動靜·生克과 生生化化하는 데에 따르는 합리성(條理)에 해당할 뿐이다. 음양의 氣는 機, 즉 自能爾, 機自爾한다는 데서 보듯이 理에 관한 서경덕의 입장은 단연 후자이다. 그래서 그동안 화담 철학은 唯氣論 혹은 氣一元論 등으로 읽혀져 왔다. 그러나 서경덕의 理 개념에는 氣의 속성으로서의 理라는 條理개념만 있을까? 다음의 인용을 보자.

> [1] 누가 그렇게 시킨(使) 것인지는 알 수 없으니 조물주(玄)의 주재(宰)는 기밀을 알기 어렵네. 道는 어짐(仁)을 드러내지만 공용을 숨기니 극히 미묘하고 넓은 작용을 누가 알리. 보려 해도 볼 수 없고 찾아보아도 찾을 수 없네. 그래도 사물의 이치를 미루어 나가면 미묘한 발단을 어렴풋이 알게 되네.[71]

---

68) 같은 책, 「原理氣」, "攸爾躍, 忽爾闢, 孰使之乎. 自能爾也, 亦自不得不爾, 是謂理之時也."
69) 같은 책, 「理氣說」, "理者氣之宰也. 所謂宰, 非自外來, 而宰之指其氣之用事, 能不失所以然之正者, 而謂之宰."
70) 같은 책, 「天機」, "二五誰發揮, 惟應酬酢處, 洞然見天機, 太一幹動靜, 萬化隨璇璣."
71) 같은 책, 「天機」, "不知誰所使, 玄宰難見幾, 顯仁藏諸用, 誰知費上微, 看時看不得, 覓處

[2] 氣의 심연하고 無形한 妙를 일컬어 神이라 한다. 이미 氣라고 말했으니 곧 발자취를 남김이 있다. 그런데 神은 형체 있는 흔적에 구애받지 않으니 과연 神은 어느 곳에 있고 어떻게 잴 수 있는가? 그런 까닭을 일컬어 理라 하고 그 까닭의 妙를 말하여 神이라 하고, 그 자연스럽고 진실한 것을 말하여 誠이라 하고, 그것이 움직여서 유행하는 것을 말하여 道라고 한다.[72]

인용에서 「玄」・「道」・「神」・「誠」은 모두 理의 속성과 무관하지 않아 보인다. 심연하고 無形의 氣(先天氣)도 있지만, 理와 만나(妙)는 순간부터 현실적으로 보이는 흔적과 형체는 氣(後天氣)일 뿐이고 理는 드러나지 않는다. 보려 해도 보이지 않고 찾아보아도 찾을 수 없지만 所以然의 理에 의해 드러나는 氣의 작용은 미묘하고도 넓다. 드러나지 않으면서 작용케 하기에 리는 「玄」이고 「神」이다. 그 理氣之妙가 가장 자연스럽고 진실한 점에서 우주론적 「誠」이고, 근원과 작용의 妙와 유행을 통틀어 道라 한다. 이러한 「玄」・「道」・「神」・「誠」의 속성을 갖는 理란 氣의 속성으로서의 理와는 다른 것으로 이해된다. 김형효 교수가 밝혀 듯이, 〈氣의 속성으로서의 理〉가 悟性에 해당하는 규칙성・정합성・합리성 등의 條理에 해당한다면, 〈玄・道・神・誠의 속성을 갖는 理〉는 悟性적인 각각의 다양한 규칙들을 궁극적이고 전체적인 하나의 통일성으로 모으는 원리로서의 理性的 理에 해당한다.[73]

그리고 이러한 理개념의 이해를 인간학적으로 해석할 때, 〈玄・道・神・誠의 속성을 갖는 理〉가 곧 天地之心이고 仁智之性이고 仁義 혹은 忠恕之道로 보아야 할 것이다. 그리고 드러나지는 않지만 이러한 인간본성의 理에 기초하여 時中的 머무름의 도덕적 태도를 가지는 것이 바로 〈氣의 속성으로서의 理〉인 條理로서, 그것은 아버지와 아들 간에는 '은혜'에, 임금과 신하 간에는 '의로움'에, 그리고 도덕적 상황에 따라 孝, 仁, 敬, 義 등의 德目이나 구체적 행위규범으로 등장하는 것이다.

覓還非, 若能推事物, 端倪見依稀."

72) 같은 책, 「原理氣」, "氣之湛然無形之妙, 曰神, 旣曰氣, 便有粗涉於迹, 神不囿於粗迹, 果何所方哉, 何所測哉. 語其所以曰理, 語其所以妙曰神, 語其自然眞實者曰誠, 語其能躍以流行曰道."

73) 김형효, 앞의 책, 같은 논문, 104~106쪽.

3. 自得的 공부론의 내용과 방법

1) 자기 삶의 터득 법으로써 自得的 공부론

'머무름'의 윤리학은 인간본성(仁)에 근거하여 다양한 인간사의 도덕생활에서 '時中的 머무름'의 삶을 취하라고 권고한다. 이러한 권고에 따라 살아감의 일상화가 곧 德性의 본질이며, 그러한 사람이 바로 聖人이고 有德한 인격이다. 이것이 서경덕이 구축한 존재론적 도리이다. 그러나 그가 구축한 존재론적 도리는 하루아침에 이루어진 것이라 볼 수 없다. 다음과 같이 만년에 지은 哲學詩에서 보듯이, 그것은 지난한 공부와 자기 수련의 과정을 거쳐서 구축되고 터득된 것이다.

[1] 공부한답시고 길게 탄식하며 쭈그리고 앉아 있었으니 / 내 몽매함 깨쳐 줄 훌륭한 분 못 만났기 때문이었네 / 애쓰며 부지런히 공부하고 나니 / 오십 줄이 가까워져야 비로소 통하는 듯 하네.
선각자이신 맹자께서는 생각을 정성되이 할 것을 말씀하셨듯이 / 배움이 정성된 단계에 이를 때라야 멋대로 통달하게 되네 / 반성해 보면 아직도 마음에 거리낌없을 수 없으니 / 뛰어나고 밝은 머리 믿을 게 못됨을 비로소 알게 되네.
군자는 모름지기 도리를 깊이 깨달아야 하니 / 그 결과를 거두게 되어야만 비로소 학구를 쉬어도 되네 / 요새 와서야 참된 내용을 간파하게 되었으니 / 옛날에 공연히 마음썼다고 스스로를 웃게 되네.[74]

[2] 독서하던 때에는 經綸에 뜻하였는데, 만년에는 오히려 顏氏의 가난을 감미롭게 맛보도다. 부귀는 다투는 이가 많아 손대기 어렵고, 자연에는 금하는 이가 없으니 몸을 편안히 거주케 할 수 있도다. 산에서 나물 캐고 물에서 고기 낚으니 굶주린 배를 채울 수 있고, 달을 노래하고 바람을 읊으니 만족히 神氣를 화창하게 할 수 있네. 배움이 의심나지 않음에 이르고 앎이 활달해지니, 헛되

---

74) 『화담집』, 「次沈教授見贈韻」, "爲學長嗟坐冗叢, 未逢先正發餘蒙, 辛勤做得工夫手, 五十年來似始通. / 孟軻先覺語思誠, 學到誠時自在行, 反省未能無內疚, 始知不足恃高明. / 君子要須造道深, 到收功處始休尋, 年來覰破眞消息, 自笑從前枉費心."

이 백년 인생 지음을 면하리.75)

　　[1]의 인용처럼, 서경덕은 지난한 공부를 거쳐 오십 줄에 가까워서야 겨우 자기
삶의 방식으로서 존재론적 도리를 구축할 수 있었다. 그런데 서경덕은 조광조가 활
약하던 31세 때에 薦擧科에 천거되었던 바 있고, 43세 때에는 生員試를 합격하여
성균관에 들어간 적도 있다. 그리고 중종대 후반기인 52세와 56세 되던 해에도 김
안국에 의해 조정에 천거된다. 그러나 세 번의 천거를 모두 마다하였고, 성균관에서
도 뛰쳐나와 버렸다. 그리고 건강상의 이유로 두 번에 걸친 유람생활을 제외하고
대부분의 생애를 자연과 벗 삼으며 好學하는 삶을 살았다. 연구자는 앞에서 이러한
서경덕의 삶의 태도가 현실의 회피가 아니라 난세를 살면서 터득하고 구축한 존재
론적 도리에 근거한 것이었다고 해석한 바 있다. [2]의 인용, 즉 삶을 돌아보며 노
래한「述懷」의 내용을 보면 연구자의 해석이 크게 빗나간 것이 아님을 증거하고 있
다. 즉「述懷」는 현실에 직접 참여하여 세계경영에 나아가는 대신 간접적인 길을
선택하여「염퇴」에 머물렀던 자신의 삶이 헛된 것이 아니었음을 고백하고 있는 것
이다. 따라서 서경덕의 관점에서 볼 때, 군자에게 있어 세계경영에 나가고 안 나가
고 하는 것보다 더 중요한 것은 정성된 공부와 자기수련을 통해 道를 터득하는 데
에 있다.

　　그런데 자기 삶의 방식과 존재론적 도리의 터득은 자신의 실존적 삶에 대한 진지
한 탐구를 통해 '스스로 터득'(自得)해 낼 수밖에 없다. 어느 누구도 인생을 대신
살아줄 수는 없는 것이기 때문이다. [1]의 인용에서 서경덕은 자신의 몽매함을 깨우
쳐 줄 스승을 못 만났다고 실토하고 있지만,76) 다음의 인용을 볼 때 그러한 실토는

---

75) 같은 책,「述懷」, "讀書當日志經綸, 晚歲還甘顔氏貧, 富貴有爭難下手, 林泉無禁可安身,
　　採山釣水坩充腹, 詠月吟風足暢神, 學到不疑知快活, 免敎虛作百年人."
76) 혹자는 서경덕의 自得之學이 한미한 그의 家系라는 불우한 처지와 사물에 대한 강렬한
　　탐구심에서 비롯된 것이라 해석하고 있다. 특히 한미한 家系출신이라는 점과 관련하여,
　　서경덕의 先系에서 뚜렷하게 관직을 역임한 인물이 없으며, 아버지 徐好蕃도 무반 출신
　　이다. 그리고 집안도 農蠶을 家業으로 삼아 매우 가난하였기 때문에 일정한 스승 없이
　　독학으로 자신의 학문체계를 세울 갈 수밖에 없었다는 것이다. 신병주,『남명학파와 화담
　　학파 연구』(서울: 일지사, 2000), 192쪽. 그러나 연구자는 이러한 가계의 측면보다는 존재

상투적인 언사일 뿐이다.

> 문자 상에 나타난 의리는 모두 옛사람의 말단이요 / 긴요한 것은 자기가 알아내
> 는 데 있다. / 내가 말했던 것도 모두 문자 상의 찌꺼기요 / 요긴한 것은 모름지기
> 정밀하게 생각하여 '스스로 깨닫는'(自得) 것이다.[77]

　인용은 제자인 홍인우에게 한 말인 듯하다. 옛 성인의 말씀도 그 성인이 터득한
도리일 뿐이고 내가 터득한 삶의 방식도 어디까지나 나에게 국한된 삶의 방식이다.
옛 성인의 말씀과 도덕적 문화전통이 우리를 〈관습의 뜰〉로 안내할 수는 있어도,
〈이성의 궁전〉으로 들어가도록 하는 것은 보장할 수 없다.[78] 결국 궁극적인 자기
삶의 방식과 도리의 터득은 전적으로 자신이 터득하고 선택해야만 하는 것이다.
　年譜에 의하면, 서경덕은 어려서부터 혼자서 사색하고 탐구하기를 좋아했다고 한
다. 어린 시절 종달새가 하늘로 올라가는 것을 깊이 관찰한 일화는 사물에 대한 그
의 탐구심이 어떠했던가를 보여준다. 그리고 서경덕은 18세에 『大學』을 공부하다가
'格物致知'의 조목에 이르러 "학문을 하면서 먼저 格物하지 않으면 글을 읽어 무엇
에 쓰리요"라고 하여 독서보다는 스스로 진리를 깨닫는 格物에 관심을 두게 되었다
고 年譜는 전하고 있다.[79] 이처럼, 서경덕 개인의 사물에 대한 강렬한 탐구심은 '스

　　론적 도리 구축과정에서 보듯이 난세를 살면서 스스로 터득한 나름의 공부 방법이라고
　　생각한다. 여기에는 서경덕 개인의 사물에 대한 강렬한 탐구심도 중요한 몫을 하였을 것
　　이다.

77) 洪仁祐, 『恥齋遺稿』 卷2, 「日錄」, "辛丑四月, (中略), 先生曰, 義理見存文字上, 都是這
　　古人末杪, 緊要也是在得底", "庚子八月, (中略), 吾所說, 皆文字上糟粕, 若喫緊地, 則須
　　精思自得."

78) 여기서 〈관습의 뜰〉과 〈이성의 궁전〉은 현대 도덕교육론자인 피터스(R. S. Peters)의 용
　　어이다. 피터스는 여러 심리학적, 경험론적 연구결과를 토대로 하여 인간의 도덕발달 단
　　계상 아동의 시기에는 합리적 혹은 원리적 도덕성을 위한 교육이 부적절하다고 주장한
　　다. 오히려 합리적 도덕성은 전통과 관습적 도덕성의 내면화를 토대로 할 때 이루어질
　　수 있은바, 즉 "습관과 전통(Habit and Tradition)의 뜰을 지나 이성의 궁전(the Palace of
　　Reason)에 들어갈 수 있고, 또 들어가야만 한다."고 주장하고 있다. R. S. Peters, *Moral
　　Development and Moral Education*(Gorge Allen & Unwin Ltd., 1981), 이를 우리말로 번
　　역한 남궁달화 역, 『도덕발달과 도덕교육』(서울: 문음사, 1998 제1판 제2쇄), 73쪽.

스로 진리를 깨닫는' 自得의 공부방법을 입론하는 데 중요한 동인이 되었을 것이다. 그러나 이러한 점 못지않게 주목해야 할 것은 난세를 살면서 그의 삶의 방식을 터득했듯이, 공부방법도 그러한 그의 삶의 역정과 무관하지 않을 것이라는 점이다.

서경덕은 가장 감수성이 예민한 시기에 두 차례의 士禍를 간접 경험했거니와, 연산군의 폭정을 극복하고 개혁의 기치를 내걸고 출발한 중종 초기는 조광조 등에 의해 '道根本主義'에[80] 토대한 至治의 정치가 휘몰아치던 시대였다. 모든 가치판단의 절대적 원칙은 理의 道였다. 道心一體의 철학은 君民一體의 정치를 요구하였고, 常道가 아닌 權道가 용납될 수 없는 분위기였다. 이러한 원칙의 철학이 추상화되고 고착화될 때, 정치의 장에서는 따뜻한 형제애(仁義)의 관용정신은 사라지고 敵과 동지를 나누는 이데올로기 싸움판이 되기 십상이다. 사고의 유연성이 사라지고 급진적이고 과격한 행동을 가져오기 마련이다.

특히, 이러한 분위기의 시대에 對面 스승을 모신다는 것은 자기의지와 상관없이 바로 정파간 난투극에 휘둘릴 가능성이 높다. 당시대 도학자들은 사상가이고 학자인 동시에 정치가였음을 상기할 때 이점은 분명하다. 조광조 등에 의해 이러한 분위기가 연출되고 있을 때, 이미 서경덕은 또 한 번의 士禍를 예측하고 있었을지 모른다. 그래서 그는 薦擧科의 천거도 거부했고 스승을 구할 생각도 없었다. 연보로 추정해 볼 때, 이 기간 동안은 서경덕이 자신의 삶의 방식과 존재론적 도리 구축과 관련하여 가장 심도 있는 공부와 자기수련에 매진한 시기로 판단된다. 그의 自得的 공부론이 정초된 것도 바로 이 시기일 것이다.

오히려 스승이 없었기에 서경덕은 다양한 학문을 자유자재로 연구할 수 있었을 것이다. 주자성리학이 정통성을 확보해 가는 시대에 그는 周敦頤, 邵雍, 張載와 같은 북송 성리학을 가까이 했고, 유학과 성리학을 넘어 장자와 혜자를 읽고 불교를 읽었다. 더 나아가 서경덕은 자연과학적 논문까지도 쓰지 않았던가.[81] 그러나 그의

---

79) 『화담집』, 附錄 「年譜」, "先生十八歲, 讀大學致至知在格物, 慨然嘆曰, 爲學而不先格物, 讀書安用於是, 乃盡書天地萬物之明糊於壁上, 日以窮格爲事."

80) 조광조 사상이 道根本主義에 토대하고 있다는 논문은 김형효, "靜庵思想의 哲學的 硏究", 앞의 책, 109~135쪽 참조.

81) 서경덕의 學風에 관해서는 신병주, 앞의 책, 195~216쪽 참조. 여기서 그는 서경덕의 학

공부의 종착역은 유교와 성리학에 있었다.[82] 말년에 쓴 그의 철학논문에서도 서경덕은 자신의 철학적 논점이 불교와 다르고[83] 노장사상과도 다른 것이라고[84] 강조하고 있다.[85]

2) 自得的 공부의 방법 하나: 觀物工夫

자기 삶의 방식과 존재론적 도리의 터득은 자신의 실존적 삶에 대한 진지한 탐구를 통해 '스스로 터득'(自得)해 낼 수밖에 없다. 따라서 공부하는 과정도 엄격히 그 목표를 세워 놓고 자신의 역량을 다하여 반드시 자기가 바라는 목표에 도달하도록 하여야만 한다. 그렇게 해야 자기 공부의 성과는 드러날 수 있다. 모든 일에 기율과 법도가 있듯이, 공부도 함부로 시작하고 끝맺는 순서도 없이 끌고 나가서는 안 되는 것이다.[86] 말할 것도 없이, 여기서 공부의 목적 내지 목표는 자기 삶의 방식과 존재론적 도리 터득이며, 서경덕으로 말하면 '머무름'의 윤리를 터득하는 것이다. 그래서 서경덕은 '배우고도 머무름을 알지 못한다면 배우지 않는 것과 무엇이 다르겠는가'라고 반문한다.[87] 아울러 그는 立志의 중요성에 관해서도 다음과 같이 말하고 있다.

　　성인의 가르치신 높은 학문은 뜻[志]이 먼저 서야 하니 / 뜻을 바르게 지녀야만

　　풍을 ① 『周易』을 중시한 學風, ② 절충적, 개방적 學風으로 제시하고 있다.

82) 『화담집』, 「有人讀南華經以詩示之」, "千里謬從一蹞差, 笑他諸子誦南華, 六經自有文章地, 不用工夫著百家."

83) 『화담집』, 「原理氣」(補充), "又曰, 禪家云, 空生大覺中, 如海一漚發, 有曰眞空頑空者, 非知天大無外, 非知虛卽氣者也. 空生眞頑之云, 非知理氣之所以爲理氣者也. 安得謂之知性, 又安得謂之知道."

84) 같은 책, 「太虛說」, "知虛之爲虛, 則不得謂之無. 老氏曰, 有生於無, 不知虛卽氣也, 又曰, 虛能生氣, 非也."

85) 같은 책, 「太虛說」, "老氏言虛無, 佛氏言寂滅, 是不識理氣之源, 又烏得知道."

86) 같은 책, 「送沈敎授義序」, "當嚴立課程, 盡其力量, 必充吾所期之數, (中略), 事有紀極, 不可漫無始率之序而引之也."

87) 같은 책, 같은 편. "君子之所貴乎學, 以其可以知之也. 學而不知止, 與無學何異."

비로소 깨우침도 호연(浩然)해지게 되네 / '실제적인 공부'[實底工夫]에 최선을 다 해야 하며 / 나머지는 만사에 하늘의 목소리를 따르면 되네.[88]

목표가 설정되고 그것을 달성하려는 뜻이 섰다면 이제부터는 '실제적인 공부'로 돌입해야만 한다. 그렇다면 공부의 방법은 구체적으로 무엇인가? '持敬하고 이치를 탐구하는 것'[持敬觀理]이다.[89] 풀어 말해 '持敬觀理'는 張載的 의미의 見聞之知와 德性之知의 공부이고, 서경덕 자신의 표현으로 이른바 '觀物工夫'와 '自在工夫'가 그것이다. 우선 이 절에서는 觀物工夫의 방법과 의미를 보기로 하자.

'사물을 관찰하는 공부'[觀物工夫]가 충분하면 / 해와 별이 높이 뜨고 흉한 기운 맑게 걷히게 되네 / 스스로 호연지기를 가슴속에 기르고 / 타고난 대로 자연에 놓이니 밖의 어지러움에서 풀려나게 되네.[90]

'觀物공부'를 충분히 하면 세상의 이치[天理]를 알게 되고 浩然之氣가 길러진다. 天理와 性理(내 마음의 본성) 간에 삼투작용을 통해 浩然之氣를 기르는, 즉 대자연의 섭리와 합일하는 공부는 아마도 '自在공부'의 영역인 듯싶지만, 위의 인용은 '觀物공부'의 지향처가 어디인지를 암시해 주고 있다. 이 점은 뒤에서 좀 더 규명하기로 하고, '관물공부'의 일차적인 목표는 아무래도 세상의 이치를 밝히는 데 있다. 이제 그 구체적 방법을 보기로 하자.

[1] 만물의 현상을 따라 연구하면 변화를 알 수 있고 / 근원으로부터 이치를 찾아보면 오묘한 도를 깨칠 수 있으리라.[91]

[2] 사람들이 모두 생활함에 있어서는 / 목마르면 마시고 추우면 옷 입으니 / 자기 주위에서 원리를 배운 것이지만 / 근본에 대하여는 아는 이가 드물다 /

---

88) 같은 책, 「送金彦順」, "聖門高學志居先, 正志纔持覺浩然, 實底工夫宜喫力, 自餘萬事一聽天."
89) 같은 책, 「送沈敎授義序」, "然則如何用功, 而可止於無思無過之也. 曰 持敬觀理其方也."
90) 같은 책, 「又一絶」, "觀物工夫到十分, 日星高揭霽披氛, 自從浩然胸中養, 天放林泉解外紛."
91) 같은 책, 「觀易吟」, "研從物上能知化, 搜自源頭可破玄."

모든 이상이 결국은 한 가지 목표에 귀착하고 / 길은 다르지만 마침내는 같은 곳으로 돌아가네 / 앉아서도 온 세상의 일을 알 수 있거늘 / 어찌 문밖을 나갈 필요가 있겠는가.[92]

인용에서 보듯이, '관물공부'의 방법은 두 가지다. 하나는 만물현상으로부터 공부하는 방법[研從物上]이고, 다른 하나는 근본으로부터 공부하는 방법[搜自源頭]이다. 전자가 만물현상에 대한 경험과 관찰을 토대로 悟性的 理의 탐구를 목표로 하는 것이라면, 후자는 理性的 理로부터 추리에 의해 만물현상을 설명하는 것을 목표로 삼는다. 그러나 결론부터 말하면, 서경덕의 理개념에서 암시되었듯이, 이 두 공부방법은 서로 별개라기보다는 동전의 양면이다.

서경덕은 어려서부터 만물현상을 관찰하고 탐구하는 格物공부에 치중하였다고 한다. 벽에 천지만물의 이름을 써서 붙여놓고는 날마다 窮究하였는데, 한 가지 사물을 궁구하여 다 깨우쳐야 다른 사물을 궁구하고, 궁구함이 미진할 때는 음식 맛도 모르고 더위와 추위도 잊은 채 잠을 설쳐가며 며칠 밤낮을 몰두하였다고 한다. 이처럼, 공부하기를 6여 년 동안 하니 깨치지 못한 사물이 없을 정도였다고 제자 박민헌은 회고하고 있다.[93] 그야말로 研從物上의 格物공부를 실천으로 보여준 예라 할 것이다. 그런데 研從物上의 格物공부는 말 그대로 직접 사물을 관찰하고 경험하면서 궁구하는 것이란 점에서 독특성을 갖는 것 같다. 우리가 아는 한 朱子的 의미의 格物은 독서, 즉 道問學을 통한 格物이란 측면이 강하다. 그러나 서경덕은 사물에 대한 궁구에서 "스스로 자신을 가진 다음에야 『四書』와 『六經』, 『性理大典』 등의 책을 읽었고, 자신이 터득한 이치가 경전 속에 나타난 이치와 다르지 않음을 확인하였다."[94]고 전한다. 이처럼, 서경덕은 格物공부에서도 研從物上이라는 自得的 공부방법을 중시했던 것이다.[95]

---

92) 같은 책, 「天機」, "人人皆日用, 渴飮寒則衣, 左右取逢原, 原處便知希, 百慮終一致, 殊途竟同歸, 坐可知天下, 何用出庭闈."

93) 같은 책, 「神道碑銘幷序」(朴民憲).

94) 같은 책, 「神道碑銘幷序」(朴民憲), "先生有以自信, 然後乃取四書六經性理大全等書讀之, 與前日所得於格致者, 況然相契."

철저한 研從物上의 格物공부, 즉 悟性的 理에 대한 탐구가 경륜이 쌓이다보면 豁然貫通하는 단계가 오는 듯하다. 이때가 근원, 즉 理性的 理가 터득되는 지점이다.[96] 그리고 이제부터는 '搜自源頭의 공부'(근원으로부터 하는 공부)도 가능하다. 搜自源頭의 공부는 집밖을 나가보지 않고도 세상의 이치를 설명해 낼 수 있는 능력을 갖게 한다. 그런데 이러한 경지의 공부단계에는, [2]의 인용처럼, 아무나 도달하기는 쉽지 않은 일이다. 목마르면 마시고 추우면 옷 입는 것은 생활에서 배우는 이치이다. 日用을 넘어선 사물에 대한 탐구도 열심히만 하면 가능하다. 그러나 모든 사물의 궁극적 근원과 道를 터득하는 사람은 드물다. 이것이야말로 자신의 삶의 방식과 존재론적 도리를 구축하기 위하여 自得해 낼 수밖에 없는 공부인 셈이다. 이 공부는 '관습의 뜰'을 지나 '이성의 궁전'으로 들어가는 공부이기 때문이다. '이성의 궁전'으로 들어설 때 비로소 物로써 物을 보는 慧眼이 열린다.

눈에는 발을 치고 귀에는 문을 닫았으되 / 소나무 바람 소리 시냇물 소리는 여전히 시끄럽네 / 자신을 잊고 物로써 物을 보는 경지에 도달하니 / 마음이 곳에 따라 따뜻하구나.[97]

이 物로써 物을 보는 慧眼의 경지가 어떤 것인지를 좀 더 자세히 이해하기 위해서는 邵康節의 주장을 빌려올 필요가 있다.[98] 그는 觀物의 경지를 ① 눈으로는 보는 것(觀之以目), ② 마음으로 보는 것(觀之以心), ③ 이치로 보는 것(觀之以理)으로 유형화하고, 또한 ④ 나로서 사물을 보는 것(以我觀物), ⑤ 사물로써 사물을 보는 것(以物觀物)으로 유형화하고 있다.[99] 여기서 ① 觀之以目과 ② 觀之以心은 ④의

---

95) 또한 서경덕은 성현들이 밝힌 바의 책에 대해서도 자신이 註를 달지 않는 것은 이미 선학들이 註를 달아 놓았는데 자신의 註를 다시 다는 것은 번잡과 혼란만 가져올 뿐만 아니라, 특히 후학들이 스스로 생각하여 自得하는 데 방해를 줄 것이기 때문이라고 하고 있다. 같은 책, 「鬼神死生論」. "註脚更添註脚, 乃後學苦其繁複, 亦莫之致思何."

96) 같은 책, 「復其見天地之心說」, "若於一物上十分格得破, 則亦見得至理."

97) 같은 책, 「無題」, "眼垂簾箔耳關門, 松籟溪聲亦做喧, 到得忘吾能物物, 靈臺隨處自淸溫."

98) 소강절의 '觀物'의 인식론에 대한 좀 더 자세한 고찰은 황광욱, "邵雍의 觀物을 통해 본 徐敬德 哲學의 一面", 『東洋古典研究』第13輯(東洋古典學會, 2000. 6.), 267~277쪽 참조.

以我觀物과 같이 가고, ③ 觀之以理는 ⑤의 以物觀物과 같은 뜻인 것 같다. 즉 눈이나 마음으로 보는 것은 감각이나 욕망 혹은 사회화된 양심으로 사물을 대하는 태도로 그것은 경험이나 관습적 지식으로 세계를 보는 것이다. 그러나 이치와 物을 통하여 세계를 공정하게 보려면 이러한 경험세계를 초월할 수 있어야 한다.[100] 그래서 소강절은 "나를 사물로 여기지 않으면 물을 물로써 볼 수 있다."[101]고 하고 있다. 이 점을 서경덕은 "바위 돌에 음기가 배었으니 천 년 이끼 색이 푸르네, 自家(나)와 마찬가지인 줄 알겠으니 生意가 구속이 없네."[102]라는 哲學詩로 표현해 내고 있다. 요컨대, 物로써 物을 보는 慧眼의 경지란 天理를 통하여 세상을 보는 안목이고 나에게 숨겨진 '生意'와의 합일이다. 여기서 '生意'란 말할 것도 없이 인간본성이고 仁義의 도덕성과 다름이 없으리라.[103] 그래서 物로써 物을 보는 慧眼의 경지에 오른 자는 어떠한 도덕적 상황에서도 '時中的 머무름'의 도덕판단에 스스럼이 없다.

3) 自得的 공부의 방법 둘: 自在工夫

'觀物공부'는 관습의 뜰을 지나 이성의 궁전으로 들어가도록 하는 데 있다. '이성의 궁전'으로 들어섬으로써 비로소 物로써 物을 보는 慧眼의 경지가 열리지만, 그것이 바로 도덕적 행동실천까지 보장하는 것은 아니다. '관물공부'는 어디까지나 인지적 도덕성을 함양하는 것이라 할 수 있다. 有德한 인격 혹은 덕성의 함양은 도덕

---

99) 邵康節, 『皇極經世』, 「觀物內篇」, "夫所以謂之觀物者, 非以目觀之也. 非觀之以目, 而觀之以心也. 非觀之以心, 而觀之以理也. (中略). 聖人之所以能一萬物之情者, 謂其能反觀也. 所以謂之反觀者, 不以我觀物也. 不以我觀物者, 以物觀物之謂也."

100) 같은 책, "以物觀物性也, 以我觀物情也, 性公而明, 情偏而暗." 그리고 노사광 저, 정인재 역, 『중국철학사』(서울: 탐구당, 1987), 199쪽.

101) 같은 책, 「觀物外篇」, "不我物, 則能物物."

102) 『화담집』, 「詠苔」, "筐厂陰滲漉, 千年苔色綠, 自家知一般, 生意無拘束."

103) 『화담집』, 「神道碑銘幷序」. "夫格物致知者, 知性知天之事." 『朱子語類』에서도 生意를 仁이라 해석하고 있다. 이를 표현한 예들로는 生底意思是仁(卷6); 只從生意上說仁(卷6); 仁是箇生底意思(卷20) 등이다.

성의 인지적 측면과 함께 정의적 및 행동적 측면의 도덕성까지 함양될 때 이루어지는 것이다. 따라서 마음의 함양공부가 추가되어야 한다. 서경덕은 이 마음의 함양공부를 '自在工夫'라 하고 있다.

> 道는 사람으로부터 멀리 있는 것이 아니니 모름지기 속히 회복해야만 하며 / 일은 모두 物에 따르는 것이니 어긋나지 않게 해야 하네 / 본성을 이미 알았으니 마땅히 잘 길러야만 할 것이며 / 반드시 일이 닥칠 것이지만 어찌 너무 고집만 하랴 / **'스스로 존재를 위한 공부'[自在工夫]**에 일찍부터 힘을 다하고 있네.104)

道를 회복하고 본성을 함양하기 위한 '自在공부'가 필요하다. 왜냐하면 그것은 분명한 하늘의 명령이기 때문이다.105) 그런데 올바른 道는 사람을 멀리하지 않으며 성인이 되는 것도 공부하면 될 수가 있는 것인데106) 사람들은 마음의 공부를 잘 돌아보지 않고 그저 '관습의 틀'에 안주하고 만다. 物로써 物을 보는 慧眼도 自得에 의해 이루어질 수 있는 것이지만, 마음공부인 '自在공부'는 더욱 그렇다. 설사 옛 성인이 이미 밝혀 놓은 理致라 하더라도 그것을 내가 마음으로 수용하여 신념화하고 실천할 것인가는 전적으로 나 자신에게 달려있는 것이다.107) 그러기에 서경덕은 일찍부터 "20세부터는 결코 같은 허물을 다시 범하지 않겠다."108)고 다짐하면서 誠明과 主敬의 공부에 힘써 왔던 것이다. 여기서 암시되었듯이, '自在공부'의 방법이 바로 誠明과 主敬이며, 달리 말하여 持敬觀理가 그것이다.

> [1] 誠明의 사업에 칼날을 넓게 놀리니 / 玄妙한 機關(心)에 채찍을 대는 이 적도다 / 主敬의 功 이루어 바야흐로 上帝(對越)를 대하니 / 滿窓風月이 절로 悠然하구나.109)

---

104) 『화담집』, 「笑戲」, "道不遠人須早復, 事皆方物莫敎睽, 旣知性處宜溫養, 必有事來豈太持, 自在工夫曾喫力."
105) 같은 책, 「朴頤正字詞」, "盍顧於明命. 宜時遵養, 敦復初性."
106) 같은 책, 같은 편. "道不遠人, 聖可學至."
107) 같은 책, 「觀易吟」, "羲畫周經動鬼神, 仲尼天縱引易伸, 廓開至理無遺蘊, 默契心通只在人."
108) 같은 책, 「年譜」.

[2] 어떻게 해야 無思無爲의 경지에 도달할 수가 있는가? 持敬觀理가 그 방법이다. 敬이란 主一無適을 이름이다. 一物을 접할 때는 접한 것에만 마음을 머물고, 一事에 응할 때도 응한 것에만 마음을 머물어, 다른 것이 끼어 들지 못하도록 하면, 마음은 하나에 미치게 되고 응접하던 事와 物이 거치면 곧 거두어들임에 湛然하기가 밝은 거울이 텅 빈 것과 같다. 그러나 내가 持敬함의 미숙함을 돌아본다면, 바야흐로 그 한 가지를 主로 할 적에 '머무름'에 빠지지 않는 사람이 드물 것이다. '머무름'에 빠지면 또한 累가 된다. 반드시 오래도록 持敬하여 능히 主靜으로써 동요심을 제어하면, 밖으로 '머무름'에 빠지지 아니하고 안으로도 '머무름'에 막힘이 없게 되니, 그런 뒤라야 無思無爲의 경지에 도달할 수 있게 되는 것이다.110)

인용의 [1]에서는 서경덕이 일찍부터 '自在공부'에 힘써 그 뜻을 이뤘음을 고백하고 있다. 앞서 사람들은 마음의 공부를 잘 돌아보지 않고 그저 '관습의 뜰'에 안주하려 한다는 점을 지적한 바이다. 그러나 사실은 관습의 도덕만이라도 제대로 실천되는 것이 중요하다. 인용에서 "玄妙한 機關(心)에 채찍을 대는 이가 적다"는 말은 日用의 도덕을 自得的으로 내면화하여 실천하려 하지 않고, 현실의 편안함에 안주하려 하는 자가 많음을 질타하는 말이다. 현실의 안락함에 안주하려 할 때, 인간은 물욕에 휘둘리기 십상이고 올바른 정도를 잃을 가능성이 크다. 처음에는 별 생각 없이 즐겼던 안락함과 풍요의 욕망이 결과적으로는 걷잡을 수 없이 우리를 物神의 노예로 끌고 갈 수 있다. 그래서 서경덕은 聖人과 狂人의 구분이 현실에 안주하려는 怠慢과 물욕을 이기고 敬의 자세로 돌아가는 조금만 차이에서 생겨나는 것이라고 주장한 바 있다.111) 따라서 우리는 평소에도 스스로를 다잡는 마음공부에 성실을

---

109) 같은 책, 「贈葆眞庵」, "誠明事業恢遊刃, 玄妙機關少著鞭, 主敬功成方對越, 滿窓風月自悠然."
110) 같은 책, 「送心敎授序」, "如何用功, 而可止於無思無過之也. 曰持敬觀理其方也, 敬者, 主一無適之謂也. 接一物則止於所接, 應一事則止於所應, 無間以他也. 則心能一及事過物去而便收斂, 湛然當如明鑑之空也. 然而顧吾持敬未熟, 則方其主一之時, 不爲泥止者鮮矣. 泥止則亦爲累爾, 必持敬之久, 而能主靜御動外, 不泥止而內無滯止, 然後無思無爲者可幾也."
111) 같은 책, 「朴頤正字詞」, "仁義之源, 至善之眞, 如水未波, 如鏡未塵. 情一用事, 或失其

다하여 타고난 본성을 되찾아야 한다. 사악함을 막고 誠明을 보존하며 올바른 도리로 마음의 충실을 기하여야 한다. 평소부터 마음의 충실을 기하는 자세가 설 때, 궁극에는 浩然한 氣가 움트게 된다. 따라서 우리는 천하의 모든 善을 거두어 그것이 우리의 마음과 몸으로 체화될 수 있도록 해 나가야 한다.[112]

　　그렇다면 구체적으로 誠明을 보존하고 敬의 자세를 견지하는 '自在공부'의 방법은 무엇인가? 인용의 [2]는 바로 이 점에 대하여 설명하고 있는데, 持敬觀理가 그것이다. 우선, 持敬觀理의 설명에서 보듯이, '自在공부'의 방법은 敬공부 따로 格致공부 따로 하는 공부가 아니다. 앞서 '觀物공부'에서 研從物上공부와 搜自源頭공부가 별개가 아니듯이, '觀物공부'와 '自在공부'도 연속적이고 동시적으로 이루어지는 동전의 양면인 것이다. 이렇게 보아야 '觀物공부'를 충분히 하면 세상의 이치[天理]를 알게 되고 浩然之氣가 길러진다는 서경덕의 주장을 이해할 수 있게 된다.

　　다음으로, 敬이란 主一無適이다. 선진유학과 초기 신유학에 이르기까지 敬의 개념은 인간행위의 외적 측면과 행위의 이면에 깃들어 있는 마음의 상태로서의 내적 측면을 지적하는 개념을 동시에 사용되었다. 외적인 측면에서 보면 敬은 주로 禮를 지키는 행위(즉 守禮), 또는 禮가 요구하는 절차에 따라 삼가 신중하고 장중한 몸가짐을 유지하는 것과 관련이 있다. 반면에 내적인 측면에서 보면 敬은 인간의 마음 속에 이미 내재되어 있는 실재로서의 理 또는 道를 간직하고 추구하는 全一한 마음의 자세로서, 이른바 행위가 聖人의 道에 합치될 수 있도록 온 마음을 집중하는 것과 관련이 있다.[113] 敬을 主一無適이라 정의한 이는 程頤이다.[114] 그런데 정이는 공부를 하는 방법과 관련하여 "함양하는 데는 공경에 힘써야 하고 배움에 나아감은 앎을 극진히 하는 데 있다."고 천명하여, 格物에 의한 致知와 敬을 통한 涵養은 공부의 두 수레바퀴로 이 두 개념은 결코 분리하여 생각할 수 없는 것이라 보고 있다.[115] 인용에서 보듯이, 서경덕은 바로 이러한 정이의 개념을 따르는 듯하다.

　　正. 其始也幾差, 其究也狂聖."
112) 같은 책, 「朴頤正字詞」, "盍顧於明命, 宜時尊養, 敦復初性. 閑邪存誠, 正斯內充, 充之之極, 浩然氣雄, 收天下善, 斂之厥躬."
113) 장성모, 『주자와 왕양명의 교육이론』(서울: 교육과학사, 1998), 105~106쪽.
114) 『二程全書』, 卷15. "所謂敬者, 主一之謂敬. 所謂一者, 無適之謂一."

어느 한 가지 事나 物을 공부함에도 持敬의 자세를 견지한 가운데 이치를 탐색 (觀理)해 나간다. 서경덕에게 있어 이처럼 하나하나의 事와 物에 대한 공부가 곧 '머무름'의 도덕성을 함양해 가는 과정이다. 이러한 과정이 쌓여갈 때(累) 비로소 안 팎으로 '時中的 머무름'에 막힘이 없게 되는 '無思無爲'의 경지도 도달할 수 있다. 행여나 여기서 '無思無爲'를 글자 그대로 '생각도 없고 인위도 없는' 뜻으로 해석하 여 석가의 寂滅이나 노자의 虛無 개념으로 이해해서는 곤란하다. 서경덕 자신이 이 점에 오해가 없도록 경계하고 있다.116) 따라서 '無思無爲'의 경지란 어떠한 잡념도 없고 억지로 도모하려는 의도가 없음에도 불구하고 다양한 도덕적 상황에서 항상 '時中的 머무름'의 판단과 행위를 견지할 수 있는 자연적 경지로 보아야 할 것이다.

'觀物공부'의 궁극적 목표가 物로써 物을 보는 慧眼을 얻는데 있는 것이라면, 이 를 토대로 '自在공부'는 바로 '時中的 머무름'에 막힘이 없게 되는 '無思無爲'의 경 지에 도달하는 것이다. 여기에 도달한 이가 바로 聖人이고 有德한 인격이다. 사실 지금까지 보아온 持敬觀理의 방법에 대해 서경덕이 더 이상 자세한 설명을 하고 있 지 않아 단정 지을 수는 없지만, 신유학자들의 居敬窮理의 방법과 큰 차이가 없어 보인다. 그러나 서경덕만의 독특성은 慧眼을 얻고 無思無爲의 경지에 올라 有德한 인격이 될 수 있는가는 전적으로 자신의 실존적 삶에 터하여 自得해 나가야 할 성 질의 것이라고 보는 점이다. 화담적 삶의 방식과 존재론적 도리로서 '머무름' 윤리 학의 정초가 이 점을 명확히 증거하고 있다.

---

115) 『遺書』, 제18. "涵養須用敬, 進學則在致知."
116) 같은 책, 「送心敎授義序」, "所謂無思無爲者, 異乎瞿曇之寂滅, 老聃之虛無, 禦究之潛九 觀, 莊周之御六氣, 伯陽之服鉛汞."

4. 결론: 현대적 의의와 한계

이 글은, 哲學者로서보다는, 당시대에 지식인 일반의 존재이유라 할 수 있는 道學者的 삶이라는 관점에서 서경덕의 삶의 방식과 그것을 터득하기 위한 공부론(혹은 인식론)을 연구한 것이다. 논리적으로 따지자면 공부를 통해 삶의 방식을 터득해 가는 것이 순서일 것이다. 그러나 실제적 삶의 과정에서는 공부를 통해 삶을 배우고, 삶을 경험하면서 깨우치기도 한다. 어느 쪽이든 인간은 주어진 현실을 살아내야 하고 여기에서 각자 나름대로 삶의 철학이 구축될 수밖에 없다. 서경덕도 바로 이러한 삶의 현장을 주목한 것 같다. 그는 난세를 살면서 자신만의 삶의 방식과 존재론적 도리를 '自得'해 낼 수 있었던 것이고, 이 점을 후학들에게도 알려주고 강조하고 싶었던 것이 아닌가 한다.

따라서 서경덕이 정초했던 自得的 공부론은 각자 자신만의 삶의 방식과 존재론적 도리 터득의 중요성과 그것을 실제로 발견해 가는 방법을 제시하는 것이었다. 먼저, 서경덕의 自得的 공부의 방법은 크게 '觀物工夫'와 '自在工夫'로 대별된다. '관물공부'가 도덕성의 인지적 측면에서 존재론적 도리를 발견하고 터득하는 공부라면, '자재공부'는 발견한 존재론적 도리를 자신의 정신세계에 잠기게 涵泳(혹은 涵養)하는 공부라 하겠다.

전자의 '관물공부'의 방법에는 두 가지가 있다. 하나는 만물현상으로부터 공부하는 방법[研從物上]이고, 다른 하나는 근본으로부터 공부하는 방법[搜自源頭]이다. 전자가 만물현상에 대한 경험과 관찰을 토대로 悟性的 理의 탐구를 목표로 하는 것이라면, 후자는 理性的 理로부터 추리에 의해 만물현상을 설명하는 것을 목표로 삼는다. 철저한 研從物上의 格物공부, 즉 悟性的 理에 대한 탐구가 경륜이 쌓이다 보면 豁然貫通하는 단계가 온다. 이때가 근원, 즉 理性的 理가 터득되는 지점이다. 그리고 이제부터는 '搜自源頭의 공부'(근원으로부터 하는 공부)도 가능하다. 搜自源頭의 공부는 집밖을 나가보지 않고도 세상의 이치를 설명해 낼 수 있는 능력을 갖게 한다. 이 경지를 서경덕은 〈物로써 物을 보는 慧眼의 경지〉라 하고 있다.

그런데 研從物上 공부로부터 搜自源頭 공부에로 豁然貫通은 사실 논리적 순서일 뿐, 공부하는 실제를 생각하면 두 공부는 서로 간에 삼투작용을 벌이면서 발전해 가는 것으로 볼 수 있고, 그런 점에서 研從物上공부와 搜自源頭공부는 동시적인 동 전의 양면 공부라 할 수 있다. 마찬가지로 '관물공부'와 '자재공부' 간의 관계도 그 렇다. 즉 논리적 순서로 보면 관물공부에 이어 자재공부가 이루어질 수 있는 것으 로 볼 수 있을 것이다. 그러나 서경덕도 '持敬觀理'라고 분명히 밝혔듯이, 관물공부 와 자재공부는 동시적이고 동전의 양면 공부이다. 따라서 관물공부를 통한 〈物로써 物을 보는 慧眼의 경지〉와 자재공부를 통한 〈無思無爲의 경지〉에 도달함은 동시적 이어야 하는 것이다. 이 두 경지를 통합한 이가 바로 聖人이고 有德한 인격이며, 이것이 바로 서경덕의 自得的 공부의 궁극적 목표이다.

이상의 공부방법을 통해 서경덕이 구축한 존재론적 도리(즉 物로써 物을 보는 慧 眼과 無思無爲의 경지)는 이른바 '머무름'(止)의 윤리학이다. 우선, 여기서 '머무름' (止)은 '멈춤'이나 '정지'(停止)가 아니라, 어디까지나 '변화 속의 머무름'으로써 그 것은 존재일반의 '질서', '마디' 혹은 '이치'[理]라는 사실에 주의해야 한다. 따라서 '머무름'의 윤리는 한마디로 인간본성의 所從來를 알고 그것에 근거하여 인간사의 도덕생활에서 '時中的 머무름'을 취하는 삶의 태도와 다르지 않다. 서경덕에게 있어 인간본성의 所從來란 天地之心이고, 이를 받은 인간 본성의 본질은 仁義의 도덕성 이다. 이 仁義의 도덕성을 時中的 상황에 적절히 취한 도덕적 태도가 이를테면 아 버지와 아들 간의 '은혜', 임금과 신하 간에는 '의로움', 그리고 孝, 仁, 敬, 義 등의 德目이나 행위규범이다. 물론 이러한 時中的 머무름은 어디까지나 하나의 예들이기 에, 엄격히 말해 상황이 달라지면 달라진 상황에 맞게 최적의 도덕법칙과 규범은 항상 再立法되어야 한다. 상황에 걸맞은 최적의 도덕법칙을 재입법해 내고 행동으 로 옮길 수 있는 이야말로 〈物로써 物을 보는 慧眼〉과 〈無思無爲〉의 경지에 다다 른 有德한 인격인 셈이다.

연구자는 이러한 서경덕의 '머무름' 윤리가 현대적 의미의 '狀況倫理'(Situation Ethics)[117]와 그 맥을 같이하고 있는 것이 아닌가 생각한다. 물론 이 지점에서 엄청나게 時空을 달리하는 두 주장을 비교 논술하는 것은 적절치 않다. 다만 상황윤리가 윤리적 절대주의(律法主義)도 윤리적 상대주의(無律法主義)도 극복해야 함을 주장하면서, 기독교적 사랑의 원리에 토대하여 도덕적 상황에 걸맞은 행위법칙과 규칙을 재입법해야 한다는 관점을 보여주고 있다는 점에서,118) 서경덕의 '머무름'의 윤리와 상통하는 측면이 있음을 토론의 과제로 남겨두고자 하는 바이다.

그러나 '머무름'의 윤리와 상황윤리는 아무래도 '成人'의 윤리학인 것 같다. 아니 정확히 '聖人'의 윤리학이라 말해야 옳을 것이다. 도덕적 상황이라는 것이 그렇게 단순한 것은 아니기 때문이다. 즉 신(Roger L. Shinn)의 지적처럼, 이른바 '상황'(situation 혹은 context)이라는 것이 단순한 여건의 변화나 사회적 변화를 의미하는 것이라기보다는 그것을 뛰어넘은 복잡한 의미를 갖는 것으로, 말하자면 상황 자체의 성격과 기능에 대한 체계적인 이해가 없으면 도덕적 결단을 내리기가 쉽지 않은 것이다.119) 예컨대, 서경덕이 몇 번의 出仕薦擧를 거부하고 處士的 삶을 택해야만 했던 상황을 생각해 보라. 분명코 그는 단순히 자신의 처해있는 여건에 의해 그러한 결단을 내

---

117) Joseph Fietcher, *Situation Ethics*(Philadelphia: Westminster Press, 1996); 이희숙 역, 『상황윤리』(종로서적, 1989).

118) 플레처에 의하면, 도덕적 결단을 내림에 있어서 따를 수 있는 길 또는 접근방법에는 본질적으로 세 가지가 있는데 ① 율법주의적 접근방법, ② 무율법주의적 접근방법, ③ 상황적 접근방법이 그것이다. 율법주의(legalism)는 기존의 계율이나 율법을 절대적으로 옳은 것으로 받아들여 도덕적 결단을 내리는 것이고, 무율법주의(antinomianism)는 어떠한 원리나 격률도 갖추지 않고 결단을 내려야 하는 상황 속으로 들어가는 접근방법으로 방임적 자유주의 혹은 실존적 상대주의의 관점이다. 그러나 상황적 접근방법은 절대주의와 상대주의를 극복한 제3의 방법이고 새로운 도덕이다. 즉 플레처에 의하면, "상황주의자는 그의 공동체의 윤리적 격률과 전통으로 충분하게 무장하고 결단을 내려야 하는 모든 상황 속으로 들어간다. 그리고 그는 그러한 격률과 전통을 그의 문제로 조명자로 존중하여 다룬다. 이와 동시에 그는 또한 그러한 것들을 어떠한 상황에서도 절충하여 다루고, 그렇게 함으로써 사랑이 보다 잘 봉사되지 않는 상황에서는 그것들을 파기할 준비가 되어 있다."고 말하고 있다. 요컨대, 이는 공동체의 도덕적 문화전통을 존중하되, 그것이 사랑의 원리에 적합하지 않은 것이라면 상황에 적합한 새로운 격률이 재입법되어야 한다는 것이라 하겠다. Joseph Fietcher, libid, pp.22∼26.

119) Rogers L. Shinn, "The New Wave in Christian Ethics", *Encounter*, Vol.28, No.3(Summer, 1967), p.253. 송재범·김현수 지음, 『디지털시대의 직업윤리』(서울: 인간사랑, 2001), 127∼128쪽에서 재인용.

린 것이 아니다. 당시 주류를 형성해 가는 주자학 혹은 道學 대 反道學이라는 복잡한 콘테스트 속에서 지난한 공부를 통하여 결단해 낸 선택이라고 보아야 된다. 사실이 이렇다면 '머무름'의 윤리학, 즉 時中的 머무름의 도덕적 결단은 아무나 쉽게 내릴 수 있는 것이라기보다는 복잡한 콘테스트를 정확히 짚어낼 수 있는 사람, 즉 物로써 物을 보는 慧眼을 지닌 사람만이 가능한 것이다.

특히 서경덕이 말하는 物로써 物을 보는 慧眼과 無思無爲의 경지는 교사의 가르침으로 터득되는 것이 아니다. 그것은 전적으로 실존인 내가 스스로 自得해 내야 한다. 이 점 또한 서경덕의 공부론이 成人의 공부론일 수밖에 없게 하고 있다. 설상가상으로 成人이라 하여도 聖人이 아닌 한 그가 自得한 慧眼의 경지라는 것이 실제로는 慧眼이 아니라 외골수적 盲眼이면 어떻게 할 것인가. 서경덕에 대한 후학들의 염려도 이 점에 있었다. 예컨대, 서경덕의 自得한 학문을 존경하는 栗谷조차도 氣를 理로 誤認하는 병통이 있다고 지적하면서, 차라리 自得之味보다는 依樣之味가 돋보이는 退溪를 따르겠다고 고백하고 있다.[120] 이러한 율곡의 고백은 도덕생활에 관한 한 외골수적 盲眼보다는 慧眼은 아닐지라도 공동체의 도덕적 전통을 충실히 따르는 이가 차라리 낫다는 것으로 볼 수 있다.

물론 서경덕이 관습의 뜰과 도덕적 문화전통을 가볍게 생각하지는 않았다. 그러나 아무래도 그의 무게 중심은 이성의 궁전과 반성적 도덕을 더 강조한 데에 있는 것이 사실이다. 그래서 그의 윤리학과 공부론은 成人을 위한 것은 될 수 있을지언정, 자라나는 세대를 위한 敎育學이기는 뭔가 부족한 것만 같다. 그래서 서경덕은 말년에 "나는 스승을 얻지 못하여 공부하는 데에 너무나도 힘이 들었다."고 술회하면서 후배들은 나처럼 하지 말라고 주문했는지 모른다.[121]

---

120) 『栗谷全書』, 卷10, 「答成浩原」 참조.
121) 『화담집』, 「遺事」 참조.

‖ 참고문헌

『花潭集』, 『栗谷全書』, 『恥齋遺稿』(洪仁祐), 『皇極經世』(邵康節), 『朱子語類』, 『二程全書』.

강봉수, "서양윤리이론의 관점에서 「周易」읽기 연습", 『국민윤리연구』제35호(한국국민윤리
　　　학회, 1996. 12.).

강봉수, 「조선전기 도학적 덕교육론 연구」(한국정신문화연구원 한국학대학원 박사논문,
　　　2000).

강봉수, 『유교 도덕교육론』(서울: 원미사, 2001).

金敎斌, "徐花潭의 氣哲學에 대한 考察: 氣에 內在한 時間性을 中心으로", 『東洋哲學研
　　　究』 第5輯(동양철학연구회, 1984).

김용옥, "解題: 배움을 희구하는 朝鮮의 젊은이들에게 告함", 마루야마 마사오 지음·김석
　　　근 옮김, 『日本政治思想史研究』(서울: 통나무, 1995).

金宇基, 「16世紀 戚臣政治의 展開와 基盤」(경북대학교 대학원 박사논문, 1995).

김형효, "율곡적 사유의 이중성과 현상학적 비전", 김형효 외 공저, 『율곡의 사상과 그 현
　　　대적 의미』(성남: 한국정신문화연구원, 1995).

김형효, "花潭 徐敬德의 自然哲學에 대하여", 『東西哲學에 대한 主體的 記錄』(서울: 高
　　　麗苑, 1985).

南廷淑, 「徐花潭의 唯氣論에 關한 研究」(한국정신문화연구원 한국학대학원 석사논문,
　　　1982).

노사광 저, 정인재 역, 『중국철학사』(서울: 탐구당, 1987).

裵宗鎬, 『韓國儒學의 哲學的 展開(上)』(서울: 연세대학교 출판부, 1985).

鮮于勳滿, 「花潭 徐敬德의 氣哲學 研究」(대전대학교 대학원 박사논문, 2001).

송재범·김현수 지음, "상황윤리", 『디지털시대의 직업윤리』(서울: 인간사랑, 2001).

申東浩, "花潭 徐敬德의 好學的 生涯와 氣學思想", 『論文集』제21권 제1호(충남대학교 인
　　　문과학연구소, 1994. 8.).

신병주, 『남명학파와 화담학파 연구』(서울: 일지사, 2000).

李楠永, "徐敬德의 哲學思想", 韓國哲學會編, 『韓國哲學史(中)』(서울: 東明社, 1994); 劉

明鍾, 『韓國哲學史』(서울: 일신사, 1990).

李相益, "花潭 徐敬德의 理氣論에 대한 再解釋", 『畿湖性理學硏究』(서울: 한울아카데미, 1998).

이종호, 『화담 서경덕』(서울: 일지사, 1999년 2쇄).

장성모, 『주자와 왕양명의 교육이론』(서울: 교육과학사, 1998).

정진석·정성철·김창원 공저, 『조선철학사 〈상〉』(북한사회과학원 력사연구소, 1962).

주홍성·이홍순·주칠성 지음, 김문용·이홍용 옮김, 『한국철학사상사』(서울: 예문서원, 1993).

崔一凡, "徐敬德의 理氣論에 관한 試論", 『東洋哲學硏究』제11집(동양철학회, 1990).

玄相允, 『朝鮮儒學史』(서울: 玄音社, 1982).

황광욱, "서경덕의 도덕론 및 공부론 연구", 『동양고전연구』제15집(동양고전학회, 2001. 6.).

황광욱, "邵雍의 觀物을 통해 본 徐敬德 哲學의 一面", 『東洋古典硏究』第13輯(東洋古典學會, 2000. 6.).

황광욱, "花潭哲學의 性格 規定에 대한 批判的 考察", 『한국철학논집』제5집(한국철학사연구회, 1996).

R. S. Peters, *Moral Development and Moral Education*(Gorge Allen & Unwin Ltd., 1981); 남궁달화 역, 『도덕발달과 도덕교육』(서울: 문음사, 1998 제1판 제2쇄).

Rogers L. Shinn, "The New Wave in Christian Ethics", *Encounter*, Vol.28, No.3(Summer, 1967).

Joseph Fietcher, *Situation Ethics*(Philadelphia: Westminster Press, 1996); 이희숙 역, 『상황윤리』(종로서적, 1989).

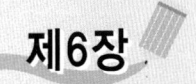

제6장

남명의 '의로움'의 윤리학과
덕성함양론

남명은 처사라는 삶의 방식을 통하여 세상에 관여하고자 하였다. 이러한 삶의 방식은 일반 유자들의 생각과 남다른 측면이다. 12번의 출사기회를 거부하면서도 적극적으로 세상에 관여하고자 했던 남명의 삶은 그가 은밀하게 구축했던 존재론적 도리와 공부론에 터한 결과였다. 이른바 '의로움'의 윤리학과 '의로움'의 덕을 함양하는 방법론이 그것이다.

뻴로 은유되는 당시대적 상황이 남명으로 하여금 공자나 유하혜의 길이 아니라 백이적인 노선을 선택하게 하였다. 선과 악, 옮음과 그름, 義와 利를 엄격히 준별하는, 칼날과도 같은 근본주의적 윤리가 남명이 구축한 '의로움'의 윤리학이었다. 그러나 남명의 윤리학은 근본적이고 원칙적이면서도 실용성과 실학에 토대하고 있다. 그래서 남명은 탐구의 학보다는 수행의 도를 중시하고, '의로움' 윤리

■ 출처 : 『국민윤리연구』 제63호 (한국국민윤리학회, 2006. 12.), 267~302쪽.

에 기초한 엄격한 수기를 강조하면서도 치인의 독자적 영역을 인정했고, 구세를 위해 세상에 대한 적극적 참여를 잊지 않았지만 차라리 처사라는 삶의 방식을 더 존중했던 도학자였다.

내적으로는 엄정한 자기훈련을 통해 '의로움'의 덕을 함양한 공적 자아를 확보하고, 외적으로는 구세의 의지로 권력의 전횡에 맞서 '의로움'을 실천하는 굳센 인격, 이것이 남명이 보는 공부와 교육의 목적이요 목표였다. 敬은 그러한 공부와 교육 방법의 알파요 오메기였다. 극기를 향한 끊임없는 사두, 칼날 같은 시살적 손양성찰, 치인과 용사를 향한 활경 등은 남명만의 경공부론의 핵이다. 박학보다는 근본에 충실하는 전범적 교재에 대한 정독과 숙독을 중시하고 완미와 자득을 강조하였다.

1. 문제의 제기: 處士라는 삶의 방식

> 사람들이 바른 선비 사랑하기를(人之愛正士)
> 호랑이 털가죽을 좋아하듯 하네(好虎皮相似).
> 살아 있을 때는 죽이려고 하다가(生則欲殺之)
> 죽은 뒤에라야 비로소 칭찬하네(死後方稱美).[1]

이 시의 제목은 "우연히 읊다(偶吟)."이다. 남명 조식(1501~1572)이 스스로 자신의 처지를 표현했을 리는 만무하고, 누군가 다른 사람이 남명을 위하여 우연이라기보다 의도적으로 읊은 시인 것만 같다. 그의 생애동안 세간의 평가는 한마디로 '잘난 체한다'(高亢之士)는 것이었다. 뭐가 그리 잘났기에 임금이 12번[2]이나 불러도 응하지 않느냐는 것이다.[3] 사실 정치적 부침으로 남명은 죽은 이후에도 오래도록 오명을 뒤집어써야 했다. 비로소 그를 칭송하기 시작한 것은 어쩌면 최근일지 모른다. 오늘날까지도 그는 잊혀진 유학자였다.

죽은 후에까지 오명을 뒤집어쓰고, 오늘날까지도 잊혀진 유학자이긴 하였지만 남명이 일생을 處士로 살아왔다는 점에 대해서는 부인할 수 없을 것 같다. 남명 스스로도 자신을 처사라 불러줄 것을 원했다.[4] 당대의 유학자들도 잘난 체하는 자로 평가하면서도 그가 처사로 일생을 마친 점에 대해서는 높이 평가를 하고 있다.[5] 그리

---

1) 조식, "우연히 읊다(偶吟)." 『남명집』, 경상대학교 남명학연구소 옮김(서울: 한길사, 2003, 제1판 2쇄), 68쪽. 이하 이 번역본을 인용할 때는 『국역 남명집』이라 한다.
2) 남명의 12번에 걸친 출사기회와 그 거부 사유를 정리하면 아래의 표와 같다.

연번 및 천거연도	천거자 및 직책	대응 및 거부 사유	비 고
① 1538년 (중종 33년)	•회재 이언적과 이림의 천거 •헌릉 참봉(獻陵 參奉)	•참된 학문에 뜻을 두고 과거를 포기한 남명에게 능기기 자리는 의미가 없었음	1519(중종 14년) 己卯士禍
② 1548년 2월 (명종 3년)	•전생서 주부 (典牲暑 主簿) •종6품직임.	•자신의 포부를 펼칠만한 직책이 아니며, 조정에는 윤형원 등의 간신배들이 포진하고 있었음.	1545. 8(명종1년) 乙巳士禍
③ 1551년 (명종 6년)	•종부시 주부 (宗簿侍 主簿)	•퇴계의 권유에 발운산(撥雲散: 세상 보는 눈을 밝게 해 주는 약)을 달라고 요구	1553년 벼슬에 나오라는 퇴계의 권유
④ 1555년 (명종 10년)	•단성현감(丹城縣監)	•식견과 학식이 모자라다. •상소하여 국정 전반에 대해서 신랄하게 비판	乙卯辭職疏
⑤ 1559년 (명종 14년)	•조지서 사지 (造紙暑 司紙)	•병을 핑계로 나가지 않음	
⑥ 1566년 7월 (명종 21년)	•임금이 전지(傳旨)를 내림	•나가지 않음	
⑦ 1566년 8월 (명종 21년)	•상서원 판관 (尙瑞院 判官)	•10월 3일, 명종을 만나 이야기를 나누었으나 무슨 일을 함께 해볼 만한 임금이 못 된다고 판단하여 돌아옴	
⑧ 1567년 11월 (선조즉위)	•새로 즉위한 임금이 교서를 내려 특별히 부름	•상소만하고 나가지 않음	
⑨ 1567년12월 (선조즉위)	•다시 부름	•늙고 병들었다. •辭狀만 올리고 나가지 않음	
⑩ 1568년 5월 (선조 1년)	•임금으로부터 전지	•늙고 병들었다. •상소(救急이라는 두 글자를 바침)하여 나가지 않음	戊辰封事
⑪ 1569년 (선조 2년)	•종친부 전첨 (宗親府 典籤)	•병으로 사양하고 나가지 않음	
⑫ 1570년 (선조 3년)	•임금이 다시 부름	•사양	

3) 예컨대, 퇴계는 1553년(명종8)에 남명에게 출사를 권유하는 편지 속에서 "출사하지 않는 것은 군신의 의리를 저버리는 것"이라 하고 있다. 『退溪全書』 卷10, 「與曺楗仲」. "不任無義 君臣大倫 烏可廢也."

4) 『국역 남명집』〈남명 조식 선생의 연보〉, 604쪽.

5) 예컨대, 율곡은 남명이 도학군자는 아니라 비난하면서도 "처사라는 사람으로 시종 절개를 완전히 하여 천 길 낭떠러지처럼 우뚝 솟은 자로는 조식과 같은 인물이 거의 없을 것"이라 평하고 있다. 『栗谷全書』 卷29, 「經筵日記 2」. "雖然近代所謂處士者 終始完節 壁立千

고 실록의 졸기에서도 남명을 처사로 표현하고 있다.6)

處士가 누구인가? 상식적인 의미에서 우리가 아는 한 처사란 "세파의 표면에 나서지 않고 조용히 초야에 묻혀 사는 선비"를 말한다. 말하자면 처사란 산림에 은거하여 편안하게 자족적인 삶을 살면서 몸을 닦는 선비를 의미한다. 특히 조선조 士禍期에 사화를 피해 지방에 은거한 은둔지사들을 처사라 지칭했으며, 그 대표적인 인물로 徐敬德, 成守琛, 成運 등을 남명과 함께 處士型 사림으로 꼽고 있다.7)

그런데 남명을 단순히 처사형 사림으로 분류하는 데에는 석연치 않은 구석이 있다. 그는 12번의 출사기회에 대해 식견과 학식이 모자람, 늙고 병들었음 등의 사유(앞의 각주 2참조)를 들며 모두 거부했다. 그러나 출사거부의 진정한 뜻이 무엇이든지 간에 그는 출사를 거부하면서도 다른 방법, 즉 上疏, 辭狀, 封事 등을 올리며 세상에 적극적으로 관여하고자 하였던 것이다. 이 점에서 정순우의 지적은 옳다고 본다. "여타의 처사형 사림들이 대체로 세상을 잊고자 하는 忘世的 성격이 농후한 것에 비해, 남명의 경우는 세상에 적극적으로 개입하고자 하는 關與的 기운이 더욱 강렬하다. 남명에게 '물러남'은 결코 퇴영적이고 수세적인 은둔이 아니었다."8) 이러한 점에서, 남명이 보여준 처사라는 삶의 방식은 남다른 측면이 있다. 이 글이 주목하고자 하는 점도 바로 여기에 있다.

우리의 물음은 이렇다. 왜 남명은 그 많은 출사기회를 거부하면서도 세상에 적극적으로 관여할 수밖에 없었을까? 말하자면 처사라는 삶의 방식을 통하여 세상에 관여하고자 했을까? 아무래도 그것은 당시대적 시공 속에서 그가 구축했던 존재론 도리와 무관하지 않을 것이리라. 더 나아가 존재론적 도리 구축의 전제가 되는 그의 공부론 내지 교육론과도 밀접한 관련이 있을 것이다. 우리는 남명이 내밀히 구축했던 존재론적 도리가 '의로움'의 윤리학이라 부를 만한 것이라 여긴다. 그리고 그의

仞 如植比無幾."

6) 『선조실록』 권5, 5년 2월조.

7) 정순우, "남명의 공부론과 처사의 성격", 박병련 외 공저, 『남명 조식』(경기: 청계출판사, 2002, 초판 3쇄), 87쪽. 조선조 16세기 처사형 사림의 등장 배경 및 학풍에 대해서는 신병주, 『남명학파와 화담학파 연구』(서울: 일지사), 22∼60쪽 참조.

8) 정순우, 같은 글, 87쪽.

공부론 내지 교육론은 존재론적 도리로 구축했던 '의로움'의 덕을 함양하는 방법론과 다르지 않다고 여긴다. 바로 이 연구는 이러한 관점에서 삶의 가치선택의 지표가 되는 남명적 윤리학과 덕성함양론을 탐색해 보고자 한다.

그동안 연구자들은 남명사상의 본질에 대하여 ① 원시유학에 가까운 것, ② 성리학적인 것, ③ 양명학적인 것, ④ 노장사상이 깃들어 있는 것, ⑤ 성리학적 사유를 근간으로 하되 그 속에만 매몰되지 않고 원시유학의 정신을 폭넓게 수용한 것 등으로 다양하게 해석하여 왔다.[9] 그러나 이 글에서는 이러한 해석들을 일단 괄호 속에 넣는다. 우리는 단지 남명 그 자신이 구축하고자 했던 '의로움'의 윤리가 어떤 것이고, '의로움'의 덕을 위한 공부론과 교육론이 무엇인지에 연구의 초점을 맞추고자 한다.

2. '의로움'(義)의 윤리학과 이기론적 근거

1) '의로움'의 윤리학

남명이 내밀히 구축했던 존재론적 도리가 '의로움'의 윤리학이라 부를 만한 것이라 전제했다. 그런데 사실 불행하게도 남명이 '의로움'의 윤리학을 이론적으로 정초했다고 보기는 힘들다. 그는 이론적 탐구를 싫어했고 기본적으로 程朱後不必著述的 관점을 견지했던 사상가이기 때문이다. 그러나 뒤에서 보듯이, 그는 '의로움'의 윤리에 대하여 단편적인 언표들을 많이 남겼다. 체계적인 이론이 없고 단편적인 언표들만 남겼다고 해서 그에게 독창적인 사상이 없었다고 할 수는 없다. 오히려 그가 보여주었던 실천지향의 삶과 단편적 언표들이야말로 내밀히 그의 속생각을 드러낸 것

9) 최석기, "남명사상의 본질과 특성", 경북대 퇴계학연구원,『한국의 철학』27(1999), 3~10쪽 참조.

으로 읽을 수 있다. 연구자는 이론과 사상이 전제되지 않은 실천이란 있을 수 없는 것이라 여긴다. 언표들의 행간과 실천적 삶에서 드러나는 속생각을 한데 모아 그가 내밀히 구축했던 존재론적 도리를 세상에 밝히는 것이 그를 연구하는 후학들의 소임일 것이리라.

이제 남명이 구축했던 존재론적 도리로서의 '의로움'의 윤리학을 살펴보기로 한다. 그러나 이에 앞서 한 선행연구를 돌아보는 것은 우리 연구에 도움이 될 것 같다. 일단 '의로움'(義)란 자의의 뜻은 '옳음'(誼) 혹은 '마땅함'(宜)이다. 문제는 '의로움', '옳음', '마땅함'의 기준이 무엇인가 하는 점이다. 김낙진에 의하면,[10] '의로움'의 기준에 대한 동양사상적 이해는 세 가지로 대별할 수 있는데, 첫째가 개인들 간의 사사로운 은혜에 바탕을 둔 자객과 호걸의 의리가 그것이다. 둘째는 사회적 지위에 따라 부여되는 의리로써 유교의 分義이다. 셋째는 차등 없는 헌신으로서의 의리를 대변하는 묵자와 한비자의 의리가 그것이다. 이 중 우리의 관심은 유교적 의리이다.

유교의 의리란 한마디로 "명분론에 따라 자기에게 부여한 직분을 다함"이다.[11] 『論語』에서 "임금은 임금다워야 하고 신하는 신하다워야 하며 아버지는 아버지다워야 하고 자식은 자식다워야 한다.(君君臣臣父父子子)"는 언표는 그 전형적인 예이다. 여기서 "～다움" 혹은 "～답게 행동함"은 보다 실천적인 직분으로 구체화될 필요가 있는데 그것은 바로 덕목과 규범으로 제시되는 것이다. 예컨대, 『禮記』에서는 "～다움"을 덕목으로 풀어 해석하고 있다.

> "사람의 의란 무엇인가? 부모는 자애롭고, 자식은 효도하고, 형은 양순하고, 동생은 공경하고, 지아비는 의롭고, 지어미는 명을 받들고, 윗사람은 은혜롭고, 어린 사람은 순종하고, 임금은 어질고, 신하는 충성하는 것, 이 열 가지를 일러서 사람의 의라고 한다."[12]

---

10) 김낙진, 『의리의 윤리와 한국의 유교문화』(서울: 집문당, 2004), 39～71쪽 참조.
11) 위 책, 55쪽.
12) 『禮記』, 「樂記」, "何謂人義? 父慈, 子孝, 兄良, 弟弟, 父義, 婦聽, 長惠, 幼順, 君仁, 臣忠, 十者謂之人義."

그리고 의리를 구체적인 실천규범의 차원으로 제시된 것이 禮儀이다. 유교에서 말하는 "禮儀三百, 威儀三千"이라는 모든 행위의 도덕규범은 의리의 구체화된 표현에 다름 아니다. 말하자면, 義에 입각하여 직분에 따른 덕목과 예의가 제정되고, 이제 그러한 덕목을 실현하고 규범으로서의 예를 준수함이 곧 의리를 지키는 것이 된다.

이처럼 의리란 합리적으로 지위와 역할을 나누고(分) 그에 따른 덕목과 규범을 준수함을 책임으로 부과하는 도덕적 명령(義)이다.[13) 그런데 분의와 예의를 정함에 전제가 되는 유교윤리의 궁극적 원리가 仁이다. 仁은 全德으로서 도덕의 제일원리이고 도덕실천의 내적 근거이다. 유교윤리학은 이 全德인 仁에 기초하여 도덕적 문제사태를 파악하고(智) 가장 적합하고 합리적인(義) 규범(禮)을 입법하라는 것이다.[14) 말할 것도 없이 기존 규범(분의와 예의)에 대한 반성적 평가의 규준도 仁이다. 그래서 유교윤리의 핵심은 仁과 義의 조화와 균형에 있다. 이것이 유교적 仁義의 윤리학 혹은 '의로움' 윤리의 본질이다.

그런데 도덕현실에서 '의로움' 윤리를 실현하는 데는 그리 간단치가 않다. 仁과 義의 조화와 균형적 결단을 내린다는 것이 말처럼 쉬운 일이 아니기 때문이다. 우선, 맹자가 규정했듯이, 두 규범은 서로 기원이 다르다. 즉 仁이 부자관계를 핵심으로 하는 가족규범으로 출발한 것이라면,[15) 義는 형제관계에서 비롯되지만 이를 장유와 군신관계로 확대시켜 적용되는 사회규범이다.[16) 처음부터 유교윤리는 서로 이율배반적인 가족규범과 사회규범의 일치를 지향하고 있다. 가족이라는 혈연공동체 안에서는 아무래도 엄격하게 따지고 나누는 합리성(分義)보다는 정서적 유대감(親), 사랑(愛), 배려 등이 중요한 덕목으로 등장한다. 그러나 사회라는 비친면적 공동체에서는 그 반대이다. 그러기에 자칫 분의와 예의를 강조할 때 인간관계는 소원해지고 형식으로 흐를 수 있다. 반대로 仁과 樂을 강조할 때 인간관계는 절도가 없어지고 온정적으로 흐를 가능성이 크다. "仁에 도타운 사람은 義에 박하니 사랑은 하되 존중하

---

13) 김낙신, 앞의 책, 57쪽.
14) 강봉수, 『유교 도덕교육론』(서울: 원미사, 2001), 53~55쪽.
15) 공자는 효제를 인을 실천하는 근본(孝弟也者, 其爲仁之本與)이라 하였다.
16) 『孟子』, "仁之實 事親是也, 義之實 從兄是也."; "未有仁而遺其親者也, 未有義而後其君者也."

지 못하며, 義에 도타운 사람은 仁에 박하니 존중은 하되 사랑하지 않는다."[17])는 『禮記』의 언표는 유학자들의 지향점과 고민을 종합적으로 표현해 주고 있는 것이다.

둘째, 따라서 '의로움'의 윤리를 실현하는 데는 대단한 도덕적 안목이 필요하다. 인과 의의 조화와 균형이란 단순한 산술적 평균과는 거리가 멀다. 그것은 시공간적 상황에 따라 그에 알맞은 최적의 時中的 中庸을 포착하는 행위선택이다. 따라서 여기서는 고도의 지적·도덕적 안목을 요구하는 것이다. 성리학에서 '의로움'의 이론적 근거를 찾기 위하여 理라는 철학적 용어를 끌어들이면서 性命義理之學이라는 형이상학적 체계를 수립하려했던 것도 이러한 사정과 관련된다. 일상과 경험에 바탕을 둔 '의로움'의 준거는 아무래도 상대적이고 불안하다. 누구에게나 같은 수준의 도덕적 안목을 구비할 것을 기대할 수 없기 때문이다. 반대로 형이상학적 수준의 절대적 준거는 너무 추상적이고 도달하기 어려운 지난의 과제이다. 공자가 언표했던 '아래에서 배워 천리에 도달한다(下學而上達)'는 것이 도덕적 안목을 키우는 원칙이지만, 현실적으로 下學이 우선인지 上達이 중요한지는 항상 논쟁거리가 될 수밖에 없는 사정이 여기에 있는 것이다.

셋째, 또한 '의로움'의 윤리를 실현하는 데는 매우 높은 도덕적 열정과 실천의지가 필요하다. '의로움'의 윤리는 仁 혹은 적어도 〈無私心〉에 기초하여 〈도덕이 단지 옳다는 이유〉로 실천해야 함을 요구하기 때문이다. 우선, 여기서 '無私心'은 행위 주체의 의리실천이 자기의 사적 이익과는 무관해야 한다는 것이다. 그리고 '무사심'은 無欲이나 寂滅이라기보다는 맹자가 언표했듯이 寡欲에 가깝다. 물론 寡欲이라 해도 그것이 私心과의 경계선이 어디인지는 항상 문젯거리가 될 것이지만, 사심에 기초한 행위는 의리실천이 아니다.[18] 설사 사적 이익을 추구한다고 하더라도 그것은 의로움에 기초해야만 한다.[19] 그래서 '의로움'의 윤리에서는 義와 利를 엄격히 구분하고자 한다. 다음으로, '도덕이 옳은 이유'는 형이상학적 道理의 구현을 준거

---

17) 『禮記』「表記」, "厚於仁者 薄於義, 親而不尊, 厚於義者 薄於仁, 尊而不親."
18) 여기서 寡欲과 私心의 경계는 필요(need)와 욕망(desire)의 구별로 설명할 수 있을 것이다. 즉 필요에 따른 사적 이익의 추구는 의로운 것일 수 있지만, 필요를 넘어선 욕망의 추구는 사심이라 하겠다.
19) 『論語』, "不義而富且貴 於我如浮雲."

로 삼거나, 功利 혹은 實利의 추구를 준거로 하기도 한다. 맹자유학과 理를 강조하는 성리학자가 전자의 예에 해당한다면, 순자유학과 氣를 강조하는 성리학자는 후자의 예에 해당할 것이다. 의리를 실천한다는 점에서 같은 道學이면서도 理學과 實學의 갈림길도 여기에 있다.

2) 남명의 '의로움' 윤리의 독창성

이상에서 유교적 '의로움' 윤리의 일반적 특성을 간략히 살폈거니와, 이제 남명이 자각적으로 구축했던 '의로움' 윤리의 독창성이 어디에 있는지를 보기로 하자. 먼저, 그가 추구했던 '의로움'의 윤리가 무엇인지를 상징적으로 보여주는 詩 두 수를 인용해 둔다.

(1) 연꽃을 읊다(詠蓮)

꽃봉오리 늘씬하고 푸른 잎 연못에 가득한데(華盖亭亭翠滿塘),
덕스런 향기를 누가 이처럼 피어나게 했는가(德馨誰與此生香)
보게나! 아무 말 없이 뻘 속에 있을 지라도(請看默默淤泥在)
해바라기 해 따라 빛나는 정도만은 아니라네(不是葵花向日光).20)

(2) 다시 한 수(又)

다만 연꽃이 유하혜(柳下惠) 기풍 있는 게 사랑스러워(只愛芙蕖柳下風)
손으로 당겨보았더니 그대로 연못 속에 있네(援而還止于潢中).
고죽군(孤竹君)이 편협하여 응당 싫어하겠지(應嫌孤竹方爲隘),
맑은 향기 멀리 퍼뜨려 이 늙은이에게까지도 이르네(遠播淸香到老翁).21)

(1)에서 〈연꽃〉, 〈뻘〉, 〈해바라기〉는 각각 〈義〉, 〈사회현실〉, 〈利〉에 상응하는 은

---

20) 『국역 남명집』 〈연꽃을 읊다〉, 92쪽.
21) 『국역 남명집』 〈다시 한 수〉, 93쪽.

유로 여겨진다. 〈뻘〉의 사회현실은 한마디로 생존을 위한 이전투구의 마당이다. 선악이 교차하고 온갖 유혹의 손길이 난무하고 부조리가 판을 친다. 〈해바라기〉같은 사람은 줏대 없이 〈利〉를 쫓아 뻘을 헤집고 활보한다. 그러나 〈연꽃〉같이 의로운 사람은 뻘의 부조리와 환경에 물들지 않고 고고하게 자기 원칙대로 세상을 바라본다.

(2)에서 〈연꽃〉은 유하혜와 같은 사람이다. 연꽃이 피면 뻘의 시궁창 냄새는 사라지고 향기로 가득하다. 인품의 향기는 폭넓은 관용과 인자함에서 나오고, 고결한 인품은 그윽한 향을 품어서 사회를 정화한다. 한 자락 촛불이 방의 어둠을 가시게 하듯 한 송이 연꽃은 진흙탕의 연못을 향기로 채운다. 이처럼 한 사람의 인간애가 사회를 훈훈하게 만들기도 한다. 바로 유하혜가 그런 사람이었다. 『맹자』에 "유하혜는 더러운 임금도 부끄러워하지 않고 작은 벼슬도 사퇴하지 않고 나아가서는 자기의 어짊을 숨기지 않고 반드시 그 道로써 하고, 버려져도 원망하지 않고, 곤궁하여도 걱정하지 않았다. 시골 사람들과 어울려서도 느긋하여 '너는 너고 나는 나다. 비록 내 곁에서 옷을 벗을지라도 네가 어찌 나를 더럽히겠느냐?'라고 했다. 그래서 유하혜의 기풍을 들은 사람은 야비한 사나이도 너그러워지고 각박한 사람도 두터워진다."라는 구절이 있다.[22]

〈연꽃〉처럼 의로우면서 '和의 聖'인 유하혜 같은 사람!! 이것이 남명이 추앙해마지 않았던 이상적 모델이었던 것 같다. 물론 유교적 문법대로라면 '時의 聖'인 공자가 더 이상적 모델일 것이다. 그러나 사회현실에 따라 그것은 달라질 수 있다. 남명은 그가 살아내야 했던 당시 조선현실을 〈뻘〉로 보았다. 이러한 현실이 남명으로 하여금 〈연꽃〉과 유하혜를 이상적 모델로 삼게 만들었을 것이다. 그러나 그것조차도 어디까지나 이상이었다.

남명이 현실적이고도 자각적으로 선택해야 했던 삶의 존재론적 도리는 어느 편인가 하면 유하혜가 아니라 고죽군의 길이었다. 고죽군은 백이(佰夷)이다. 『맹자』에 "백이는 눈으로 나쁜 빛을 보지 않고 귀로 나쁜 소리를 듣지 않으며 섬길 만한 임금이 아니면 섬기지 않고 그 백성이 아니면 부리지 않는다."라는 구절이 있다.[23] 백

---

22) 『孟子』「萬章下」.
23) 『孟子』「萬章下」.

이는 '淸의 聖'이다. 당시 조선사회의 부조리는 워낙 방대하고 고질적인 것이어서 한 두 명의 유하혜 같은 성인이 나타나더라도 어쩔 수 없는 상황이었다.[24] 소인배들이 들끓어 士林들이 죽어가고, 도학자를 자처하는 이들조차도 고준담론이나 논하는 口耳之學에 빠져 있었다. 그래서 궁궐은 한 과부(文定王后를 지칭한 남명의 표현)와 외척들의 전횡에 놀아나고 백성들은 도탄에 허덕이고 있었던 것이다.[25] 남명이 보기에 이러한 상황에서 시대가 요청하는 인물은 백이와 같은 '淸의 聖'이었다. 선과 악, 옳음과 그름, 義와 利를 엄격히 준별하는, 칼날과도 같은 표준이 될 수 있는 모델과 그러한 윤리가 필요했던 것이다. 義에 관한 몇 안 되는 남명의 직·간접적 언표에서 그가 구축했던 '의로움'의 윤리가 어떤 것이었는지 짐작할 만하다.

(3) 안으로 마음을 밝히는 것은 경이요, 밖으로 행동을 결단하는 것은 의다(內明者敬, 外斷者義).[26]

(4) 나라의 임금은 社稷과 운명을 같이하고, 대신은 목숨을 걸고 자기 직분을 지켜야 한다(國君死社稷, 大夫死官守).[27]

(5) 임금은 의로움을 실행해야 한다(君義).[28]

(6) 내 평생에 한 가지 장점이 있다면 죽는 한이 있더라도 구차하게 복종하지 않는 것이다. 사군자의 큰 절개는 오직 出處 한 가지 일에 달려 있다.[29]

(3)은 남명이 규정한 敬과 義의 개념이다. 원래의 출전은 『周易』「坤卦·文言傳」

---

24) "아! 나라가 장차 망하려고 하는데 어찌 어진 사람을 좋아하는 일이 있을 수 있겠는가? 착한 사람을 표창하는 정도로만 어진 사람을 좋아하는 것은 또한 섭자고가 용을 좋아하는 것만도 못한 일이니, 이는 어지러워 망하려고 하는 형세에는 아무런 도움이 되지 못하는 것이다." 『국역 남명집』〈두류산 유람록〉, 357쪽.

25) 이상의 당시 조선 현실에 대한 남명의 진단은 『국역 남명집』〈을묘년에 사직하는 상소문〉, 311~318쪽.

26) 『국역 남명집』〈佩劍銘〉, 161쪽.

27) 『국역 남명집』〈神明舍銘〉, 174쪽.

28) 『국역 남명집』〈음식을 내려주신 은혜에 감사드리는 상소문〉, 331쪽.

29) 『練藜室記述』卷11,「明宗朝遺逸」〈曺植〉, "吾平生只有一長處, 抵死不得苟從也, 士君子大節, 惟在出處一事而已."

의 "敬以直內, 義以方外"(경으로써 안을 곧게 하고, 의로써 밖을 반듯하게 한다)인데, 남명이 "內明者敬, 外斷者義"로 재해석한 것이라 한다.[30] 즉 남명은 '直'을 '明', '方'을 '斷'으로 고쳤다. '明'은 『대학』의 '明明德', 『중용』의 '明善'과 관련되는 개념이다. 이에 대해서는 뒤에서 보기로 하고, 여기서 주목하고자 하는 것은 '方'을 '斷'으로 해석한 남명의 의도이다. '方'은 '반듯하게 한다.'는 뜻의 글자다. '斷'은 '결연히 잘라 버리다.'라는 의미를 갖는다. 여기에서 확실히 '방'보다는 '단'이란 글자에서 삼엄한 실천의지를 엿볼 수 있다. 올바른 실천을 위해서는 과감한 결단을 필요로 한다. 특히 남명은 이 여덟 글자를 패검에 새겼다고 전한다.

(4)에서도 남명이 구축한 '의로움' 윤리가 어떤 것인지를 상징적으로 잘 나타내고 있다. 외적이 쳐들어올 때 임금은 사직과 운명을 같이할 각오를 하고, 대부는 자기 직분을 다하다가 죽을 각오를 하고, 장수와 군졸은 죽을 각오로 대적해야 한다. 이것이 개인 또는 단체가 국가와 사회를 위해 실천할 수 있는 '義'이다. 그리고 개인적으로도 옳지 못한 제의를 받거나 악의 유혹을 받았을 경우 목숨을 거는 각오로 이를 물리친다면, 이것은 개인이 자신과 사회를 위해 실천할 수 있는 '義'이다.[31] 이처럼 남명의 '의로움' 윤리는 칼날과도 같은 근본주의(radicalism)적 성격을 지녔다. 그랬기에 뻘과 같은 혼탁한 정치를 바로 세우고 도탄에 빠진 백성을 구제하기 위해서 (5)의 인용처럼 임금에게 먼저 '의'를 세울 것을 상소할 수 있었다.

出處의 문제는 신분 및 利害와 직결되는 것이었기에 한 사람의 의리실천 능력과 정신 수준을 가늠해 볼 수 있는 시금석이었다. (6)은 남명의 출처의리를 보여주는 인용인데, 그에게 있어 출처란 단순히 진퇴의 문제가 아니라, 인간과 역사를 평가하는 가장 주요한 잣대로 기능하였다.[32] 남명은 고금의 인물을 평가할 때 반드시 그 출처를 살핀 뒤에 그가 했던 일과 사업의 득실을 따졌다. 또한 임종하기 전에 가까운 제자들을 불러 "士君子의 大節은 오직 出處에 있을 뿐이다."라는 사실을 누누이

---

30) 이상필, "남명사상의 특징", 예문동양사상연구원·오이환 편저, 『남명 조식』(서울: 예문서원, 2002), 152~154쪽.
31) 이상필, 위의 글, 같은 책, 166쪽.
32) 남명의 출처관을 공부론과 관련하여 의미 있는 해석한 글은 정순우, 앞의 글, 87~106쪽 참조.

강조했다. 그리고 자신도 열두 번의 출사기회가 있었지만 그때마다 엄격한 '의로움' 윤리에 기초하여 나아가지 않음으로써 출처의리를 실천으로 보여주었던 것이다. 물론 그가 출사 자체를 부정한 것은 결코 아님에 유의해야 한다. 남명도 젊은 시절에 과거를 치고 낙방한 적도 있기 때문이다. 그러나 그는 세상 삶의 모델로 백이적인 '淸의 聖'을 선택했기에 그 기준에서 출사의 문제를 엄격히 따졌던 것이다.

3) '의로움' 윤리의 이기론적 근거

'의로움'의 윤리를 형이상학적 수준에서 정초한 것이 성리학적 의리론이다. '義理'는 義와 理가 합쳐 이루어진 합성어다. 주지하듯이, 성리학에서 '理'란 인간을 포함한 우주의 만물과 모든 현상의 변화 속에 있는 존재와 당위의 원리(所以然之故, 所當然之則)이다. 따라서 '義'가 구체적인 현실에서 올바름과 마땅함에 관한 규범이라면, '理'는 그런 규범들의 궁극적 원리이다. 현실에서 올바름과 마땅함에 관한 규범은 개인이나 집단의 역사적 경험과 지식, 가치관, 사회관에 따라 달리 파악될 위험이 있다. 이러한 위험을 해소시키기 위한 장치가 바로 성리학의 理인 것이다. 그래서 理는 義의 근본이 되는 것이고, 義는 理가 구체적 사태에 표출되는 것과 다르지 않다. 사정이 이러하기에 이제 성리학자들에게 있어 '義'의 근거로서 그 존재와 당위의 원리가 어떤 성격의 것이며, 그것을 탐구하는 방법으로서의 窮理의 문제가 중요한 과제로 등장하는 것이다.

일단 존재와 당위의 원리로서 理는 사물을 구성하는 질료인 氣와 함께 세계를 탄생시킨다.[33] 理는 情意도 計度도 造作도 없는 속성을 지녔고, 氣는 凝結造作할 수 있는 것이다. 그러나 氣가 응취하는 곳에는 항상 理가 있다.[34] 그래서 理는 氣의 원리이다. 원리의 理는 무색무취하지만, 활동성의 氣는 淸濁厚薄의 속성을 지녔다.

---

33) 『朱子大全』, 卷58, 「答黃道夫書」, "大地之間, 有理有氣. 理也者, 形而上之道也, 生物之本也. 氣也者, 形而下之器也, 生物之具也. 是以人物之生, 必稟此理, 然後有性, 必稟此氣, 然後有形."

34) 『朱子語類』, 卷1, 「理氣上」, "蓋氣則能凝結造作, 理却無情意, 無計度, 無造作. 只此氣凝聚處, 理便在其中."

어느 것이 먼저랄 것도 없이 활동성의 氣에는 理가 따르고 理는 氣에 원리를 제공하여 세상은 탄생한다. 理가 어떤 속성의 氣에 원리를 제공할 것인지는 우연이지만, 그것이 세상의 다양성을 결정한다. 치우치고(偏) 막힌(塞) 氣와 만나면 동식물이 되고, 바르고(正) 뚫린(通) 氣와 만나면 인간이 된다는 식이다.[35) 이렇게 하여 세상의 존재들은 결정되었다.

理氣의 만남은 존재들의 본성(性)까지도 결정하게 마련이다. 理가 氣와 만나 존재를 이룰 때 性이 된다. 性이 곧 理이다(性卽理). 이렇게 하여 인간과 동식물은 탄생과 함께 각자 부여받은 理를 健順五常의 德으로 삼게 되는데 이것이 곧 본성이다.[36) 그러나 존재들의 본성에 대한 자각능력은 역시 어떤 속성의 氣와 만나느냐에 달렸다. 치우치고 막힌 氣로 탄생한 동식물에게는 도덕적 자각능력이 거의 없거나 있어도 미미하다. 바르고 뚫린 氣로 탄생한 인간은 도덕적 자각능력이 뛰어나 지각하지 못하는 것이 없고 해나가지 못하는 것이 없다.[37) 이처럼, 인간의 性은 비록 氣와 함께 있지만 독자적 속성을 결코 잃지 않고 내재된 도덕성으로서의 역할을 수행한다.[38)

이러한 사고의 전환은 '의로움' 윤리의 근거를 자기 본성에 두고, 이러한 자기 본질을 실현하는 것이 곧 의리를 실천하는 것이 된다. 부언컨대, 인간의 본성은 선하다. 리는 인간이 태어날 때부터 함장하고 있는 선험적 이념이다. 이것은 君臣이 있기 전에 군신의 理가 먼저 있고, 父子가 있기 전에 부자의 理가 있는 것과 같다. 그런데 불행하게도 가장 청명하고 뚫린 氣를 받고 태어난 성인과 같은 生知之者가 아닌 한 자기본질을 실현하는 것은 쉽지 않은 일이다. 욕망의 기질이 도덕적 본성

---

35) 『朱子語類』, 卷4, 「性理1」, "自一氣言之, 則人物皆受是氣而生, 自精粗而言, 則人得其氣之正且通者, 物得其偏且塞者."

36) 『中庸章句』, "性卽理也. 天以陰陽五行化生萬物, 氣以成形而理亦賦焉, 猶命令也. 於是人物之生, 因各得所賦之理, 以爲健順五常之德, 所謂性也."

37) 『朱子語類』, 권4, 「性理1」, "物之間有知者, 不過只通得一路, 如鳥之知孝, 獺之知祭, 犬但能守禦, 牛但能耕而已. 人則無不知, 無不能." 인용에서 보듯, 주자가 동물들의 도덕적 자각능력을 인정하고 있는 것은 흥미로운 일이다.

38) 『朱子大全』, 卷46. 「答劉叔文 第2書」, "未有此氣, 已有此性. 氣有不存, 性卻常在. 雖其方在氣中, 然氣自氣, 性自性, 亦自不相夾雜."

의 표출을 가리고 있기 때문이다. '의로움' 윤리의 근거를 둘러싸고 理氣發出論에 관한 논쟁과 다양한 견해가 나오는 것도 바로 이러한 사정과 관련된다. 과연 자기 본성은 기질에 상관없이 자율적으로 발현이 가능한 것인가? 기질에 타재하지 않고 자기 본성을 실현하는 길은 없는 것이 아닌가? 주지하듯이, 四七論爭에서 전자가 퇴계의 관점이었다면, 후자는 고봉의 관점이었다. 전자가 가능하다면, 인간은 '의로움' 윤리의 절대적 준거를 설정할 수 있고 이를 바탕으로 처음부터 욕망과 무관하게 순수한 도덕적 동기에 따라 의리실천이 가능하다. 그러나 후자의 관점이라면, '의로움'의 근거는 경험적 수준에서 설정할 수밖에 없고, 의리실천이란 욕망추구의 정당화와 욕망의 합리적 조절로서의 도덕행위가 될 것이다. 그러면 남명의 관점은 무엇인가?

솔직히 남명의 관점을 정확히 알기는 쉽지 않다. 그는 공허한 이론논쟁을 口耳之學이라 규정하며 程朱後不必著述의 태도를 견지했기 때문이다. 물론 그렇다고 아래의 인용에서 보듯, 그가 '의로움' 윤리의 이기론적 근거 자체가 필요 없다고 주장한 적도 없다.

> 나는 평생 다른 기예를 배우지 않고, 혼자 책만 보았을 뿐입니다. 입으로 性理를 말하고자 하면 어찌 남들보다 못하겠습니까마는, 오히려 그 점에 대해 기꺼이 말하고 싶지 않았습니다.[39]

그동안 남명의 이기철학적 관점에 대해서는 학자에 따라 다양한 견해가 있어왔다. ① 主理論(금장태), ② 理氣分對說(설석규), ③ 理氣二元論(최석기, 이애희), ④ 主氣論(김충렬), ⑤ 나흠순과 같은 一物渾淪說(정병련), ⑥ 정통 주자학: 理氣妙合論(임헌규) 등이 그것이다.[40] 여기서 이들 각각의 논점들에 대해 자세히 살펴볼 여

---

39) 『국역 남명집』〈오 어사에게 줌〉, 197쪽. "僕平生不執他技, 只自觀書而已, 口欲談理, 豈下於衆人乎, 猶不肯屑有辭焉."
40) 금장태, "남명의 학기도에 관한 연구", 『남명학연구논총』 2(남명학연구원, 1992). 설석규, "16세기 영남학파의 정치철학 형성과 붕당론", 『한국의 철학』 27(경북대 퇴계학연구원, 1999). 최석기, "남명사상의 본질과 특성", 『한국의 철학』 27(경북대 퇴계학연구원, 1999).

가는 없다. 그런데 이들 연구들의 한 가지 공통점은 남명의 관점을 이해하는 연구 자료로 그의 「學記類篇」(여기에 포함된 「學記圖」)에 주목하고 있다는 것이다. 「학기류편」은 남명의 독서노트이고, 「학기도」는 독서노트를 만들면서 자신의 이해 차원에서 재구성한 圖이다. 따라서 이 독서노트에는 선현의 사상을 이해하는 차원을 넘어 남명 자신의 독창적 사고가 깃들어 있을 수도 있다. 그럼에도 불구하고 이 독서노트는 남명을 이해하는 주변이고 보조이지 중심자료는 될 수 없다고 여긴다.[41]

다만 ①, ②, ③의 논점에서는 理가 스스로 발현한다는 논리를 구체화함으로써 理의 가치우위를 바탕으로 한 '의로움' 윤리의 절대적 준거 설정이 가능하다. 아마도 앞 절에서 남명이 보여준 '의로움' 윤리의 독창성, 즉 칼날과도 같은 근본주의 윤리를 뒷받침하는데도 이러한 理의 우월적 관점이 유리할 것이다. 그러나 한편, 남명의 윤리학은 칼날 같은 '의로움'의 윤리이긴 하지만 반드시 理 우월적 관점으로 근거지울 필요도 없거니와, 뒤따르는 논의처럼 그의 덕성함양론과 분리시켜 이해할 수 없을 것 같다.

어쩌면 남명 윤리학의 독창성은 시대적 아픔의 산물일 가능성이 높다. 그는 자신이 살았던 당시대를 '뻘'이라 하였다. 그러기에 백이와 같은 모델이 필요한 시대로 보았다. 유교윤리학에서 '時의 聖'인 공자가 보편이고 절대적 모델이라면, '淸의 聖'인 백이는 특수이고 구체이다. 理가 시공을 초월한 보편적 표준이라면, 氣는 특수이고 구체적 표준을 제공한다. 그리고 남명은 거경궁리보다는 거경행의를 중시했던 사상가이다. 그 거경행의의 의미를 아래에서 더 구체적으로 보겠지만, 거경행의는 궁리공부보다는 行공부와 下學공부를 더 중시하는 공부론이다. 이러한 관점이 사실이라면, 남명윤리학을 뒷받침하는 이기론적 근거는 ④와 ⑤의 관점이 더 타당할 것이다.

이애희, "조식의 「학기도」", 한국사상연구회, 『圖說로 보는 한국 유학』(서울: 예문서원, 2000). 김충렬, "남명성리학의 특징", 『남명학연구논총』 9(남명학연구원, 2001). 정병련, "조남명의 이기론 변증", 『남명학연구논총』 3(남명학연구원, 1995). 임헌규, "주자학과 남명의 이기심성론에 대한 고찰", 『남명학연구논총』 10 (남명학연구원, 2002).

41) 한형조, "남명, 칼을 찬 유학자", 박병련 외 공저, 『남명 조식』(경기: 청계출판사, 2002), 14쪽.

그런데 연구자가 보건대, 理와 氣 그 어느 쪽으로 기울어진 관점도 남명을 제대로 이해한 것 같지 않다. 어느 쪽인가 하면, 남명의 이기론적 관점은 理와 氣의 불안한 동거를 끝까지 밀고 갔던 주자학을 자기화한 것이 아닌가 한다. 이 점에서 ⑥의 관점이 주목된다. 임헌규에 의하면, "남명이 이해하고 구상한 '리기심성론'은 철두철미하게 주자의 이론에 충실한 '朱子學'(性理學)적이었을 뿐만 아니라, 나아가 주자를 위시한 전현들이 미처 말하지 못한 부분까지 그 논리를 확장시킴으로써 주자학의 완성에 기여한 측면"이 있다는 것이다.[42] 이를 입증하는 그의 고찰을 자세히 보진 않겠다. 그의 고찰 역시 독서노트에 바탕을 둔 것이기에 이론이 있을 수 있다. 그리고 남명의 本集에서 理氣論의 관점을 명확하게 찾을 수 있는 근거가 없는 것도 사실이다.

그러나 남명이 고준담론을 싫어하여 '의로움' 윤리와 '의로움'의 덕을 위한 실천 공부를 강조했지만, 공부의 궁극적 지향처로서 '上達'를 한 번도 포기한 적이 없다. 다만 그에게 형이상학적 수준의 절대적 준거는 너무 추상적이고 도달하기 어려운 지난의 과제이다. 그러나 일상과 경험에 바탕을 둔 '의로움'의 준거는 상대적이고 불안하다. 그렇지만 그는 현실에서부터 출발할 수밖에 없다고 생각했다. 이러한 남명의 고민은 本集에서 얼마든지 찾을 수 있다.

일상생활에서 실천할 수 있는 일을 궁구함이(究人事之下行)
오묘한 이치에 도달하는 근본이 된다.(根天理之上達)
온갖 이치가 다 본성에 갖춰져 있어,(萬理具於性本)
운용에 다라 모두가 활발해진다.(混潑潑而活活)
필요에 따라 취하여 써도 남음이 있는 것이(隨取用而有餘)
마치 물이 지하에서 솟아나오는 것과 같다.(猶窟宅之生出)
작은 덕은 흐르는 냇물 같고 큰 덕은 무궁한 조화를 이루니(合川流而敦化)
무두가 근본을 충실히 하는 데서 오는 것이다.(皆大本之充實)[43]

---

42) 임헌규, 앞의 글, 6쪽.
43) 『국역 남명집』〈원천부〉, 151쪽.

下學而上達! 이것은 일찍이 공자가 제시했던 길이고 주희가 따랐던 정도이다. 궁극처인 天理와 上達은 같을지 모르지만, 현실과 하학의 과제는 나라마다 처한 사정이 다를 수 있다. 여기서 남명은 일단 현실과 하학의 과제에 주목했다.[44] 그래서 그는 '時의 聖'인 공자가 아니라 '淸의 聖'인 백이를 선택했다. 理의 보편성보다는 氣의 특수성에 더 주목했다. 이러한 관점은 '의로움'의 준거를 순수한 도덕적 동기라기보다는 욕망의 합리적 조절이라는 공리성으로 이끈다. 남명윤리학이 근본적이고 원칙적이면서도 실용성과 실학으로 연결되는 연유가 바로 여기에 있다.

3. '의로움'의 덕을 위한 공부론과 교육론

1) 전형으로서의 道學者

남명은 일생을 處士로 살았다. 처사라는 삶의 방식을 택한 것은 철저히 그의 존재론적 도리에 근거한 것이었지만, 그러한 삶의 방식이 최선은 아니었다. 그에게 있어 인격적 전형은 말할 것도 없이 '의로움'의 윤리를 덕성으로 체화한 사람일 것이다. 그리고 그런 전형이 바로 道學者이다. 정확히 말하자면, 남명은 진정한 도학자가 되고 싶었지만 현실이 그로 하여금 처사라는 삶의 방식을 택할 수밖에 없게 만들었다고 할 것이다. 그렇다면 인격적 전형으로서의 진정한 도학자란 어떤 사람인가?

도학자와 처사를 구분하면서 남명이 처사일지언정 도학자는 아니라고 혹평하는 율곡의 평가적 발언을 논의의 출발점으로 삼을 만하다. 율곡이 바라본 남명은 고결한 은일 처사일 뿐 학문에 實見이 없는 인물이다. 따라서 그를 도학자로 보는 것은

---

44) "아래로 사람이 일을 배우고 위로 하늘의 이치에 통하는 것이 학문에 나아가는 이치입니다. 사람의 일을 버리고 하늘의 이치를 말하는 것은 곧 입에 발린 이치이며, 자신에게서 돌이켜보지 않고 들어서 아는 것만 많은 것은 곧 귀에 발린 학문입니다." 『국역 남명집』〈무진봉사〉, 322쪽.

실정을 지나친 평가라는 것이다.45) 程朱以後不必著述的 태도를 취했고 처사라는 삶의 방식을 살아왔다는 점에서, 외견상 율곡의 남명에 대한 평가는 틀리지 않은 듯하다. 그러나 그의 평가가 온당한 것인가 하는 점은 道學 개념에 관한 분석적 고찰을 바탕으로 해야 할 것이다. 사실 누구보다 도학의 개념을 명쾌하게 제시했던 이가 율곡 자신이었다.

> 도학이란 명칭은 옛것이 아니다. (중략) 세상이 말세가 되고 道가 쇠퇴하여 성현의 도통이 전수되지 못하므로 악한 이는 말할 것도 없고 선한 이도 다만 孝友忠信만 알고 進退의 의리와 性情의 蘊奧함을 알지 못하여 가끔 행해도 그 당연함을 밝히지 못하고, 익혀도 그 所以然을 알지 못한다. 그래서 이치를 연구하고 마음을 바르게 하며 道에 의해 나아가고 물러나는 것을 도학이라 지목한 것이다.46)

요컨대, 도학이란 성리학을 명지하여 독행하는 修己治人의 학문으로, 먼저 개인의 도덕적 품성과 지도자적 자질을 함양하여, 이를 바탕으로 사회에 나아가서는 백성들을 잘 다스리고 교화한다는 것이다. 따라서 도학에서는 〈개인의 인격완성〉과 〈이상사회의 실현〉이라는 두 목표가 중요한 과제로 등장하게 마련이며, 도학자는 의리학으로서의 성리학을 궁구할 뿐만 아니라, 경국제세의 실질적인 능력을 갖춘 인물이어야 한다. 그런데 이러한 도학과 도학자의 개념은 어디까지나 이념형일 뿐 현실 속에서 구현될 수 있는 모델은 아니었다.

먼저, 성리학을 궁구하며 개인적 인격완성을 위한 修己의 문제와 관련하여 두 가지 길이 엇갈릴 수 있다. 즉 성리학의 궁구에 초점을 두는 '探求의 學'이 더 중요한 것인지, 개인의 인격완성에 초점을 두는 '修行의 道'가 더 중요한 것인지 하는 점이

---

45) 『栗谷全書』卷 29, 「經筵日記 2」, "南冥遁世獨立, 志行峻潔, 眞是一代之逸民也. 第見其所論著, 則於學問無所實見, 所上疏章, 亦非經濟之策, 雖使行乎世有所施設, 未可必其能成治道也, 門人推重, 全謂植道學君子, 則誠過其實矣. 雖然近代所謂處士者, 終始完節, 壁立千仞, 如植比無幾."

46) 『栗谷全書』卷 28, 「經筵日記 1」, "道學之名, 非古也. …… 及其世降道衰, 聖賢之統不傳, 惡者固不足道矣. 雖所謂善者, 亦徒知孝友忠信, 而不知進退之義, 性情之蘊, 往往行不著習不察, 於是擇其窮理正心, 以道出處者, 目之以道學, 道學之立名, 衰世之所不得已也."

다. '수행의 道'가 존재론적 도리를 어떻게 수행자의 정신세계에 잠기게 涵泳(혹은 涵養)할 것인가에 관심을 둔다면, '탐구의 學'은 탐구하는 자의 수신적 수준과 도덕적 성품이 별로 문제되지 않고 탐구하는 자가 얼마나 전대미문의 새로운 관념을 존재의 탐구에서 발견했는가 하는 창조의 신선함이 학문의 척도가 된다.[47] 율곡의 표현을 빌리면, 수행의 도는 성인이 이미 밝힌 바의 존재론적 도리를 함양하는 '依樣之學'에 가깝고, 탐구의 학은 성인의 말씀도 '음미하고 사색하면서 깊이 탐구하는' (玩索潛究), '自得之學'에 가깝다. 서경덕의 경우가 바로 탐구의 학자로 自得之味가 많았다면, 이황은 수행의 도에 충실한 依樣之味가 많았다.[48]

둘째, 〈개인의 인격완성〉을 위한 修己의 문제가 더 중요한 것인지, 〈이상사회의 실현〉을 위한 治人의 문제가 더 중요한 것인지 하는 점이다. 수기가 강조되면 치인은 소홀히 될 수밖에 없고 그 역도 마찬가지다. 훌륭한 도덕적 인격자가 반드시 사회적으로도 유능한 통치자로 된다는 보장도 없으며, 비도덕적인 인물이 사회적으로 유능한 인물인 경우가 없는 것도 아니다. 따라서 수기치인의 이상을 실현하는 길은 두 가지다. 하나는 원칙론적 입장에서 치인보다 수기를 강조하는 것으로, 이때 치인은 修己의 功效가 된다. 다른 하나는 수기보다 치인을 강조하는 것으로, 이것은 수기 자체를 사회적 맥락에서 해석하여 修己의 內容을 치인으로 보는 것이다. 전자는 치인이 수기와 개념상으로 별개의 것이며, 수기를 한 결과가 치인으로 나타난다. 후자는 수기가 곧 치인을 내용으로 하여 이룩되며, 치인 이외에 따로 수기의 내용이 있다고 생각하지 않는다. 따라서 전자는 개인적 차원에서의 내적인 도덕성의 완성에 초점이 두어지고, 후자는 사회적 차원에서의 치인의 기술 습득에 더 초점이 두어진다.[49] 퇴계가 수기를 중시한 도덕적 이상주의자였다면, 율곡은 치인 영역의 상

---

47) 이상의 '修行의 道'와 '探究의 學'에 관한 보다 자세한 대비적 설명은 김형효, "율곡적 사유의 이중성과 현상학적 비전", 김형효 외 공저, 『율곡의 사상과 그 현대적 의미』(성남: 한국정신문화연구원, 1995), 37~41쪽.

48) 율곡은 이황의 경우 한결같이 주희의 학설만을 신봉하고 따르기만을 생각한 점에서 '依樣之味'가 많고, 서경덕은 스스로 체험에서 이치를 터득한 '自得之味'가 많다고 논평하였다. 『栗谷全書』, 卷 10, 「答成浩原」 참조.

49) 권미숙, 「순자 예치사상의 사회윤리적 연구」, (한국정신문화연구원 한국학대학원 박사학위논문, 1997), 144쪽.

대적 독자성을 강조한 정치적 현실주의자였다.[50)]

셋째, 치인의 길에도 두 가지가 있을 수 있다. 말할 것도 없이 치인의 원칙은 세상에 나아가 사회를 경영하는 것이지만, 그것이 유일한 길은 아닌 것이다. 초야에 남아 학문과 지조를 지키면서 사회교화의 본보기가 되는 것도 치인의 길과 다르지 않다. 남명에게 초발심의 계기가 되었다는 魯齋 許衡의 글은 이를 잘 알려준다.

> 伊尹의 뜻을 뜻으로 삼고, 顔子의 학문을 학문으로 삼아, 벼슬에 나아가서는 경륜을 펴서 업적을 이루고, 초야에 있으면서는 지조를 지켜야 한다. 대장부라면 마땅히 이와 같이 해야 한다. 벼슬에 나아가 아무 하는 일도 없고, 초야에 있으면서 아무런 지조도 지키지 않는다면 뜻을 세우고 학문을 닦아 장차 무엇 하겠는가?[51)]

진정한 도학자는 이상의 여섯 가지의 길을 모두 망라할 수 있는 성인일 것이다. 그러나 이것이 현실적으로 어렵다고 하였다. 그렇다면 남명이 추구했던 도학자상은 어떤 인물이었을까? 아래에서 율곡의 남명에 대한 평가의 부당함도 자연스럽게 드러날 것이다.

먼저, 수기의 문제와 관련하여 남명은 '탐구의 학'보다는 '수행의 도'에 충실했다.

> 오늘날의 학자들은 전혀 옛날 사람과 같지 않습니다. 송나라 때 현인들이 강구해 밝혀놓은 것이 갖추어지고 극진해서, 물을 담아도 새지 않는 그릇처럼 빈틈이 없습니다. 따라서 후세의 학자들은 그것에 힘을 쓰는 것이 느슨한가, 맹렬한가에 달려 있을 따름입니다. 어찌 털끝만큼이라도 들어가는 길을 분간하지 못해 계단을 잘못 올라가는 일이 있겠습니까?[52)]

---

50) 박충석, 『한국정치사상사』(서울: 삼영사, 1982), 37~47쪽.
51) 『南冥集』「附錄」〈編年〉, "至是讀性理大全, 至魯齋許氏言, 志伊尹之所志, 學顔子之學, 出則有爲, 處則有守, 大丈夫當如此, 出無所爲, 處無所守, 則所志所學將何爲, 遂脫然契悟."
52) 『국역 남명집』〈인백에게 답함〉, 223쪽. "今之學者, 全與古人不同, 宋時群賢, 講明備盡, 盛水不漏, 後之學者, 只在用力之緩猛而已, 寧有一毫, 不分門路, 誤陞階梯事乎."

성리학적 의미에서 덕성함양이란, 마치 화선지 위에 붓글씨를 쓰거나 묵화를 그릴 때 먹이 종이 속으로 젖어들어 가듯이, 존재론적 도리(道)가 주체의 심정 속으로 스며들어 오는 것과 다르지 않다.[53] 따라서 덕성함양을 하려면, 우선 논리적 순서로 道가 무엇인지를 밝히는 작업이 선행되어야 하고, 다음으로 밝혀진 道를 내 마음속으로 체득하는 공부가 뒤따라야 한다. 그래서 성리학적 덕성함양 방법의 양 날개는 〈尊德性〉과 〈道問學〉인 것이다. 〈존덕성〉은 마음을 보존하여(存心) 道體의 광대함으로 뻗어 나아가는 것이며, 〈도문학〉은 앎에 이르러서(致知) 道體의 미세함에까지 남김없이 밝히는 것이다.[54] 주희는 바로 이러한 핵심개념을 중심으로 〈존덕성〉의 공부방법으로 〈居敬〉을, 〈도문학〉의 공부방법으로 〈窮理〉를 주장하였다. 거경이 人慾을 멸하고 天理를 보존하고(滅人慾, 存天理) 수렴하는 내적인 공부방법이라면, 궁리는 理를 지각하고 생각하는 인식론으로써 외적인 공부방법이라 할 수 있다. 그리고 주희는 두 공부가 서로 유리되면 안 되고 병진해야 한다는 점을 강조하고 있다.

조선의 성리학자들은 주희가 확립한 덕성함양론을 매우 중시하였다. 이러한 거경 궁리의 관점에서 이론을 전개한 대표적인 인물이 이황일 것이다.[55] 그런데 주희가 아무리 거경궁리의 지행병진 공부를 강조하고 이황이 그것을 재차 강조하고 따랐을지라도, 知공부와 行공부는 유리될 가능성이 항시 존재하고 行공부보다는 知공부의 유희에 빠질 가능성이 상대적으로 더 크다. 적어도 남명 조식이 보기에는 그렇다. 남명은 당시대 유학자들이 실행은 하지 않고 지적 유희만을 즐기는 공부행태를 "마치 큰 저자거리를 돌아다니며 진기한 보물을 구경하고 쓸데없이 그 물건 값만 물어보는 헛소리"에 불과한 것이며 차라리 "생선 한 마리라도 사가지고 와서 끓여 먹는 것만 못하다."고 비판하고 있다.[56] 아무래도 주희나 이황의 관점이 남명에게는 너무 主知的이고 이론 중심적인 것으로 여겨진다. 남명이 이황에게 보낸 편지글 내용은

---

53) 김형효, "율곡적 사유의 이중성과 현상학적 비전", 김형효 외 4인 공저, 『율곡의 사상과 그 현대적 의미』(성남: 한국정신문화연구원, 1995), 38~39쪽.
54) 『국역 율곡전서(Ⅴ) —聖學輯要』(한국정신문화연구원, 1985), 21쪽.
55) 손병욱, "涵養省察 —마음을 다스리는 공부", 한국사상사연구회, 『조선유학의 개념들』(서울: 예문서원, 2002), 342쪽.
56) 『남명별집』 권2, 「언행총록」.

더욱 의미심장하고 직접적이다.

> 요즘 공부하는 자들을 보건대, 손으로 물 뿌리고 비질하는 절도도 모르면서 입으로는 천리를 담론하여, 헛된 이름이나 훔쳐서 남들을 속이려 하고 있습니다. 그러다 도리어 남에게서 상처를 입게 되고, 그 피해가 다른 사람에게까지 미치니, 아마도 선생 같은 어른이 꾸짖어 그만두게 하시지 않기 때문일 것입니다.[57]

이쯤 되면 당시의 학자들이 얼마나 지적인 유희에 **빠졌는가**를 알 수 있다. 물론 남명이 모든 지적이고 이론적인 탐구를 배격한 것은 아니다. "아래로는 인사를 배우고 위로는 천리와 통하는 것이 학문이 목적"이라 하여 유학 본래의 학문적 태도를 중시 여기고 있기 때문이다. 따라서 그가 문제 삼는 것은 공허한 이론 논쟁이나 '口耳之學'과 같이 실천성이 결여된 관념적 지식들이다. 그래서 남명은 '거경궁리' 대신에 수행의 도에 충실한 '居敬行義'를 주장했던 것이다. 이 점에 대해서는 뒤에서 더 보기로 하자.

둘째, 수기와 치인의 우선순위에 대해서 남명은 철저한 수기를 강조하면서도 상대적으로 치인의 영역을 인정하는 현실적, 실용적 관점에 서 있다. 우선, 남명이 보기에 당대의 선비들이 "道學을 내걸고 私利를 취하고 있었다."[58]고 평가하면서 '의로움'의 윤리에 기초한 철저한 수기 공부를 강조한다. 그러나 다음의 인용을 보자.

(1) 왕자의 학문은 九經을 실천하는 일이 더욱 중요하기 때문에 혹 일반적인 儒者와는 다른 점이 있다.[59]

(2) 학문을 강구하는 데 정밀하긴 하지만 치용에는 졸렬하여, 익숙하게 운용할 수 있는 수단이 짧은 점이 가장 시급히 갖추어야 할 일이네. 가만히 살펴보면 尺度는 집집마다 모두 가지고 있네. 집집마다 가지고 있을 뿐만 아니라 보통사

---

57) 『국역 남명집』〈퇴계에게 드림〉, 181쪽. "近見學者手不知洒掃之節, 而口談天理, 計欲盜名, 而用以欺人, 反爲人所中傷, 害及他人, 豈先生長老, 無有以呵止之故耶."
58) 『남명별집』 권2, 「언행총록」.
59) 『국역 남명집』〈무진봉사〉, 322쪽. "獨王者之學, 或異於儒者, 以其行處, 尤重於九經也."

람 누구나 가지고 있네. 그리고 푼과 촌의 눈금도 아주 분명하나 이 자를 사용하여 九章服(제왕의 화려한 의복)을 짓는 사람도 있고, 버선 한 짝도 만들지 못하는 사람이 있네.60)

(3) 배가 이로 인해 가기도 하고 / 또한 이 때문에 엎어지기도 한다. / 백성이 물과 같다는 말은 / 예로부터 있어왔으니 / 백성은 임금을 받들기도 하지만 / 백성을 나라를 엎어버리기도 한다.61)

인용의 (1)에 대하여 퇴계는 "도학을 전하는 요체에 있어서 제왕이나 보통사람이 다를 것이 없다."고 비판한다.62) 그러나 남명은 수기의 공효가 치인으로 나타나는 것이라 보는 퇴계류의 관점과는 달리 제왕학의 독자적 존립을 인정하고 있다. 또한 인용 (2)처럼, 그는 치용에 관한 지식과 기술의 필요성도 주장하고 있다. 인용 (3)처럼, 제왕학의 존립이나 치용의 지식과 기술의 필요성도 모두 백성을 위한 것이다. 이러한 남명의 관점은 '의로움'윤리의 근거를 실용과 공리에 두었던 것과 일맥상통한다.

셋째, 치인의 길에 있어서 남명은 노재 허형에게서 받은 초발심을 끝까지 고수한 도학자였다. 그가 12번의 출사기회까지 거부하며 처사라는 삶의 방식을 살았다는 점에서 세상을 피한 忘世의 사상가요 隱遁之士, 심지어는 세상과 화해하지 못했던 高亢之士 정도로 오해할 수도 있다. 실제 당시대의 사람들로부터 그러한 비난을 받기도 하였다. 그러나 남명은 "세상을 결코 잊지 않았던"63) 도학자였다.

세상에 도를 실현하고자 하는 그의 의지는 嚴光에 대한 평가에서 여실히 드러난

---

60) 『국역 남명집』〈숙부에게 주는 글〉, 230쪽. "精於講究, 而劣於致用, 短於殺活手, 最是急急備辦事也. 嘗見尺度, 人家皆有之, 非但人家, 愚夫愚婦皆有之, 錙銖分寸, 亦甚明白, 而用是有裁九章服者, 有不能制一尺足巾者."

61) 『국역 남명집』〈민암부〉, 153쪽. "舟以是行, 亦以是覆, 民猶水也, 古有說也, 民則戴君, 民則覆國."

62) 『退溪全書』卷6, 〈戊辰六條疏〉, "或曰帝王之學不如經生學子同, 此爲拘文義, 工綴緝之類云耳, 至如敬以爲本, 耳窮理以致知, 反躬以實踐, 此乃妙心法而傳道之要, 帝王之與恒人豈有異哉."

63) 『명종실록』권19, 10년 을묘 11월 경술조. 남명의 제자였던 정인홍도 행장에서 "선생은 구차하게 복종하지도 구차하게 잠잠히 침묵하지도 않았다."고 묘사하였다.

다.64) 대단한 포부와 경륜을 지닌 채 현실 정치에서 자신의 도가 실현되기를 갈구하지만 가벼이 자기 몸을 남에게 허락하는 않는 인물, 때를 기다리며 낚시를 드리우지만 결코 세상을 잊지 않는 인물, 이것이 엄광을 통해 남명이 그려낸 도학자상이다. 그러나 엄광에게는 忘世의 기미가 있다. 어떤 사람이 엄광과 남명 자신을 비교해 줄 것을 요청하자, 그는 "자릉과 나는 도가 같지 않다. 나는 세상을 잊지 않는 사람이며, 나의 소원은 공자를 배우는 것이다."65)라고 응답하면서 적극적으로 세상에 참여하고자 하는 의지를 드러내었다.

엄광의 도를 성인의 경지로까지 끌어올린 인물이 바로 顔回이다.66) 남명은 수시로 안회에 대한 흠모의 마음을 표현하고 있다. 이를테면, "천자는 천하로써 자신의 영토를 삼는 사람이지만, 안자는 만고로써 자신의 영토를 삼는 사람이므로 陋巷이 그의 봉토는 아니다. 천자는 萬乘으로써 그의 지위를 삼는 사람이지만, 안자는 도덕으로써 그의 지위를 삼는 사람이므로 曲肱이 그의 지위는 아니다. 그러니 그의 봉토는 얼마나 넓으며, 지위는 얼마나 크겠는가."67)라고 찬탄하고 있다. 남명 자신도 이러한 삶을 살다간 인물이다.

탐구의 학보다는 수행의 도를, '의로움'윤리에 기초한 엄격한 수기를 강조하면서도 치인의 독자적 영역을 인정했던 도학자, 세상에 대한 적극적 참여를 잊지 않았지만 차라리 처사라는 삶의 방식을 더 존중했던 도학자, 이것이 남명이 그려낸 도학자상이었다. 한마디로 남명에게 있어 진정한 도학자란 내적으로 엄정한 자기 훈련을 통해 '의로움'의 덕을 함양한 공적 자아를 확보하고, 외적으로는 구세의 의지로 권력의 전횡에 맞서 '의로움'을 실천하는 굳센 인격을 뜻했다.

---

64) 『국역 남명집』〈엄광론〉, 333~336쪽.
65) 『南冥集』「附錄」〈編年〉, "然子陵與吾不同道, 余未忘斯世者也, 所願學孔子也."
66) 정순우, 앞의 글, 93쪽.
67) 『국역 남명집』〈누항기〉, 243쪽.

2) 공부와 교육의 알파요 오메가인 '敬'

이제 남명이 그렸던 전형으로서의 도학자는 어떻게 길러지는 것인지 그 공부론과 교육론을 볼 때가 되었다. 그에게 있어 도학자란 한마디로 '의로움'의 덕을 함양한 사람과 다르지 않으며, 공부론과 교육론은 그러한 사람이 되고 길러내기 위한 덕성 함양의 방법론이다.

앞서 남명이 탐구의 학보다는 수행의 도에 충실한 도학자임을 지적하면서 그가 '거경궁리' 대신에 '居敬行義'의 공부론을 주장했다고 언급한 바 있다. 남명사상의 요체가 거경행의에 있다는 점에 많은 학자들이 동의해 왔다. 대체 거경궁리와 거경 행의가 어떻게 다른 것인가? 일단 손병욱의 고찰을 빌리면, 거경궁리에서는 각성된 의식으로 궁리를 극진히 하고자 하는 데 반해, 거경행의에서는 각성된 의식으로 궁 리하되 여기에 그치지 않고 그 실천인 행의를 어김없이 하고자 한다. 거경행의의 '행의'에는 궁리가 이미 전제되어 있을 뿐만 아니라 窮理·力行·誠身의 의미가 동 시에 들어 있다. 그에 의하면, 이 점에서 거경궁리의 '궁리'와 거경행의에 전제된 '궁리'는 그 함의가 다르다. 즉 거경궁리의 궁리가 이론 위주라면, 거경행의의 궁리 는 우주의 본체와 인간의 심성에 관한 탐구를 통해 새롭고 독창적인 이론을 제시하 려는 궁리가 아니라, 이미 선현들이 명명백백하게 밝혀 놓은 의리를 제대로 인식하 여 다음 단계에서 행의하기 위한 궁리라는 것이다.[68]

남명이 탐구의 학보다는 수행의 도에 충실했다는 점에서 이러한 손병욱의 고찰은 옳다고 여긴다. 문제는 궁리의 내용이 아니라 궁리의 방법이다. 그리고 더 중요한 것은 행의에 전제가 되는 거경의 문제이다. 거경궁리 대신 거경행의라 표현하는 데 는 거경과 관련해서도 남다른 남명의 의미가 담겨 있는 듯한 것이다. 궁리의 방법 에 관해서는 뒤로 미루고 우선 경사상부터 들여다보기로 하자.

먼저, 주희에게 敬개념은 첫째로 마음이 발하기 전(未發)의 存養 공부와 관련된 다. 그것은 主一無適과 '예가 아니면 움직이지 말라'는 것으로 요약된다.[69] 둘째로,

---

68) 손병욱, "함양성찰: 마음을 다스리는 공부", 한국사상사연구회, 『조선유학의 개념들』(서 울: 예문서원, 2002), 342~345쪽.

敬은 마음이 이미 발했을 때(旣發)의 방만한 氣質을 조절하고 선한 情이 발할 수 있도록 하는 省察공부와 관련된다.[70] 마음이 이발일 때에는 지적 반성에 통하여 불순한 사욕의 침투를 막고 본심이 표출되도록 하는 것이다. 셋째로, 주희는 이러한 敬개념을 확대 해석하여 '성인의 학문을 시종일관하는 바의 것'이라 봄으로써, 格物致知에서 治國平天下까지 모두 敬의 뒷받침을 받아야 하는 것으로 보고 있다.[71] 한편, 이러한 주희의 개념을 포함하여 송대 이후에 敬에 부여된 의미들은 7가지 정도로 요약된다.[72] ① 물망물조장(勿忘勿助長), ② 기심수렴, 불용일물(其心收斂, 不容一物), ③ 정제엄숙(整齊嚴肅), ④ 계신공구, 신독(戒愼恐懼, 愼獨), ⑤ 심부재언, 시이불견, 청이불문, 식이부지기미의(心不在焉, 視而不見, 聽而不聞, 食而不知其味矣), ⑥ 상성성(常惺惺), ⑦ 주일무적(主一無適)이 그것이다. 남명도 일단 이러한 주희와 송대 학자들의 경공부론을 수용하는 데는 별 차이가 없어 보인다.

> 일찍이 "궁리는 明德을 밝히는 으뜸가는 공부이다."라고 하고, 또 "敬은 格物致知하는 위에 있어야 한다."고 했다. 또 "학문은 敬을 지니는 것보다 중요한 것이 없다. 그러므로 主一하는 공부에 힘 쏟아 마음이 惺惺하게 깨어 있고 어둡지 않게 하는 것이 마땅하다. 몸과 마음을 수렴하는 학문은 寡欲보다 앞서는 것이 없다. 그러므로 나의 私欲을 이기는 데 힘 쏟아 참된 생각으로 깨끗이 씻고 天理를 함양하는 것이 마땅하다."고 하였다.[73]

남명의 공부론의 핵심도 사욕을 억제하고 천리를 보존하는 유학의 종지와 닿아 있다. 그러나 표면적으로는 다른 유자들의 경공부론과 대동소이한 모습을 보여주고 있으나, 그 구체적인 해석과 실천과정에서는 엄청난 차이를 보여주고 있다.

---

69) 『朱子大全』, 卷47, "主一無適, 非禮不動, 則中有主而心自存耳."
70) 『朱子大全』, 卷43, 「答林擇之」, "敬字通貫動靜. 但未發時渾然是敬之體. 非是知其未發, 方下敬底工夫. 旣發則隨事省察, 而敬之用行焉."
71) 시마다 겐지 지음, 김석근·이근우 옮김, 『주자학과 양명학』(서울: 까치, 1986), 122쪽.
72) 손병욱, "유가 수행법으로서의 敬에 대한 연구", 『민족통일논집』제6집(경상대학교), 10–11쪽.
73) 『南冥集』「附錄」〈編年〉.

첫째, 求放心과 克己를 향한 끊임없는 사투의 과정으로서의 경이다. 남명의 제자인 김우옹은 "선생님이 가르친 내용을 말하자면, 잃어버린 마음을 찾는 것(求放心)을 근본으로 삼고, 다시 敬을 위주로 하여 잃어버린 마음을 찾는 것을 요령으로 삼았습니다."[74]고 전한다. 사람의 본성은 선하다(明德). 그런데 세상을 살아가다 보면 밝은 마음을 잃어버리기 십상이다. 온갖 욕망이 밝은 마음을 가리기 때문이다. 敬은 이 잃어버린 마음을 다시 찾아주는 빛과 같다. 그래서 경공부의 시작은 克己로부터 시작된다.

극기란 자기의 욕망을 버리는 과정이다. 물론 극기란 자기의 특정부분만을 버린다는 점에서 주체의 해체 혹은 중심의 해체가 아니라 중심의 강화 혹은 공적 자아의 확립을 의미한다(克己復禮). 즉 그것은 마음속에 끊임없이 일어나는 욕망을 다스리고 순수한 도심을 확장하는 일이다. 그러나 욕망을 다스린다고 해서 욕망 자체를 부정하거나 無欲을 주장하는 것은 자칫 노불과 같은 이단적 사유로 흘러갈 가능성이 있다. 그래서 남명은 욕망과 인욕과 인심을 구분한다.

> "귀·눈·입·코의 욕심은 私欲"이라 하는 것은 잘못이다. 이러한 욕심이 생겨나는 것은 聖人이라도 보통 사람과 다를 것이 없다. 그것은 누구에게나 똑같은 天理이다. 그것이 착하지 못한 쪽으로 기울어진 뒤에야 비로소 욕망이라고 할 수 있다. 인심과 도심의 구별은 形氣와 義理의 차이에 있을 뿐이다. 그러므로 人欲이라 하지 않고, 人心이라고 부른 것이다.[75]

여기서 의리의 도심도 형기의 인심도 욕심이다. 이것은 인간이면 누구나 갖고 태어난다. 문제는 형기의 인심 중에 不中節로 나타나는 過欲으로서의 私欲이다. 이 過欲을 寡欲으로 바꾸어야 한다. 사욕을 극복하는 엄정한 자기 훈련 과정이 바로

---

74) 같은 책. "宣廟問曰曹某, 教爾者何事, 爾之所做何工, 對曰臣誠不能做工, 若某之所教, 則以求放心爲本, 又以主敬爲求放心之要."
75) 『국역 남명집』〈'관서문답'에 대한 해명〉, 345쪽. "其曰耳目口鼻之欲, 是私欲者亦非也. 耳目口鼻之發, 雖聖人亦同, 同一天理也, 流於不善以後, 方可謂之欲也, 但有人心道心之別者, 有形氣義理之間已, 故不曰人欲, 曰人心."

극기이다. 남명의 극기를 향한 사투는 남달랐다. 그는 스스로 술회하기를 "나는 애초에 타고난 자질이 매우 둔한데다 스승과 벗들의 규계도 없어서 오직 남에게 오만한 것으로 고상함을 삼았다. 사람에게만 오만했을 뿐만 아니라 세상에 대해서도 오만한 마음이 있었다. 부귀와 재리를 보면 마치 지푸라기나 진흙처럼 멸시했다."[76]는 것이다. 사람과 세상에 대해 한 걸음 물러나 관조하는 자세, 이것이 극기복례를 위한 남명의 태도였다. 그리고 바로 극기를 향한 사투의 핵심에 敬공부가 있었다.

둘째, 칼날 같은 시살적(廝殺的) 존양성찰의 방법으로서의 경이다. 구방심과 극기를 향한 사투가 공적 자아의 확립을 위한 경공부의 일차적 목표라면, 그 목표에 도달하는 경공부의 실천방법이 바로 시살적 존양성찰로서의 경이다. '시살'이란 남김 없이 모조리 죽여 없앤다는 뜻인데, 남명은 「신명사명」에서 "낌새가 있자마자 용감하게 이겨내고, 나아가 반드시 섬멸토록 한다(動微勇克, 進教廝殺)."고 표현하고 있다. 인간의 마음을 발동케 하는 감각적 통로는 아홉인데, 그중 가장 큰 것이 三官, 즉 귀와 눈 그리고 입이다. 밖의 사물이 이들 기관을 통해 마음을 유혹한다. 이 유혹에 휩쓸릴 때 마음은 과욕과 사욕으로 흐를 수 있다. 따라서 그러한 낌새가 나타나는 초기에 목숨을 걸고 막아내야 한다. 남명은 이를 건곤일척의 전투를 위한 배수진에 비유하고 있다. "밥해 먹던 솥도 깨부수고 주둔하던 막사도 불사르고 타고 왔던 배도 불 지른 뒤에 사흘 먹을 식량만 가지고 사졸들에게 죽지 않고는 결코 돌아갈 수 없다는 의지를 보여주어야 하는데, 이와 같이 해야만 비로소 시살할 수 있다."는 것이다.[77] 이것이 당시대의 퇴계까지도 놀라게 만든 남명의 시살적 경공부의 방법론이다.

칼날과도 같은 사생결단의 자세는 「욕천」이라는 시에서도 엿볼 수 있다.

사십 년 동안 더럽혀져온 몸(全身四十年前累),
천 섬 되는 맑은 못에 싹 씻어버린다(千斛淸淵洗盡休).
오장 속에서 만약 티끌이 생긴다면(塵土倘能生五內),

---

76) 『국역 남명집』 〈규암이 선물한 '대학' 책갑 안에 씀〉, 253쪽.
77) 『국역 남명집』 〈신명사명〉, 171쪽.

지금 당장 배를 갈라 흐르는 물에 부쳐 보내리(直今刳腹付歸流).78)

삼관으로 들어오는 사심과 사욕의 낌새를 단칼에 베어냈을 때 비로소 청야무변
(淸野無邊)의 밝은 마음(明德)이 본 모습을 드러낸다. 불교식으로 말하면 시살적 경
은 頓悟에 가깝다. 그러나 남명은 여기에 그치지 않고 평소에 마음을 경의 상태에
두기 위해 엄청난 漸修的 고행을 감내하였다. 『언행총록』에서는 남명의 평소 모습
에 대해, "선생께서 닭울음을 듣고서는 새벽에 일어나 의관을 갖추고, 띠를 매고서
는 자리를 바로 하여 꼿꼿이 앉아 어깨와 등을 빳빳이 하여 앉았으니, 바라보면 마
치 그림이나 조각상 같았다."고 기록하고 있다. 또한 그의 행동거지는 "과단성 있고
확실하여 움직일 때는 규칙을 따랐고, 눈으로 사특함을 보지 않았으며, …… 엄숙하
고 공경하는 마음을 항상 마음에 두어서 게으르고 방만한 모습을 밖으로 드러내지
않았다."고 기록하고 있다. 그는 마음공부를 위해 심지어 "깨끗한 대접에 물을 가득
담고 두 손으로 받들어 밤새도록 엎지르지 않는 것으로 뜻을 지키는" 고행을 감내
하기도 하였다. 또한 물질적 이욕으로 내닫기 쉬운 현실상황에서 언제나 마음이 깨
어 있도록 惺惺子를 옷섶에 차고 다니고, '의로움'의 결단을 실천하기 위하여 항상
칼을 휴대하여 각성의 도구로 삼았다고 전한다.79)

셋째, 治人과 用事를 향한 活敬으로서의 경이다. 남명은 거경행의를 주장했다.

경과 의를 아울러 가지면(敬義夾持) 아무리 써도 다하지 않으니 우리 유가에
이 두 글자가 있는 것은 마치 하늘에 해와 달이 있는 것과 같아서 영원히 바뀌지
않는 것이며, 성현들의 천만 가지 언어도 그 귀착되는 것이 여기에서 벗어나지 않
는 것이다.80)

---

78) 『국역 남명집』〈냇물에 목욕하고서〉, 104쪽.
79) 정순우, 앞의 글, 103쪽.
80) 『南冥集』「附錄」〈編年〉, "以爲敬義夾持, 用之不窮, 吾家有此二字, 如天地有日月, 亘萬
古而不易, 聖賢千言萬語, 其要歸不出於此."

지금까지 경공부론은 어디까지나 행의를 위한 전제였다. 앞서 거경궁리가 각성된 의식으로 궁리를 극진히 하고자 하는 데 반해, 거경행의는 각성된 의식으로 궁리하되 여기에 그치지 않고 그 실천인 행의를 어김없이 하고자 하는 것이라는 손병욱의 고찰을 인용했다. 행의가 전제되지 않은 거경은 자칫 불교의 좌선입정과도 같은 死敬이 될 수도 있고,[81] 생각을 전일하게 하는 活敬이라 하더라도 자칫 심성론적 차원의 향내적 경공부에 머무를 수 있다. 실제 조선 유학에 이러한 혐의가 없지 않았다. 경이라는 존양의 결과가 반드시 '의로움'이라고 하는 역사 정신과 만나야만 비로소 진정한 의미의 살아 있는 活敬이 될 수 있다는 것이 남명의 관점이었다. 그가 처사로 있으면서도 上疏, 辭狀, 封事 등을 올리며 세상에 적극적으로 관여하고자 했던 연유도 이와 무관하지 않으리라.

남명의 경공부론은 구방심과 극기를 바탕으로 '의로움'의 덕을 파지하고 그것을 사회적으로 실천하는 데까지 미치는 것이다. 여기서 '의로움'의 덕을 파지하고 그것을 사회적으로 실천하기 위해서는 '의로움'의 윤리에 대한 궁리의 과정도 전제되어야 한다. 이미 남명은 "敬은 格物致知하는 위에 있어야 한다."고 했다. 이제 그의 궁리의 방법에 대해서 보겠지만, 이상에서 남명의 경공부론은 결국 모든 공부와 교육의 알파와 오메가에 해당한다고 하겠다.[82]

3) 典範으로서의 교재와 自得的 공부론

남명이 주장한 거경행의의 '행의'에는 궁리가 이미 전제되어 있고, 거경행의의 궁리는 우주의 본체와 인간의 심성에 관한 탐구를 통해 새롭고 독창적인 이론을 제시

---

81) "불교에서 말하는 眞定이란 것도 다만 이 마음을 간직하는 데에 달려 있을 뿐이니, 위로 하늘의 이치에 통하게 되는 데 있어서는 유교와 불교가 한가지입니다. 다만 사람의 일을 시행함에 있어서는 다리로 땅을 밟지 않으므로, 우리 유가에서는 본받지 않는 것입니다."『국역 남명집』〈을묘년에 사직하는 상소문〉, 317쪽.

82) "경은 성학의 시작이 되고 끝이 되는 것으로, 초학자로부터 성현에 이르기까지 모두 경을 주로 하는 것으로 도에 나아가는 방편을 삼습니다. 학문을 하면서 경을 주로 하는 공부가 부족하면 학문하는 것이 거짓이 됩니다."『국역 남명집』〈송파자에게 보임〉, 234쪽.

하려는 궁리가 아니라, 이미 선현들이 명명백백하게 밝혀 놓은 의리를 제대로 인식하여 다음 단계에서 행의하기 위한 궁리라는 점을 앞서 지적했다. 그래서 남명은 제자들에게도 "무릇 온갖 의리에 대해서는 너희들이 평일에 강구한 바이니, 다만 독실하게 믿는 것이 가장 귀하다."[83]고 주문하고 있다.

그렇다면 남명에게 있어 궁리의 대상, 좁혀 말해 공부와 교육의 내용과 범위는 선현들이 의리에 대해 명백히 밝혀 기록한 책들이 될 것이다. 그는 물 뿌리고 비질하고 응대하는 공부부터 시작해야 한다는 下學공부를 부단히 강조했기에 일단 『小學』은 가장 중요한 교재이고, 그 다음이 『大學』이다. 다음의 인용들을 보자.

> (1) 물 뿌리고 비질하고 응대하는 것은 어려서부터 익숙히 익힌 일입니다. 공부가 이미 육분(六分)의 길로 향하고 있으니, 이제 『대학』을 가지고 공부를 하며 틈틈이 『성리대전』을 한두 해 탐구하십시오. 항상 『대학』 한 집에만 출입하게 되면, 연나라에 가고 초나라에 가더라도 본가로 돌아와 머물게 될 것입니다. 성인이 되고 현인이 되는 것도 모두 이 집안에서 벗어나지 않습니다. 회암(晦菴)이 평생 힘을 얻은 것도 모두 이 책에 있었다고 하니, 어찌 후인을 속이는 말이겠습니까?[84]
>
> (2) 선생은 늘 『논어』, 『맹자』, 『중용』, 『대학』, 『근사록』 등의 책을 풀어서 그 근본을 배양하고 그 지취를 넓히셨다.[85]

인용(1)에서 보듯이, 일단 주희의 소학-대학계제설을 수용하되, 이 중 『소학』공부가 60%이고 그다음이 『대학』을 비롯한 四書이며, 『근사록』, 『심경』, 『성리대전』이 그 뒤를 따른다. 이들 경전들은 그야말로 남명의 공부와 교육의 범위, 즉 교육과정을 구성하는 '典範과도 같은 교재'들이다. 그 나머지 경전들은 하나의 있을 법한 '자료로서의 교재'들에 불과하다.

〈전범으로서의 교재〉는 도덕적 문화전통을 대변하며 객관화된 도덕적 진리를 담

---

83) 『南冥集』「附錄」〈編年〉.
84) 『국역 남명집』〈인백에게 답함〉, 224쪽.
85) 『남명별집』 권2, 「언행총록」.

고 있다. 사회구성원이 합의하는 바람직한 덕목과 규범, 공동체의 위대한 전통 등이 실린 이 교재는 말 그대로 자라나는 세대들이 익혀야 할 전범으로 등장한다. 반면에, 〈자료로서의 교재〉는 교수－학습 상황에서 제공됨 직한 하나의 교수－학습 자료일 뿐이다. 물론 이 교재에도 바람직한 덕과 규범, 도덕적 원리와 규칙 등이 실리지만, 그것은 어디까지나 교수－학습을 돕는 자료일 뿐이다.86)

남명의 관점은 일단 〈전범으로서의 교재〉공부에 충실하면, 나머지 공부는 쉽다는 것이다. 그는 "옛날이나 지금이나 학문하는 사람들이 『주역』을 궁구하기를 매우 어렵게 여기는데, 이는 四書에 익숙하지 못하기 때문"이라 언표하고 있으며, 또 程子의 말을 인용하여 "『논어』와 『맹자』를 온전히 공부하고 나면 六經은 배우지 않아도 밝아질 수 있다."고 하고 있다.

그렇다면 〈전범으로서의 교재〉를 공부하는 방법은 무엇인가. 한마디로 精讀하고 熟讀하라는 것이다. 즉 그는 "정독하고 숙독하여 진리가 쌓이고 힘이 오래되면, 道의 上達處를 알 수 있는 것"이라 전제하면서, "대체로 정독하기만 하고 숙독하지 않으면 도를 알 수 없고, 숙독만 하고 정독하지 않으면 또한 도를 알 수 없습니다. 정독하고 숙독하는 것이 모두 지극해야 골자를 꿰뚫어 볼 수 있습니다."라 하고 있다. 이처럼 정독과 숙독을 하지 않고 '장구나 기억하고 암송하거나, 견문이나 넓히려 박람하는 독서법'을 남명은 '색은행괴'(索隱行怪)라 비난하면서, "이런 사람들은 道體를 알지 못할 뿐만 아니라, 門戶도 엿볼 수 없을 것이라 단정한다."87)

한편, 〈전범으로서의 교재〉를 정독하고 숙독하라고 해서 그것을 경전묵수주의로 오해하면 곤란하다. 경전묵수주의는 경전의 내용을 절대적 진리로 인정하고 그것을 맹목적으로 받아들이는 수동적 태도이다. 아직 인지적 사고능력이 덜 발달한 소학 단계의 학동들에게는 경전묵수주의도 필요할지 모르지만, 적어도 대학공부부터는 아니다. 정독과 숙독은 묵수가 아니라 玩味와 自得을 목적으로 한다. 이것이 남명의 관점이다 다음의 인용을 보자.

---

86) 강봉수, "옛 도서류에 함의된 덕성교육의 두 가지 접근법", 『윤리교육연구』제7집(한국윤리교육학회, 2005. 4.), 255쪽.
87) 이 문단의 직·간접 인용은 모두 『국역 남명집』〈송파자에게 보임〉, 234~235쪽.

(1) 선생은 늘 『논어』, 『맹자』, 『중용』, 『대학』, 『근사록』 등의 책을 풀어서 그 근본을 배양하고 그 지취를 넓히셨다. 그 가운데 切己處에는 더욱 '玩味'를 가하여 이를 사람들에게 보여주셨다. 구차하게 博洽을 구해 聽聞之美에 순순하려 하지 않으셨다. 또 편의대로 강설하여 바깥사람의 논의를 야기하지 않으셨다.[88]

(2) 선생은 이르시기를, 배움은 반드시 '自得'을 귀히 여긴다. 책자에만 의존해서 의리를 강명하고 실득이 없으면, 끝내 수용을 보지 못한다. 〈마음에 얻더라도 말하기 어려운 듯해야 한다.〉 학자는 能言을 귀히 여기지 않는다.[89]

〈전범으로서의 교재〉를 공부함에는 구차하게 아름다운 문구에 현혹되어 널리 배울 필요도, 편의대로 해석하여 다른 사람들로부터 논란을 일으킬 필요도 없다. 교재에 의존해 의리를 궁구하고 완미하되 스스로 얻은바(自得)의 실득이 있어야 한다. 그리고 그 얻은 바를 남에게 떠벌일 필요도 없다. 玩味와 自得의 공부는 위인지학이 아니라 위기지학을 목적으로 하고, 이론적 교양이 아니라 '의로움'의 실천을 위한 것이기 때문이다.

이처럼, 〈전범으로서의 교재〉를 가지고 정독과 숙독, 완미와 자득을 통하여 진리가 쌓이고 힘이 오래되면 나머지 〈자료로서의 교재〉를 읽고 道의 上達處에 이르기까지는 한 걸음이다.

(1) 『어록』과 『역경』에는 난해한 곳이 있는데, 나는 억지로 그 뜻을 구하지 않고 모두 등한한 말로 보아 넘깁니다.[90]

(2) 선생이 책을 읽음에 장구에 구애되지 않아서 어떤 때는 10줄을 함께 읽다가도 몸에 절실한 곳에 이르면 문득 받아들이고 다른 것은 대강 지나갔다.[91]

---

88) 『남명별집』 권2, 「언행총록」.
89) 『남명별집』 권2, 「언행총록」.
90) 『국역 남명집』 〈진사 김숙부에게 사례함〉, 225쪽.
91) 『남명별집』 권2, 「언행총록」.

(1)과 (2)의 인용에서 보는 것처럼, 〈자료로서의 교재〉를 읽어가는 데는 모든 내용이나 장구에 일일이 얽매일 필요도 없다. 〈자료로서의 교재〉는 〈전범으로서의 교재〉가 담고 있는 진리를 보충하고 확대해 주는 교수－학습 자료에 불과하기 때문이다. 다섯 수레의 많은 책도 결국 그 상달처는 사악함이 없는 '의로움'의 道로 귀결될 뿐이다.

> 廣文은 자못 子雲의 집과 같아(廣文頗似子雲家),
> 종래부터 옛일 상고하면 得力함이 많다네(稽古由來得力多).
> 살아 있는 법은 모름지기 마루 아래 수레 다듬는 사람이 이해했나니(活法會須堂下斲),
> 다섯 수레 많은 책의 의미도 '邪가 없는 것' 한 가지 속에 있나니(五車書在一無邪).[92]

4. 결론: 현대적 의의와 한계

남명은 처사라는 삶의 방식을 통하여 세상에 관여하고자 하였다. 이러한 삶의 방식은 일반 유자들의 생각과 남다른 측면이다. 12번의 출사기회를 거부하면서도 적극적으로 세상에 관여하고자 했던 남명의 삶은 그가 은밀하게 구축했던 존재론적 도리와 공부론에 터한 결과였다. 이른바 '의로움'의 윤리학과 '의로움'의 덕을 함양하는 방법론이 그것이다.

뼘로 은유되는 당시대적 상황이 남명으로 하여금 공자나 유하혜의 길이 아니라 백이적인 노선을 선택하게 하였다. 선과 악, 옳음과 그름, 義와 利를 엄격히 준별하는, 칼날과도 같은 근본주의적 윤리가 남명이 구축한 '의로움'의 윤리학이었다. 그러

---

92) 『국역 남명집』 〈경전〉, 100쪽.

나 남명의 윤리학은 근본적이고 원칙적이면서도 실용성과 실학에 토대하고 있다. 그래서 남명은 탐구의 학보다는 수행의 도를 중시하고, '의로움' 윤리에 기초한 엄격한 수기를 강조하면서도 치인의 독자적 영역을 인정했고, 구세를 위해 세상에 대한 적극적 참여를 잊지 않았지만 차라리 처사라는 삶의 방식을 더 존중했던 도학자였다.

내적으로는 엄정한 자기훈련을 통해 '의로움'의 덕을 함양한 공적 자아를 확보하고, 외적으로는 구세의 의지로 권력의 전횡에 맞서 '의로움'을 실천하는 굳센 인격, 이것이 남명이 보는 공부와 교육의 목적이요 목표였다. 敬은 그러한 공부와 교육 방법의 알파요 오메가였다. 극기를 향한 끊임없는 사투, 칼날 같은 시살적 존양성찰, 치인과 용사를 향한 활경 등은 남명만의 경공부론의 핵이다. 박학보다는 근본에 충실하는 전범적 교재에 대한 정독과 숙독을 중시하고 완미와 자득을 강조하였다. 요컨대, 공부와 교육의 방법으로 그는 전통적인 거경궁리보다는 거경행의를 주장했다.

거경궁리의 궁리가 지적 탐구를 중시하는 접근이라면, 거경행의의 궁리가 궁리·역행·성신의 통합적 의미가 담겨있는 접근이다. 이러한 접근은 현대 도덕교육적 관점에서도 중요한 의미를 갖는 두 접근법이라 생각한다. 즉 전자가 지적 판단력을 기르는 도덕교육이라면, 후자는 인격형성을 위한 교육으로 볼 수 있을 것이다. 이 중 남명은 후자를 더 중시했다. 남명이 보기에 인격형성을 전제로 하지 않는 공부나 교육은 색은행괴의 지적 유희에 불과하다. 예나 지금이나 윤리학을 공부하고 도덕교육을 한다는 것은 단지 '학식'이나 수단적 지식을 습득하는 것이 아니라, '실천지'를 획득하는 것이다. '실천지'는 단순한 이론적 지식이 아니라 목적지이며, 이는 도덕적 성품이 전제되어야 한다. 도덕적 삶은 도덕적으로 사유할 수 있는 도덕의 지성화가 필수적이지만 도덕적 성향이나 품성이 뒷받침되지 않으면 안 된다. 이것이 남명의 윤리학과 덕성함양론이 우리에게 주는 시사다.

그러나 남명의 윤리학은 차갑다. 선과 악, 옳음과 그름, 義와 利를 엄격히 준별하는, 칼날과도 같은 근본주의 윤리가 자칫 추상화될 때 여기에는 따뜻한 형제애보다는 무차별의 열광주의와 광란의 소용돌이가 몰아칠 수 있다. 和而不同이 포기되고, 세상을 단순히 적과 동지로 이분하는 광기가 자리할 수 있다. 나와 같지 않은 너는 나의 敵이다. 적은 나와 동거할 수 없는 제거의 대상이 될 뿐이다. "仁에 도타운 사람은 義에 박하니 사랑은 하되 존중하지 못하며, 義에 도타운 사람은 仁에 박하니 존중은 하되 사랑하지 않는다."는 『禮記』의 언표도 남명적 윤리학의 추상화를 염려했던 표현이리라. 남명은 '의로움'의 덕을 함양하기 위해 詩 짓기도 경계해야 한다고 했다.[93] 남명이 보여준 극기를 향한 사투와 시살적 존양성찰에서도 따뜻한 형제애보다는 엄격함과 차가움을 더 느낀다.

---

93) 남명은 詩에 대해 "사물을 희롱하다가 자기 뜻을 잃게 하는 좋지 않은 것일 뿐만 아니라 마음을 교만하게 만드는 것"이라 하여 스물다섯 살 이후로는 시 짓기를 좋아하지 않았다. 그리고 제자들에게도 "시가 사람의 마음을 황당하게 만들고 시인은 마음이 공허하므로 배우는 사람에게는 병통이 된다."라고 말하며 시 짓기를 경계하였다. 하권수 지음, 『절망의 시대 선비는 무엇을 하는가』(서울: 한길사, 2003 제1판 3쇄), 295쪽.

‖ 참고문헌

『南冥集』,『退溪全書』,『栗谷全書』,『禮記』,『大學·論語·孟子·中庸』(성균관대 대동문화연구원간).

『朱子大全』,『朱子語類』,『練藜室記述』,『선조실록』,『명종실록』.

강봉수,『유교 도덕교육론』(서울: 원미사, 2001).

강봉수, "옛 도서류에 함의된 덕성교육의 두 가지 접근법",『윤리교육연구』제7집(한국윤리교육학회, 2005. 4.).

권미숙, 「순자 예치사상의 사회윤리적 연구」, (한국정신문화연구원 한국학대학원 박사학위논문, 1997).

금장태, "남명의 학기도에 관한 연구",『남명학연구논총』2(남명학연구원, 1992).

김낙진,『의리의 윤리와 한국의 유교문화』(서울: 집문당, 2004).

김충렬, "남명성리학의 특징",『남명학연구논총』9(남명학연구원, 2001).

김형효, "율곡적 사유의 이중성과 현상학적 비전", 김형효 외 4인 공저,『율곡의 사상과 그 현대적 의미』(성남: 한국정신문화연구원, 1995).

김형효, "율곡적 사유의 이중성과 현상학적 비전", 김형효 외 공저,『율곡의 사상과 그 현대적 의미』(성남: 한국정신문화연구원, 1995).

박충석,『한국정치사상사』(서울: 삼영사, 1982).

설석규, "16세기 영남학파의 정치철학 형성과 붕당론",『한국의 철학』27(경북대 퇴계학연구원, 1999).

손병욱, "涵養省察 ─ 마음을 다스리는 공부", 한국사상사연구회,『조선유학의 개념들』(서울: 예문서원, 2002).

이상필, "남명사상의 특징", 예문동양사상연구원·오이환 편저,『남명 조식』(서울: 예문서원, 2002).

이애희, "조식의 「학기도」", 한국사상연구회,『圖說로 보는 한국 유학』(서울: 예문서원, 2000).

임헌규, "주자학과 남명의 이기심성론에 대한 고찰",『남명학연구논총』10(남명학연구원, 2002).

정병련, "조남명의 이기론 변증",『남명학연구논총』3(남명학연구원, 1995).

정순우, "남명의 공부론과 처사의 성격", 박병련 외 공저, 『남명 조식』(경기: 청계출판사, 2002, 초판 3쇄).

최석기, "남명사상의 본질과 특성", 『한국의 철학』 27(경북대 퇴계학연구원, 1999).

하권수, 『절망의 시대에 선비는 무엇을 하는가』(서울: 한길사, 2003).

한형조, "남명, 칼을 찬 유학자", 박병련 외 공저, 『남명 조식』(경기: 청계출판사, 2002).

제7장

퇴계의 『聖學十圖』에 함의된 도덕교육론

이 글은 퇴계의 『성학십도』를 도덕교육론적 관점에서 읽어본 것이다. 『성학십도』는 퇴계의 독창적 사고를 담은 사상서라기보다는 후학들에게 성학을 가르치기 위한 목적으로 편찬한 일종의 교재라는 것이 이 글의 기본 가정이다. 따라서 『성학십도』에는 나름대로의 교육에 관한 이론적 관점들이 함의되어 있는 것으로 볼 수 있는바, 교육과정 및 교재관, 교육의 목적과 목표, 교육 내용, 교수-학습의 원리와 방법 등이 그것이다.

먼저, 『성학십도』에 함의된 교육목표는 '도에 들어가는 문'으로의 입문과 '덕을 쌓는 기초'의 함양에 있다. 둘째, 퇴계의 교재관은

■ 출처 : 『도덕윤리과교육』 제19호 (한국도덕윤리과교육학회, 2004. 12.), 25~54쪽.

〈자료로서의 교재〉이다. 셋째, 인간은 욕망의 합리적 추구를 넘어 순수한 도덕적 동기에 의해 행위할 수 있는 도덕적 존재이다. 넷째, 교육과정은 상대적으로 소학공부를 중시하는 가운데, 하학공부와 상달공부가 유리되지 않고 동시적이어야 한다는 관점이다. 다섯째, 경(敬)은 모든 공부에서 지켜져야 할 가장 기본적인 교수-학습의 원리이다. 세부 원리로 학사병진의 원리와 지행병진의 원리가 있다. 아울러, 대화와 토론의 교수기법, 개별화 교수, 도(圖)를 통한 교수-학습 방법 등을 제시하고 있다. 교사는 주도적이기보다는 간접적인 방법으로 학생들의 교수-학습을 도와주는 촉진자이다.

1. 서 론

퇴계(1501~1570)는 생애 후반 약 20년 동안의 은거강학의 시기에 많은 학문적 업적을 남겼다.[1] 그의 대표적인 저술로 『주자서절요(朱子書節要)』, 『계몽전의(啓蒙傳疑)』, 『송계원명리학통록(宋季元明理學通錄)』, 『논사단칠정서변(論四端七情書辨)』, 『자성록(自省錄)』, 『성학십도(聖學十圖)』 등을 드는데 별로 이견이 없을 것이다. 이들 대표적 저작들 중에서도 퇴계가 말년에 지은 『성학십도』는 다른 저술과 특별히 대비되는 것 같다. 다른 저술들은 대체로 일정한 주제에 대해 퇴계 자신의 사고가 적극적으로 반영된 저작이라면, 『성학십도』는 상대적으로 자신의 사고가 덜 반영된 일종의 편저이기 때문이다. 즉 이 책에는 송·원대 이래 정주학파(程朱學派)의 저술 속에서 10개의 도상(圖象)과 해설(解說)을 선택하여 수록하고 있는 것이다. 그것도 분량으로 따질 때 한적본(漢籍本)으로 겨우 54쪽, 그나마 왕에게 올리는 차자(箚子)를 제외하면 43쪽에 지나지 않은 소책자에 불과하다.[2]

창작품도 아닌 『성학십도』를 묶어낸 퇴계의 의도는 무엇일까? 아니 우회적인 질문으로, 겨우 43쪽에 지나지 않은 편저된 책에 대하여 후학들로 하여금 그토록도 관심을 갖게 만들었던 연유는 어디에 있을까? 일차적인 연유는, 차자(箚子)의 언표대로, 이 책에는 "도를 이루어 성인이 되는 요령과 근본을 바로잡아 정치를 경륜하

---

1) 이상은, "퇴계의 생애와 그 인간", 예문동양사상연구원·윤사순 편저, 『퇴계 이황』(서울: 예문서원, 2002), 70~79쪽 참조.
2) 윤사순, "이황의 『성학십도』", 한국사상연구회 지음, 『圖說로 보는 한국유학』(서울: 예문서원, 2000), 91쪽.

는 근원이 모두 갖추어져"3) 있기 때문일 것이다. 요컨대, 이 책은 성학의 전체적 체계를 그 핵심적 구조를 통해 제시하고 있는 '성인의 학문'이고 '제왕의 학문'이었기에, "17세기부터 20세기 전반까지 『성학십도』에 대한 많은 논의와 주석"4)의 대상이 될 수 있었던 것이다. 말하자면, 후학들이 이 책에 대해 높은 관심을 보인 이유는 퇴계 철학사상의 독창성에 주목한 것이라기보다는 『성학십도』라는 책 자체에 담겨 있는 '명시적' 혹은 '함축적' 의미에 있다는 것이 된다. 이 연구의 관심사로 말하자면, 여기서 '명시적 의미'가 '교육내용'에 해당한다면 '함축적 의미'는 교육내용을 가르치는 데에 전제되어 있을 것으로 보이는 '교육이론'이다.

퇴계 자신의 저술의도도 이 책을 통하여 자신의 사상을 체계적으로 제시하려는 데에 있다기보다는, 전적으로 후학들에 대한 '교육적 고려'에 의한 것이라고 연구자는 생각한다. 겨우 16세로 왕위에 등극한 선조를 위해 1568년 68세의 노학자가 마지막 충정으로 찬술하여 바친 책이 『성학십도』인 것이다. 퇴계가 어린 왕에게 자신의 철학사상을 보여주기 위해 책을 써 바칠 리는 아무래도 가능성이 적다. 그렇다면 『성학십도』는 전적으로 교육적 고려에서 저술된 일종의 성학에 관한 '교재' 혹은 '교과서'인 셈이다. 말할 것도 없이, 이 교재에는 성인의 학문이고 제왕의 학문으로써 '도를 이루어 성인이 되는 요령과 근본을 바로잡아 정치를 경륜하는 근원이 모두 갖추어져' 있다. 그러나 이것은 앞에서 지적했듯이, 퇴계가 집필의도를 '명시적'으로 드러내며 후학들에게 가르치려 한 '교육내용'에 해당한다.

그동안 『성학십도』에 관한 연구는, 주로 책의 명시적 내용분석을 통하여, 퇴계가 구축한 성학의 규모를 밝혀내는 데에 관심을 기울여 왔다.5) 이러한 연구를 바탕으로, 연구자들은 이 『성학십도』가 퇴계철학의 전체 구조에서 매우 중요한 사상적 요

---

3) 『增補 退溪全書』(一), 卷7, 「聖學十圖」, 〈進聖學十圖箚(幷圖)〉, "凝道作聖之要, 端本出治之源, 悉具於是." *여기서 자료는 影印本 『增補 退溪全書』 全5冊(成均館大學校 大同文化研究院, 1997)이나.

4) 금장태, "「聖學十圖」 註釋과 朝鮮後期 退溪學의 展開", 『退溪學報』 제48집(1985), 7쪽.

5) 대표적인 연구로 윤사순(2000), 금장태(1985), 이광호(1992. 2.)의 연구 등을 들 수 있다. 관련 석사학위논문도 매우 많이 발표되었다. 대표적인 것으로, 김대년(2003), 이상린(2004)의 논문을 들 수 있다. 참고문헌 참조.

소를 담고 있는 대표적인 저작이라는 주장도 한다.6) 이러한 주장에 연구자 또한 전적으로 반대하진 않는다. 그러나 연구자는 이 책이 퇴계사상의 독창성을 보여주는 저작이라기보다는, 상대적으로 퇴계 자신의 사상이 덜 반영된 일종의 편저이고, 교육적 고려에서 저술된 '교재' 혹은 '교과서'라는 데에 더 주목하고자 한다.

교재 혹은 교과서가 무엇인가? 교사, 학생과 함께 교육의 3대 요소 중의 하나인 교재는 특정한 교수－학습의 목표를 달성하기 위해 일정한 학습내용을 의도적·계획적으로 조직, 구성한 학습 자료이다. 따라서 교재가 교재로서의 의의와 가치를 가지고 기능하기 위해서는 그 배후에 지도의 체계, 교육과정(커리큘럼)이 구체화된 것이라야 한다. 바로 이러한 배려에서 만들어진 것이 이른바 교과서이다. 따라서 특정한 교재(교과서)의 저변에는 교육에 관한 기본관점과 철학, 교육의 방향과 목표, 교육받은 사람이 지니고 있기를 기대하는 어떤 능력과 자질, 교수－학습의 방법적 원리 등에 관한 교육이론이 함축되어 있는 것으로 볼 수 있다.7) 바로 이 글은 이러한 관점에서 『성학십도』라는 교재 혹은 교과서에 함의되어 있을 것으로 판단되는 교육이론을 탐색해 보고자 한다.

이 글에서, 그동안 선행연구들이 충분히 다루어온 책의 내용을 분석하고 성학의 규모를 설명하는 반복적인 작업은 생략한다. 이 글의 목적은 『성학십도』라는 교재(교과서)에 함의된 도덕교육의 이론적 특성을 밝히는 것이기 때문이다. 연구목적에 접근하는 전략으로 우선 2장에서는 주희의 덕성교육론을 개략적으로 돌아보며 논의의 준거로 삼고자 한다. 3장에서는 본격적으로 『성학십도』에 함의된 도덕교육에 관한 이론적 특성을 고찰해 본다. 마지막 4장에서는 논의의 요약과 현대적 시사점을 생각해 보면서 결론에 대신하고자 한다.

---

6) 한 예로 윤사순은 "『성학십도』는 성학에 대한 그의 평생의 온축을 담은 책이지 결코 가벼운 기분으로 일시적인 단상을 실어 제작한 것이 아님이 분명하다. 따라서 그의 사상을 살피는 데 있어 이것은 매우 중요한 자료라 하지 않을 수 없다. 필자가 이 책을 가리켜 그의 '대표적 저술의 하나'라고 한 것도 그러한 의미에서 내린 판단이다."라고 평가하고 있다. 윤사순(2000), 앞의 글, 앞의 책, 90쪽.

7) 이택휘, 유병렬 공저, 『도덕교육론』(서울: 양서원, 2000), 772~773쪽.

2. 주희의 덕성교육론과 『성학십도』

유가적(성리학적) 의미에서 덕성함양(德性 涵養 혹은 涵泳)이란, 마치 화선지 위에 붓글씨를 쓰거나 묵화를 그릴 때 먹이 종이 속으로 젖어들어 가듯이, 존재론적 도리(道)가 주체의 심정 속으로 스며들어 오는 것과 다르지 않다.[8] 따라서 덕성함양을 하려면, 우선 논리적 순서로 도(道)가 무엇인지를 밝히는 작업이 선행되어야 하고, 다음으로 밝혀진 도를 내 마음속으로 체득하는 공부가 뒤따라야 한다. 그래서 성리학적 덕성함양의 양 날개는 〈존성덕(尊德性)〉과 〈도문학(道問學)〉인 것이다. 〈존덕성〉은 마음을 보존하여[存心] 도체(道體)의 광대함으로 뻗어 나아가는 것이며, 〈도문학〉은 앎에 이르러서[致知] 도체의 미세함에까지 남김없이 밝히는 것이다.

주희는 바로 이러한 핵심개념을 중심으로 〈존덕성〉의 공부방법으로 〈경〉을, 〈도문학〉의 공부방법으로 〈격물궁리〉를 주장하였다. 아울러 그를 위한 교육론까지 입론하였는데, 소학교육과 대학교육이 그것이다. 조선조는 이러한 주희의 공부론 내지 교육론을 수용하여 세종대를 거치고 중종대 이후에는 나름대로 주자학적 틀을 이해하고 실천한 것으로 판단된다. 이 장에서는 주희의 입론을 간략히 소개하고, 이에 대한 퇴계의 관점을 살피면서 『성학십도』 저술에 함의된 교육론적 위상을 스케치해 본다.

1) 주희의 입론: 小學－大學階梯說

덕성교육에 관한 주희의 입론[9]을 보기 위해서는 우선, 인간본성에 대한 성리학적 구명과 덕성의 본질에 대한 그의 고찰을 살펴볼 필요가 있다. 주희가 세계 탄생을

---

8) 김형효, "율곡적 사유의 이중성과 현상학적 비전", 김형호 외 4인 공저, 『율곡의 사상과 그 현대적 의미』(성남: 한국정신문화 연구원, 1995), 38－39쪽.
9) 졸고, 『유교도덕교육론』(서울: 원미사, 2001), 73~121쪽 참조.

설명하고 인간 본성을 구명하기 위해 사용한 핵심개념은 말할 것도 없이 리(理)와 기(氣)이다. 그에 의하면, 이 우주에는 리도 있고 기도 있다. 리는 형이상의 도(道)로써 만물을 생성하는 근본이요, 기는 형이하의 기(器)로써 만물을 생성하는 도구이다. 따라서 인간과 만물은 모두 이 근본으로서의 리와 도구로서의 기가 만나게 됨으로써 탄생한다.[10] 리는 정의(情意)도 계도(計度)도 조작(造作)도 없는 속성을 지녔고, 응결조작할 수 있는 것은 기이다. 그러나 기가 응취하는 곳에는 항상 리가 있다.[11] 그래서 리는 기의 원리이다. 원리의 리는 무색무취하지만, 활동성의 기는 청탁후박의 속성을 지녔다. 어느 것이 먼저랄 것도 없이 활동성의 기에는 리가 따르고 리는 기에 원리를 제공하여 세상은 탄생한다. 리가 어떤 속성의 기에 원리를 제공할 것인지는 우연이지만, 그것이 세상의 다양성을 결정한다. 치우치고(偏) 막힌(塞) 기와 만나면 동식물이 되고, 바르고(正) 뚫린(通) 기와 만나면 인간이 된다는 식이다.[12] 이렇게 하여 세상의 존재들은 결정되었다.

리기의 만남은 존재들의 본성(性)까지도 결정하게 마련이었다. 리가 기와 만나 존재를 이룰 때 성이 된다. 성이 곧 리이다(性卽理). 이렇게 하여 인간과 동식물은 탄생과 함께 각자 부여받은 리를 건순오상의 덕으로 삼게 되는데 이것이 곧 본성이다.[13] 그러나 존재들의 본성에 대한 자각능력은 역시 어떤 속성의 기와 만나느냐에 달렸다. 치우치고 막힌 기로 탄생한 동식물에는 도덕적 자각능력이 거의 없거나 있어도 미미하다. 바르고 뚫린 기로 탄생한 인간은 도덕적 자각능력이 뛰어나 지각하지 못하는 것이 없고 해나가지 못하는 것이 없다.[14] 이처럼 동식물과 인간 사이의

---

10) 『朱子大全』, 卷58, 「答黃道夫書」, "天地之間, 有理有氣. 理也者, 形而上之道也, 生物之本也. 氣也者, 形而下之器也, 生物之具也. 是以人物之生, 必稟此理, 然後有性, 必稟此氣, 然後有形."

11) 『朱子語類』, 卷1, 「理氣上」, "蓋氣則能凝結造作, 理却無情意, 無計度, 無造作. 只此氣凝聚處, 理便在其中."

12) 『朱子語類』, 卷4, 「性理1」, "自一氣言之, 則人物皆受是氣而生, 自精粗而言, 則人得其氣之正且通者, 物得其偏且塞者."

13) 『中庸章句』, "性卽理也. 天以陰陽五行化生萬物, 氣以成形而理亦賦焉, 猶命令也. 於是人物之生, 因各得所賦之理, 以爲健順五常之德, 所謂性也."

14) 『朱子語類』, 권4, 「性理1」, "物之間有知者, 不過只通得一路, 如鳥之知孝, 獺之知祭, 犬但能守禦, 牛但能耕而已. 人則無不知, 無不能." 인용에서 보듯, 주희가 동물들의 도덕적

도덕적 자각능력과 관련한 존재의 위상은 엄청나기에 더 이상 인간 외의 성에 대해서는 거론하지 말기로 하자.[15] 어쨌든 인간의 성은 비록 기와 같이 있지만 독자적 속성을 결코 잊지 않고 내재된 도덕성으로서의 역할을 수행한다.[16] 이것이 맹자의 성선에 대한 주자의 해석이다.

그러나 엄격히 말하면 리기가 만나 형성된 인간의 성은 본연지성이 아니라 기질지성이다. 본연지성은 리기가 만나기 전 리의 도덕적 순수성을 염두에 두고, 리기가 만나 기질지성을 형성하더라도 계속하여 내재된 도덕성으로 역할한다는 점을 강조하기 위해 채택된 용어라 본다. 본연지성은 선함 그 자체이고 인의예지의 덕이다. 사덕 중에서도 주자는 〈인〉을 성즉리의 덕으로, 사덕을 포괄하는 전덕으로 보고 있다. 이것은 공·맹을 이은 관점이겠지만, 주자는 그 점을 「인설(仁說)」에서 명쾌하게 정리하고 있다. '심지덕(心之德)으로서의 인' 개념이 바로 그것이다. 인의 의미는 두 가지다. 하나는 '애지리(愛之理)로서의 인'이고, 또 다른 하나는 '심지덕으로서 인'이다. 전자는 인의 전통적 의미인 사랑(仁愛) 혹은 사랑의 두터움(仁厚)의 뜻으로 그것은 인의예지의 사덕 속의 협의의 인 개념이다. 후자는 전덕으로서의 광의의 인 개념이다. 이 전덕으로서의 인은 나머지 모든 덕들을 포괄하는 덕으로써, 말하자면 도덕의 제일원리이고 도덕실천의 내적 근거라 할 수 있다.[17] 그리고 전덕으로서의 인을 터득한 사람은 도덕의 주체자가 되어 규범을 입법하고 집행할 수 있는 능력의 소유자가 되고,[18] 그가 곧 성인이다.

자각능력을 인정하고 있는 것은 흥미로운 일이다.

15) 주자도 제자가 생명이 없는 붓에도 仁義가 있느냐는 질문에 대해 극히 미소하니 굳이 찾으려 애쓸 필요가 없다고 답하고 있다. 『朱子語類』, 권4, 「性理1」, "又問, 筆上如何分 仁義. 曰, 小小底. 不消恁地分仁義."

16) 『朱子大全』, 卷46. 「答劉叔文 第2書」, "未有此氣, 已有此性. 氣有不存, 性卻常在. 雖其 方在氣中, 然氣自氣, 性自性, 亦自不相夾雜."

17) 『朱子大全』, 卷67, 「仁說」, "蓋天地之心, 其德有四, 曰元亨利貞, 而元無不統. 其運行焉, 則爲春夏秋冬之序, 而春生之氣無所不通. 故人之爲心, 其德亦有四, 曰仁義禮智, 而仁無 不包. 其發用焉, 則爲愛恭宜別, 而惻隱之心無所不貫. 故論天地之心者, 則曰乾元坤元, 則四德之體用不待悉數而足. 論人心之妙者, 則曰仁人心也, 則四德之體用亦不待遍擧而該."

18) 『朱子大全』, 卷67, 「仁說」, "蓋仁之爲道, 乃天地生物之心, 卽物而在. 情之未發而此體已 具, 情之旣發而其用不窮. 誠能體而存之, 則衆善之源, 百行之本, 莫不在是."

그러나 불행하게도 가장 청명하고 뚫린 기를 받고 태어난 성인과 같은 생지자(生知者)가 아닌 한 인을 터득해 내기가 쉽지 않은 일이다. 기질이 성의 표출을 가리고 있기 때문이다. 따라서 성의 표출을 온전하게 하고 인의 터득을 완성해 나가기 위해서는 혼탁한 기질을 교정하고 순화시키는 공부나 교육이 필요한 것이라 할 수 있다. 기질의 순화 정도에 따라 점차적으로 덕성이 함양되고 본성이 회복되어 간다. 이러한 점에서 볼 때, 주희에게 있어 본연지성은 공부나 교육의 궁극적 목표를 적시하고 있다면, 기질지성은 공부나 교육의 출발점이라 할 것이다.

기질지성을 교정하고 본연지성을 회복하는 길은 우선적으로 덕목이나 규범을 내면화하는 것에서부터 시작되어야 한다. 이것이 격물치지 이전에 함양·실천해야 한다는 〈소학의 단계〉이다.[19] 규범을 내면화하는 소학의 단계가 끝나고 〈대학의 단계〉에 오면 그동안 맹목적으로 수용해 온 규범에 대한 반성적 성찰이 이루어진다. 격물의 단계가 그것이다.[20] 격물이란 사물의 리를 궁구하는 것으로, 현대적 의미에서 도덕행위의 원리와 근거를 밝히는 것이라 할 수 있다. 이러한 반성적 성찰이 계속될 때 어느 순간에 활연관통하는 치지의 단계에 다다르게 된다. 이때가 전덕으로서의 인을 터득하게 됨으로써 성리와 천리가 합일하는 순간이다.

이것이 이른바 주희가 입론한 '소학-대학계제설'에 기초한 덕성함양의 교육론이다. 부연해 두자면, 8~15세까지를 대상으로 하는 소학교육의 단계는 미성숙한 개인이 사회의 문화적 전통에 처음 입문하게 되는 단계로써 윤리적 행위 규범의 실천을 위한 교육(敎之以事)을 통하여 개인의 도덕적 품성을 함양하는 것을 목표로 하고 있다. 그리고 그 주요 교육과정은 일상생활의 일을 처리하는 방법(灑掃應對進退之節)과 실용적 지식이 포함된 기본 교양으로서 육예(禮樂射御書數)를 배운다. 그리고 도덕교육과 관련해서는 효·제·충·신의 덕목과 애친·경장·융사·친우의 도를 배운다.[21] 이러한 교육 과정은 모두 일상생활의 실천적 행위(事)를 위한 현실적 도

---

19) 『朱子大全』, 卷42, 「答吳晦叔」(제9서), "蓋古人之敎, 自其孩幼, 而敎之以孝悌誠敬之實, 及其少長, 而博之以詩書禮樂之文, 皆所以使之卽夫一事一物之間, 各有以知其義理之所在, 而致涵養踐履之功也."

20) 『朱子大全』, 卷42, 「答吳晦叔」(제9서), "及其十五, 成童學於大學, 則其灑掃應對之間, 禮樂射御之際, 所以涵養踐履之者, 略已小成矣. 於是不離乎此, 而敎之以格物以致其知焉."

덕규범이라 할 수 있다. 말할 것도 없이 이 소학단계에서 배우는 가장 기본적인 교재가 『소학』이었다. 한편, 15세 이상을 대상으로 하는 대학교육의 단계는 소학단계에서 습득한 도덕규범의 이론적 근거를 탐색(窮理)하는 교육(敎之以理)을 주로 하여 인륜의 궁극적 원리, 즉 전덕인 인을 터득게 하는 것을 목표로 하고 있다.22) 대학단계의 교육과정으로 주희는 '폭넓은 배움(博學)'을 강조하는바, 여기에는 사서삼경 등의 경서를 비롯한 역사서 등이 포함된다.

특히, 주희의 교육론에서 주목을 끄는 것은 이른바 '학불엽등(學不獵等)'의 원칙이다. '학불엽등'의 원칙이란 배움에 순서를 넘어서면 안 된다는 것으로, 소학단계를 거치지 않고 대학단계의 공부로 넘어가면 안 된다는 것이다. 그래서 주희는 나이가 들더라도 소학공부를 안 했으면 바로 소학공부를 하라고 주장한다. 어쨌든, 이 두 단계를 거칠 때 비로소 유덕한 인격으로서의 성인이 된다고 할 수 있다. 인간에게 자기완성의 최고 경지는 지·정·행의 합일에 있으며, 스스로 도덕상황을 판단하고 이에 적절한 도덕규범을 입법하고 지켜 나갈 수 있는 도덕적 자율성의 단계가 된다. 그가 곧 성인으로서의 유덕한 인격인이다. 말하자면, 유덕한 인격인으로서 성인은 인간 스스로에게 내재된 도덕성(性)을 함양하고 도덕규범(禮)의 실천의지와 더불어 도덕적 행위의 원리(仁)에 대한 고도의 인지적 안목을 갖는다. 따라서 성인이란 사고·판단하는 지적측면과 느끼고 의욕하는 정의적 측면, 그리고 실천·행동하는 행동적 측면의 통합된 내적 성향을 함양한 사람이라 할 수 있다.

---

21) 『大學』, 「大學章句序」, "三代之隆, 其法寖備, 然後王宮國都以及閭巷, 莫不有學. 人生八歲, 則自王公以下, 至於庶人之子弟, 皆入小學, 而敎之以灑掃應對進退之節, 禮樂射御書數之文."

22) 『大學』, 「大學章句序」, "及其十有五年, 則自天子之元子衆子, 以至公卿大夫元士之適(嫡)子, 與凡民之俊秀, 皆入大學. 而敎之以窮理正心修己治人之道, 此又學校之敎, 大小之節, 所以分也." 비슷한 내용이 語類에서도 보인다. 『朱子語類』, 卷7, 「小學」, "古者初年入小學, 只是敎之以事, 如禮樂射御書數及孝弟忠信之事. 自十六七入大學然後, 敎之以理, 如致知格物及所以爲忠信孝者. 小學是直理會那事, 大學是窮究那理因甚恁地. 小學者學其事, 大學者學其小學所學之事之所以. 小學是事, 如事君事父事兄處友等事, 只是敎他依此規矩去, 大學是發明此事之理."

2) 주희의 입론에 비추어 본 『성학십도』의 기본성격

조선조는 주자학을 수용하여 정치와 교육의 실천이념으로 삼았다. 따라서 덕성함양의 교육과 관련해서도 주희의 이론적 관점을 원용했다고 할 수 있다. 특히, 세종대를 거치고 중종대 이후에는 나름대로 주자학적 틀을 이해하고 실천한 것[23]으로 판단된다. 이 글에서 다룰 『성학십도』의 저자인 퇴계의 교육관도 예외일 수 없다.

퇴계는 68세 때인 무진년(1568년) 11월 초삼일 선조를 위한 석강에서 공부의 "차례를 말씀드린다면 마땅히 『소학』을 먼저 강한 다음에 『대학』을 강하는 것이 옳습니다."[24]라 하고, 또 선생이 "자손을 교육하실 때문 반드시 『효경』이나 『소학』 등의 책을 먼저 가르쳤다. 그리고 글의 뜻을 대략 통하게 된 후에 사서를 가르치셨다. 교육에 있어서는 차근차근 순서를 좇았으며, 함부로 단계를 뛰어넘지 않으셨다."[25]고 김성일은 전하고 있다. 간략한 인용이지만, 퇴계 역시 교육에 관한 한 주희의 입론을 이해하고 그대로 실천하였음을 보여주는 대목이라 할 것이다.

반복하지만, 주희의 입론에서, 8~15세까지를 대상으로 하는 소학교육의 단계는 미성숙한 개인이 사회의 문화적 전통에 처음 입문하게 되는 단계로써 윤리적 행위규범의 실천을 위한 교육(教之以事)을 통하여 개인의 도덕적 품성을 함양하는 것을 목표로 하고 있다. 그리고 15세 이상을 대상으로 하는 대학교육의 단계는 소학단계에서 습득한 도덕규범의 이론적 근거를 탐색(窮理)하는 교육(教之以理)을 주로 하여 인륜의 궁극적 원리, 즉 전덕인 인을 터득게 하는 것을 목표로 하고 있다.

그런데 퇴계는 선조에게 『대학』을 먼저 강한 다음에 『소학』을 강한 것 같다.[26]

---

23) 『중종실록』, 권26, 중종 11년 11월 계미. "學校風化之源, 首善之地, 教學所尙而習俗隨焉. 古昔帝王能盡君師之責者, 莫不謹於教尙以導率之, 設爲塾庠序學. 盖人生八世, 令入于小學, 教之以灑掃應對, 進退之節, 愛親敬長, 隆師親友之道, 使之收其放心, 養其德性, 以立其大本. 至于十有五而入大學, 則特因小學已成之功, 順序而進以達夫窮理正心, 修己治人之術, 而已蒙養得正, 源本 旣厚, 故士敦於德, 民興於行, 風俗淳美, 人材衆盛."

24) 『增補 退溪全書』(四), 「言行錄」, 卷1, 〈讀書〉, "戊辰十一月初三日 入侍夕講, 講小學畢, 進啓曰, 小學今已畢講, 以次第言之, 當先講小學, 而次大學."

25) 『增補 退溪全書』(四), 「言行錄」, 卷2, 〈家訓〉, "訓誨子孫, 必先以孝經小學等書, 略通文義, 然後及於四書, 循循有序, 未嘗獵等焉."

26) 『增補 退溪全書』(四), 「言行錄」, 卷1, 〈讀書〉, "小學今已畢講, 以次第言之, 當先講小學,

퇴계가 선조에게 『대학』을 먼저 강하고 『소학』을 강한 것은 일단 주희가 강조했던 학불엽등의 원칙에 의거한 것이라 할 수 있다. 『소학』은 8~15세의 소학단계의 교육에서 다루어지던 필수 교재였다. 그러나 주희는 나이가 들었다 하더라도 소학교육을 받지 못한 사람은 학불엽등의 원칙에 의거 대학단계에서도 『소학』을 배워야 한다고 하였다. 퇴계는 이러한 주희의 입론에 유의하여 당시 선조 임금이 17세로 대학단계의 교육을 받을 시기였기에 『대학』을 강한 것이었고, 학불엽등의 원칙에 의거하여 『소학』도 강한 셈이다. 이 점은 "비록 『소학』을 연소자들의 글이라고 하지만, 대학에 들어간 뒤에 『소학』의 가르침을 버리고 오로지 『대학』에만 힘쓸 수는 없는 것"[27]이라는 퇴계의 주장에서도 확인된다.

이처럼, 퇴계가 교육에 관한 주희의 입론을 그대로 따르고 있는 것으로 볼 때, 17세의 선조를 위해 찬술하여 바친 『성학십도』에 함의된 교육론적 위상에 대해서도 추론해 볼 수 있다. 즉 『성학십도』는 대학단계의 교육을 받을 16세 이상의 학생들을 위하여 쓰인 교재의 하나인 것이다. 그러나 이 책에는 대학단계의 교육에서 쓰일 교재의 하나라는 것 이상의 교육학적 함의를 담고 있다는 게 연구자의 가정이다. 이 가정을 탐색해 보려는 것이 이 연구의 과제이다. 그러나 본격적인 연구과제의 탐색은 다음 장으로 미루고, 여기서는 장황하지 않은 수준에서 『성학십도』라는 교재의 내용을 개략적으로 간추려 두기로 한다.

『성학십도』는 제목 그대로 '성인이 되기 위한 학문론 혹은 공부론'과 관련하여 주목해야 할 열 개의 도(圖), 그리고 각 도의 바탕이 된 설(說 혹은 銘, 箴) 등으로 구성되어 있다. 그리고 각 도설의 뒤에는 퇴계의 보충적 설명도 곁들여져 있다. 도설의 제목과 핵심 내용을 제시해 두면 다음과 같다.

[성학십도]를 올리는 차(箚)와 도(圖): 도설을 지어 올림에 부치는 서문
　제1 태극도(太極圖) / 태극도설(太極圖說): 세계와 인간의 기원, 천도와 인도의 관

而次大學. 今反先講大學, 而次小學矣."
27) 『增補 退溪全書』(四), 「言行錄」, 卷1, 〈讀書〉, "小學雖釋之以小子之學, 入大學後, 亦不可舍此, 而專事大學也."

계를 밝힘.

제2 서명도(西銘圖) / 서명(西銘): 리일분수, 즉 원리는 같으나 품부받은 분수는 다름을 밝힘.

제3 소학도(小學圖) / 소학제사(小學題辭): 인륜과 교육의 기초를 밝힘.

제4 대학도(大學圖) / 대학경문(大學經文): 학문의 목표, 내용, 방법과 지선의 길을 밝힘.

제5 백록동규도(白鹿洞規圖) / 동규후서(洞規後敍): 도문학의 방법 및 지행공부의 중요성을 밝힘.

제6 심통성정도(心統性情圖) / 심통성정도설(心統性情圖說): 마음의 체용과 중화의 도를 밝힘.

제7 인설도(仁說圖) / 인설(仁說): 도덕의 궁극적 원리[全德]으로서 인을 밝힘.

제8 심학도(心學圖) / 심학도설(心學圖說): 마음의 구조와 덕성, 그리고 경의 관계를 밝힘.

제9 경재잠도(敬齋箴圖) / 경재잠(敬齋箴): 공간적 상황에 따른 경공부의 요체를 밝힘.

제10 숙흥야매잠도(夙興夜寐箴圖) / 숙흥야매잠(夙興夜寐箴): 시간적 상황에 따른 경공부를 밝힘.

퇴계는 10도에 대하여 상이한 두 가지 구조로 나누어 설명하고 있다. 첫째, 1도~5도와 6도~10도, 즉 전반 5도와 후반 5도로 나누어, 전반 5도는 "천도에 근본하고 있지만 목적은 인륜을 밝혀 덕업에 힘쓰게 하는 데"[28] 있고, 후반 5도는 "심성에 근원하고 있지만, 요점은 일상생활에서 힘을 써서 경외하는 마음을 높이는 것"[29]이라 설명하고 있다. 이 첫째 구조를 철학적 구조 혹은 근본체계의 구조라고 규정하는 금장태에 의하면, 전반 5도가 규범의 초월적 기준을 발견하여 인격에 정착시키는 것이라면, 후반 5도는 주체의 내면적 기반을 발견하여 행동에 정착시키는 것이

---

28) 『增補 退溪全書』(一), 卷7, 「聖學十圖」, 〈白鹿洞規圖〉, "以上五圖, 本於天道, 而功在明人倫懋德業."
29) 『增補 退溪全書』(一), 卷7, 「聖學十圖」, 〈夙興夜寐箴圖〉, "以上五圖, 原於心性, 而要在勉日用, 崇敬畏."

라는 것이다. 그래서 『성학십도』 전체는 천도와 심성의 두 근원이 인간 주체를 결합 점으로 상호 작용하여 균형을 이루고 있는 것이라 한다.[30]

둘째, 3도와 4도를 중심으로 하여 앞의 1~2도와 뒤의 5~10도로 나누어, "위의 1~2도는 단서를 찾아 확충하게 하고 천을 체득하여 도를 다하게 하는 지극한 경지로서 『소학』과 『대학』의 표준이며 본원이 되고", "아래 5~10도는 명선(明善), 성신(誠身), 숭덕(崇德), 광업(廣業)을 힘쓰는 곳으로 『소학』과 『대학』의 밭이며 결과가 된다."고 설명하고 있다.[31] 이 둘째 구조를 금장태는 교육적 구조 혹은 학문방법의 구조라 규정하는데, 그에 의하면 10도의 중심을 이루는 『소학』과 『대학』은 유교교육에서 기본 경전적 위치를 갖고 있으며, 유교의 규범체계와 실천방법에서부터 유교적 인격의 실현과정을 그 출발점에서 목표까지 포함하고 있는 것이라 보고 있다.

이상의 두 가지 구조 중, 연구자의 관심사는 단연 둘째의 교육적 구조에 있다. 『성학십도』는 대학단계의 교육을 받을 16세 이상의 학생들을 위하여 쓰인 교재의 하나로 보는 것이 연구자의 기본 가정이기 때문이다. 교육적 구조(학문적 구조)에 관한 금장태의 설명에 기본적으로 동의하면서, 연구자의 관점을 좀 더 풀어 설명하면 「소학도」와 「대학도」에는 공부(혹은 학문)의 목적과 목표, 공부의 내용, 공부의 방법 등이 체계적으로 제시되어 있다. 공부의 목적과 목표는 당연히 '단서를 찾아 확충하고 천도의 극치를 얻어'[태극도, 서명도] 성인이 되는 데 있을 것이다. 공부의 내용으로는 도덕의 근원과 도덕의 궁극적 원리[태극도, 서명도, 인설도] 탐구, 인간 마음의 구조와 덕성의 본질[심통성정도, 심학도] 탐색 등이다. 공부의 방법적 원리[경재잠도], 도문학 방법[백록동규도]과 존덕성의 방법[숙흥야매잠도]이 있다. 이를 도표로 제시해 두면 〈표 1〉과 같다.

---

30) 금장태, 『한국유학의 탐구』(서울대학교 출판부, 1999), 111~112쪽.
31) 『增補 退溪全書』(一), 卷7, 「聖學十圖」, 〈大學圖〉, "然非但二說當通看, 幷與上下八圖, 皆當通此二圖而看. 蓋上二圖, 是求端擴充體天盡道極致之處, 爲小學大學之標準本原. 下六圖, 是明善誠身崇德廣業用力之處, 爲小學大學之田地事功."

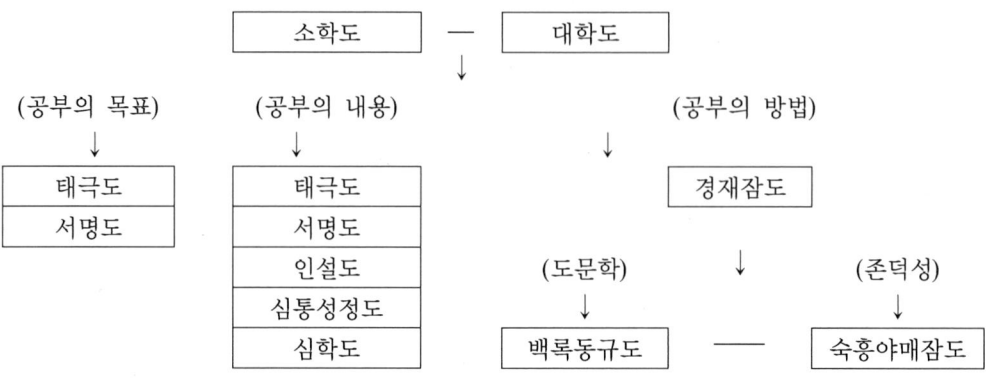

〈표 1〉『성학십도』의 교육적 구조(교육내용체계)

소학도 ― 대학도

(공부의 목표)

(공부의 내용)

(공부의 방법)

| 태극도 |
| 서명도 |

| 태극도 |
| 서명도 |
| 인설도 |
| 심통성정도 |
| 심학도 |

경재잠도

(도문학)

(존덕성)

| 백록동규도 | ― | 숙흥야매잠도 |

3. 『성학십도』에 함의된 덕성교육론

『성학십도』는 일종의 교재(교과서)이기에 앞에서 요약 제시한 성학의 체계가 곧 퇴계가 가르치고자 했던 교육의 내용에 해당한다. 말하자면, 퇴계는 『성학십도』라는 교재를 통하여 성인이 되는 공부론(혹은 학문론), 즉 성인이 되기 위해 공부의 목표를 어디에 두고, 무엇을 공부해야 하고, 어떤 방식으로 해나가야 하는지를 체계적으로 가르치려 했던 것이다. 『성학십도』는 달리 이름 붙여 독특한 도설의 형식으로 집필된 『성학개론』서라 말할 만하다.

이처럼 『성학십도』가 『성학개론』서라면, 이 교재를 사용하여 교수-학습이 이루어졌다고 하더라도 곧 성학공부의 궁극적 목적인 '성인 됨'이 보장되는 것은 아닐 것이다. 즉 이 책의 교수를 통하여 달성하고자 하는 교육 목표가 따로 있을 것이란 가정이다. 아울러, 그러한 교육의 목표를 달성하기 위해 전제된 퇴계 나름의 교육과정 혹은 교재관, 교수-학습의 원리 및 교사의 역할론 등 이러저러한 교육 이론적 특성들이 함의되어 있을 것이라 판단한다. 이제 그러한 점들을 본격적으로 탐색해 보기로 한다.

1) 교육의 목표: '도로 들어가는 문'으로의 입문과 '덕을 쌓는 기초'의 함양

유교교육의 목표는 유덕한 인격으로서의 성인이 되도록 하는 데 있다. 인간에게 자기완성의 최고 경지는 지·정·행의 합일에 있으며, 스스로 도덕상황을 판단하고 이에 적절한 도덕규칙을 입법하고 지켜 나갈 수 있는 도덕적 자율성의 단계가 된다. 그가 곧 성인으로서의 유덕한 인격인이다. 그러나 유덕한 인격으로서의 성인 됨이란 하루아침에 이루어지는 것이 아니다. 공부와 교육을 통하여 점진적 이루어져 간다. 공자의 하학이상달(下學而上達), 주희의 '소학—대학계제설'은 바로 이러한 도덕성의 발달 단계성을 염두에 두고 정초된 덕성함양의 교육론이다.

이러한 점을 퇴계도 충분히 알고 있었다. 앞서 인용한 '교육에 있어서 차근차근 순서를 좇았으며, 함부로 단계를 뛰어넘지 않았다.'는 김성일의 전언에서도 짐작되는 바이다. 또한 대학단계의 교육을 거친다 해서 바로 성인이 될 수 있는 것도 아닌 것 같다. 이 점을 퇴계는 〈성학십도를 올리는 차〉에서 간명하면서도 자세하게 밝히고 있다. 그것은 다음과 같이 3단계를 거친다.

> 1단계: "처음에는 마음대로 안 되고 서로 모순됨이 있는 근심이 없을 수 없고, 또 때로는 지극히 괴롭고 불쾌한 병통도 있겠지만, 이것은 바로 옛사람이 말한 장차 크게 나아갈 기미이며 또한 좋은 소식의 단서라 할 수 있습니다."[32)

> 2단계: "진리가 많이 쌓이고 노력이 오래되면 자연히 마음이 진리와 서로 머금게 되어 자신도 모르는 사이에 융회하여 관통하게 됩니다. 그리고 익힘과 일

---

32) 『增補 退溪全書』(一), 卷7, 「聖學十圖」, 〈進聖學十圖箚(幷圖)〉, "其初猶未免或有掣肘矛盾之患, 亦時有極辛苦不快活之病, 此乃古人所謂將大進之幾, 亦爲好消之端, 切毋因此而自沮, 尤當自信而益勵."

이 서로 익숙해져서 차츰 모든 행동이 순탄하고 자연스럽게 됨을 보게 될 것입니다. 처음에 일을 한 가지씩만 다스렸지만, 이제는 하나의 근원과 만나게 될 것입니다. 이는 실로 맹자가 말한 '도에 깊이 나아가 도를 자득한'(深造自得) 경지이며, '내면에서 우러난다면 어찌 그만둘 수 있겠는가?'의 체험입니다."33)

3단계: "계속해서 부지런히 힘써 나의 재능을 다하면 안자의 '인을 어기지 않는 마음'과 '나라를 다스리는 사업'이 다 그 속에 있게 될 것이며, 증자가 말한 '충서'로 일관되어 도를 전할 책임이 자기 몸에 있게 될 것입니다. 일상 생활에서 경외함이 떠나지 않게 되어 '중화를 극진하게 이루어 천지가 제자리에서 운행되고 만물이 육성되는' 공을 이룰 수 있고, 덕행이 일상의 윤리를 벗어나지 않는 가운데 천인합일의 오묘함을 여기서 얻을 수 있는 것입니다."34)

편의상 위의 단계에 각각 명칭을 부여하면, 1단계는 '도로 들어가는 문'으로의 입문과 '덕을 쌓은 기초'의 함양 단계, 2단계는 '도에 깊이 나아가 도를 자득한 경지'의 단계, 3단계는 '인을 어기지 않은 마음'과 천인합일의 단계라 할 수 있다.

소학교육 단계에서의 교육은 일용지도(日用之道)의 내면화를 통한 덕성의 함양에 있기에, 여기서 길러진 본성은 외부적 힘에 의하여 타율적으로 습득된 것이지, 스스로에 의해 자각적이고 반성적으로 터득한 것은 아니다. 그래서 어린 시절에 길러진 본성은 이익의 이전투구가 벌어지는 어른의 세계에 오면 쉽게 상처받을 수 있다. 어른이 되면 그동안 길들여진 본성이나 습관화된 관습의 도덕이 현실과 맞지 않음을 의심하게 되고, 스스로의 자각적인 반성과 성찰을 통한 자기혁신이 모색된다. 이 즈음이 대학단계의 교육이고, 콜버그식으로 관습 수준의 도덕성에서 관습 이후 수

---

33) 『增補 退溪全書』(一), 卷7, 「聖學十圖」, 〈進聖學十圖箚(幷圖)〉, "至於積眞之多, 用力之久, 自然心與理相涵, 而不覺其融會貫通, 習與事相熟, 而漸見其坦泰安履, 始者各專其一, 今乃克協于一, 此實孟子所論'深造自得'之境, '生則烏可已'之驗."

34) 『增補 退溪全書』(一), 卷7, 「聖學十圖」, 〈進聖學十圖箚(幷圖)〉, "又從而俛焉孶孶, 旣竭吾才, 則顔子之心不違仁, 而爲邦之業在其中. 曾子之忠恕一貫, 而傳道之責在其身. 畏敬不離乎日用, 而中和位育之功可致. 德行不外乎彛倫, 而天人合一之妙斯得矣."

준의 도덕성으로의 이행과정과 다르지 않으리라 여긴다.

특히, 관습 이후 수준의 첫 단계에서는 퇴계의 언표처럼 "처음에는 마음대로 안 되고 서로 모순됨이 있는 근심이 없을 수 없고, 또 때로는 지극히 괴롭고 불쾌한 병통"이 있을 수밖에 없다. 철들어 맞게 된 어른의 세계란 훨씬 더 복잡하며 비도 덕적이어서, 순진무구함으로 무장해 왔던 도덕적 마음이 흔들이고 분열되어 버리기 십상이기 때문이다. 효도 안하면 어때? 나는 왜 도덕적이어야 하는가? 등 그동안 당 연시했던 도덕규범에 관한 의혹이 제기된다. 이전투구의 마당에 휩쓸려 사욕과 이 욕으로 선한 본성을 잃어버릴 것인지, 아니면 흔들이고 분열되는 도덕적 마음을 다 잡아 천성을 회복할 것인지는 바로 이러한 물음들에 대해 주체적이고 자각적인 성 찰을 할 수 있느냐에 달렸다. 전자로 낙착할 경우 맹자가 말한 바의 '자포자기'한 사람이 되고, 기품의 지배에 놓인 소인배가 되고 만다. 사정이 이러하다면, 이즈음 이 교육적으로 얼마나 중요한 시기인지는 짐작할 만하다. "이것은 바로 옛사람이 말 한 장차 크게 나아갈 기미이며 또한 좋은 소식의 단서라 할 수 있습니다."라는 퇴 계의 언표도 바로 이러한 각도에서 읽어야 한다. 그러기에 퇴계는 이 1단계를 설명 하는 말미에 "절대 이 때문에 스스로 그만두지 마시고, 더욱 자신감을 가지고 힘써 야 할 것"이라 당부하고 있는 것이다.

퇴계가 『성학십도』를 선조에게 올리며 의도했던 교육의 목표도 바로 여기에 있는 것으로 여긴다. 즉 '도에 들어가는 문'으로의 입문과 '덕을 쌓는 기초'의 함양이 그 것이다.[35] 물론 『성학십도』에는 "도를 이루어 성인이 되는 요령과 근본을 바로잡아 정치를 경륜하는 근원이 모두 갖추어져" 있다. 그러나 이 경지를 실제로 갖추는 것 은 1단계인 '도에 들어가는 문'으로의 입문과 '덕을 쌓은 기초'의 함양이 이루어진 다음의 일이다. 어쩌면 1단계의 교육목표를 성공적으로 달성한다면, 2단계의 '도에 깊이 나아가 도를 자득한 경지'의 단계와, 3단계의 '인을 어기지 않은 마음'과 천인 합일의 단계는 내친걸음이라 할 수 있을지 모른다. 이처럼, 『성학십도』는 대학단계 의 교육으로 입문하는 초학자를 배려하여 저술된 교재인 것이다.

---

35) 『增補 退溪全書』(一), 卷7, 「聖學十圖」, 〈進聖學十圖箚(幷圖)〉, "聖學有大端, 心法有至 要, 揭之以爲圖, 指之以爲說, 以示人入道之門, 積德之基, 斯亦後賢之所不得已而作也."

2) 十圖(說)의 저자와 편자 퇴계의 교재관

『성학십도』는 상대적으로 퇴계 자신의 사고가 덜 반영된 일종의 편저이다. 즉 이 책에는 송·원대 이래 정주학파의 저술 속에서 10개의 도상과 해설을 선택하여 수록하고 있는 것이다. 물론, 도설 중에는 퇴계의 저작이 전혀 없진 않으며, 각 도설에 대한 퇴계의 보설이 곁들여지고는 있다. 각 도설에 대한 저자에 주목하여 『성학십도』의 구성을 제시해 보면 다음의 〈표 2〉와 같다.

〈표 2〉에서 보듯이, 「소학도」, 「백록동규도」, 「심통성정도」의 중·하도, 「숙흥야매잠도」만이 퇴계의 저작이고 나머지는 모두 다른 사람들의 저작이다. 그런데 도는 설을 도상화한 것이기 때문에 일단 도보다는 설의 작자가 누구냐가 더 중요할 것 같다. 이로 보면 「심통성정도」의 중·하도를 제외하면 모든 설의 저자는 퇴계가 아

〈표 2〉 圖說의 구성에 따른 저자

구 분	구성에 따른 저자			
	도(圖)	설(說)	해설(인용자)	보설(補說)
제1 태극도	주렴계	주렴계	주희	퇴계
제2 서명도	정복심(程復心)	장횡거(의 「西銘」)	주희, 양귀산, 쌍봉 요씨	퇴계
제3 소학도	**퇴계**	주희(의 「小學題辭」)	주희	퇴계
제4 대학도	권근(權近)	「大學」의 經文	주희	퇴계
제5 백록동규도	**퇴계**	주희(의 「洞規後叙」)		퇴계
제6 심통성정도	上圖: 정복심 中下圖: **퇴계**	상도: 정복심 중하도: **퇴계**		퇴계
제7 인설도	주희	주희(의 「仁說」)		퇴계
제8 심학도	정복심	정복심		퇴계
제9 경재잠도	왕백(王柏)	주희(의 「敬齋箴」)	오임천, 진서산	퇴계
제10 숙흥야매잠도	**퇴계**	진백(陳柏) (의 「夙興夜寐箴」)		퇴계

* 이상린(2004: 20) 참조 재구성함.

닌 다른 사람이다. 요컨대, 『성학십도』는 제목 그대로 '성인이 되기 위한 학문론 혹은 공부론'과 관련하여 주목해야 할 열 개의 설(혹은 銘, 箴)을 가려 뽑고, 또한 그것을 도상화한 도(기존에 없던 것은 퇴계가 도상화하여)를 모아 편집된 책인 셈이다. 이러한 점에 주목하여, 연구자는 이 책을 전적으로 교육적 고려에서 저술된 교재라 하였다.

그러나 사실 교재라 하여 남의 글을 모아 편저해야 할 것인지는 의문이다. 바로 이 지점에 교재에 관한 퇴계 나름의 관점이 함의되어 있을 것으로 짐작한다. 금장태에 의하면, 『성학십도』는 왕실에서 역대 군왕이 병풍으로 만들거나 서첩으로 만들어 항상 곁에 놓고 궁리하고 체인하는 전범으로 삼았다고 한다. 그러나 한편으로, 이 책은 경연에서 거듭 강의되는 교재였고, 17세기부터 20세기 전반까지 계속해서 다양한 주석과 응용이 이어지고, 그 주석에서 제기되는 문제는 가히 한국철학사의 중요문제에 다름 아니라고 한다.36) 이러한 금장태의 연구결과에서 특히 주목할 부분은 후자이다.

이처럼 다양한 논의와 주석, 그리고 그 응용이 가능했던 연유는 어디에 있을까? 연구자는 바로 『성학십도』라는 교재의 특성에 있다고 생각한다. 교재는 크게 두 가지 유형으로 분류됨 직하다. 하나는 〈전범으로서의 교재〉요, 다른 하나는 〈자료로서의 교재〉이다. 〈전범으로서의 교재〉는 도덕적 문화전통을 대변하며 객관화된 도덕적 진리를 담고 있다. 사회구성원이 합의하는 바람직한 덕목과 규범, 공동체의 위대한 전통 등이 실린 이 교재는 말 그대로 자라나는 세대들이 익혀야만 할 전범으로 등장한다. 반면에, 〈자료로서의 교재〉는 교수－학습의 상황에서 제공됨 직한 하나의 교수－학습 자료일 뿐이다. 물론 이 교과서에도 바람직한 덕과 규범, 도덕적 원리와 규칙 등이 실리지만, 그것은 어디까지나 교수－학습을 돕는 자료일 뿐이다. 여기서는 자료를 읽고 토론하는 교수－학습의 과정을 통하여 도덕적 진리를 구성해 가야 하는 것이라 말할 수 있다. 요컨대, 전자의 수업에서 학생들은 교사의 말씀과 교재의 내용을 진리 그 자체로 습득토록 하는 의양지미(依樣之味)를 추구한다면, 후자의

---

36) 금장태(1985), 앞의 논문, 7쪽.

수업에서는 교사가 제시하는 교수 학습 자료에 대하여 서로 토론하고 대화하면서 진리를 구성해 가는 자득지미(自得之味)를 추구한다.

이 중 『성학십도』에 함의된 퇴계의 교재관은 말할 것도 없이 〈자료로서의 교재〉라 생각한다. 그 가장 뚜렷한 증거가 바로 『성학십도』를 다른 사람들이 저작한 도설을 모아 편저했다는 점이라고 본다. 주지하듯이, 이 책은 퇴계 자신의 학문적 혹은 사상적 체계에 완숙함을 갖춘 시기 중에서도 가장 생애의 말년에 쓰였다. 성인이 되는 학문론 혹은 공부론에 관한 책을 얼마든지 퇴계 자신의 독자적인 사상과 문법으로 저술할 수도 있다.

예컨대, 퇴계 이전부터 주렴계의 「태극도설」을 어떻게 이해할 것인가를 놓고 이미 조선의 학자들 간에는 철학적 논쟁을 벌이거나 의견을 달리하는 사례들이 있다. 논쟁의 한 사례로 회재 이언적(晦齋 李彦迪)과 망기당 조한보(忘機堂 曺漢輔)가 벌인 이른바 '무극태극논쟁'이 있다.[37] 또한 특정 학자들 간에 직접 논쟁을 하지는 않았으나 의견을 달리하는 사례로 태극과 음양의 관계를 어떻게 볼 것인가에 관해 '태극·음양일체설'(정여창, 이항 등)과 '태극·음양이물설'(기대승, 김인후 등) 등의 주장이 있다.[38] 특히 후자의 사례에서 퇴계는 '태극·음양이물설'을 옹호하는 대표적인 사상가이다.[39] 그리고 이외에도 퇴계사상의 독창적인 요소로 우주론에서의 리동설(理動說), 사칠론에서의 리발설(理發說), 격물설에서의 리자도설(理自到說) 등이 거명된다.[40] 조선철학사에 있어서 이들 주제들은 모두 논쟁적인 것이었다. 이처럼

---

37) '無極太極論爭'의 중심 주제는 인간의 도덕 근거가 무엇이며 그 본질을 어떻게 체득하여 이를 바탕으로 한 실천이 나올 수 있겠는가에 관한 논쟁이다. 예컨대, '태극'에 앞서 '무극'을 강조하는 조한보가 도덕의 근거를 초월적인 데서 찾으려 하고 있다면, 무극이태극을 동시적이고 하나로 보는 이언적은 도덕성의 근원을 현실 속에서 찾으려고 한 것으로 볼 수 있다. 이에 관한 자세한 고찰은 김교빈, "태극논쟁: '태극'을 둘러싼 주자학적 이해와 비주자학적 이해의 대립", 한국철학사상연구회 지음, 『논쟁으로 보는 한국철학』(서울: 예문서원, 1995), 111~128쪽 참조.

38) 오병무, 「한국 성리철학의 특성에 관한 연구」(전북대학교 박사학위논문, 1992) 참조.

39) 『增補 退溪全書』(二), 卷41, 「雜著」, 〈非理氣爲一物辨證〉, "理與氣決是二物, 但在物上看, 則二物渾淪, 不可分開各一處, 然不害二物之各爲一物也, 若在理上看, 則雖未有物而有物之理, 然亦但有其理而已, 未嘗實有是物也."

40) 윤사순, "退溪의 理氣哲學에 대한 現代的 解釋", 『退溪學報』제110집(2001), 119~144쪽;

논쟁적인 주제들에 대해 퇴계 자신의 확고한 관점을 가지고 있지만, 『성학십도』의 교재에서는 그런 자신의 주장을 거의 제시하지 않고 있는 것이다(뒤따르는 논의에서 보듯 심성론에 관해서는 예외지만).

만약 『성학십도』에 포함된 모든 주제들에 대하여 퇴계 자신의 사상과 문법으로 교재를 저술하였다면 그것은 전혀 성격을 달리하는 교재, 즉 〈전범으로서의 교재〉가 되고 말았을 것이다. 당시 퇴계는 이미 조선성리학을 대표하는 거장이었기 때문이다. 만약 그랬다면 당시 학생들은 퇴계의 관점에 이의를 제기하기보다는 우선 그것을 부동의 진리로 받아들이는 데 급급했을 것이다. 그러나 퇴계는 그렇게 하지 않았다. 바로 이 점에서 퇴계의 깊은 교육적 고려와 안목을 엿볼 수 있는 것이다. 이처럼 깊은 교육적 고려와 안목에서 교재가 저술되었기에, 『성학십도』에 대한 후학들의 다양한 주석과 응용이 뒤따를 수 있었던 것이라 생각한다.

3) 유일한 퇴계의 자작 「心統性情中下圖」와 덕성의 본질

위의 〈표 2〉에서 보면, 제6도인 「심통성정도」에는 상·중·하도가 있는데, 이 중 중도와 하도만은 예외적으로 퇴계의 자작이다. 도뿐 아니라 설도 퇴계 자신의 주장이다.[41] 몇 개의 도를 제외한 도설이 모두 다른 사람의 저작을 인용하고 있는 데 반해, 왜 이 부분만은 퇴계가 직접 자작을 했을까? 여기서는 〈자료로서의 교재관〉을 포기한 것인가? 그럴 정도로 다른 함의가 있는 것인가? 이러한 의문을 풀기 위한 출발로 우선 이 「심통성정도」 중하도의 내용을 좀 더 자세히 들여다볼 필요가 있다.

「심통성정도」의 본래 주제는 도명 그대로 '마음이 성과 정을 통섭한다'는 것이다. 즉 마음이 적연부동하면 성이 되어 마음의 본체를 이루고, 감이수통하면 정이 되어

문석윤, "退溪에서 理發과 理動, 理到의 의미에 대하여 ―理의 능동성 문제", 『退溪學報』 제110집(2001), 161~201쪽 참조.

41) 『增補 退溪全書』(一), 卷7, 「聖學十圖」, 〈心統性情圖〉, "右三圖, 上一圖, 林隱程氏作, 自有其說矣. 其中下二圖, 臣妄竊推原聖賢立言垂教之意而作."

마음의 작용을 이룬다. 따라서 학자들은 마음의 본체인 성을 잘 기르고, 마음의 작용인 정을 잘 다스려야 한다는 것이 이 도설의 주제이다.[42] 퇴계는 이러한 내용을 주장하는 정복심의 도설을 원용하고 있다. 「심통성정도」의 본래 주제를 생각하면 정복심의 도설 인용만으로도 충분할 것처럼 판단된다. 그러나 퇴계는 정복심의 도설을 상도로 하고, 자신의 관점을 두 가지 더하여 중도와 하도를 제시하고 있는 것이다.

먼저, 중도는 이른바 '본연지성'과 그것의 발한 것으로서 선일변의 정에 관한 도설이다. 퇴계는 본연지성을 〈기품 속에서도 그것과 섞이지 않은 성〉이라 하면서 〈자사가 '하늘이 명했다'는 성〉, 〈맹자가 '본성은 선하다'고 할 때의 성〉, 〈정자가 '성이 곧 리'라고 할 때의 성〉, 〈장횡거가 말한 '천지지성'〉의 경우가 모두 본연지성의 예에 해당한다고 말하고 있다. 그리고 이러한 본연지성이 발하여 선일변의 정의 예로 〈자사가 말한 '중절'의 정〉, 〈맹자가 말한 '사단'의 정〉, 〈정자가 '어찌 선하지 않다고 이름할 수 있겠는가'라고 했을 때의 정〉, 〈주자가 '성으로부터 흘러 나와 본래 선하지 않음이 없다'고 했을 때의 정〉을 들고 있다. 본연지성의 발한 결과로서의 정은 그것이 사단이든 칠정이든 모두 선일변도이다.[43]

다음으로, 하도는 이른바 '기질지성'과 그것의 발하는 방식과 발한 결과로써 정의 선악의 갈림에 관한 도설이다. 퇴계는 이 성을 〈리와 기가 이미 합해진 성〉이라 하면서, 〈공자가 '서로 비슷하다'고 했을 때의 성〉, 〈정자가 '성은 기이며, 기는 곧 성'이라 했을 때의 성〉, 〈장횡거가 말한 '기질지성'〉, 〈주자가 '비록 기 속에 있어도 기는 기대로 성은 성대로 서로 섞이지 않는다'고 했을 때의 성〉의 예가 바로 여기

---

42) 『增補 退溪全書』(一), 卷7, 「聖學十圖」, 〈心統性情圖〉, "所謂心統性情者, 言人稟五行之秀以生, 於其秀而五性具焉, 於其動而七情出焉. 凡所以統會其性情者則心也. 故其心寂然不動爲性, 心之體也, 感而遂通爲情, 心之用也.(中略) 學者知此, 必先正其心, 以養其性, 以約其情, 則學之爲道得矣."

43) 『增補 退溪全書』(一), 卷7, 「聖學十圖」, 〈心統性情圖〉, "其中圖者, 就氣稟中指出本然之性不雜乎氣稟而爲言. 子思所謂天命之性, 孟子所謂性善之性, 程子所謂卽理地性, 張子所謂天地之性, 是也. 其言性旣如此, 故其發而爲情, 亦皆指其善者而言. 如子思所謂中節之情, 孟子所謂四端之情, 程子所謂何得以不善名之情, 朱子所謂從性中流出, 元無不善之情, 是也."

에 해당한다고 말하고 있다. 그리고 이 기질지성의 발하는 방식은 두 가지이고, 결과에 따라 선할 수도 악할 수도 있다. 하나는, '리가 발하여 기가 따르는'(理發氣隨之) 경우로써, 그 결과는 사단의 정이 되어 본래 순선하여 악이 없다. 그러나 리가 발할 때에 기가 잘 따르지 않아 리를 방해하고 가려버리면 사단의 정은 유실되고 선하지 않게 된다. 다른 하나는, '기가 발하여 리가 타는'(氣發理乘之) 경우로써, 그 결과는 칠정이 되어 선하지 않음이 없다. 그러나 기가 발하면서 중절하지 못하고 리를 멸하게 되면 역시 방탕해지고 악하게 된다.[44]

　이상이 중도와 하도의 핵심내용이다. 여기서 보듯이, 내용은 그야말로 퇴계의 사상 중에서도 가장 퇴계적이라 할 수 있는 사단칠정론과 리기호발설을 주장한 것이다. 또한 우리가 아는 한 이러한 주장은 기나긴 세월동안 제자 기대승과 심도 있는 철학적 논쟁을 거쳐 최종적인 자신의 관점으로 정립한 것이다.[45] 어쩌면 퇴계사상의 또 다른 독창적 요소로 평가되는 우주론에서의 리동설(理動說)이나 인식론에서의 리도설(理到說)도 바로 사단칠정론과 이기호발설을 뒷받침하기 위한 발판일 것이다. 『성학십도』에는 리동설이나 리도설에 관해서는 전혀 언급이 없다. 아니 일부러 주장을 안 하고 있는 것이라 봄이 옳다. 그런데 왜 사단칠정론과 이기호발설에 관해서는 자신의 관점을 실고 있는 것일까? 아무래도 그 이유는 하도보다는 중도에 함의되어 있는 듯하다.

　하도의 내용인 〈사단리발기수지(四端理發氣隨之)〉와 〈칠정기발리승지(七情氣發理乘之)〉는 원래 〈사단리지발(四端理之發)〉과 〈칠정기지발(七情氣之發)〉의 관점을 기대승과 논쟁 이후에 수정하고 합의한 최종 관점이다. 우리의 현실적인 성은 리와 기가 합해진 기질지성이기에 기대승의 초안과 후학 이이의 주장대로 기발리승만이

---

44) 『增補 退溪全書』(一), 卷7, 「聖學十圖」, 〈心統性情圖〉, "其下圖者, 以理與氣合而言之, 孔子所謂相近之性, 程子所謂性卽氣氣卽性之性, 張子所謂氣質之性, 朱子所謂雖在氣中, 氣自氣性自性, 不相夾雜之性, 是也. 其言性旣如此, 故其發而爲情, 亦以理氣之相須或相害處言. 如四端之情, 理發而氣隨之, 自純善無惡. 必理發未遂, 而揜於氣, 然後流爲不善. 七者之情, 氣發而理乘之, 亦無有不善. 若氣發不中, 而滅其理, 則放而爲惡也."

45) 전호근, "사칠이기논쟁: 주희 심성론의 한국적 전개를 위한 최초의 갈등", 『논쟁으로 보는 한국철학』, 앞의 책, 149〜179쪽 참조.

허용될 것 같지만, 퇴계는 끝까지 리발기수를 포기하지 않았다. 기발리승이나 리발기수가 모두 도덕적 행위인 것은 같다. 그러나 전자는 욕망추구의 정당화와 욕망의 합리적 조절로서의 도덕행위이고, 후자는 처음부터 욕망과 무관하게 순수한 도덕적 동기에 따라 이루어지는 도덕행위이다. 그러니까 전자는 칠정의 감정으로 표현되고, 후자는 사단의 도덕심으로 표현되는 것이다. 그러나 순수한 도덕적 동기도 욕망추구의 합리적 조절도 기의 물욕에 방해받으면 도덕행위로 실현되지 못할 가능성은 항상 존재한다.

그런데 여기서 우리가 주목할 것은, 퇴계는 현실 속에서도 선험적 이념에 따라 살아가는 것이 가능하다고 보는 관점이다. 그러기에 그는 리발기수를 포기하지 않는 것이다. 특히 이 점을 미리 보여주기 위해 중도를 강조하여 제시한 것이다. 즉 퇴계는 "성을 논하면서 기를 논하지 않으면 다 갖추어지지 못하고, 기를 논하면서 성을 논하지 않으면 밝지 못하다. 둘로 나누면 옳지 않다."[46]는 정자의 말을 인용하면서도 한편으로는 "그렇다고 맹자나 자사가 리만 가리켜 말한 것이 다 갖추어지지 못한 것은 아닙니다. 기를 함께 말하면 성의 본래 선함을 드러낼 수 없기 때문에 그렇게 말하였을 뿐입니다. 이것이 중도의 뜻입니다."[47]라 주장하고 있다.

요컨대, 인간의 본성은 선하다. 이는 인간이 태어날 때부터 함장하고 있는 선험적 이념이다. 이것은 군신이 있기 전에 군신의 리가 먼저 있고, 부자가 있기 이전에 부자의 리가 있는 것과 같다.[48] 현실적으로 본성의 실현과 리의 발현은 기의 힘을 빌려야 하겠지만, 욕망의 합리적 추구를 넘어 순수한 도덕적 동기, 즉 이 선험적 이념에 따라 살아감이 바로 덕성의 본질이고 성인 됨의 길인 것이다. 퇴계는 바로 이러한 점을 명확히 하기 위해 다른 도설과는 달리 자신의 주장으로 중도와 하도를 보완해야만 했던 것이라고 생각한다.

---

46) 『增補 退溪全書』(一), 卷7, 「聖學十圖」, 〈心統性情圖〉, "故程夫子之言曰, 論性不論氣不備, 論氣不論性不明, 二之則不是."
47) 『增補 退溪全書』(一), 卷7, 「聖學十圖」, 〈心統性情圖〉, "然則孟子子思所以只指理言者, 非不備也. 以其幷氣而言, 則無以見性之本善故爾, 此中圖之意也."
48) 『增補 退溪全書』(二), 卷25, 「鄭子中與奇明彦論學」, "朱子曰此言未有這事先有這理, 如未有君臣已先有君臣之理, 未有父子已先有父子之理."

4) 「小學」-「大學」圖 중심의 체계와 敬의 공부론

퇴계는 주희의 소학-대학계제설에 입각한 교육과정을 수용했고, 이에 입각하여 선조에게 『대학』과 『소학』을 강의하기도 하였다. 그리고 『성학십도』는 대학단계의 교육에 들어서는 초학자를 위하여 저술된 교재이다. 그런데 대학단계의 교재로서 편찬된 『성학십도』의 내용구조가 「소학도」와 「대학도」를 중심으로 되어 있다는 점은 사실 특이할 만한 일이다.

퇴계가 선조에게 『대학』을 먼저 강했고 나중에 『소학』을 강했다. 이 점을 연구자는 퇴계가 주희의 학불엽등의 원칙에 따른 것이라고 보았다. 『소학』은 8~15세의 소학단계의 교육에서 다루어지던 필수 교재였다. 그러나 주희는 나이가 들었다 하더라도 소학교육을 받지 못한 사람은 학불엽등의 원칙에 의거 대학단계에서도 『소학』을 배워야 한다고 하였던 것이다. 그런데 퇴계가 대학의 교재로 편술한 『성학십도』를 「소학도」와 「대학도」 중심의 체계로 저술한 연유는 무엇인가? 아무래도 그것은 주자의 학불엽등 원칙과는 함의가 달라 보이기 때문이다.

하나의 이유는, 주희가 우려했던 '한격불승지환'(扞格不勝之患: 거슬려 감당하지 못하는 근심)[49]을 고려한 것이 아닌가 한다. 즉 주희는 학불엽등의 원칙을 어겨 바로 대학 공부를 하게 되면 순서를 잃게 되어 '한격불승지환'이 생겨나고 근본이 서질 않아 종국에는 도에 이르지 못할 것이라고 경고한다. 그러나 한편, 나이 들어 뒤늦게 소학 공부를 하는 것도 또 다른 '한격불승지환'이 생겨날 수 있다. 전자가 순서를 잃음으로 인한 대학공부의 어려움에서 비롯되는 근심이라면, 후자는 오히려 나이 들어 소학 공부의 쉬움과 따분함에서 오는 근심일 것이다. 그래서 주희는 공부의 절차와 조목은 보완이 가능하다고 보고, 일찍이 정이가 말한 경을 견지함으로써 소학공부의 결여를 보충하면서 동시에 대학공부도 할 수 있다고 하고 있다.[50] 퇴계도 「소학도」의 설에서 이러한 주희의 관점을 『대학혹문(大學或問)』을 빌려 밝

---

49) 『小學集註』, 「小學書題」, "古者小學, 教人以灑掃應對進退之節, 愛親敬長隆師親友之道, 皆所以爲修身齊家治國平天下之本, 而必使其講而習之於幼穉之時, 欲其習與智長, 化與心成, 而無扞格不勝之患也."
50) 졸고, 『유교도덕교육론』, 앞의 책, 101~103쪽.

히고 있다.[51]

　현실적으로 주희의 소론처럼, 반드시 소학교육의 단계를 마친 자들만이 대학교육 단계의 공부를 하는 것은 아니다. 주희 스스로 고백했듯이, 옛날에는 소학의 교법이 있어 나이에 맞게 교육을 받을 수가 있었으나, 이제는 그 교법이 끊어짐으로 인해 많은 사람들이 소학공부를 하지 못하고 나이를 넘긴 사람들이 많기 때문이다. 그러나 학불엽등의 원칙에 의해 대학공부로 나아가기 위해서는 반드시 소학공부를 나이가 들더라도 해야 한다. 그런데 나이가 들어 소학공부를 하려 할 때 '한격불승지환'이 생겨날 우려가 있다. 따라서 이러한 '한격불승지환을 없애면서 소학공부의 결핍을 보완하기 위한 방법이 필요하다. 바로 그것이 거경공부인 것이다[52] 퇴계는 바로 이러한 주희의 관점을 『성학십도』에 반영한 것이 아닌가 한다. 이 점은 퇴계가 『대학혹문』의 경공부론[53]을 자세하게 인용하는 것에서도 알 수 있다. 요컨대, 퇴계가 『성학십도』를 소학-대학의 중심체계로 구성한 것은, 이를테면 선조처럼, 소학을 익히지 못하고 나이가 들어 대학단계의 교육을 받아야 할 학생들이 소학공부의 결핍을 보완하면서 대학공부로 나아가는 기초를 다질 수 있도록 배려한 것이다.

　한편 『성학십도』를 소학-대학의 중심체계로 구성한 또 다른 이유는, 이상처럼 주희적 관점의 단순한 반영이라기보다는, 퇴계 자신의 독창적 사고를 반영한 것이 아닌가 한다. 그가 "대개 『소학』과 『대학』은 서로 기대로 이루어진 것이므로 하나이면서 둘이요, 둘이면서 하나"[54]라고 전제하면서, 소학-대학도와 나머지 도들 간

---

51) 『增補 退溪全書』(一), 卷7, 「聖學十圖」, 〈小學圖〉, "日若其年之旣長, 而不及乎此者, 則如之何. 日是其歲月之已逝, 固不可追, 其功夫之次第條目, 豈遂不可得而復補耶. 吾聞敬之一字, 聖學之所以成始而成終者也.(中略) 不幸過時而後學者, 誠能用力於此, 以進乎大, 而不害兼補乎其小, 則其所以進者, 將不患其無本而不能以自達矣."

52) 졸고, 『유교도덕교육론』, 앞의 책, 109~110쪽.

53) 『增補 退溪全書』(一), 卷7, 「聖學十圖」, 〈大學圖〉, "敬若何以用力耶. 朱子曰, 程子嘗以主一無適言之, 嘗以整齊嚴肅言之. 門人謝氏之說, 則有所謂常惺惺法者焉. 尹氏之說, 則有其心收斂, 不容一物者彦云云. 敬者, 一心之主宰, 而萬事之本根也. 知其所以用力之方, 則知小學之不能無賴於此以爲始. 知小學之賴此以始, 則夫大學之不能無賴於此以爲終者, 可以一以貫之, 而無疑矣."

54) 『增補 退溪全書』(一), 卷7, 「聖學十圖」, 〈小學圖〉, "蓋小學大學, 相待而成, 所以一而二, 二而一者也."

의 관계를 밝히는 다음의 인용은 아무래도 주희적 관점의 반영으로만 해석하기에 석연치 않은 측면이 있는 것이다.

> 대개 앞의 두 도설(태극도, 서명도)은 단서를 찾아 확충하고 하늘의 도를 체득하여 도를 다하는 극치의 곳으로서 「소학」과 「대학」의 표준과 본원이 되고, 아래 여섯 도설(백록동규도, 심통성정도, 인설도, 심학도, 경재잠도, 숙흥야매잠도)은 명선, 성신, 숭덕, 광업을 힘쓰는 곳으로서 「소학」과 「대학」의 전지와 사공이 되는 것입니다.[55]

『소학』은 『대학』의 기초과정으로 본격적 학문의 단계가 아니라는 점에 유의할 때, 여기서 퇴계가 「소학」과 「대학」도가 중심이라고 하지만, 사실은 「대학도」가 중심이 아닌가 하는 의문을 제기할 수 있다.[56] 그런데 인용처럼 분명히 퇴계는 「대학도」만이 아니라 「소학」과 「대학」을 동시에 들고 있다. 즉 「태극도」와 「서명도」는 「소학」과 「대학」의 공부를 통하여 도달해야 할 궁극적 지향처로서의 표준이고 근원이 된다. 그리고 나머지 도들은 「소학」과 「대학」공부의 내용과 방법에 다름 아니다. 퇴계에게 있어 『소학』과 『대학』은 성학의 시작과 마침을 이룬다. 집을 짓는 것으로 비유하자면, 『소학』이 터를 바로 닦고 재목을 갖추는 것이라면, 『대학』은 수천수만 칸의 큰집을 그 터에 짓는 것인 셈이다.[57]

이러한 퇴계의 사고 저변에는 상대적으로 『소학』을 중시 여긴다는 함의가 들어있다. 그는 제자들에게 『소학』의 〈명륜편(明倫篇)〉과 〈경신편(敬身篇)〉에 있는 명심술지요(明心術之要), 명위의지칙(明威儀之則) 같은 것들을 잠시라도 잊지 않는다면, 일상적인 생활을 하는 사이에 천리가 유행해서, 마디마디 부분 부분이 서로 일치해

---

55) 『增補 退溪全書』(一), 卷7, 「聖學十圖」, 〈大學圖〉, "蓋上二圖, 是求端擴充體天盡道極致之處, 爲小學大學之標準本原. 下六圖, 是明善誠身崇德廣業用力之處, 爲小學大學之田地事功."

56) 이광호 옮김, 이황 지음, 『성학십도』(서울: 홍익출판사, 2001), 145쪽.

57) 『增補 退溪全書』(四), 「言行錄」, 卷1, 〈讀書〉, "聖學之所以成始成終, 小學所以成始, 大學所以成終也. 以作室譬之, 小學則修正基址而備其材木也, 大學則如大厦千萬間結構於基址也."

서 들어맞지 않는 것이 없을 것이며, 『대학』의 규모도 여기서 멀지 않다고 말하고 있다.58) 이처럼 성학의 두 축으로 『소학』과 『대학』을 강조하는 퇴계의 사고에는 성학을 관념적이고 사변적인 것이 아니라 실천적이고 실제적인 도리로 파악하고자 하는 함의가 깃들어 있는 것이 아닐까 한다.59) 이러한 점은 뒤따르는 공부의 방법론으로 일상의 경공부를 강조하는 「경재잠도」나 「숙흥야매잠도」를 통해서도 짐작해 볼 수 있다.

앞서 퇴계가 『대학혹문』을 인용하여 제시한 경이란, ① 주일무적(主一無適), ② 정제엄숙(整齊嚴肅), ③ 항상 깨어 있게 하는 방법[常惺惺法], ④ 그 마음을 수렴하여 하나의 물건도 용납하지 않음[其心收斂, 不容一物] 등이다. 그리고 경이란 마음의 주재요 만사의 근본이기에, 그 경공부에 주력해야 한다. 나아가 경이란 형이상학과 형이하학, 존덕성과 도문학, 존양공부와 성찰공부, 소학공부와 대학공부 등 모든 공부에서 지켜져야 할 가장 기본적인 교수-학습의 원리에 해당한다.60) 그리고 이러한 원리를 일상세계(下學)에서 구체적으로 실천하는 방법을 알려주는 것이 바로 「경재잠도」와 「숙흥야매잠도」이다. 전자가 일상의 공간적 상황에 따른 경의 실천방법을 알려주고 있다면, 후자는 하루의 시간적 흐름에 따른 경의 실천방법을 알려주고 있다.61)

퇴계에게 있어 공부의 궁극적 목표는 '인을 어기지 않은 마음'과 천인합일의 단계인 성인 됨에 있다. 그러나 목표를 달성하는 방법으로의 공부론은 일상과 하학공부에서 시작되어야 한다. 일상과 하학공부가 곧 비일상과 상달공부로 통한다고 본

---

58) 『增補 退溪全書』(四), 「言行錄」, 卷1, 〈讀書〉, "如明倫篇及敬身篇, 明心術之要, 明威儀之則等處, 頃刻不忘, 天理流行, 支支節節, 無不照管, 大學規模以此塡之."

59) 金慶天, "退溪의 經傳認識", 『退溪學報』제110집(2001), 281쪽.

60) 『增補 退溪全書』(一), 卷7, 「聖學十圖」, 〈大學圖〉, "敬者, 又徹上徹下, 著工收效, 皆當從事而勿失者也."

61) 『增補 退溪全書』(一), 卷7, 「聖學十圖」, 〈夙興夜寐箴圖〉, "蓋敬齋箴有許多用工地頭, 故隨其地頭, 而排列爲圖. 此箴有許多用工時分, 故隨其時分, 而排列爲圖. 夫道之流行於日用之間, 無所適而不在, 故無一席無理之地, 何地而可輟工夫. 無頃刻之或停, 故一無息無理之時, 何時而不用工夫.(中略) 此一靜一動, 隨處隨時, 存養省察, 交致其功之法也. 果能如是, 則不遺地頭, 而無毫釐之差, 不失時分, 而無須臾之間, 二者並進, 作聖之要, 其在斯乎."

다.62) 아니 좀 더 정확히 말하여, 『성학십도』에 함의된 퇴계의 입장은 하학공부와 상달공부가 유리되지 않고 동시적이어야 한다는 관점이다. 이러한 점에서 퇴계의 입장은 주희와 다른 것이 아닌가 한다. 주희의 소학-대학계제설은 소학에서 하학공부(덕과 규범의 습득)를 하고, 대학에 가서는 상달공부(도덕원리와 全德의 터득)를 한다는 것이다. 그러나 퇴계의 관점은 하학과 상달공부가 동시적인바, 소학에서는 가깝고 쉬운 일상의 규범과 예절, 그리고 그의 원리를 동시에 공부한다면, 대학에서는 멀고 어려운 일상적이지 않은 일들로 그 수준을 높이되 역시 규범과 원리, 그리고 덕의 함양을 동시에 공부하는 것이라 추정해 볼 수 있다.

5) 교수-학습의 원리와 교사의 역할

『성학십도』 전체를 일관하는 하나의 사상이 경사상이라는 지적63)은 전적으로 옳은 것 같다. 퇴계 스스로도 "「십도」는 모두 敬으로 주를 삼았다."64)고 할 정도이기 때문이다. 말할 것도 없이, 경은 공부론의 핵심이다. 그러나 경은 마음[行]공부를 위한 방법론에 그치는 것이 아니다. 앞서 언급했듯이, 퇴계에 있어 경이란 형이상학과 형이하학, 존덕성과 도문학, 존양공부와 성찰공부, 소학공부와 대학공부 등 모든 공부에서 지켜져야 할 가장 기본적인 교수-학습의 원리인 셈이다. 그리고 경이 교수-학습의 근본원리에 해당한다면, 예하의 세부 원리로는 학사병진(學思竝進)의 원리와 지행병진(知行竝進)의 원리 등을 거론할 수 있겠다. 공자가 말한 바처럼, "배우고 생각하지 아니하면 멍청하게 되고, 생각하고 배우지 않으면 위태롭다." 따라서 공부에는 배움과 생각을 겸해야 한다. 이것이 학사병진의 원리이다. 그러나 앎이 극진하다고 실천으로 이어지는 것은 아니다. 앎공부와 실천공부가 별개인 것도 아니다. 따라서 거경공부와 궁리공부, 존양공부와 성찰공부는 동시에 같이해 나가야 한

---

62) 『增補 退溪全書』(一), 卷19, 「答黃仲擧」, "大抵儒者之學, 若升高必自下, 若陟遐必自邇, 夫自下自邇, 固若迂緩, 然舍此又何自而爲高且遐哉, 著力漸進之餘, 所謂高且遐者, 不離乎卑且近者而得之, 所以異釋老之學也."

63) 윤사순(2000), 앞의 논문, 136~137쪽.

64) 『增補 退溪全書』(一), 卷7, 「聖學十圖」, 〈大學圖〉, "今玆十圖, 皆以敬爲主焉."

다. 이것이 지행병진의 원리이다. 이러한 점들을 퇴계는 『성학십도』의 차(箚)에서 비교적 자세히 밝히고 있다.[65]

　그러나 敬의 원리를 좀 더 부각시키는 것을 제외하면, 이상의 원리들은 성리학의 공부와 수양론의 대체적인 경향이지 퇴계만의 독창적인 관점이 아닐 것이다. 그리고 이들은 엄격히 말해서 공부와 학습의 원리이지 가르침과 교육의 원리는 아니다. 그렇다면 『성학십도』에 함의되어 있는 가르침의 방법과 교사의 역할은 무엇인가? 이에 대한 구체적인 언급을 『성학십도』에서는 찾아볼 수 없다. 그러나 퇴계의 교재관에서 교수방법에 관한 그의 생각을 짚어볼 수 있지 않을까 한다. 『성학십도』에 함의된 퇴계의 교재관은 〈자료로서의 교재〉였다. 〈자료로서의 교재〉는 교수-학습의 상황에서 제공됨 직한 하나의 교수-학습 자료일 뿐이다. 다시 말해, 이 교재는 교수-학습 과정상의 읽을거리, 토론거리가 될 뿐이라는 것이다.

　이것이 퇴계의 교재관이라면, 이에 따른 교수방법은 대화와 토론이 주가 될 것이라 짐작할 수 있다. 그리고 교사의 역할도 주도적이기보다는 간접적인 방법으로 학생들의 학습을 도울 것이다. 이러한 퇴계의 관점은 『언행록』 등에 남겨진 후학들의 증언자료를 통하여 실제로 확인된다.

　　선생은 남과 논변할 때에 서로 의견이 맞지 않으면 자기의 의견이 혹시 미흡하지 않은가 하여 자기의 선입을 주장하지 않았으며 남과 자신을 분별하지 않고 허심하게 이리저리 따지되 뜻과 이치에 근거해 구하고 전훈에 근거해 물어보아 자기의 말이 이치에 맞고 전훈에 일치함이 있으면 곧 더불어 변설하여 상대의 의혹은 풀어주었다. 자기의 오래 전의 견해에 때로 미안함이 있으면 곧 자기를 버리고 상대를 좇았기 때문에 사람들이 기쁘게 복종하지 않음이 없었다.[66]

---

65) 『增補 退溪全書』(一), 卷7,「聖學十圖」,〈進聖學十圖箚(幷圖)〉, "孔子曰, 學而不思則罔, 思而不學則殆. 學也者, 習其事而眞踐履之謂也. 蓋聖門之學, 不求諸心, 則昏而無得, 故必思以通其微, 不習其事, 則危而不安, 故必學以踐其實, 思與學, 交相發而互相益也. (中略). 持敬者, 又所以兼思學, 貫動靜, 合內外, 一顯微之道也. 其爲之之法, 必也存此心於齋莊靜一之中, 窮此理於學問思辨之際, 不睹不聞之前, 所以戒懼者愈嚴愈敬, 隱微幽獨之處, 所以省察者愈精愈密."

66) 『增補 退溪全書』(四),「言行錄」卷2,〈講辯〉, "與人論辯有所不合, 則猶恐己之所見, 或

후학들을 가르침에 싫어하거나 게을리 하지 않았으며 친구처럼 대접해서 끝까지 스승으로 자처하지 않았다.[67]

뿐만 아니라, 퇴계는 후학들을 가르침에 개별화 교수에도 매우 신경을 쓴 것으로 보인다. 즉 일찍이 공자가 주장했던 인재시교(因材施敎)와 수인이교(隨人異敎)의 방법을 퇴계는 성실히 실천에 옮겼던 것이다.

옛 문인들의 자질이나 병통이 만 가지로 다름을 안다. 그러므로 재주에 따라 가르침을 베풀고 증세에 대응해서 약을 쓰는 것이다.[68]

배우려는 자가 가르침을 묻고 청하면, 그 자질의 얕고 깊음에 따라 가르쳐주고, 만약 깨닫지 못하는 곳이 있으면, 거듭해서 자세히 설명하여 깨우쳐주고야 그쳤다.[69]

다음으로, 『성학십도』에 함의된 교수방법과 관련하여 책의 형식 그대로 도(圖)를 활용한 접근의 의의를 간과해서는 안 될 것이다. 여기서의 도는 저 '삼강오륜행실도'류서의 도와도 그 의미가 다른 것이다. 행실도류서에서의 도는 도덕교육의 행동적 접근이라는 의의를 갖는 것이었다.[70] 여기서의 도는 오륜적 덕의 실천사례를 그림으로 표현한 것으로 문자로 된 내용을 보완하는 성격의 것이기 때문이다. 그러나 『성학십도』에서의 도는 그림이기보다는 도표적인 성격의 도이다. 그것은 교재의 내용을 구조화하여 제시함으로써 명료하게 인식할 수 있도록 돕기 위한 인지적 접근인 셈이다. 따라서 도를 통한 접근은, 물론 이러한 접근이 퇴계만의 고유한 방법은

有未盡不主先入，不分人己，虛心紬繹，求之於義理，質之於典訓，己言合理而有稽，則更與辯說，期於解彼之惑，舊見或有未安，卽舍己而從人，故人莫不悅服."

67) 『增補 退溪全書』(四), 「言行錄」卷1, 〈敎人〉, "訓誨後學, 不厭不倦, 待之如朋友, 終不以師道自處."

68) 『增補 退溪全書』(四), 「言行通錄」卷2. "知舊門人資質病痛, 有萬不同, 故因材施敎, 對症下藥."

69) 『增補 退溪全書』(四), 「言行錄」卷1, 〈敎人〉, "學子質業請益, 隨其淺深而告詔之, 若有未曉處, 則反復詳說, 啓發乃已."

70) 졸고, 『유교도덕교육론』, 앞의 책, 169~214쪽 참조.

아니라 할지라도,[71] 선조처럼 초학자들에게 난해할 수도 있는 성학공부에 쉽게 접근할 수 있도록 배려한 일종의 교수방법이라 할 것이다.

다른 한편으로, 도를 통한 접근은 "말로 표현하기 어려운 철학을 완벽하게 표현할 수 없음을 자각하고, 언어 이상의 상징 방법을 강구한 동양의 방법론적 성찰에 그 연원을 두고 있는 것"[72]인지도 모른다. 이때 도는 교재내용의 명료한 이해를 돕기보다는 오히려 학생들에게 사고와 토론의 문제를 제기하는 기제로 등장한다. 예컨대, 교수-학습의 과정에서 교사는 먼저 도만을 학생들에게 제시할 수 있다. 학생들은 제시된 도를 탐구한다. 그런 다음에 동료들과 상호 토론을 벌린다. 토론의 잠정적 결론이 도출되면, 이번에는 교사가 설을 제시한다. 그러면 다시 학생들은 자신들의 잠정적 결론과 교사가 제시한 說을 대비시켜 보면서 다시 토론과 의견수정을 거친다. 이러한 일련의 교수-학습 과정은 오늘날의 탐구식 도덕수업과 그리 멀지 않은 방식처럼 여겨진다.

4. 결 론

이 글은 퇴계의 『성학십도』를 도덕 교육론적 관점에서 읽어본 것이다. 『성학십도』는 퇴계의 독창적 사고를 담은 사상서라기보다는 후학들에게 성학을 가르치기 위한

---

71) 도설을 이용하여 자신의 철학사상을 표현하는 방식은 중국에서부터 있었고, 또 조선시대 이전 송대 성리학자들로부터 많이 사용되었던 것이라 한다. 예컨대, 송대 학자들은 그들의 易學사상을 서술할 때 도교의 영향하에 도설을 많이 사용함으로써 도서학파라는 별칭까지 얻었던 것이다. 조선시대에도 권근의 『入學圖說』, 정지운의 『天命圖說』, 조식의 『學記圖』, 퇴계의 『聖學十圖』, 율곡의 『人心道心圖說』 등에서처럼 圖說을 활용한 형식의 책이 많이 출간되었던 바 있다. 한국사상연구회 지음, 『圖說로 보는 한국유학』, 앞의 책, 6~7쪽.
72) 한국사상연구회 지음, 같은 책, 6~7쪽.

목적으로 찬술한 일종의 교재(교과서)라는 것이 이 글의 기본 가정이다. 따라서 『성학십도』라 교재에는 나름대로의 교육에 관한 이론적 관점들이 함의되어 있는 것으로 볼 수 있는바, 교육과정 및 교재관, 교육의 목적과 목표, 교육 내용, 교수-학습의 원리와 방법 등이 그것이다.

먼저, 『성학십도』라는 교재에 함의된 교육의 목적은 교재의 제목 그대로 성인 혹은 성왕의 자질을 함양하는 데 있다. 그러나 이 교재를 공부했다고 해서 바로 성인이나 성왕이 될 수 있는 것은 아니다. 이 교재에 함의되어 있는 교육의 목표는 '도에 들어가는 문'으로의 입문과 '덕을 쌓는 기초'의 함양에 있다. 『성학십도』에는 "도를 이루어 성인이 되는 요령과 근본을 바로잡아 정치를 경륜하는 근원이 모두 갖추어져" 있다. 그러나 이 경지를 실제로 갖추는 것은 '도에 들어가는 문'으로의 입문과 '덕을 쌓은 기초'의 함양이 이루어진 다음의 일인 것이다.

둘째, 『성학십도』에 함의된 퇴계의 교재관은 〈자료로서의 교재〉이다. 그 가장 뚜렷한 증거가 바로 『성학십도』를 다른 사람들이 저작한 도설을 모아 편저했다는 점이다. 성인이 되는 학문론 혹은 공부론에 관한 책을 얼마든지 퇴계 자신의 독자적인 사상과 문법으로 저술할 수도 있었지만, 그는 의도적으로 말하자면 교육적 배려에서 그렇게 하지 않았다. 만약 퇴계 자신의 독자적인 사상적 관점에서 교재를 찬술했다면, 그것은 후학들에게 진리의 말씀처럼 금과옥조로 여겨질 수밖에 없는 〈전범으로의 교재〉가 되고 말았을 것이다. 〈자료로서의 교재〉는 말 그대로 교수-학습의 과정에 투여되는 자료이다. 이러한 퇴계의 교재관은 오늘날 도덕교과서의 편찬에 주는 시사도 크다고 하겠다. 특히 고등학교의 도덕 및 윤리 교과서는 〈자료로서의 교재〉가 되도록 해야 한다고 필자는 여긴다. 그렇다면, 그것은 『성학십도』와 같은 형식으로 편찬을 고려해 볼 필요가 있다. 즉 교수-학습의 과정상으로 그것을 예시해 보면, ① 가르쳐야 할 주제 관련 자료를 제시, ② 사고하기, 탐색하기, ③ 상호 대화와 토론하기, ④ 교사의 조언 및 보충 자료 제공하기, ⑤ 견해 수정하기 등의 순서와 단계로 교과서가 꾸며질 수 있을 것이다.

셋째, 유독 「심통성정도」에서 퇴계는 자신의 독창적인 도설(中圖와 下圖)을 제시하고 있는데, 이는 바로 덕성의 본질에 관해서 만은 후학들에게 자신의 양보할 수 없는 확실한 관점을 제대로 알리고 싶어 했던 것이 아닌가 한다. 기발리승(氣發理乘)이나 리발기수(理發氣隨)가 모두 도덕적 행위인 것은 같으나, 전자는 욕망추구의 정당화와 욕망의 합리적 조절로서의 도덕행위이고, 후자는 처음부터 욕망과 무관하게 순수한 도덕적 동기에 따라 이루어지는 도덕행위이다. 이 중 퇴계가 절대 양보하고 싶지 않았던 것은 후자이다. 즉 인간은 욕망의 합리적 추구를 넘어 순수한 도덕적 동기, 즉 이 선험적 이념에 따라 살아갈 수 있는 존재라는 것이다. 이러한 퇴계의 도덕적 인간관은 인간에 대한 신뢰가 무너져버린 오늘날에 주는 시사가 실로 큰 것이라 아니 할 수 없다. 고작해야 오늘날 도덕개념은 욕망추구의 합리적 정당화 정도로 보는 시각이 크기 때문이다.

넷째, 『성학십도』에 함의된 교육과정관은 상대적으로 소학공부를 중시하는 가운데, 하학공부와 상달공부가 유리되지 않고 동시적이어야 한다는 관점이다. 즉 소학에서는 가깝고 쉬운 일상의 규범과 예절, 그리고 그의 원리를 동시에 공부한다면, 대학에서는 멀고 어려운 일상적이지 않은 일들로 그 수준을 높이되 역시 규범과 원리, 그리고 덕의 함양을 동시에 공부하는 것이라 추정해 볼 수 있다. 이러한 퇴계의 관점은 도덕교육에 관한 통합적 접근과 다르지 않다. 그것은 도덕교육에서 내용과 형식이 통합일 뿐만 아니라, 도덕적 앎, 도덕적 정서와 행동까지도 통합하는 접근이다. 어쩌면 퇴계의 관점에는 처음부터 논리적 구분은 가능할지언정 분열된 도덕성은 없었던 것이 아닌가 한다.

다섯째, 경은 존덕성과 도문학, 소학공부와 대학공부 등 모든 공부에서 지켜져야할 기본적인 교수-학습의 원리이다. 예하의 세부 원리로는 학사병진의 원리와 지행병진의 원리 등을 거론할 수 있다. 아울러, 퇴계는 대화와 토론의 교수기법, 인재시교(因材施敎)와 수인이교(隨人異敎)의 개별화 교수, 도(圖)를 통한 교수-학습의 방법 등을 제시하고 있다. 교사는 주도적이기보다는 간접적인 방법으로 학생들의 교수-학습을 성실히 도와주는 촉진자이다. 이러한 교수-학습론은 오늘날 우리의 교육의 현장에서 강조하고 실천하고 있는 방법들과 크게 다르지 않다.

끝으로, 퇴계 스스로도 "「십도(十圖)」는 모두 경으로 주를 삼았다."고 할 정도로, 『성학십도』 전체를 일관하는 하나의 사상이 있다면 경사상이다. 그래서 경은 모든 공부에서 지켜져야 할 가장 근본적인 교수-학습의 원리라 보았다. 이러한 관점은 타당하다고 여긴다. 그러나 유별나게 경공부를 강조하는 퇴계의 관점에는 덕성의 함양과 도덕교육의 성패 여부는 궁극적으로 학생 자신들에게 달려 있을 수밖에 없다는 인식이 깔려 있는 것처럼 보인다. 예나 지금이나 도덕교육이 어려운 것은 바로 여기에 있다.

‖ 참고문헌

『增補 退溪全書』(成均館大學校 大同文化研究院, 1997 影印本).

『朝鮮王朝實錄』(중종실록 등).

『CD-ROM 국역 조선왕조실록』(서울시스템).

『大學·論語·孟子·中庸』(成均館大學校 大同文化研究院, 1985).

『朱子大全』(台北: 大化書局印行. 民國 74).

『朱子語類』, 黎靖德(宋) 編 (北京: 中華書局, 1983).

『성학십도』, 이황 지음, 이광호 옮김 (서울: 홍익출판사, 2001).

강봉수, 「조선전기 도학적 덕교육론 연구」(한국정신문화연구원 한국학대학원 박사학위논문, 2000).

강봉수, 『유교도덕교육론』(서울: 원미사, 2001).

金慶天, "退溪의 經傳認識," 『退溪學報』제110집(2001).

琴章泰, "「聖學十圖」 註釋과 朝鮮後期 退溪學의 展開," 『退溪學報』제48집(1985).

김교빈, "태극논쟁: '태극'을 둘러싼 주자학적 이해와 비주자학적 이해의 대립," 한국철학사상연구회 지음, 『논쟁으로 보는 한국철학』(서울: 예문서원, 1995).

김대년, 「퇴계의 『성학십도』를 통해본 교육철학적 의미」(한국교원대학교 대학원 석사학위논문, 2003).

김형효, "율곡적 사유의 이중성과 현상학적 비전," 김형효 외 4인 공저, 『율곡의 사상과 그 현대적 의미』(성남: 한국정신문화연구원, 1995).

文錫胤, "退溪에서 理發과 理動, 理到의 의미에 대하여-理의 능동성 문제," 『退溪學報』제110집(2001).

오병무, 「한국 성리철학의 특성에 관한 연구」(전북대학교 박사학위논문, 1992).

윤사순, "이황의 『성학십도』," 한국사상연구회 지음, 『圖說로 보는 한국유학』(서울: 예문서원, 2000).

尹絲淳, "退溪의 理氣哲學에 대한 現代的 解釋," 『退溪學報』제110집(2001).

이광호, "이퇴계의 『성학십도』 연구," 『태동고전연구』제4집(한림대부설 태동고전연구소, 1992).

이상린, 「성학십도를 통해 본 퇴계사상의 윤리교육적 의미」(영남대학교 대학원 석사학위 논문, 2004).

이상은, "퇴계의 생애와 그 인간," 예문동양사상연구원·윤사순 편저, 『퇴계 이황』(서울: 예 문서원, 2002).

전호근, "사칠리기논쟁: 주희 심성론의 한국적 전개를 위한 최초의 갈등," 한국철학사상연 구회 지음, 『논쟁으로 보는 한국철학』(서울: 예문서원, 1995).

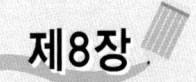

제8장

율곡의『聖學輯要』에 함의된
도덕교육론

　　이 글은『성학집요』가 율곡이 도덕교육을 위한 교육적 고려에서 저술한 교재라는 가정하에, 이 책에 함의되어 있는 덕성교육의 이론에 대해 탐색한 것이다. 율곡의 리기론에 관한 철학적 관점은 리기지묘, 리통기국, 그리고 기발리승일도설로 요약된다. 이러한 관점은 세계와 인간을 가능하면 현실의 땅을 밟고 이해하고자 한 것이며, 도덕의 개념을 바라보는 관점도 선험적 본성을 강조하기보다는 현실적 기질지성에 토대한 욕망의 합리적 조절이라 여긴다. 성인도 광인도 인심을 가지고 있다. 인심의 표현은 항상 기발리승이다. 기발리승인 한 우리가 표현하는 인심은 도리를 향할 수도 있고, 식색을 향할 수도 있다. 인심의 표현이 도리를 향할 수 있는가는 의식인 意의 반성력과 의지인 志의 결정에 달렸다. 따라서 덕성의 본질이란 도덕적 문제사태에서 의와 지가 도리를 향하여 작동하도록 하는 경향성이다.

■ 출처 : 『윤리교육연구』 제12집 (한국윤리교육학회, 2007. 4.), 39~72쪽.

그런데 문제는 기질이다. 기질은 인심을 표현하는 수단이지만 항상 의식의 반성과 의지의 행위 선택을 방해하는 주범이기 때문이다. 그래서 공부나 교육이란 기질을 교정하여 본연지기에 가까워지도록 하는 것과 다르지 않다. 기질을 교정하려면 公論인 밖의 규범을 부단히 내면화하여 사회화되어야 한다. 율곡은 공부와 교육의 방법적 원리로 ① 입지와 성실, ② 거경과 궁리와 역행, ③ 기질의 차이에 따른 개별화 지도, ④ 얕은 데서 깊은 데에 이르는 단계적 접근을 제시한다. 『성학집요』에 함의된 교수−학습의 모형과 절차는 ① 도입단계. 핵심 가치규범 혹은 주요 지도요소의 제시, ② 1차 자료의 제공 단계: 주제 관련 가치규범 제시하기, ③ 2차 자료의 제공 단계: 가치규범의 의미 및 타당성 제시하기, ④ 토의 및 질의 응답 단계: 가치규범의 현실 적용 연습하기, ⑤ 종합정리 단계: 정리 및 실천동기 부여하기 순이다.

1. 서 론

율곡 이이(栗谷 李珥, 1536~1584)는 48세의 길지 않은 생애 동안 오로지 실의에 빠진 조선사회의 개혁을 위해 분투하다가 비운에 간 적극적 참여의 철학자요 경세가였던 것 같다. 철학의 측면에서, 그는 "만일 朱子가 참으로 理氣가 서로 發用함이 있어, 相對해 각각 발하는 것으로 생각하였다면 이것은 주자도 또한 오류를 범한 것이다. 어떻게 주자가 될 수 있겠는가."라 하여,[1] 감히 주자를 비판할 정도로 '탐구의 학'을 소중히 했던 사상가였다. 경세의 측면에서, 그는 13세에 進士初試 합격을 시작, 29세에 文科 장원급제하기까지 무려 아홉 번에 걸쳐 장원급제하는 천재적 능력을 발휘하였고, 29세에 戶曹佐郎을 시작으로 30대에 司諫院正言 등 7개의 내외관직을, 40대에 弘文館副提學, 吏曹判書 등 10개의 관직을 오가는 '참여의 길'을 선택하였다. 물론 그가 辭職疏를 올리며 '처사의 길'을 요구했던 적이 여러 차례 있었지만, 거의 받아들여지지 않았고 결국 생애의 반을 관직생활에서 보낸 셈이었다.

'탐구의 학'을 소중히 하며 '참여의 길'을 살았던 만큼, 관직생활의 바쁜 와중에서도 율곡은 많은 저술을 남겼다. 『東湖問答』(34세), 『聖學輯要』(40세), 『擊蒙要訣』(42세), 『經筵日記』(46세)는 그 대표적인 저작이다. 물론 이외에 논설과 시부 등 많은 저술이 있다. 견해차가 있겠지만, 연구자는 그의 저술을 대표하는 이 네 저작이 상징하는 의미가 있다고 여긴다. 즉 『東湖問答』, 『經筵日記』가 政治書라면, 『聖學

---

1) 『국역 율곡전서』(Ⅲ), 「서 2」〈성호원에게 답하다〉, 65쪽. (성남: 한국정신문화연구원, 1996). 이하 모든 『국역 율곡전서』는 한국학중앙연구원(前 한국정신문화연구원)에서 번역 출간한 것을 자료로 삼는다. 필요할 경우 번역을 수정했다.

輯要』,『擊蒙要訣』은 敎育書로 읽는다. 원래 유교가 수기치인의 학문이듯이, 유자들에게 있어 정치와 교육은 별개의 것이 아니었다. 적극적인 참여의 길을 모색했던 율곡이 관직생활의 바쁜 와중에서도 이러한 학문활동을 전개한 것은 바로 그러한 유자들의 이상을 실현해 보고자 하는 것이었다. 특히 『聖學輯要』의 저술은 그런 것 같다. 이른바 '聖學'이란 '성인이 되기 위한 학문론 혹은 공부론'을 뜻하거니와, 유교에서 '성인'이란 內聖外王의 도학이념을 실현했던 이를 뜻했다. 따라서 '성학'은 내성외왕을 실현할 수 있는 성왕이 되기 위한 공부론인 셈이다. 그도 그럴 것이 율곡이 『聖學輯要』를 저술한 것은 선조임금을 위한 것이었다.

그러나 『聖學輯要』는, 율곡 스스로도 밝혔듯이, "임금의 학문을 주로 하였지만 실상은 상하에 모두 통하는 것"[2]이다. 말하자면, 이 책은 성인이 되고자 하는 모든 유자들이 공부해야 할 학문적 요점을 밝힌 것이다. 특히 이 책은 "단순히 성현들의 글 모음"에 불과하다는 율곡의 고백[3]과는 달리, 율곡적 관점과 문법에 토대하여 쓰였다. 성인이 되기 위하여 유자들이 공부해야 할 교육과정에 대해서는 이미 선현들이 제시한 목록이 있어왔다. 예컨대, 주희는 일찍이 「小學」, 「大學」을 비롯한 四書三經, 「近思錄」 등의 性理書, 역사서 등의 폭넓은 교육과정을 주장했고, 많은 유자들이 그의 교육과정을 따라서 공부를 해 왔다. 이러함에도 불구하고 율곡이 굳이 '輯要'의 형식과 자신의 문법으로 이 『聖學輯要』라는 책을 저술한 것인가? 이 글의 관심사가 여기에 있다.

그동안 『聖學輯要』에 주목하여 율곡의 사상을 밝히는 다각적인 연구가 있어 왔다. 철학적 관점에 주목한 연구도 있고,[4] 정치사상적 관점에 주목한 연구도 있었다.[5] 직간접적으로 교육학적 관점에서 접근한 연구들도 많다.[6] 선행연구들은 이 글

---

2) 『국역 율곡전서』(Ⅴ), 「성학집요」, 11쪽. (성남: 한국정신문화연구원, 1985).
3) 『국역 율곡전서』(Ⅴ), 「성학집요」, 2쪽.
4) 대표적인 예로 황준연, "율곡의 철학사상에 관한 연구: 성학집요를 중심으로", (성균관대 대학원, 1987) 등.
5) 대표적인 예로 이성태, "성학집요를 중심으로 한 율곡 이이의 정치사상연구", (경상대 교육대학원, 1997) 등.
6) 대표적인 예로 손인수, 『율곡사상의 교육이념』(서울: 문음사, 1997); 『율곡사상의 이해』(서울: 교육과학사, 1995) 등.

에서도 중요한 길잡이가 될 것이다. 그러나 이 글이, 다른 연구와 달리, 주목하고자 하는 것은 도덕교육론적 관점에서 접근해 보고자 하는 것이다. 따라서 이 연구의 기본 가정은 『聖學輯要』를 덕성교육의 교재로 보는 것이다. 즉 『聖學輯要』는 교육적 고려에서 저술된 '교재' 혹은 '교과서'라는 데에 더 주목하고자 한다.

교재 혹은 교과서가 무엇인가? 교사, 학생과 함께 교육의 3대 요소 중의 하나인 교재는 특정한 교수-학습의 목표를 달성하기 위해 일정한 학습내용을 의도적·계획적으로 조직, 구성한 학습 자료이다. 따라서 교재가 교재로서의 의의와 가치를 가지고 기능하기 위해서는 그 배후에 지도의 체계, 교육과정(커리큘럼)이 구체화된 것이라야 한다. 바로 이러한 배려에서 만들어진 것이 이른바 교과서이다. 따라서 특정한 교재(교과서)의 저변에는 교육에 관한 기본관점과 철학, 교육의 방향과 목표, 교육받은 사람이 지니고 있기를 기대하는 어떤 능력과 자질, 교수-학습의 방법적 원리 등에 관한 교육이론이 함축되어 있는 것으로 볼 수 있다.[7] 바로 이 글은 이러한 관점에서 『성학집요』라는 교재 혹은 교과서에 함의되어 있을 것으로 판단되는 교육이론을 탐색해 보고자 한다.

이 글에서, 그동안 선행연구들이 충분히 다루어 온 책의 내용을 분석하고 성학의 규모를 설명하는 반복적인 작업은 생략한다. 이 글의 목적은 『성학집요』라는 교재(교과서)에 함의된 도덕교육의 이론적 특성을 밝히는 것이기 때문이다. 도덕교육론의 핵심영역은 도덕교육 방법론이다. 도덕교육론은 도덕이나 덕성에 관한 철학적·심리학적 탐구보다는 도덕을 어떻게 가르치고 덕성을 어떻게 함양할 것인가에 관심을 갖는다. 그러나 도덕이나 덕성에 관한 철학적·심리학적 탐구와 도덕교육 방법론을 탐구하는 실천적 탐구는, 상호 독립적인 측면이 없지 않지만, 근본적으로 상호 보완적인 관계에 있다. 도덕의 개념과 덕성의 본질을 어떻게 규정하느냐에 하는 것은 바로 교육 방법론의 관점에 영향을 미치는 것이기 때문이다. 이러한 관점에서, 우선 2장에서는 주희의 입론에 주목하여 덕성교육에 관한 율곡의 기본 관점을 살피고, 덕성교육 교재로써 『聖學輯要』의 성격을 고찰한다. 3장에서는 『성학집요』에 함

---

7) 이택휘·유병열 공저, 『도덕교육론』(서울: 양서원, 2000), 772~773쪽.

의된 덕성교육에 관한 이론적 기초를 고찰하여 율곡이 보는 도덕의 개념과 덕성의 본질을 탐색한다. 4장에서는 덕성교육의 목적과 목표, 그에 접근하는 교수-학습의 방법적 원리, 교수-학습의 모형과 절차 등을 고찰한다. 끝으로 5장에서는 논의의 요약과 현대적 시사점을 생각해 보면서 결론에 대신하고자 한다.

2. 율곡적 덕성교육의 기본 관점과 『聖學輯要』

1) 기본 관점: 주희 입론의 원용

덕성교육에 관한 주희의 입론은 이른바 '小學-大學階梯說'에 입각한 두 단계의 교육과정으로 요약된다.[8] 덕성교육은 우선, 德目이나 규범을 내면화하는 것에서부터 시작되어야 한다. 格物致知 이전에 涵養·實踐해야 한다는 〈小學의 단계〉가 그것이다.[9] 다음으로, 규범을 내면화하는 소학의 단계가 끝나고 〈大學의 단계〉에 오면 그동안 맹목적으로 수용해 온 규범에 대한 반성적 성찰이 이루어진다. 格物致知의 단계가 그것이다.[10]

8～15세까지를 대상으로 하는 小學教育의 단계는 미성숙한 개인이 사회의 문화적 전통에 처음 입문하게 되는 단계이다. 여기서는 윤리적 행위 규범의 실천을 위한 교육(教之以事)을 통하여 개인의 도덕적 품성을 함양하는 것을 목표로 하고 있다. 그 주요 교육과정은 일상생활의 일을 처리하는 방법(灑掃應對進退之節)과 실용적 지식

---

8) 이에 대한 자세한 고찰은 졸저, 『유교 도덕교육론』(서울: 원미사, 2001), 73～121쪽 참조.
9) 『朱子大全』, 卷42, 「答吳晦叔」(제9서), "蓋古人之教, 自其孩幼, 而教之以孝悌誠敬之實, 及其少長, 而博之以詩書禮樂之文, 皆所以使之卽夫一事一物之間, 各有以知其義理之所在, 而致涵養踐履之功也."
10) 『朱子大全』, 卷42, 「答吳晦叔」(제9서), "及其十五, 成童學於大學, 則其灑掃應對之間, 禮樂射御之際, 所以涵養踐履之者, 略已小成矣. 於是不離乎此, 而教之以格物以致其知焉."

이 포함된 기본 교양으로써 六藝(禮樂射御書數)를 배운다. 그리고 도덕교육과 관련해서는 孝·悌·忠·信의 덕목과 愛親·敬長·隆師·親友의 道를 배운다.[11] 이러한 교육 과정은 모두 일상생활의 실천적 행위(事)를 위한 현실적 도덕규범이라 할 수 있다. 이 소학단계에서 배우는 가장 기본적인 교재가 『小學』이었다. 한편, 15세 이상을 대상으로 하는 大學敎育의 단계는 소학단계에서 습득한 도덕규범의 이론적 근거를 탐색(窮理)하는 교육(敎之以理)을 주로 하여 인륜의 궁극적 원리, 즉 全德인 仁을 터득게 하는 것을 목표로 하고 있다.[12] 대학단계의 교육과정으로 주희는 '폭넓은 배움(博學)'을 강조하는바, 여기에는 四書三經 등의 經書를 비롯한 역사서 등이 포함된다.

그리고 주희는 교육의 대상으로 사회구성원 모두를 상정했었고, 특히 대학의 입학 대상에 대해서도 군왕의 태자와 왕자, 공경대부와 선비들을 비롯한 일반백성의 준수한 자제까지 포함하였다. 그리고 주희의 교육론에서 주목을 끄는 것은 이른바 '學不獵等'의 원칙이다. '학불엽등'의 원칙이란 배움에 순서를 넘어서면 안 된다는 것으로, 소학단계를 거치지 않고 대학단계의 공부로 넘어가면 안 된다는 것이다. 그렇다면 소학단계의 교육 대상은 유소년들에서 훨씬 범위가 넓어질 수 있다. 현실적으로 대학의 입학 대상은 儒者들로 상당히 제한되었을 것으로 상정할 때, 주자가 '학불엽등'의 원칙을 제시하며 소학단계의 교육대상은 넓히려는 데는 실제 소학공부를 못한 유자들을 포함하면서도 제도 교육에의 접근이 어려웠을 일반백성들을 염두에 두었던 것이라 생각한다.

---

11) 『大學』, 「大學章句序」, "三代之隆, 其法寖備, 然後王宮國都以及閭巷, 莫不有學. 人生八歲, 則自王公以下, 至於庶人之子弟, 皆入小學, 而敎之以灑掃應對進退之節, 禮樂射御書數之文."

12) 『大學』, 「大學章句序」, "及其十有五年, 則自天子之元子衆子, 以至公卿大夫元士之適(嫡)子, 與凡民之俊秀, 皆入大學. 而敎之以窮理正心修己治人之道, 此又學校之敎, 大小之節, 所以分也." 비슷한 내용이 語類에서도 보인다. 『朱子語類』, 卷7, 「小學」, "古者初年入小學, 只是敎之以事, 如禮樂射御書數及孝弟忠信之事. 自十六七入大學然後, 敎之以理, 如致知格物及所以爲忠信孝弟者. 小學是直理會那事, 大學是窮究那理因甚恁地. 小學者學其事, 大學者學其小學所學之事之所以. 小學是事, 如事君事父事兄處友等事, 只是敎他依此規矩去, 大學是發明此事之理."

어쨌든, 이 두 단계를 거칠 때 有德한 人格으로서의 聖人이 된다고 할 수 있다. 인간에게 자기완성의 최고 경지는 知·情·行의 合一에 있으며, 스스로 도덕상황을 판단하고 이에 적절한 도덕규범을 입법하고 지켜 나갈 수 있는 도덕적 자율성의 단계가 된다. 그가 곧 성인으로서의 有德한 人格人이다.

이상이 덕성교육에 관한 주희 입론의 간략한 요지이다. 율곡의 덕성교육에 관한 기본 관점도 이러한 주희의 입론을 수용하고 원용하고 있다. 우선, 『聖學輯要』에서 율곡은 주희의 언표를 직접 인용하고 있다.

> (1) 옛날의 성인이 이를 근심하여 처음에 「小學」을 가르쳐서 정성과 공경함을 익히게 하였으니, 곧 그 놓친 마음을 거두어들이고 德性을 기르는 데 있어 이미 그 지극하지 아니한 것이 없었으며, 「大學」으로 나아가면 또 사물 가운데 나아가서, 이미 아는 바 이치를 따라 깊이 궁구하여 각각 그 극치에 이르게 하였으니, 나의 지식이 또한 두루 통하고 정밀하여 다하지 아니한 것이 없었다.13)
>
> (2) 어떤 사람이 묻기를, "제가 어려서부터 「小學」의 차서를 잃었는데, 「大學」을 배우는 것이 어떠하겠습니까." 하니 주자가 대답하기를, "「大學」을 배우려면 먼저 「小學」을 보아야만 한다. 달포의 공부를 하면 될 것이다." 하였습니다.14)

인용의 (1)은 소학−대학계제설, (2)는 '학불엽등'의 원칙과 관련한 언표이다. 관련 인용이 다른 곳에서도 여러 차례 보인다.15) 이 점에서 율곡의 주희 입론에 대한 이해는 분명하다. 그랬기에 율곡은 주희 입론을 원용할 수도 있었다. 그 증거가 『擊蒙要訣』과 『聖學輯要』의 저술이라고 여긴다. 즉 『擊蒙要訣』이 소학단계에 있는 초학자들을 위한 덕성교육의 교재로 저술한 것이라면, 『聖學輯要』는 대학단계의 학생들을 위한 덕성교육 교재로 저술된 것이라는 점이 우리의 가정이다. 후자에 대해서는 다음 절로 미루고 『擊蒙要訣』의 교재적 성격과 덕성교육론적 함의를 좀 더 보기로

---

13) 『국역 율곡전서』(Ⅴ), 「성학집요」, 42쪽.
14) 『국역 율곡전서』(Ⅴ), 「성학집요」, 48쪽.
15) 『국역 율곡전서』(Ⅳ), 「학교모범」, 124쪽; 『국역 율곡전서』(Ⅵ), 「격몽요결」, 7쪽 등.

하자.

율곡은 『擊蒙要訣』의 저술 동기를 "初學들이 (공부의) 향방을 모를 뿐 아니라, 굳은 뜻이 없이 그저 아무렇게나 이것저것 배우면 피차에 도움이 없고 도리어 남의 조롱만 사게 될까 염려"되었고, "학도들로 하여금 이것을 보아 마음을 씻고 뜻을 세워 즉시 공부에 착수" 하게 할 목적임을 밝히고 있다. 이처럼 초학들의 덕성교육을 위한 교재이기에 그 내용은 『小學』처럼 "일용의 모든 일"에 관한 것들이다. 즉 그것은 "아비가 되어서는 자애롭고, 자식이 되어서는 효도하고, 신하가 되어서는 충성하고, 부부간에는 분별이 있고, 형제간에는 우애롭고, 젊은이는 어른을 공경하고, 친구 간에는 신의를 두는 것"과 같은 일상의 마땅한 바의 덕과 규범에 관한 것이다. 『擊蒙要訣』에서는 이러한 내용을 "마음을 세우는 것, 몸가짐을 단속하는 일, 부모를 봉양하는 법, 남을 접대하는 방법" 등 10개의 장으로 구분하여 기술하고 있다.[16]

특히, 〈讀書章〉에서는 향후 공부해야 할 교육과정에 대해서 언급하고 있는데, 그 순서는 「小學」→「大學」, 「大學或問」을 비롯한 五書五經 →「近思錄」 등 송대 선현들의 性理書 → 역사서 등이다.[17] 그렇다면 『擊蒙要訣』은 누가 언제 공부해야 할 책인가? 초학 중의 초학자들을 위한, 말하자면 소학단계에 이제 막 들어설 초학자들을 위한 입문서 격의 교재라 할 수 있을 법하다. 『聖學輯要』〈敎子章〉에서 율곡은 『禮記』를 인용하여 "나이 열 살이 되면 바깥 스승에게 나가서 글(書)과 셈을 배우기 시작한다."고 하고 있다.[18] 그렇다면 이때 글의 학습과 아울러 『擊蒙要訣』을 배우고, 다음으로 『小學』을 배우는 순서가 될 것이라 짐작할 수 있다. 물론 '학불엽등'의 원칙에 의거할 때 반드시 배우는 나이가 중요한 것은 아닐 테지만, 『擊蒙要訣』은 소학단계의 학습을 위한 입문서임이 분명하다.

그리고 『擊蒙要訣』, 『小學』 등을 배우는 소학단계에서의 교육방법론은 한마디로 '도덕적 사회화'이다. 다음의 인용을 보자.

---

16) 이 문단의 직접인용과 내용은 모두 『국역 율곡전서』(VI), 「격몽요결」〈서〉, 1쪽 참조. 10개의 장명은 제1장 立志, 제2장 革舊習, 제3장 持身, 제4장 讀書, 제5장 事親, 제6장 喪制, 제7장 祭禮, 제8장 居家, 제9장 接人, 제10장 處世 등이다.
17) 『국역 율곡전서』(VI), 「격몽요결」, 7∼8쪽.
18) 『국역 율곡전서』(V), 「성학집요」, 226∼227쪽.

[1] 옛날 사람은 자식을 낳아서 그가 능히 스스로 밥 먹을 줄 알거나, 능히 말할 줄 알게 되면, 곧 그에게 小學의 법도를 가르쳐 미리 교육을 시켰다. 사람이 어렸을 때는 지각이나 생각에 있어 아직 주장이 투철하지 못하므로 곧 格言과 지당한 의론으로써 날마다 그 앞에서 얘기하고 비록 잘 깨닫지 못한다 할지라도 또한 마땅히 배우고 익히게 하면 귀에 차고 마음에 가득하여, 오래가면 스스로 편안히 익혀져서 마치 그것이 본래부터 있는 것 같이 되어, 비록 다른 말로써 현혹시킨다 할지라도 빠져들지 않을 것이다.[19]

[2] 반드시 도와 덕 있는 선비를 선발하여 師傅로 삼아서, 세자로 하여금 공경을 극진히 다하게 하여, 스승의 도를 엄정히 하여 보고 느끼는 데에서 본을 받게 하며, 보좌하는 요속들도 모두 단정하고 뜻이 바르며 도가 있는 선비를 선발하여 밤낮으로 함께 같이 있게 하면서, 좌우에서 붙들어 보좌하게 하고 薰習 시켜 天性을 이루게 하되, 잘못이 있으면 기록하고 게으르면 경계하여, 세자로 하여금 언제나 마음으로 근신하게 하여, 스스로 안일한 여가를 갖지 못하게 해야 되는 것입니다.[20]

인용[1]은 율곡이 程子의 언표를 빌린 것이다. 소학단계의 교육에서 학생들은 아직 지각능력이 발달하지 못했기 때문에 바른 덕과 규범에 대하여 끊임없이 반복 학습하는 사회화가 중요하다. 그리고 인용[2]에서 보는 것처럼, 덕 있는 교사의 모범이 중요하고, 영향력 있는 주변 사람들이 어떤 이인가 하는 점도 중요하다. 학생들은 교사와 그들을 모델로 삼는 가운데 자연스럽게 도덕적 행위를 배우면서 덕과 규범을 습득해 갈 것이기 때문이다.

그러나 이러한 도덕사회화의 관점이 대학단계의 교육에서도 유효한 것인가? 우리는 『聖學輯要』가 대학단계의 학생들을 위한 덕성교육 교재로 저술된 것이라 가정했다. 이 가정이 맞는다면 우리는 이 교재에 주목함으로써 여기에 함의된 덕성교육의 방법론을 탐색할 수 있을 것이다.

---

19) 『국역 율곡전서』(Ⅴ), 「성학집요」, 228쪽.
20) 『국역 율곡전서』(Ⅴ), 「성학집요」, 234~235쪽.

2) 덕성교육 교재로서 『聖學輯要』의 성격

『聖學輯要』가 대학단계의 학생들을 위한 덕성교육 교재로 저술된 것이라는 우리의 가정을 분명히 확인하고 넘어가자. 덕성교육에 관한 주희의 입론에서 대학단계의 교육과정에서 첫 번째로 다루어야 할 입문서 격의 교재는 『大學』이었다. 이 점에 대해서는 율곡도 이론이 없다. 『聖學輯要』가 대학단계의 교재라면 이 입문서인 『大學』과 무관하지가 않을 것이다. 『聖學輯要』의 서문에서는 이 점에 대해 명쾌히 적시해 주고 있다.

[1] 道는 오묘해서 형상이 없기 때문에 글로써 도를 표현한 것이옵니다. 四書와 六經에 이미 밝고 또 구비되었으니, 글로써 도를 구하면 이치가 다 나타날 것이옵니다. 다만 全書가 호번(浩繁)하여서 요령을 얻기가 어려우니, 선현이 「大學」을 표장하여 규모를 세웠사옵니다. 성현의 천만 가지 교훈이 모두 여기에 벗어나지 않사오니, 이것이 요령을 얻게 하는 방법이옵니다.

[2] 서산 진씨(西山 眞氏)가 이 책을 미루어 넓혀서 「衍義」를 만들어, 널리 경전을 인용하고 겸하여 사적을 인용하여, 학문을 하는 근본과 다스리는 차례가 찬연히 조리가 있사온데 임금의 몸에 중점을 두었으니, 참으로 제왕의 도에 들어가는 지침이옵니다. 다만 권수가 너무 많고 문장이 한만(汗漫)하여 일을 기록한 글 같고 실학의 체계가 아니니, 참으로 아름답기는 하나 다 착하지는 못하옵니다.

[3] 가만히 생각하옵건대, 「大學」은 본래 덕에 들어가는 입문인데, 眞氏의 「衍義」는 오히려 간결하지 못하니, 진실로 「大學」의 뜻을 모방하여 차례를 따라 나누어서, 성현의 말씀을 정선하여 거기를 메우고 절목을 자세하게 하여, 말은 간략하되 이치가 다하게 되면 곧 요령의 방도가 여기에 있사옵니다.14)

인용에서 보듯이, 『大學』은 대학단계의 교육을 위한 입문서이다. 그런데 너무 함축적이어서 이해가 쉽지 않다. 서산 진씨가 저술한 『大學衍義』는 자세한 주석과 해

---

14) 이상의 인용은 모두 『국역 율곡전서』(Ⅴ), 「성학집요」〈서〉, 8～9쪽.

설을 담고 있는 장점이 있지만, 너무 권수가 많고 문장이 산만하며 현실성이 떨어지는 병폐가 있다. 그래서 율곡은 『大學』의 깊은 뜻을 잃지 않으면서 현실성이 있고 가독성이 있는 교재를 저술하였는바, 그것이 바로 『聖學輯要』인 것이다. 다음의 표를 보면 율곡이 얼마나 『大學』의 깊은 뜻에 유의하여 이 교재를 저술하였는지 짐작할 만하다.

〈표 1〉 『성학집요』와 『대학』의 관련 목차 비교

		성학집요	대학의 관련 조항
통설		1편 통설 - 명명덕, 신민, 지어지선	
명명덕	수기	2편 수기 - 명명덕 1장 총론	
		2장 입지 3장 수렴	방향을 정해서 흩어진 마음을 구하여 [대학]의 기본을 세운 것
		4장 궁리	[대학]의 격물치지
		5장 성실 6장 교기질 7장 양기 8장 정심	[대학]의 성의정심
		9장 검신	[대학]의 수신
		10장 덕량 11장 보덕 12장 돈독	성의·정심·수신의 남은 뜻을 논한 것
		13장 공효	수기의 지선에 이르는 공효
신민	제가	3편 정가 1장 총론	
		2장 효경 3장 형내 4장 교자 5장 친친	어버이에게 효도하고, 처자에게 모범이 되며, 형제간에 우애하는 도리
		6장 근엄 7장 절검	미진한 뜻을 미루어 연역함
		8장 공효	제가의 공효
		4편 위정 1장 총론	

		성학집요	대학의 관련 조항
신민	치국평천하	2장 용현 3장 취선	[대학]의 어진 사람이라야 능히 사랑하고 미워할 수 있다는 뜻
		4장 식시무 5장 법선왕 6장 근천계	[대학]에서 인용한 "마땅히 은나라에 볼지어다. 준명이 쉽지 않다."는 뜻
		7장 입기강	[대학]의 "나라를 가진자는 삼가야 할 것이니 편벽하면 천하의 살육이 된다."는 뜻
		8장 안민 9장 명교	[대학]의 "군자혈구의 도가 있으니 백성이 효제에 흥기하여 배반하지 않는다."는 뜻
		10장 공효	치국평천하의 공효
		5편 성현도통	[대학]의 실적

율곡이 직접 안내하였듯이, 일단 "이 책은 四書와 六經의 계단이며 사다리[階梯]"에 해당한다. 그러나 『大學』처럼 단순히 대학단계의 교육을 위한 입문서에 머무르지 않는다. 『성학집요』는 『대학』의 깊은 뜻을 설명하기 위하여 四書五經은 물론 송대 선현들의 주장까지 모두 끌어들이고 있기 때문이다. 『대학』이 학문과 공부의 규모를 밝혀주고 있지만 아무래도 너무 소략하고 함축적이다. 그래서 『대학』의 깊은 뜻을 이해하는 것도 쉽지 않거니와, 『대학』을 완전히 이해하지도 못한 상황에서 바로 四書五經 공부로 넘어가는 것도 부담이다. 『대학』과 四書五經 사이에 또 하나의 징검다리가 필요하다. 율곡은 바로 이 징검다리를 설정하기 위하여 『성학집요』를 저술한 것이라 볼 수 있다. 그가 "이 책은 四書와 六經의 계단이며 사다리[階梯]"라고 한 언표는 이를 두고 한 말이라 여긴다. 이러한 점에서 『성학집요』는 개론과 각론 사이를 연결하는 도학총론 혹은 성리학총론 격의 교재라 할 만하다.

3. 『聖學輯要』에 함의된 덕성교육의 이론적 기초

1) 氣發理乘一途說과 도덕의 개념

성리학에서 리기론은 세계와 인간을 설명하기 위한 최상위의 형이상학적 개념 틀이다. 따라서 리기론에 관한 철학적 관점이 어떠냐에 따라 세계와 인간을 설명하는 방식이 달라지게 마련이다. 주지하듯이, 율곡의 리기론에 관한 철학적 관점은 理氣之妙와 氣發理乘一途說, 理通氣局과 理一分殊說 등으로 요약된다. 이에 관한 구체적 고찰은 그동안 많은 선행연구들이 다루었기에 『율곡전서』 여기저기에서 관련 전거들을 끌어들이며 반복 설명하는 수고를 여기서는 생략한다. 대신 『성학집요』가 대학단계에서 다루는 도학총론 격의 교재라면, 이 교재에도 리기론에 관한 관점이 함축되어 있을 것이기에, 그 한도 내에서 율곡적 관점을 재확인해 보기로 한다. 다음의 인용을 보자.

> 어떤 사람이 신에게, "리와 기는 1물인가 2물인가." 하여 신은 대답하기를, "예전 사람들의 해석을 참고한다면 하나이면서 둘이요, 둘이면서 하나인 것이다. 리와 기는 혼연히 간격이 없어서 원래부터 서로 떠나지 못하여 2물이라고 할 수 없기 때문에, 정자는 말하기를, '器도 道요, 도도 기이다.' 하였다. 비록 서로 떠나지 못하더라도 혼연한 가운데서 서로 섞여 있지 않으니 1물이라고 가리킬 수 없으므로, 주자는 말하기를, '리는 리요, 기는 기니, 서로 섞여 있지 않다.' 하였다." 두 가지 말을 합하여 음미하고 사색한다면, 理氣之妙를 거의 알 것이다. 대체로 말한다면 리는 형체가 없고, 기는 형체가 있기 때문에 理通氣局(小註: 理通이란 천지 만물이 동일한 리라는 것이요, 氣局이란 천지 만물이 각각 一氣라는 것입니다. 理一分殊란 것은 리는 본래 하나인데, 기가 고르지 않으므로 말미암아 소속한 바에 따라 각각 한 리가 되니, 이것이 분수인 이유요, 리가 본 一이 아니란 것은 아닙니다.) 이요, 리는 무위인데, 기는 유위하기 때문에 氣發理乘(小註: 음·양이 동·정하는데, 태극이 이것을 올라타니 발하는 것은 기이며, 그 機를 올라타는 것은 리입니다.

그러므로 인심은 지각이 있고, 도체는 무위입니다. 공자는 말하기를, "사람은 도를 넓힐 수 있으되, 도는 사람을 넓힐 수 없다." 하였습니다.)이다. 무형·무위이면서 유형·유위의 주재가 되는 것은 리요, 유형·유위이면서 무형·무위의 器가 되는 것은 기이다. 이것은 리·기를 궁구하는 큰 실마리이다." 하였습니다.15)

조금 긴 이 인용 속에, 리기론에 관한 율곡적 관점인 理氣之妙와 氣發理乘一途說, 理通氣局과 理一分殊說이 함축적으로 모두 들어 있다. 리와 기의 관계에 대하여 율곡은 理氣不相離의 입장에서 리와 기는 一物도 아니고 二物도 아닌, 하나이면서 둘이고 둘이면서 하나[一而二, 二而一]라는 理氣之妙의 관점에 서 있다. 이러한 그의 관점은 하나의 실체에 두 개의 속성을 상정하는 理氣一元論이라 할 만하다. 리와 기는 원래 서로 떠나지 못하는 하나이다. 그런데 기의 속성은 유형·유위이면서 형태를 이루고, 리는 무형·무위이면서 기의 주재가 되고 원리를 제공한다.16) 따라서 세계 탄생에 있어서 리와 기는 선후가 없고 동시 출현과 만남이다. 주렴계의 『태극도설』의 "太極動而生陽"을 오독해서는 안 된다. 動하고 靜하는 機는 누가 밖에서 시키는 것도 아니요, 리와 기도 앞뒤를 말할 수 있는 것이 아니다. 그러나 기가 동하고 정하는 것은 모름지기 리가 근본이 된다. 그러므로 '태극이 동하여 양을 낳고 정하여 음을 낳는다.'한 것일 뿐이다. 만일 이 말을 오독하면 태극은 음양 이전에 홀로 존재하며 음양도 無에서 나온 有처럼 읽을 수 있는데 그것은 분명 잘못이다.17)

기의 동정에 리가 원리를 제공하며 세상만물은 탄생한다. 리는 형체가 없는 것이기에 理通이고, 기는 형체가 있는 것이기에 氣局이다. 그래서 존재들의 다양성이 결정된 것이다. 理通이란 천지만물이 동일한 리이다. 근원적 통일성인 理一이 분화되어 경험적으로 현상화된 分殊의 리도 동일한 리이다. 이것이 理一分殊說이다. 理一이 本然之理라면, 理分殊는 流行之理이다. 본연지리든 유행지리이든, 리의 관점에서 보면 모든 존재들이 형제다. 그러나 형제란 같음과 동시에 다름의 존재들이다.

---

15) 『국역 율곡전서』(Ⅴ), 「성학집요」, 85~86쪽.
16) 『국역 율곡전서』(Ⅴ), 「성학집요」, 14쪽.
17) 『국역 율곡전서』(Ⅴ), 「성학집요」, 64쪽.

리통이기에 형제는 같지만, 氣局 때문에 형제끼리도 다르다. 기에도 本然之氣와 流行之氣가 있다. 본연지기는 '湛一淸虛'한 순수 그 자체의 기이지만, 유행지기에는 淸 / 濁, 粹 / 駁, 正 / 偏, 通 / 塞의 차이가 있다. 세상만물의 탄생에서 본연지리와 본연지기가 극적으로 만나는 경우도 없지 않겠지만, 대체로 유행지리와 유행지기가 만난 것이 세상이다. 그래서 세상은 인간, 동물, 식물 등으로 다양해졌다. 인간세계가 성인, 군자, 소인, 야만으로 구성된 것도 같은 이치이다.

여기까지가 리기일원론에 토대한 세계와 인간의 탄생에 관한 율곡적 관점의 요약이다. 다음으로, 氣發理乘一途說은 리기론과 심성론의 연결고리가 되는 율곡적 관점이다. 주지하듯이, 이 설은 율곡이 퇴계의 理氣互發說 혹은 理發氣隨之 / 氣發理乘之說에 반대하여 주장한 것이다. 그는 퇴계의 관점 중에 오로지 氣發理乘만이 옳다는 것이다. 다음의 인용을 보자.

> 대개 심·성을 두 용[二用]으로 생각하고 사단과 칠정을 두 정[二情]으로 생각하는 것은 모두 리·기에 있어서 투철하지 못한 까닭입니다. 대체로 정이 발할 때에 발하는 것은 기요, 발하는 까닭은 리입니다. 기가 아니면 발할 수 없고 리가 아니면 발할 까닭이 없으니, 리·기는 섞이어 원래부터 서로 떠나지 못합니다. 만일 離·合이 있으면 動·靜도 끝이 있고, 음·양도 처음이 있는 것입니다. 리란 것은 태극이요, 기란 것은 음양인데, 이제 태극과 음양이 서로 動한다고 하면 말이 되지 않습니다. 태극과 음양이 서로 동할 수 없으면 리와 기가 서로 발한다는 것이 어찌 오류가 아니겠습니까.18)

인용에서 "마음과 성을 두 가지 작용으로 생각하고, 사단과 칠정을 두 가지 정으로 생각하는 것"은 무슨 말인가? 이는 아마도 〈성=본연지성=理發=사단〉, 〈마음=기질지성=氣發=칠정〉으로 보는 이원적 사고로, 퇴계의 리기호발설을 겨냥한 말이라 할 것이다. 이 점은 "옛날에 어떤 사람이 미발 이전의 마음과 성의 구별을 물었더니, 주자는 말하기를 '마음에는 체와 용이 있으니, 미발은 마음의 체요 이발은 마

---

18) 『국역 율곡전서』(Ⅴ), 「성학집요」, 83쪽.

음의 용인데 어떻게 지정하여 말할 수 있겠습니까.' 하였습니다. 이렇게 본다면 마음과 성의 두 가지 현상이 없는 것을 알 수 있습니다. 마음과 성에 두 가지 현상이 없다면 사단과 칠정도 어찌 두 가지 정이겠습니까."[19]라는 율곡의 언표에서 알 수 있다.

율곡은 "대개 마음의 체는 성이요, 마음의 용은 정인데, 성정 밖에 또 다른 마음은 없다."고 단정한다.[20] 여기서 우선, 마음의 본체인 성은 본연지성과 기질지성으로 구분되는 두 개의 마음이 아니라 기질지성 한 가지일 뿐이다. 본연지성이란 어디까지나 기질의 위에 나아가 단순히 그 리만을 지칭한 표현일 뿐이고, 마음이란 이미 리와 기의 묘합으로 구성된 기질지성일 뿐인 것이다.[21] 물론 마음은 기질지성이라 하더라도 그 기질 속의 리는 본래부터 갖추어져 있는 그대로 공명하고 정대하다. 어쨌든 둘째, 이처럼 미발의 마음인 성이 둘이 아니듯이, 이발의 마음인 정도 사단과 칠정으로 구분되는 두 가지가 아니다. "오성밖에 다른 성은 없고, 칠정밖에 다른 정도 없다. 맹자가 칠정 가운데에서 그 선정만을 적출하여 사단으로 지목한 것이고 칠정밖에 사단이 따로 있는 것이 없다."[22] 즉 "사단은 다만 리만 말한 것이고, 칠정은 리와 기를 합하여 말한 것이며, 두 가지 정이 있는 것이 아니다."[23] 따라서 셋째, 마음과 성을 두 용[二用]으로 생각하고 사단과 칠정을 두 정[二情]으로 생각하는 것은 잘못된 관점이고, 이러한 관점의 근거가 되는 태극과 음양이 서로 동할 수 있다고 생각하여 리와 기가 서로 발한다고 보는 관점도 잘못이다.

그렇다면 마음이 작용하는 길은 한 가지, 氣發理乘의 길만이 있을 뿐이다. '음・양이 동・정하는데 태극이 이것을 올라타니, 발하는 것은 기이며 그 機를 올라타는 것은 리이다.' 다른 표현으로 '정으로 표출될 때에 발하는 것[能發]은 기요, 발하는 까닭[所發]은 리이다. 이처럼 능발의 기와 소발의 리는 섞이어 원래부터 서로 떠나지 않는 것이다. 그리고 기발리승을 통한 마음작용의 결과는 일단 모두 칠정의 인

19) 『국역 율곡전서』(Ⅴ), 「성학집요」, 83쪽.
20) 『국역 율곡전서』(Ⅴ), 「성학집요」, 82쪽.
21) 『국역 율곡전서』(Ⅴ), 「성학집요」, 77쪽.
22) 『국역 율곡전서』(Ⅴ), 「성학집요」, 83쪽.
23) 『국역 율곡전서』(Ⅴ), 「성학집요」, 82쪽.

심으로 표현된다.

표현된 칠정이 선인지 악인지는 다음 절의 과제이고, 이러한 기발리승의 관점이 우리의 연구관심과 관련하여 함의하는 바가 무엇인가? 말하자면, 도덕 혹은 도덕행위란 무엇인가? 연구자는 율곡에게 있어 도덕이란 욕망추구의 정당화 개념과 다르지 않고, 도덕적 행위란 욕망의 합리적 조절을 의미한다고 여긴다. 다음의 인용을 보자.

> 사람의 희·노·애·락은 성인이나 미치광이거나 다 같이 가지고 있는데, 그 희·노·애·락하는 소이연의 이치는 性입니다. 그 희·노·애·락을 아는 것은 마음이요, 사물을 만나 희·노·애·락하는 것은 情입니다. 마땅히 기뻐할 것은 기뻐하고 마땅히 화낼 것을 화내는 것은 情의 善한 것이요, 마땅히 기뻐하지 않을 것을 기뻐하거나 마땅히 화내지 않을 것을 화내는 것은 情의 不善한 것입니다. 정의 선한 것은 청명한 기를 올라타고 천리에 따라 곧장 나오니, 그것이 인·의·예·지의 실마리인 것을 알 수 있기 때문에 이것을 사단으로 지목하였습니다. 정의 불선한 것은 역시 리에 근거하였다고 하더라도, 이미 더럽고 흐린 기에 은폐된바 되어 도리어 리를 침해하니 그것이 인·의·예·지의 실마리라고 볼 수 없습니다.[24]

인심의 칠정과 그 소이연으로서의 性은 성인이든 미치광이든 누구나 다 갖고 있다. 관건은 청명한 기를 올라타고 천리에 따라 곧장 나올 수 있느냐, 더럽고 흐린 기에 은폐되어 도리어 리를 침해해 버릴 것이냐에 달렸다. 전자가 가능한 이는 성인이고 후자는 미치광이다. 말하자면 성인은 기의 욕망을 완벽하게 조절할 수 있는 사람이고, 미치광이는 반대로 기의 욕망에 노예가 된 사람이다. 성인이 표현한 인심은 四端이고 道心이며, 미치광이가 표현한 인심은 人欲이다.

어쩌면 성인은 처음부터 욕망과 무관하게 순수한 도덕적 동기에 따라 행위할 수 있는 사람일지 모른다. 성인이란 처음부터 '湛一淸虛'한 본연지기를 받고 태어난 사람이기 때문이다. 그러나 이론적으로는 성인조차도 인심의 표현이 氣發理乘인 한에

---

24) 『국역 율곡전서』(Ⅴ), 「성학집요」, 83쪽.

서 그의 도덕행위는 욕망의 완벽한 조절일 뿐이다. 처음부터 욕망과 무관하게 순수한 도덕적 동기에서 도덕행위가 이론적으로나 현실적으로 가능하려면 퇴계처럼 理發 혹은 理發氣隨의 입장에 서지 않는 한 불가능하다.[25] 율곡적 관점에서 성인조차도 이러할진대 보통사람은 욕망의 조절이 쉽지 않다. 그들은 편차가 있는 유행지기를 받고 태어났기 때문이다. 이 유행지기는 물욕에 예민할 수밖에 없고 리의 도덕적 명령을 완벽히 수행해 낼 수가 없다. 공부나 교육이 필요한 것도 이 때문이다.

2) 心性情意一路說과 덕성의 본질

도덕이란 욕망추구의 정당화요, 욕망의 합리적 조절과 다르지 않다. 따라서 성인이 아닌 한 인심의 표현은 道理를 위하여 발할 수도 있고, 食色을 위하여 발할 수도 있다. 이것이 주희가 말한 '或原或生說'(혹은 성명에 근원하며 혹은 형기에서 나온다)에 대한 율곡의 해석이다.[26] 그렇다면 인심의 표현이 항상 도리를 위하여 발할 수 있도록 하는 덕성의 본질은 무엇인가? 이것의 이해를 위해서는 율곡이 보는 마음의 구조를 좀 더 깊이 들여다보아야 한다. 다음의 인용을 보자.

　　신이 또 살피건대, 선유의 心·性·情의 설은 자세히 갖추어져 있습니다. 그러나 각각 위주하는 바가 있어서 말이 한결같지 않습니다. 그 때문에 뒷사람들이 말에 얽매여 뜻에 혼란을 일으키는 이가 많습니다. '성이 발하여 정이 되고, 마음이 발하여 意가 된다.'고 하는 것은, 뜻이 각각 존재함이 있으며 심·성을 두 가지 작용으로 나눈 것이 아닌데, 뒷사람들이 마침내 정과 의를 두 갈래로 생각하였습니다. 성이 발하여 정이 된다는 것은 마음이 없다는 것이 아니요, 마음이 발하여 의가 된다는 것은 성이 없다는 것은 아닙니다. 다만 마음은 성을 극진히 할 수 있으

---

25) 졸고, "퇴계의 『성학십도』에 함의된 도덕교육론", 『도덕윤리과교육』제19호(한국도덕윤리과교육학회, 2004. 12.), 40~41쪽.

26) 퇴계는 '或原或生說'을 리기호발의 관점에서 해석하였다. 김형효, "율곡적 사유의 이중성과 현상학적 비전", 김형효 외, 『율곡의 사상과 그 현대적 의미』(성남: 한국정신문화연구원, 1995), 65쪽.

나 성은 마음을 검속할 수 없고, 의는 정을 운행할 수 있으나 정은 의를 운행할 수 없습니다. 그러므로 정을 주로 하여 말한다면 성에 속하고, 의를 주로 하여 말한다면 마음에 속하지마는, 실상은 성은 마음이 未發한 것이요, 정과 의는 마음이 已發한 것입니다.27)

앞에서 마음과 성과 정의 관계는 본 바와 같다. 즉 마음과 성은 다른 두 가지가 아니라 하나의 마음인데, 未發의 마음은 체이고 성이며 已發의 마음은 작용이고 정이다. 여기서 문제는 意이다. '성이 발하여 情이 되고, 마음이 발하여 意가 된다.'는 것은 말이 안 된다. 이는 마음과 성을 두 가지로 보는 것이기 때문이다. 성이 발하여 情이 됨은 마음의 작용이요, 마음이 발하여 意가 됨은 성에 근거한 것이다. 情도 意도 모두 성에 근거한 마음의 작용일 뿐이다. 그런데 '마음은 성을 극진히 할 수 있으나 성은 마음을 검속할 수 없고, 意는 情을 운행할 수 있으나 情은 意를 운행할 수 없다.'고 하는데, 이게 무슨 말인가? 성이 발하여 情이 됨에 그 인심의 표현이 四端의 도리를 향할 것인지 食色으로 향할 것인지의 결정은 마음(已發의 마음: 情과 意)이 하는 것이지 성(未發의 마음)이 아니다. 기발의 마음 중에서도 인심의 표현을 결정하는 것은 意라는 뜻으로 보인다. 다음의 인용은 이상의 논의를 분명하게 요약해 주고 있다.

주자는 말하기를, "마음이 동하는 것이 정이다." 하였습니다. 정은 물에 감동하여 처음으로 발하는 것이요, 의는 정으로 말미암아 計較하는 것이니 정이 아니면 의가 말미암을 데가 없습니다. 그러므로 주자가 말하기를, "의는 정에 말미암아야만 작용한다. 그래서 마음이 적연히 부동한 것을 性이라 하고, 마음이 감동하여 드디어 통하는 것을 情이라 하며, 마음이 감수된 것에 따라 축출하고 헤아려 생각하는 것을 意라고 한다." 하였으니, 마음과 성이 과연 두 작용이겠으며, 정과 의가 과연 두 갈래가 있겠습니까.28)

---

27) 『국역 율곡전서』(Ⅴ), 「성학집요」, 82쪽.
28) 『국역 율곡전서』(Ⅴ), 「성학집요」, 82쪽.

정이나 의가 모두 마음의 작용이지만, 정은 '인심의 발동'[人心之動]이나 '발하여 나온 그대로의 현상'[發出恁地]이고, 의는 표현되는 정에 대하여 '비교하고 헤아려 생각하는 것'[計較商量]이다. 말하자면 정은 '자연적인 마음(의식)의 행동' 혹은 '마음의 지향성이라는 자연발생적 현상'을 뜻한다면, 의는 그런 마음의 지향성과 정감을 한 박자 뒤 늦게 비교하고 헤아리는 'cogito'의 반성력을 뜻한다.[29] 율곡은 주희의 말을 빌려 정과 의의 관계를 "정은 舟車와 같고 意는 사람이 그 주거를 부리는 것과 같다."고 언표하고 있다. 그리고 성찰하는 意의 반성력은 과거의 정감에 대해서도 기억하고 돌이켜볼 수 있는 능력을 지닌다.[30] 참고로, 念·慮·思의 세 가지도 모두 意의 별칭인데, 思는 비교적 重하고, 念과 慮는 비교적 輕한 것이라 율곡은 말하고 있다.[31]

그런데 意는 비교하고 헤아려 생각하는 반성력이기에 선악에 대해 판단하지만 행위 자체를 결정하는 힘은 아니지 않는가? 그렇다면 또 하나의 계기가 필요하다. 그것이 다름 아닌 志이다. 다음의 인용을 보자.

志란 것은 마음의 가는 바가 있는 것을 이른 것이니, 정이 이미 발하여 그 趣向을 정한 것이다. 선으로도 가고 악으로도 가는 것이 모두 지이다. 意라는 것은 마음에 計較가 있는 것을 말하는데, 정이 이미 발하여 생각도 하고 운용도 하는 것이다. (중략) 또 묻기를 "지와 의는 어느 것이 먼저이고 어느 것이 뒤인가." 이에 대답하기를, "지는 의가 정하여진 것이요, 의란 것은 지가 아직 정하여지지 않은 것이다. 그러니 지가 의의 뒤에 있는 듯하나 지가 먼저 서면 의가 뒤따라 생각하는 것도 있고, 의가 먼저 경영되고 지가 따라 정하여지는 것도 있으니, 일률적으로 논할 수 없다.[32]

意는 선악에 대해 판단하지만 志는 마음이 도리를 향할 것인지 식색을 향할 것인

---

29) 김형효, 앞의 글, 74쪽.
30) 『국역 율곡전서』(Ⅴ), 「성학집요」, 82쪽.
31) 『국역 율곡전서』(Ⅴ), 「성학집요」, 85쪽.
32) 『국역 율곡전서』(Ⅴ), 「성학집요」, 85쪽.

지 행위를 결정한다. 그래서 志는 '의가 정해진 것'[意之定者]이고, 意는 '지가 아직 정해지지 않는 것'[志之未定者]이다. 그러나 반드시 意가 먼저고 志가 뒤인 것은 아니다. 즉 우리는 판단을 한 다음에 행위결정을 하는 경우도 있지만, 먼저 행위를 결정해 놓고 거기에 판단을 정당화하는 경우도 있는 것이다. 이러한 점에서 志란 '선악을 선택하는 자유의지'[33]라 보아도 무방하리라. 이처럼 志란 마음이 어디로 향할 것인가를 결정하는 것이기에, 율곡은 『擊蒙要訣』이나 『聖學輯要』의 교재에서 공부나 교육의 출발점으로 〈立志章〉을 우선으로 두었던 것이라 할 수 있다.

요약한다. 虛靈해서 어둡지 않은 것이 마음이다. 그래서 사람의 한 마음에는 만가지 이치가 전부 갖추어져 있다. 이 이치가 마음에 갖추어 흡족해서 조금이라도 결함이 없는 것이 性이다. 성은 아직 未發의 마음인 본체다. 외물과의 접촉으로 마음이 작용하기 시작한다. 마음작용의 통로는 氣發理乘이다. 已發의 마음인 人心[七情]이 표현될 즈음에 마음의 온갖 기제들이 동시에 작동한다. 食色의 욕망이 꿈틀대며 道心[四端]과 대척한다. 이들 사이에서 코기토인 意의 반성력이 작동하고 志가 최종결정을 내린다. 마땅히 기뻐할 것은 기뻐하고 마땅히 화낼 것을 화내는 것[發而中節]은 情의 善으로서 도심이 되고, 마땅히 기뻐하지 않아야 할 것을 기뻐하거나 마땅히 화내질 않을 것을 화내는 것[發而不中節]은 情의 惡으로서 人欲이 된다.

그렇다면 인심의 표현이 항상 도리를 위하여 발할 수 있도록 하는 덕성의 본질은 무엇인가? 인심 자체는 아직 선도 악도 아닌 자연스런 감정이다. 이것이 선으로 향할 수 있느냐는 어디까지나 의식인 意의 반성력과 의지인 志의 결정에 달렸다. 따라서 덕성의 본질이란 도덕적 문제사태에서 意와 志가 도리를 향하여 작동하도록 하는 경향성이라 할 수 있겠다. 그런데 문제는 기질이다. 기질은 인심을 표현하는 수단이지만 항상 의식의 반성과 의지의 행위 선택을 방해하는 주범이기 때문이다. 그래서 공부나 교육이란 '나쁜 기질'[客氣]의 순화 혹은 '좋은 기질'[正氣]의 기름과 다르지 않다. 공부나 교육의 목표와 방법에 관한 고찰은 다음 장의 과제이다.

---

33) 김형효, 앞의 글, 74쪽.

3) 도학교육과 덕성교육의 관계

덕성교육의 방법론을 살펴보기 전에 검토하고 넘어가야 할 것은 道學教育과의 관련성에 대한 것이다. 『성학집요』라는 교재를 우리는 도학총론 격의 교재라고 보았기 때문이다. 도학교육과 덕성교육이 어떻게 다른가? 도학의 개념 규정에 따라 둘은 같은 범주일 수도 있고 다른 범주에 속하는 것일 수도 있겠다. 사실 누구보다 도학의 개념을 명쾌하게 제시했던 이가 율곡 자신이었다.[34]

> 도학이란 명칭은 옛것이 아니다. (중략) 세상이 말세가 되고 道가 쇠퇴하여 성현의 도통이 전수되지 못하므로 악한 이는 말할 것도 없고 선한 이도 다만 孝友忠信만 알고 進退의 의리와 性情의 蘊奧함을 알지 못하여 가끔 행해도 그 당연함을 밝히지 못하고, 익혀도 그 所以然을 알지 못한다. 그래서 이치를 연구하고 마음을 바르게 하며 道에 의해 나아가고 물러나는 것을 도학이라 지목한 것이다.[35]

요컨대, 도학이란 성리학을 명지하여 독행하는 修己治人의 학문으로, 먼저 개인의 도덕적 품성과 지도자적 자질을 함양하여, 이를 바탕으로 사회에 나아가서는 백성들을 잘 다스리고 교화한다는 것이다. 따라서 도학에서는 〈개인의 인격완성〉과 〈이상사회의 실현〉이라는 두 목표가 중요한 과제로 등장하게 마련이며, 도학자는 의리학으로서의 성리학을 궁구할 뿐만 아니라, 경국제세의 실질적인 능력을 갖춘 인물이어야 한다. 이러한 도학자를 양성하는 도학교육은 덕성교육과 정치교육 등을 포함하는 것으로 볼 수 있다. 그런데 이러한 도학과 도학자의 개념은 어디까지나 이념형일 뿐 현실 속에서 구현될 수 있는 모델은 아니었다.

먼저, 성리학을 궁구하며 개인적 인격완성을 위한 修己의 문제와 관련하여 두 가지 길이 엇갈릴 수 있다. 즉 성리학의 궁구에 초점을 두는 '探求의 學'이 더 중요한 것인지, 개인의 인격완성에 초점을 두는 '修行의 道'가 더 중요한 것인지 하는 점이

---

34) 이하 도학 관련 논의는 졸고, "남명의 '의로움'의 윤리학과 덕성함양론", 『국민윤리연구』 제63호(한국국민윤리학회, 2006. 12.), 283~285쪽. 이 책의 제6장 참조.
35) 『국역 율곡전서』(Ⅵ), 「경연일기 1」 〈융경 원년 정묘 1567〉, 61~62쪽.

다. ‘수행의 道’가 존재론적 도리를 어떻게 수행자의 정신세계에 잠기게 涵泳(혹은 涵養)할 것인가에 관심을 둔다면, ‘탐구의 學’은 탐구하는 자의 수신적 수준과 도덕적 성품이 별로 문제되지 않고 탐구하는 자가 얼마나 전대미문의 새로운 관념을 존재의 탐구에서 발견했는가 하는 창조의 신선함이 학문의 척도가 된다.[36] 율곡의 표현을 빌리면, 수행의 도는 성인이 이미 밝힌 바의 존재론적 도리를 함양하는 ‘依樣之學’에 가깝고, 탐구의 학은 성인의 말씀도 ‘음미하고 사색하면서 깊이 탐구하는’(玩索潛究), ‘自得之學’에 가깝다. 수행의 도가 덕성교육의 과제라면, 탐구의 학은 철학교육의 과제가 아닐까 한다. ‘수행의 도’와 ‘탐구의 학’, ‘의양지학’과 ‘자득지학’이 모두 도학이지만, 덕성교육에서는 아무래도 ‘수행의 도’와 ‘의양지학’을 더 중시여길 수밖에 없으리라.

둘째, 〈개인의 인격완성〉을 위한 修己의 문제가 더 중요한 것인지, 〈이상사회의 실현〉을 위한 治人의 문제가 더 중요한 것인지 하는 점이다. 수기가 강조되면 치인은 소홀히 될 수밖에 없고 그 역도 마찬가지다. 훌륭한 도덕적 인격자가 반드시 사회적으로도 유능한 통치자로 된다는 보장도 없으며, 비도덕적인 인물이 사회적으로 유능한 인물인 경우가 없는 것도 아니다. 따라서 수기치인의 이상을 실현하는 길은 두 가지다. 하나는 원칙론적 입장에서 치인보다 수기를 강조하는 것으로, 이때 치인은 修己의 功效가 된다. 다른 하나는 수기보다 치인을 강조하는 것으로, 이것은 수기 자체를 사회적 맥락에서 해석하여 修己의 內容을 치인으로 보는 것이다. 전자는 치인이 수기와 개념상으로 별개의 것이며, 수기를 한 결과가 치인으로 나타난다. 후자는 수기가 곧 치인을 내용으로 하여 이룩되며, 치인 이외에 따로 수기의 내용이 있다고 생각하지 않는다. 따라서 전자는 개인적 차원에서의 내적인 도덕성의 완성에 초점이 두어지고, 후자는 사회적 차원에서의 치인의 기술 습득에 더 초점이 두어진다.[37] 교육과 관련하여 전자의 관점에서 도학교육은 덕성교육과 같은 개념인

---

36) 이상의 ‘修行의 道’와 ‘探究의 學’에 관한 보다 자세한 대비적 설명은 김형효, 앞의 글, 37~41쪽.
37) 권미숙, 「순자 예치사상의 사회윤리적 연구」, (한국정신문화연구원 한국학대학원 박사학위논문, 1997), 144쪽.

반면, 후자의 관점에서 도학교육은 정치교육에 가까운 것으로 볼 수 있다.

셋째, 치인의 길에도 두 가지가 있을 수 있다. 말할 것도 없이 치인의 원칙은 세상에 나아가 사회를 경영하는 것이지만, 그것이 유일한 길은 아닌 것이다. 초야에 남아 학문과 지조를 지키면서 사회교화의 본보기가 되는 것도 치인의 길과 다르지 않다. 율곡은 선비의 유형을 4가지로 구분한 바 있는데, 「遺賢」, 「隱遁」, 「恬退」, 「盜名」이 그것이다. 「유현」은 가장 높은 경지의 道人으로, 도를 터득하여 흉중에 품고 있으면서도 출세하기를 바라지 않다가 일단 일을 하게 되면 온전한 爲民정치를 할 수 있는 부류다. 「은둔」은 고고한 뜻을 지녀 수행의 최고 경지에 있지만 결코 현실 참여를 하지 않는 분류에 속한다. 「염퇴」는 內聖外王의 큰 이상을 갖고 있으나 현실적으로 본인의 능력이 미치지 못해서 조용히 安居하면서 학문과 수양에 몰두하는 부류다. 「도명」은 세속적 출세와 이득에만 관심을 갖는 부류로, 이는 眞儒가 아니다.[38] 이러한 율곡의 분류에서 「도명」이나 「은둔」은 眞儒나 도학자가 아니라고 봐야 한다. 적어도 도학자라면 「유현」의 길이나 「염퇴」의 길을 모색해야 한다.

진정한 도학자는 이상의 여섯 가지의 길을 모두 망라할 수 있는 성인일 것이다. 그리고 도학교육은 바로 그러한 도학자를 길러내는 교육이다. 그래서 율곡도 공식적으로는 인격완성의 결과가 자연스럽게 사회적으로 실현되는 도학자의 길을 강조했다. 그가 『성학집요』라는 도학총론 격의 교재를 저술하면서 도학교육을 강조한 것도 이러한 맥락에서이다. 그러나 율곡은 인격완성의 결과가 자연스럽게 사회적으로 실현되는 도학자의 길이 현실적으로 어렵다는 것을 인정한 사상가였던 것 같다.

먼저, '수행의 도'와 '탐구의 학', '의양지학'과 '자득지학'이 모두 도학이다. 율곡의 평에 의하면, 서경덕의 경우는 탐구의 학자로 自得之味가 많았다면, 이황은 수행의 도에 충실한 依樣之味가 많았다.[39] 율곡 자신은 공식적으로 화담보다는 이황을 더 높이 평가했다. 물론 이러한 공식적인 평가가 율곡의 속생각을 모두 드러낸 것

---

38) 『국역 율곡전서』(Ⅱ), 「소차 3」〈재소〉, 137~138쪽.

39) 율곡은 이황의 경우 한결같이 주희의 학설만을 신봉하고 따르기만을 생각한 점에서 '依樣之味'가 많고, 서경덕은 스스로 체험에서 이치를 터득한 '自得之味'가 많다고 논평하였다. 『국역 율곡전서』(Ⅲ), 「서 2」〈성호원에게 답하다〉, 94~95쪽.

이라고 보긴 어렵다. 즉 율곡은 원칙적이고 공식적으로는 '수행의 도'와 '의양지미'를 더 중시 여겼지만, 학문함의 본령과 관련해서는 은연중에 '탐구의 학'과 '자득지미'를 중시 여긴 측면이 있다는 것이다.[40) 둘째, 수기와 치인의 우선순위에 대해서 율곡은 철저한 수기를 강조하면서도 상대적으로 치인의 영역을 인정하는 현실적, 실용적 관점에 서 있었다.[41) 즉 퇴계가 수기를 중시한 도덕적 이상주의자였다면, 율곡은 치인 영역의 상대적 독자성을 강조한 정치적 현실주의자였다.[42) 셋째, 치인의 길에 있어서도 율곡은 적극적인 현실 참여자였다. 수기 부족을 이유로 들며 出과 處를 반복하는 양태를 보인 퇴계적 삶이나 화담과 남명 등의 처사로서의 삶과는 달리, 율곡은 퇴계에게도 불만을 가졌고, 염퇴의 학자였던 화담과 남명에 대해서도 탐탁지 않게 여겼다.

도학에 관한 이러한 율곡의 입장이 덕성교육에 주는 함의는 무엇인가? 원칙적으로 율곡은 內聖外王의 도학교육과 덕성교육의 일치를 꿈꾸지만, 현실적으로는 두 개념의 분리를 인정하고 있다. 그에게 있어 덕성교육은 개인의 인격완성을 위한 교육이지만, 도학교육은 사회적 맥락에서 치인의 기술을 습득하는 정치교육 개념과 다르지 않다고 보아야 한다. 나아가 덕성교육도 완전무결하고 진선진미한 성인의 양성을 목표로 한다기보다는 끊임없이 수행의 도를 실천하는 도덕적인 인간을 양성하는 데에 두고 있는 것으로 읽어야 할 것이다. 그에게 있어 교육의 궁극적 목적으로서 '성인 됨'이란 현실에 없는 유토피아이기 때문이다. 이제 이러한 내막을 자세히 들여다보기로 하자.

---

40) 이에 대한 자세한 고찰은 김형효, 앞의 글, 같은 쪽 참조.
41) 예컨대, 다음의 인용에서도 치인의 독자적 영역을 인정하는 일단을 엿볼 수 있다. "임금의 자리는 필부와는 같지 않습니다. 필부는 반드시 몸을 닦아서 때를 기다리고 임금을 얻어서 도를 행하기 때문에, 학문이 부족하면 감히 얼른 나갈 수 없습니다. 그러나 임금은 그렇지 아니하여 이미 신민의 주인이 되었고, 이미 교양이 책임을 지고 있습니다. 만일 〈내가 지금 몸을 닦고 있으므로 사람을 다스릴 겨를이 없다.〉 한다면, 나라의 정치가 폐지됩니다. 그러므로 몸을 닦고 사람을 다스리는 도를 모두 같이하지 않을 수 없습니다." 『국역 율곡전서』(Ⅴ), 「성학집요」, 94쪽.
42) 이에 관한 자세한 고찰은 박충석, 『한국정치사상사』(서울: 삼영사, 1982), 37~47쪽.

4. 『聖學輯要』에 함의된 덕성교육의 방법론

성인도 광인도 인심을 가지고 있다. 그 누구든 인심의 표현이 氣發理乘인 한에서 도덕행위란 욕망의 합리적 조절일 뿐이다. 리를 태우고 달리는 기가 리의 명령을 제대로 수행할 것이냐는 또 다른 마음작용인 의식[意]의 반성력과 의지[志]의 결정에 달렸다. 율곡의 은유로 기는 말이고 리는 사람이다.[43] 공부와 교육의 궁극적인 목표는 달리는 말과 고삐를 잡은 사람이 하나가 될 때이다. 달리는 말과 고삐를 잡은 사람이 어떻게 하나가 될 것인가 하는 점이 바로 공부와 교육의 방법론이다.

1) 기질의 순화를 통한 본성의 회복

달리는 말과 고삐를 잡은 사람의 하나 됨!! 이것이 인격완성 혹은 '성인 됨'의 전형이다. 구체적으로 성인의 전형이 누구인가? 堯임금과 舜임금, 禹王과 湯王, 그리고 文王과 武王이 그들이다. 율곡은 맹자와 정자와 주자의 말을 빌려 말한다.[44] "요와 순은 본성대로 한 임금이요, 탕왕과 무왕은 본성을 되찾은 임금이다. 본성대로 하였다는 것은 태어날 때 하늘로부터 온전한 것을 부여받아, 이것을 더럽히는 일이 없을뿐더러 조금도 몸을 닦을 필요가 없는 것이니 이것은 聖의 지극한 것이요, 본성을 되찾았다는 것은 몸을 닦아 그 본성을 돌이켜서 성인에 이른 것을 말한다." 그리고 "문왕의 덕은 요와 순에 비슷하고, 우왕의 덕은 탕과 무에 비슷하니,

---

43) 『국역 율곡전서』(Ⅲ), 「서 2」〈성호원에게 답하다〉, 69쪽. "사람이 말을 탄 것으로 비유를 하면, 사람은 성이요, 말은 기질이니, 말의 성질이 혹 양순하기도 하고 불순하기도 한 것은 기품의 청·탁·수·박의 다름과 같은 것입니다. 문을 나설 때 혹 말이 사람의 뜻을 따라 나가는 경우도 있고, 혹 사람이 말의 다리만 믿고 그대로 나가는 경우도 있으니, 말이 사람의 뜻을 따라 나가는 것은 사람이 주가 되니 곧 도심이요, 사람이 말의 다리만 믿고 그대로 나가는 것은 말이 주가 되니 곧 인심입니다."
44) 『국역 율곡전서』(Ⅴ), 「성학집요」, 413쪽.

요컨대 이 분들도 다 성인이다." 말하자면 요·순과 문왕은 선천적 성인이요, 우왕과 탕·무는 후천적 성인이다. 전자들은 처음부터 달리는 말과 고삐를 잡은 사람의 일치했던 성인이고, 후자들은 후천적으로 달리는 말과 고삐를 잡은 사람의 일치를 확보한 성인이다. 하여튼 그들은 모두 內聖外王의 성인들이다.

그런데 문제는 內聖外王의 성인으로 등록될 수 있는 이가 위 성인들이 활약했던 唐虞三代 이후에는 아무도 없다는 점이다. 탕·무를 기점으로 선천적 성인과 후천적 성인으로 가르더니, 三代 이후에는 내성과 외왕의 분리를 가져온다. 공자 이후에는 도가 자기 몸에서만 이루어질 뿐[內聖] 그 시대에 행해지지 못했고, 맹자 이후에는 도통의 전함조차 천 년 동안 맥이 끊겼다. 끊어졌던 도통이 송나라의 周子, 程子, 張子, 朱子에 와서 크게 이어졌는데 역시 내성외왕은 이루어지지 않았을뿐더러, 朱子 이후에는 확실한 전통조차 이어지지 못하고 있다. 이것이 聖賢의 인물사에 대한 율곡의 판단이다.[45]

당우시대의 선천적 성인은 차치하더라도, 왜 삼대 이후에는 후천적인 내성외왕의 성인이 나타나지 않을까? 공맹 이후에는 천 년 동안이나 왜 내성조차 나타나지 않을까? 왜 주자 이후에는 도통을 이어갈 眞儒조차 없을까? 그 까닭은 후대인들이 도학공부나 도학교육을 게을리 한 탓인가? 율곡은 그렇다고 답한다. 다음의 인용을 보자.

　　신이 살피건대, 사람의 한 마음에는 만 가지 이치가 전부 갖추어져 있으니, 요·순의 仁과 탕·무의 義와 공·맹의 道는 다 性分의 고유한 것입니다. 다만 이 氣稟이 앞에서 구애되고 물욕이 뒤로 함몰시켜 총명한 사람이 혼미하여지고, 정대한 사람이 간사하게 되므로, 혼미하여 어리석은 중인이 되어, 실상 새나 짐승과 다름이 없으나, 본래부터 갖추어져 있는 리는 그대로 공명하고 정대합니다. 다만 엄폐되어 있을 뿐이며 끝내 리는 息滅되지 않기 때문에 진실로 혼미한 것을 제거하거나 그 간사한 것을 끊어버린다면, 밖에서 빌리지 않더라도 요·순·탕·무·공·맹과 같은 성인이 될 수 있습니다.[46]

---

45) 『국역 율곡전서』(Ⅴ), 「성학집요」〈성현도통〉 참조.
46) 『국역 율곡전서』(Ⅴ), 「성학집요」, 76쪽.

그러나 이러한 율곡의 대답은 의심의 여지가 있다. 당우삼대이후에 성인이 나타나지 않았다는 것은 그것이 현실성이 없는 이상주의적 당위의 요구일 뿐임을 알려주는 것이 아닌가 한다. 특히 선천적 성인은 처음부터 '湛一淸虛'한 본연지기를 받고 태어난 사람일 것이지만 그것은 이론적으로나 가능할 뿐이다. 공·맹 같은 내성적 성인도 사실 후대에 붙인 명칭이지 그들 스스로는 성인임을 자처한 적이 없다. 율곡도 언표했듯이, 우리가 아는 한 공자는 군자로 칭해지길 원했으며,[47] 맹자는 성인의 개념을 현실적인 차원에서 재개념화한 이다. 그렇다면 인격적으로 완전무결하고 진선진미한 성인이란 현실에서는 요원한 유토피아적 존재일 뿐이다. 그런데도 율곡이 인용에서처럼 공부하고 교육하면 성인이 될 수 있다고 한 것은 무슨 이유인가? 한마디로 그것은 윤리적 혹은 교육적 고려라고 여긴다.

"천지는 성인의 準則이라면, 성인은 衆人의 準則"으로써 모든 사람들의 본받아야 할 윤리적 표준이고 모델이다. 그리고 공부나 교육이라는 것은 바로 "성인이 이미 이루어 놓은 규범을 따르는 데에 지나지 않는다."[48] 이처럼 성인은 중인들의 윤리적 표준이고, 공부와 교육이 궁극적으로 지향해야 한 목표이다. 그렇다면 공부와 교육은 현실에서 각자가 부여받은 기질의 편차를 인정하는 것에서부터 출발해야 하리라. 중인들은 편차가 있는 유행지기를 받고 태어났다. 이 유행지기는 물욕에 예민할 수밖에 없고 리의 도덕적 명령을 완벽히 수행해 낼 수가 없다. 따라서 공부나 교육은 기질의 편차를 인정하고 그 기질을 어떻게 순화할 것이냐에 대한 방법론과 다르지 않다. 그리고 기질을 변화시키는 길은 형식상 동전의 양면에 비유될 법한 두 가지다. 客氣를 고치는 길[矯氣質]과 正氣를 보양하는 길[養氣]이 그것이다.[49] 다음의 인용을 보자.

> 仁義의 마음은 사람마다 같이 받았으나 資品이 트인 것[開]과 가리운 것[蔽]이 있으며, 진원의 기[眞元之氣]는 사람마다 같이 가지고 있으나 血氣에 虛와 實이

---

47) 『국역 율곡전서』(Ⅴ), 「성학집요」, 185쪽.
48) 『국역 율곡전서』(Ⅲ), 「서 2」〈성호원에게 답하다〉, 54쪽.
49) 『국역 율곡전서』(Ⅴ), 「성학집요」, 113쪽.

있습니다. 인의의 마음을 잘 기르면 가린 것이 열릴 수 있어서 그 천부의 본심을 온전히 할 수 있게 되고, 진원의 기를 잘 기르면 허가 실이 될 수 있어서 그 하늘로부터 받은 명을 보존할 수 있게 됩니다. 〈중략〉 (인의의)마음을 기르는 것과 (진원의)기를 기르는 것은 실로 한 가지 일이므로, 양심이 날로 생장하면서 상하고 해되는 것이 없어서 마침내 그 가려진 것을 모조리 다 없애버리게 되면 호연의 기[浩然之氣]가 성대하게 흐르고 통하여 장차 천지와 함께 동체가 될 것입니다.[50]

    사람은 누구나 〈인의의 마음〉과 〈진원의 기〉를 가지고 있다. 그런데 〈자품에 트인 것과 가리운 것〉이 있어 〈인의의 마음〉을 가리고, 〈혈기에 허와 실〉이 있어 하늘로부터 받은 명을 보존할 수 없게 한다. 따라서 〈인의의 마음〉과 〈진원의 기〉를 보양하거나 〈자품〉과 〈혈기〉를 교정해야 한다.

    이게 무슨 말인가? 〈인의의 마음〉과 〈진원지기〉는 각각 마음이 아직 발하지 않았을 때의 본연지리와 본연지기에 해당한다. 반면에 〈자품〉과 〈혈기〉는 모두 유행지기에 해당하는 기와 질이다. 모든 인심의 표현은 기질지성에 뿌리를 두고 기발리승을 통해서이다. 인심의 표현이 도심을 향하려면 본연지기가 본연지리의 명령을 수행하면 된다. 그러나 본연지기는 미발일 때나 가능하지, 이발일 때 인심을 표현하는 것은 유행지기이고 그것은 흐트러지기 쉽다. 그래서 유행지기는 본연지리의 명령을 그대로 수행해 내지 못한다. 따라서 결국 공부나 교육은 이발의 유행지기를 교정하거나 미발의 본연지기를 보양하는 것과 다르지 않다. 유행지기를 교정하는 만큼 본연지기가 보양되고 본연지기를 보양하는 만큼 유행지기가 교정되는 것이기에 두 가지는 곧 하나의 일이다.

    그러나 율곡적 의미에서 엄격하게 말하여 마음이 아직 발하지 않았을 때의 본연지기나 진원지기의 상태란 현실적으로 존재하지 않다고 보아야 한다. 율곡이 미발의 상태를 천리가 마음에 온전히 보존된 적연부동의 상태이고 마음의 氣가 전혀 느낌이나 생각을 하지 않는 그런 상태라고 말하고 있지만, 우리의 현실적 마음이 기발리승인 한 사실상 미발의 마음이란 이념적 요청이거나 존재론적 가정에 불과하다.

---

50) 『국역 율곡전서』(Ⅴ), 「성학집요」, 119~120쪽.

따라서 현실적으로 공부나 교육의 방향은 유행지기를 교정하여 본연지기에 가까워지도록 하는 것이라 하겠다. 어쨌든 유행지기와 본연지기가 같아지도록 하는 것이 공부나 교육의 과제이고, 그 결과가 곧 호연지기이다. 호연지기를 기른 때가 곧 달리는 말과 고삐를 잡은 사람의 일치를 보여주는 경지이고, 그러한 경지에 있는 이가 성인이다.

2) 교수-학습의 방법적 원리

유행지기를 교정하여 본연지기가 되도록 함 혹은 본연지성을 회복함! 이것이 공부와 교육의 목표이다. 이처럼, 기질을 교정하여 본연지성을 회복하는 것이 공부와 교육의 목표라면, 그 목표를 달성하는 교육방법론은 도덕 사회화에 가깝다. 이 점을 우리는 앞의 2장에서도 보았다. 이제 『성학집요』의 검토를 통하여 확인하여 보자. 우선, 교수-학습의 방법적 원리를 고찰한다.

(1) 立志와 誠實의 원리

공부나 교육에 임하고자 하는 자가 유의해야 할 마음가짐이 있다. 그 하나가 공부와 교육의 목표를 어디에다 두고 어떤 각오로 임하겠다는 마음다짐이 그것이다. 이를 율곡은 '立志'라 하고 있다. 또 하나는 그런 입지의 마음다짐을 끝까지 지켜내며 공부와 교육에 임하는 참되고 거짓 없는 마음이 그것이다. 이를 율곡은 '誠實'이라 하고 있다.

앞에서 보았듯이, 志란 '의가 정해진 것'[意之定者]으로 마음이 어디로 향할 것인가를 결정하는 의지의 힘이다. 우리는 뜻을 도에 둘 수도 있고 욕심에 둘 수도 있다. 그 뜻을 어디에 둘 것인지 마음의 결정에 따라 공부의 향방은 전혀 달라질 수밖에 없다. 그래서 율곡은 〈立志章〉의 서론에서 "배움에는 뜻을 세우는 것보다 앞서는 것이 없고, 뜻이 서지 않고서 능히 공부를 이룬 자가 없다."고 전제하였고,[51]

---

51) 『국역 율곡전서』(Ⅴ), 「성학집요」, 22~23쪽.

결론에서는 "뜻이란 것은 기의 장수이니, 뜻이 전일하면 기가 동하지 아니함이 없는데, 배우는 이가 종신토록 글을 읽어도 성공하지 못하는 것은 다만 뜻이 서지 않을까닭"이라 하면서, 뜻이 서지 않게 하는 세 가지 병폐로 ① 성현이 이미 진리를 밝혀놓았음에도 불구하고 그것을 믿지 못하는 不信의 병폐, ② 성현이 되고 안 되는 것이 모두 자신의 노력여하에 달려있음을 모르는 不智의 병폐, ③ 성현이 될 수 있는 길을 알면서도 태만하여 분발하고 진작하지 않는 不勇의 병폐 등을 제시하고 있다. 따라서 배우는 자는 이러한 불신·부지·불용의 병폐에서 벗어나 "도에 뜻을 두고 성인을 배우는 데에 뜻을 두어야 한다."고 강조하고 있다.[52]

이처럼, 뜻을 세우는 입지가 공부의 출발점에서 마음을 다지는 초발심이고 교육에 들어가는 동기유발의 성격이 강한 것이라면, 성실은 그러한 초발심과 동기유발이 공부나 교육의 지난한 과정동안 항상 지켜지도록 하는 진실한 마음이다. 우리가 아는 한 誠에 관한 철학적 해석의 근원은 『중용』이다. "誠이란 하늘의 도이고 誠되고자 하는 것은 사람의 도이다(誠者天之道也, 誠之者人之道也)."[53] 율곡에 따를 때, 誠이란 한마디로 '眞實無妄'(참되고 허망함이 없음)인데, 천도로서의 誠은 實理라면 인도로서의 誠之는 實心이다.[54] 하늘에는 이 實理가 있기 때문에 氣化가 쉬지 아니하고 流行하며, 사람에게는 이 實心이 있기 때문에 공부가 틈이 없이 밝아지고 넓어지는 것이라고 율곡은 말한다.[55]

요컨대, 實心, 즉 진실한 마음이란 공부나 교육을 향한 간단없는 자기 노력과 다르지 않다. 어버이가 있는 사람으로서 마땅히 효도를 해야 한다는 것을 모르는 자는 없으면서도 효도하는 자는 드물고, 형이 있는 사람으로서 마땅히 공경해야 한다는 것을 모르는 자는 없으면서도 공경하는 자는 적다. 이런 따위는 다 거짓이다. 성실한 마음이 없기 때문이다. 그래서 진실한 마음을 유지하기 위해서는 끊임없는 자기극복[克己][56]과 자기개혁[勉强][57]이 요구된다. 성인을 본받는 공부를 하겠다는 자

---

52) 『국역 율곡전서』(Ⅴ), 「성학십요」, 28~29쪽.
53) 『중용』에 나타난 성 개념을 포함하여 그 경전적·철학적 의미에 대한 자세한 고찰은 정병련, "誠의 경전적 의미", 『중국철학연구Ⅰ』(서울: 경인문화사, 2000), 361~397쪽 참조.
54) 『국역 율곡전서』(Ⅳ), 「습유: 잡저 3」〈사서에서 성을 말한 데 대한 의문〉, 470~471쪽.
55) 『국역 율곡전서』(Ⅴ), 「성학집요」, 102쪽.

가 간단없는 자기극복과 자기개혁의 노력을 하지 않는다면 그것은 거짓이다. 뜻을 세웠으면 이제는 그 뜻을 진실하게 지켜 나가야 하는바 그것이 바로 誠意인 것이다. 그래서 율곡은 "뜻을 성실하게 하는 것은 수기와 치인의 근본"이라 말한다. 따라서 성실은 공부와 교육의 모든 과정에 적용되어야 할 원리이다. "성실하지 않으면 뜻이 확립되지 못하고, 성실하지 않으면 이치도 궁격되지 못하며, 성실하지 않으면 기질도 변화할 수가 없다. 나머지는 이로 미루어 알 수 있는 바이다."58)

(2) 居敬과 窮理와 力行의 원리

'입지'와 '성실'이 공부와 교육의 초발심에서 과정의 끝까지 지켜져야 할 일반적 원리라면, '거경'과 '궁리'와 '역행'은 구체적인 공부와 교육의 방법적 원리에 해당한다. 유가적(성리학적) 의미에서 덕성함양(德性 涵養 혹은 涵泳)이란, 마치 화선지 위에 붓글씨를 쓰거나 묵화를 그릴 때 먹이 종이 속으로 젖어들어 가듯이, 존재론적 도리(道)가 주체의 심정 속으로 스며들어 오는 것과 다르지 않다.59) 따라서 덕성함양을 하려면, 우선 논리적 순서로 道가 무엇인지를 밝히는 작업이 선행되어야 하고, 다음으로 밝혀진 道를 내 마음속으로 체득하는 공부가 뒤따라야 한다. 그래서 성리학적 덕성함양 방법의 양 날개는 〈尊德性〉과 〈道問學〉인 것이다. 〈존덕성〉은 마음을 보존하여(存心) 道體의 광대함으로 뻗어 나아가는 것이며, 〈도문학〉은 앎에 이르러서(致知) 道體의 미세함에까지 남김없이 밝히는 것이다.60)

주희는 바로 이러한 핵심개념을 중심으로 〈존덕성〉의 공부방법으로 〈敬〉을, 〈도문학〉의 공부방법으로 〈窮理〉를 주장하였다. 그러나 율곡은 이를 세분하여 '거경'과 '궁리'와 '역행'의 세 가지로 제시하고 있다.61) 먼저, '거경'과 '역행'은 모두 〈존덕성〉의 공부방법이다. 그런데 '거경'과 '역행'은 어떻게 다르고, 이를 구분한 이유는

---

56) 『국역 율곡전서』(V), 「성학집요」, 105쪽.
57) 『국역 율곡전서』(V), 「성학집요」, 110쪽.
58) 『국역 율곡전서』(V), 「성학집요」, 102쪽.
59) 김형효, 앞의 글, 38~39쪽.
60) 『국역 율곡전서』(V), 「성학집요」, 21쪽.
61) 『국역 율곡전서』(V), 「성학집요」, 22쪽.

무엇인가? 다음의 인용을 보자.

[1] 신이 살펴건대, 敬이라는 것은 성학의 시작이요, 끝입니다. 그러므로 주자는 말하기를, "경을 가지는 것은 궁리하는 근본이니, 아직 깨닫지 못한 이는 경이 아니면 알 수 없다." 하였으니, 이것은 경이 학문의 시작이 됨을 말한 것입니다. 〈중략〉 주자가 말하기를, "이미 깨달은 이는 경이 아니면 지킬 수 없다." 하였으니, 이것은 경이 배움의 끝이 됨을 말한 것입니다.

[2] 경의 공부에서 학문의 시작이 되는 것을 취하여 窮理章 앞에 놓고 이것을 收斂이라 제목하여 「小學」의 공부에 해당시키웁니다.

[3] 신이 살펴건대, 위 두 장(矯氣質章, 養氣章)의 공부는 正心 아닌 것이 없으나 각각 주장하는 바가 있으므로, 따로 正心을 주로 한 선현의 말씀을 편집하여 涵養과 省察의 뜻을 상세히 논하였습니다. 〈중략〉 제3장의 收斂은 경의 처음이요, 이 장(正心章)은 경의 끝입니다.

경이 성학의 시작과 끝이 되는 원리라는 인용의 [1]은 특별한 것이 아니라 하겠다. 율곡의 특이점은 경을 시작과 끝으로 구분하여, 인용의 [2]처럼 경의 시작을 〈수렴〉이라 하면서 이를 「小學」공부에 해당한다고 한 것이다. 일찍이 주희는 공부와 교육의 소학─대학계제설을 주장하면서, 소학단계를 거치지 못하고 바로 대학에 들어온 학생들에게도 '학불엽등'의 원칙을 적용하여 소학공부를 해야 함을 주장하였다. 그러나 나이가 들어 소학공부를 하려할 때 이른바 '扞格不勝之患'(거슬려 감당하지 못하는 근심)이 생겨날 우려가 있다. 이러한 근심과 우려를 없애면서 소학공부의 결핍을 보완해 주는 방법이 있다. 주희는 그 방법으로 거경공부를 제시하였다.[62] 율곡은 바로 이러한 주희의 입론에 주목한 것이라 할 수 있다. 대학단계에서 보완해야 할 소학공부는 책 속의 일용규범들을 공부하라는 것이라기보다는 마음공부로서의 거경의 자세를 공부하라는 것으로 볼 수 있다. 그기에 율곡도 거경의 〈수렴장〉을 容止와 言語와 마음의 수립 공부에 관한 내용으로 선정·조직하고 있는 것이다. 이러한 수렴의 거경은 궁리 공부의 근본이 된다.

---

62) 졸저, 『한국 전통 도덕교육론』(파주: 한국학술정보〈주〉, 2006), 50∼51쪽.

궁리의 원리란 〈도문학〉을 위한 격물치지 공부이다. 먼저, 궁리는 그 연구대상에 따라 ① 독서를 통한 방법이 있고, ② 고금의 인물에 대한 시비를 통한 방법이 있고, ③ 구체적인 사물을 놓고 그 이치를 탐색하는 방법 등이 있다.63) 정자의 말을 인용하여 주장하는 이러한 율곡의 입장은 남다른 측면이 있다. 우리가 아는 한 주희적 의미의 격물은 독서를 통한 측면이 강하고, 퇴계적 의미의 궁리는 反求諸己의 성격이 강하기 때문이다. 그리고 서경덕은 독서나 반구제기보다는 사물에 대한 궁구를 강조했던 사상가였다.64) 율곡은 퇴계보다는 주희와 서경덕에 가깝고 그들을 통합한다. 율곡이 '公論'의 중요성을 주장한 것도 이러한 측면과 관련이 있다.65) 말하자면 그에게 있어 궁리의 대상으로서의 도덕이란 선험적 도리라기보다는 경험적 담론을 거쳐서 공인된 실리에 가까운 것이 아닌가 한다.

다음으로, 궁리를 통한 진리의 발견에도 층위가 있다. ① 한 번 생각하여 바로 체득되는 진리가 있다. 이러한 진리에 의문을 제기하면 도리어 진실한 견해를 어둡게 해버린다. ② 정미하게 생각해야만 비로소 깨닫는 진리가 있다. 침식도 잊은 채 사색의 사색을 거듭해야 한다. 생각하고 생각하면 귀신도 통할 수 있다. ③ 마음을 써서 애를 태워도 투철하지 못하는 진리가 있다. 애를 태우고서도 석연치 못하여 생각이 막히고 분분하고 어지러우면 모름지기 모든 것을 던져버리고 마음을 비워 일물도 없게 한 뒤에 문득 들추어 다시 생각해 보고, 그래도 안 되면 그것을 일단 놓아두고 다른 것을 궁구해야 한다. 다른 것을 궁구하다 보면 자기도 모르는 사이에 그것이 자각될 때가 있다. 세 가지 진리의 층위는 별개가 아니라 서로 발명을 돕는다. 궁리에 게으르지 않고 오랫동안 공을 쌓아가다 보면 하루아침에 활연히 관통하여 궁구되지 않는 것이 없게 된다. 여기에 성의정심의 역행공부를 더한다면 비로소 학문한 경지에 도달하는 것이다.66)

역행의 원리는 이미 깨달은 진리를 성품으로 체득하기 위한 공부로써 敬의 끝이

---

63) 『국역 율곡전서』(Ⅴ), 「성학집요」, 37쪽.
64) 졸고, "서경덕의 '머무름'의 윤리학과 자득적 공부론", 『국민윤리연구』제55호(한국국민윤리학회, 2004. 4.), 87~88쪽.
65) 『국역 율곡전서』(Ⅱ), 「소차 5」〈대 백참찬 인걸 소〉, 263쪽.
66) 『국역 율곡전서』(Ⅴ), 「성학집요」, 93~94쪽.

다. 구체적으로 이 공부는 正心과 檢身을 통해서 이루어진다. 정심이 안을 다스리는 공부라면, 검신은 밖을 다스리는 공부이다.[67] 마음을 바르게 하는 데는 未發時에 戒懼하는 涵養공부와 已發時에 愼獨하는 省察공부의 두 갈래가 있다. 전자가 靜之敬이라면 후자는 動之敬이다. 그 어느 것이든 경공부의 요체는 ① 주일무적(主一無適), ② 정제엄숙(整齊嚴肅), ③ 항상 깨어 있게 하는 방법[常惺惺法], ④ 그 마음을 수렴하여 하나의 물건도 용납하지 않음[其心收斂, 不容一物] 등이다.[68] 이러한 경공부의 방법은 특별한 것이 아니다. 율곡의 무게 중심은 항상 이발시의 공부에 있다. 已發의 마음인 人心[七情]이 표현될 즈음에 마음의 온갖 기제들이 동시에 작동한다. 食色의 욕망이 꿈틀대며 道心[四端]과 대척한다. 이들 사이에서 코기토인 意의 반성력이 작동하고 志가 최종결정을 내린다. 도덕적 문제사태에서 意와 志가 도리를 향하여 작동하도록 하는 경향성을 확보하는 것이 율곡적 덕성교육의 핵심적 관심사인 것이다. 그가 끊임없는 자기극복[克己]과 자기개혁[勉强]의 경공부를 통하여 실리와 실심의 誠에 도달할 수 있다고 주장한 것도 이러한 맥락과 닿아 있다.[69]

(3) 기질의 차이에 따른 개별화 지도의 원리

공부나 교육은 기질의 편차를 인정하고 그 기질을 어떻게 순화할 것이냐에 대한 방법론과 다르지 않다. 이와 관련하여 율곡은 "학문을 하는 데는 모름지기 그 기질에 따라서 그 편벽된 것과 이르지 못한 것을 살피되, 그 가장 절실한 것을 택하여 자기의 힘을 기울여야 할 것이다. 비유하면, 약을 쓰는 것과 같은 것인데, 옛 사람의 약 방문 또한 그 대법만을 말해 놓았을 뿐이며, 병의 증세는 여러 갈래이므로 또한 증세에 대응하여 좋은 약 방문을 신중하게 택하여야 하는 것"이라는 黃氏의 말을 인용하고 있다.[70] 그렇다면 구체적으로 기질의 편차와 병증세의 갈래는 어떤 것들이 있을까? 다음의 인용을 보자.

---

67) 『국역 율곡전서』(Ⅴ), 「성학집요」, 140~141쪽.
68) 『국역 율곡전서』(Ⅴ), 「성학집요」, 129~130쪽.
69) 『국역 율곡전서』(Ⅴ), 「성학집요」, 138~140쪽.
70) 『국역 율곡전서』(Ⅴ), 「성학집요」, 105쪽.

맹자는 "사람마다 모두 요순이 될 수 있다." 했는데, 이것이 어찌 虛言이겠습니까? (1) 氣가 맑고 質이 순수한 사람은 知와 行을 힘쓰지 않고도 능하게 되어 더할 것이 없으며, (2) 氣가 맑고 質이 박잡한 사람은 알 수는 있어도 능히 행할 수는 없는 것인데, 만일 궁행에 힘써서 반드시 성실하고 반드시 독실하며 행실이 가히 이루어지고 유약한 사람이라도 강하게 될 수 있으며, (3) 質이 순수하고 氣가 탁한 사람은 능히 행동할 수는 있으나 잘 알 수는 없는 것인데, 만일 묻고 배우는 데 힘써서 반드시 성실하고 반드시 정밀하게 하면 지식을 통달할 수 있으며 우매한 자라도 명석하여질 수 있습니다.[71]

인용에서 보는 것처럼, (1) 기가 맑고 질이 순수한 사람은 知와 行에 모두 능하여 공부나 교육의 필요가 없고, (2) 기가 맑으나 질이 박잡한 사람은 知는 가능하나 行이 안 된다. 따라서 그는 궁행공부가 필요하다. (3) 질은 순수하나 기가 탁한 사람은 行은 가능하나 知가 안 된다. 따라서 그는 궁리공부가 필요하다. 인용에는 없지만 (4) 질도 박잡하고 기도 탁한 사람이 이론적으로 있을 수 있다. 그는 아마 知와 行이 모두 불가능하고 공부나 교육도 불가능한 존재일 것이다. (1)과 (4)는 모두 이론적 차원에 불과하고, 현실적인 존재들은 (2)나 (3)의 경우에 해당한다. 따라서 현실적인 존재인 (2)와 (3)의 경우의 사람들은 누구나 기질을 순화하기 위하여 궁행공부와 궁리공부에 나서야 한다. 그리고 교사는 이러한 기질의 편차와 개별성을 고려하여 학습을 지도해야 하리라.

(4) 얕은 데서 깊은 데에 이르는 단계적 접근의 원리

氣는 지각능력과 관련되고 質은 행위능력과 관련된다. 지각능력과 행위능력은 천부적으로 가지고 태어나는 것이고, 개인적 편차가 있다고 할지라도 처음부터 발현될 수 있는 것이 아니다. 아무리 천부적으로 지각능력과 행위능력을 가지고 태어난다고 하더라도 그것은 계발되지 않으면 안 된다. 그것들은 어디까지나 가능성일 뿐이기 때문이다. 다음의 인용을 보자.

---

71) 『국역 율곡전서』(Ⅴ), 「성학집요」, 112쪽.

세상의 모든 기예는 어디 나면서부터 지식을 얻어 가지고 나오는 사람이 있겠습니까. 시험 삼아 음악을 배우는 한 가지 일을 가지고 말하겠습니다. 童男이나 치녀(穉女)가 처음에 거문고와 비파를 배워 손가락을 놀리어 처음으로 소리를 낼 때는 듣는 사람이 귀를 가리고 듣지 않으려 할 것이지마는, **노력을 쉬지 않고 쏟으면** 점점 그 아름다운 음률을 이루며 그 지극한 경지에 도달하게 되면 그 소리는 淸和하고 원활한 흐름을 이루어 정묘한 것을 말로서는 다 표현할 수 없게 될 수 있습니다. 저 동남이나 치녀가 어찌 음악을 나면서부터 잘 할 수 있었겠습니까. 오직 실지로 **그 공력을 다하여 학습이 쌓여서** 그와 같이 익숙하여졌을 뿐이요, 온갖 기예가 그렇지 않은 것이 없습니다. 학문이 기질을 변화시킬 수 있는 것도 이것과 무엇이 다르겠습니까.[72]

개인마다 기질의 편차가 있기에 공부와 교육의 효과가 지를 거쳐서 행에 도달하는 경우도 있고, 행을 거쳐서 지에 도달하는 경우도 있을 것이다.[73] 그러나 앞의 개별화 지도의 원리는 어느 정도 성숙한 학생을 대상으로 할 때이다. 율곡이 주희의 소학-대학계제설에 입각한 교육론을 깊이 인식하고 그것을 원용하고 있음에 주목할 때 공부와 교육의 단계는 "습관의 마당을 지나 본성의 회복"으로 접근하는 원리에 기초하고 있는 것으로 볼 수 있다. 다음의 인용을 보자.

신이 살피건대, 오랜 습관이 성품으로 된다는 것은 습관을 오래 쌓아 그것이 성공하면 마치 天性에서 우러나오는 것과 같은 것을 이르는 것이니, 이른바 小成이 천성과 같고 습관이 自然과 같다는 것을 이르는 것입니다.[74]
처음은 하고자 할 만한 善으로부터 시작하여 마침내 천지와 병립하고, 화육을 돕는 경지에 도달하는 것은 다만 知를 쌓고 行을 거듭하여 그 仁을 熟習하기에 있을 따름입니다.[75]

---

72) 『국역 율곡전서』(Ⅴ), 「성학집요」, 112쪽.
73) 『국역 율곡전서』(Ⅴ), 「성학집요」, 176~178쪽.
74) 『국역 율곡전서』(Ⅴ), 「성학집요」, 109쪽.
75) 『국역 율곡전서』(Ⅴ), 「성학집요」, 185쪽.

소학단계의 『격몽요결』이나 『소학』공부에서는 일용의 규범들에 대해 행위의 반복을 통하여 습관화한다. 대학단계의 『대학』이나 『성학집요』를 공부함에는 그동안 습관적으로 내면화한 규범들에 대해 반성적 성찰을 거치는 궁리공부와 그것을 체득하는 궁행공부를 병행한다. 율곡적 용어로 전자에서는 '依樣之味'를 추구하는 사회화적 도덕교육을 중시한다면, 후자에서는 '玩索潛究'와 '自得之味'를 추구하는 발달적 도덕교육을 중시한다. 이것이 율곡이 말하는 얕은 데서 깊은 데에 이르는 단계적 접근의 원리라 하겠다.

3) 교수—학습의 모형과 절차

그러나 율곡은 덕성교육과 관련하여 '자득지미'보다는 '의양지미'의 도덕적 사회화를 더 상대적으로 중시했던 사상가로 등록됨 직하다. 리의 선험적 도리보다는 기의 경험적 실리를 강조했기에 그는 도덕의 개념을 욕망의 합리적 조절로 이해했다. 그리고 그에게 있어 덕성교육이란 밖의 규범을 내면화함으로써 기질을 교정하고 순화하는 것과 다르지 않다. 지금까지 고찰한 교수—학습의 방법적 원리들에서도 성실과 면강을 강조하고 반구제기보다는 사물에 대한 경험적 탐구를 더 중시했다.

한편, 율곡은 전범과도 같은 교육과정에도 주목했다. 주희는 四書三經의 經書와 역사서, 그리고 송대의 성리서 등이 포함되는 폭넓은 교육과정을 권장했다. 이 점에 대해서는 율곡도 이론이 없다. 그러나 주희에게 그러한 교육과정은 〈資料로서의 교재〉의 성격이 강했다면, 율곡은 독서의 순서를 엄격하게 정하여 숙독해 나가야 할 〈典範으로서의 교재〉의 성격이 강하다.[76] 독서의 순서는 「小學」 → 「大學」 → 「論語」

---

76) 교재는 크게 두 가지 유형으로 분류됨 직하다. 하나는 〈전범으로서의 교재〉요, 다른 하나는 〈자료로서의 교재〉이다. 〈전범으로서의 교재〉는 도덕적 문화전통을 대변하며 객관화된 도덕적 진리를 담고 있다. 사회구성원이 합의하는 바람직한 덕목과 규범, 공동체의 위대한 전통 등이 실린 이 교재는 말 그대로 자라나는 세대들이 익혀야만 할 전범으로 등장한다. 반면에, 〈자료로서의 교재〉는 교수—학습의 상황에서 제공됨 직한 하나의 교수—학습 자료일 뿐이다. 물론 이 교과서에도 바람직한 덕과 규범, 도덕적 원리와 규칙 등이 실리지만, 그것은 어디까지나 교수—학습을 돕는 자료일 뿐이다. 여기서는 자료를

→「孟子」→「中庸」→「六經」→「史記」 등이다. 이 외에 송대의 周子, 程子, 朱子 등의 性理書들도 읽어야 하지만, 그것은 앞의 전범적 교재를 숙독한 다음의 일이다.[77] 이미 선현들이 권장해 온 교육과정이 있는데 율곡이 굳이『聖學輯要』라는 별도의 교재를 저술한 함의도 이러한 맥락과 무관하지 않다고 여긴다. 특히『聖學輯要』은 四書와 六經의 계단이며 사다리[階梯]요, 개론과 각론 사이를 연결하는 전범과도 같은 도학총론 격의 교재인 것이다. 따라서 교재 내용의 선정·조직도 나름의 교수–학습의 절차를 염두에 두고 편성된 것으로 읽을 수 있다.

겉으로 드러나는『聖學輯要』각 장의 체재를 주목해 보자. ① 서설: 율곡의 주제 제시, ② 주제 관련 經文의 제시(四書五經 및 선현의 글), ③ 경문에 대한 다양한 註說(經傳 및 제서의 글, 혹은 율곡의 小註), ④ 정리: 율곡의 결론 순이다. 여기서 ②와 ③은 반복되는데, 주제 관련 경문이 다양하게 제시되고, 제시된 경문에 대해

〈표 2〉『聖學輯要』에 함의된 교수–학습 모형

1단계	2단계	3단계	4단계	5단계
•도입 •주제 제시 (핵심 가치규범 혹은 주요 지도요소) •학습동기유발	•1차 자료의 제공(經文) •주제 관련 가치규범 제시하기	•2차 자료의 제공(註說) •가치규범의 의미 파악하기 •가치규범의 타당성 제시하기	•토의 및 질의 응답 •가치규범의 적용 연습하기 •교사의 보충 설명	•종합정리 하기 •실천동기 부여하기

읽고 토론하는 교수–학습의 과정을 통하여 도덕적 진리를 구성해 가야 하는 것이라 말할 수 있다. 요컨대, 전자의 수업에서 학생들은 교사의 말씀과 교재의 내용을 진리 그 자체로 습득토록 하는 의양지미(依樣之味)를 추구한다면, 후자의 수업에서는 교사가 제시하는 교수 학습 자료에 대하여 서로 토론하고 대화하면서 진리를 구성해 가는 자득지미(自得之味)를 추구한다. 졸고, "퇴계의 [성학십도]에 함의된 도덕교육론",『도덕윤리과교육』(한국도덕윤리과교육학회, 2004. 12.), 37〜38쪽.
77)『국역 율곡전서』(Ⅴ), 「성학집요」, 60쪽.

각각 주설도 제시된다. 이러한 체재를 보면 상당히 논리적이고 체계적인 글쓰기에 해당한다. 현대적 교수법을 염두에 두고 읽는다면, 이러한 체재의 순서는 교사 중심의 강의법이나 이야기법을 주로 삼으면서 토의법을 가미한 교수－학습의 방법과 기법을 떠올리게 한다. 이를 교수－학습의 모형으로 도표화해 보면 〈표 2〉와 같다.

위 〈표 2〉에서 보듯이, 교수－학습의 모형은 모두 5단계로 구성된다. 다만 책에서 4단계는 생략된 것으로 양해할 수 있다. 〈誠實章〉을 들어 이상의 교수－학습 모형에 따라 수업지도안의 실례를 간략히 예시해 보면 다음과 같다.

〈표 3〉 교수－학습 지도안의 실례

1단계: 도입
신이 살피건대, 窮理가 분명한 뒤에는 躬行할 수가 있는데, 반드시 마음이 진실하여야만 비로소 진실한 공부에 착수할 수 있는 것입니다. 그 때문에 誠實이 궁행의 근본이 됩니다.

▼

2단계: 1차 자료의 제공	3단계: 2차 자료의 제공
공자는 말하기를, "忠과 信을 主로 하라." 하였습니다.	• 주자는 말하기를, "스스로 양심에 충실한 것을 忠이라 하고, 일에 진실한 것을 信이라 한다.〈생략〉
자장이 행하는 도리를 물었더니, 공자는 말하기를, "말이 忠하고 信하며, 행동이 경건하면..(생략)	• 주자는 말하기를, "자장의 뜻은...(생략) • 장남헌이 말하기를, "篤敬은 敦篤하게..(생략)
(이하 생략)	

▼

4단계: 토의 및 질의 응답

▼

5단계: 종합정리하기
• 신이 살피건대, 하늘에는 진실한 이치가 있기 때문에 기화가 쉬지 아니하고 유행하며, 사람에게는 진실한 마음이 있기 때문에 공부가 틈이 없이 밝아지고 넓어지는 것이니, 사람에게 진실한 마음이 없으면 하늘의 이치에 어긋나게 됩니다.(생략) • 주자는 말하기를 "성실이란 성인의 근본이다." 하였습니다. 바라건대, 이 점을 유념하소서. • 신은 또 살피건대, 뜻을 성실하게 하는 것은 수기와 치인의 근본입니다. 지금 비록 따로 한 장을 만들어 그 대개를 진술하였습니다마는 성실하게 하는 뜻은 실로 상하의 모든 장에 일관하고 있습니다. 만일, 뜻이 성실하지 않으면 확립되지 못하고, 이치가 성실하지 않으면 궁격되지 못하며, 기질이 성실하지 않으면 변화할 수가 없으니, 다른 것도 미루어 알 수 있습니다.

1단계 〈도입〉에서는 교사인 율곡이 교수-학습의 주제를 제시한다. 해당 시간에 교수-학습할 핵심 가치규범이나 주요 지도요소를 제시하여 학습동기를 유발한다. 〈표 3〉의 지도안의 실례에서 율곡은 전 시간의 주제와 관련시키면서 오늘 주제의 의의와 중요성을 언급하고, 誠實이라는 가치규범을 수업 주제로 제시하고 있다.

2단계 〈1차 자료의 제공〉에서는 핵심 가치규범과 관련 가치규범이 포함된 經文이 제시된다. 경문은 주로 四書五經 및 송대 선현의 글이 주를 이룬다. 교사는 해설에 들어가기에 앞서 이 경문을 가지고 학생들과 질의응답을 할 수도 있을 것이다. 〈표 3〉의 지도안의 실례에서는 『논어』의 공자의 경문을 제시하고 있다. 3단계 〈2차 자료의 제공〉에서는 경문을 통하여 제시된 핵심가치와 관련 가치규범에 대한 의미를 분석하고, 그러한 가치규범이 왜 필요하고 지켜져야 하는지 말하자면 가치규범의 타당성에 대해 다양한 전문가들의 견해를 들면서 설명해 나간다. 〈표 3〉의 지도안의 실례에서는 주자와 장남헌 등의 주설이 제시되고 있다. 주제에 대한 충분한 설명이 이루어질 때까지 2단계와 3단계는 반복된다.

4단계 〈토의 및 질의응답〉에서 교사는 여러 전문가들의 견해를 바탕으로 학생들과 서로 토의를 하거나 질의응답을 할 수 있다. 이 과정을 통하여 교사는 학생들에게 가치규범의 현실 적용을 연습하고 가치판단을 해 보도록 할 수 있다. 교사의 보충 설명도 곁들여질 수 있다. 마지막 5단계 〈종합정리하기〉에서 교사는 지금까지 검토해 온 교수－학습 내용을 다시 한 번 요약정리하면서, 가치규범을 현실에서 실천할 수 있도록 결의를 다지는 정의적·행동적 동기를 부여한다. 그리고 다음 시간에 배울 교수－학습 주제를 미리 제시할 것이다. 〈표 3〉의 지도안의 실례에서 보면 이러한 점들이 확인된다.

5. 결 론

이 글은『성학집요』가 율곡이 도덕교육을 위한 교육적 고려에서 저술한 교재라는 가정하에, 이 책에 함의되어 있는 덕성교육의 이론에 대해 탐색한 것이다. 먼저, 율곡의 덕성교육에 관한 기본 관점은 주희의 소학－대학계제론을 원용한 것이었고,『격몽요결』과『성학집요』는 일단 그러한 교육적 안목에서 저술한 것으로 이해된다. 그러나 율곡의 관점은 주희 입론의 원용이지만, 반드시 주희를 답습한 것은 아니었다.『성학집요』에 함의된 덕성교육론의 탐색을 통하여 이를 확인할 수 있다.

성리학에서 리기론은 세계와 인간을 설명하기 위한 최상위의 형이상학적 개념 틀이다. 우리가 아는 한 주희는 리기론에서 理氣不相離와 理氣不相雜의 애매한 줄타기를 한 이로 이해된다. 그러나 율곡은 이 중 理氣不相離의 관점을 확고한 자기 관점으로 입론하였다. 그래서 율곡의 리기론에 관한 철학적 관점은 리기지묘, 리통기국, 그리고 기발리승일도설로 요약된다. 이러한 관점은 세계와 인간을 가능하면 현실의 땅을 밟고 이해하고자 한 것이며, 도덕의 개념을 바라보는 관점도 선험적 본성을 강조하기보다는 현실적 기질지성에 토대한 욕망의 합리적 조절이라 여긴다.

성인도 광인도 인심을 가지고 있다. 인심의 표현은 항상 기발리승이다. 욕망의 완벽한 자기조절이 가능한 이가 성인이다. 그러나 현실적으로 성인은 이념적 요청이거나 존재론적 가정에 불과하다. 기발리승인 한 우리가 표현하는 인심은 도리를 향할 수도 있고, 식색을 향할 수도 있다. 인심의 표현이 도리를 향할 수 있는가는 의식인 意의 반성력과 의지의 志의 결정에 달렸다. 따라서 덕성의 본질이란 도덕적 문제사태에서 의와 지가 도리를 향하여 작동하도록 하는 경향성이다.

그런데 문제는 기질이다. 기질은 인심을 표현하는 수단이지만 항상 의식의 반성과 의지의 행위 선택을 방해하는 주범이기 때문이다. 그래서 공부나 교육이란 기질을 교정하여 본연지기에 가까워지도록 하는 것과 다르지 않다. 기질을 교정하려면 公論인 밖의 규범을 부단히 내면화하여 사회화되어야 한다. 그래서 율곡은 공부와 교육의 방법적 원리로 ① 입지와 성실, ② 거경과 궁리와 역행, ③ 기질의 차이에 따른 개별화 지도, ④ 얕은 데서 깊은 데에 이른 단계적 접근을 제시한다. 입지가 공부의 출발점에서 뜻을 세우는 초발심이라면, 성실은 그러한 초발심을 끝까지 밀고 나가려는 진실한 마음이다. 거경은 기질 순화의 공부를 향한 간단없는 자기극복과 자기개혁의 노력과 다르지 않다. 궁리는 반구제기라기보다는 밖의 규범에 대한 탐구이다. 밖의 규범은 선험적 도리라기보다는 경험적 담론을 거쳐서 공인된 실리이다. 실리에 대한 탐구의 결과를 내면화된 성품으로 체득하고자 하는 것이 역행이다. 교사는 학생들의 기질적 차이를 고려하여 약 방문을 처방하듯이 개별적 지도를 해 주어야 한다. 그리고 덕성의 계발은 습관의 마당을 지나 본성의 회복으로 들어가는 단계적 접근이어야 하고, 교사는 이러한 단계를 고려하여 지도하여야 한다. 그래서 교사의 역할이 중요하다. 교사는 학생들에 앞서 배운 전형이고 학생들의 모범이다. 밖의 규범에 대해 미리 탐구된 교재가 있으면 더 효율적이다. 그래서 율곡은 전범과도 같은 교육과정을 정해 주었다. 그가 『성학집요』라는 교재를 저술한 것도 이러한 맥락에서이다.

『성학집요』가 이러한 교육론적 관점에서 저술된 것이기에 거기에는 바람직한 교수-학습의 절차와 단계를 고려하였다. 그가 고려했던 교수-학습의 모형과 절차는 ① 도입단계: 핵심 가치규범 혹은 주요 지도요소의 제시, ② 1차 자료의 제공 단계: 주제 관련 가치규범 제시하기, ③ 2차 자료의 제공 단계: 가치규범의 의미 및 타당성 제시하기, ④ 토의 및 질의 응답 단계: 가치규범의 현실 적용 연습하기, ⑤ 종합

정리 단계: 정리 및 실천동기 부여하기 순이다. 이러한 교수-학습의 절차는 교사 중심의 강의법이나 이야기법을 주로 하면서 토의법을 가미한 현대적 교수-학습의 방법 및 기법과 다르지 않다고 여겨진다.

인간의 도덕적 삶은 항상 욕망의 합리적 조절인가? 인간은 다른 동물과 달리 욕망과 무관하게 순수한 도덕적 동기에 따라서도 도덕적 행위를 할 줄 아는 유일한 존재가 아닌가? 도덕이란 공리주의적 실리와 규범이기보다는 선험적으로 실재하는 것이 아닌가? 공론과 담론의 도덕은 결국 도덕적 삶의 기준을 상대화시키지 않을까? 도덕교육이란 반구제기를 통하여 인간의 선험적 본성을 회복하도록 하는 것이 아닐까? 도덕적 사회화란 결국 인독트리네이션을 조장하는 것이 아닐까? 이러한 물음들이 율곡의 덕성교육론에서 떠오르는 의문이고 한계들인 것 같다.

∥ 참고문헌

『국역 율곡전서』(Ⅰ), 『국역 율곡전서』(Ⅱ), 『국역 율곡전서』(Ⅲ), 『국역 율곡전서』(Ⅳ), 『국역 율곡전서』(Ⅴ). 이상 모두 한국학중앙연구원(전 한국정신문화연구원) 번역본.

『大學·論語·孟子·中庸』(1985 影印本, 成均館大學校 大同文化研究院).

『朱子大全』(民國 74), 台北: 大化書局印行.

『朱子語類』(1983), 黎靖德(宋) 編, 北京: 中華書局.

강봉수, "남명의 '의로움'의 윤리학과 덕성함양론", 『국민윤리연구』제63호(한국국민윤리학회, 2006. 12.).

강봉수, "서경덕의 '머무름'의 윤리학과 자득적 공부론", 『국민윤리연구』제55호(한국국민윤리학회, 2004. 4.).

강봉수, "퇴계의 「성학십도」에 함의된 도덕교육론", 『도덕윤리과교육』, 제19호(한국도덕윤리과교육학회, 2004).

강봉수, 『한국 전통 도덕교육론』(파주: 한국학술정보 주, 2006).

강봉수, 『유교 도덕교육론』(서울: 원미사, 2001).

권미숙, 「순자 예치사상의 사회윤리적 연구」(한국정신문화연구원 한국학대학원 박사, 1997).

김형효, "율곡적 사유의 이중성과 현상학적 비전", 김형효 외 4인 공저, 『율곡의 사상과 그 현대적 의미』(성남: 한국정신문화연구원, 1995).

박충석, 『한국정치사상사』(서울: 삼영사, 1982).

손인수, 『율곡사상의 교육이념』(서울: 문음사, 1997).

손인수, 『율곡사상의 이해: 교육사상을 중심으로』(서울: 교육과학사, 1995).

심우성, "해제", 『국역 율곡전서』(성남: 한국정신문화연구원, 1996 재판).

이상익, "이기일원론과 이기이원론의 철학적 특성: 퇴계, 율곡의 경우를 중심으로", 『퇴계학보』91(퇴계학연구원, 1996).

이성태, 「성학집요를 중심으로 한 율곡 이이의 정치사상연구」, (경상대 교육대학원 석사, 1997).

이태휘·유병열, 『도덕교육론』(서울: 양서원, 2000).

정병련, 『중국철학연구Ⅰ』(서울: 경인문화사, 2000).

황의동 편저, 『율곡 이이』(서울: 예문서원, 2002).

황준연, 「율곡의 철학사상에 관한 연구」, (성균관대 대학원 박사, 1987).

•저자•

강봉수
(姜奉秀)

•약 력•

제주출생.
제주대학교 사범대학 윤리교육과 졸업
한국학중앙연구원(구: 한국정신문화연구원)
한국학대학원(윤리학과 도덕교육 전공) 문학석사·철학박사 학위취득
제주대학교·제주교육대학교 등에서 시간강사,
제주대학교 교육과학연구소 연구교수를 거치고,
현재 제주대학교 사범대학 윤리교육과 교수로 재직 중
한국윤리학회, 한국윤리교육학회, 한국인격교육학회, 남명학회 등에서 이사 혹은 회원으로 활동하고 있다.

•주요논저•

· 연구논문
「조선전기 도학적 덕교육론 연구」(박사논문, 2000)
「서경덕의 '머무름'의 윤리학과 자득적 공부론」
「퇴계의 〈성학십도〉에 함의된 도덕교육론」
「남명의 '의로움'의 윤리학과 덕성함양론」
「율곡의 〈성학집요〉에 함의된 도덕교육론」
「현대 한국의 도덕교육과 유교도덕교육론」
외 다수

· 단행본 저술
『유교도덕교육론』(서울: 원미사, 2001).
『한국전통도덕교육론』(경기: 한국학술정보(주), 2006).
『중국윤리사상사』, 미우라 도우사쿠 지음, 강봉수·유성룡·박재주 공역(서울: 원미사, 2007 재판).
외 다수

한국 유교
도덕교육론

- 초판 인쇄 │ 2008년 5월 30일
- 초판 발행 │ 2008년 5월 30일

- 지 은 이 │ 강봉수
- 펴 낸 이 │ 채종준
- 펴 낸 곳 │ 한국학술정보㈜
　　　　　　경기도 파주시 교하읍 문발리 513 - 5
　　　　　　파주출판문화정보산업단지
　　　　　　전화　031) 908 - 3181(대표) · 팩스　031) 908 - 3189
　　　　　　홈페이지　http://www.kstudy.com
　　　　　　e-mail(출판사업부)　publish@kstudy.com
- 등 　 록 │ 제일산 - 115호(2000. 6. 19)
- 가 　 격 │
　　　　　　32,000원

ISBN　978-　　　　　　　　　　Paper Book)
　　　978-89-534-9198-4　98370　(e-Book)